林剑文集
文化与文明问题研究卷

林剑　著

人民出版社

出版说明

林剑先生是华中师范大学马克思主义学院二级教授、博士生导师。2020 年 10 月 16 日，林剑先生因病，医治无效不幸逝世。根据先生生前意愿，整理出版 3 卷本《林剑文集》。

林剑先生，1957 年 5 月 1 日生，湖北浠水人。1972 年 12 月参军入伍，服役于中国人民解放军 252 团 3 营 9 连；1976 年加入中国共产党。1978 年 6 月退伍后，在浠水县汤铺公社汤铺大队小学任民办教师。1979 年 9 月—1983 年 6 月，就读于华中师范大学政治系；1983 年 9 月—1986 年 7 月，就读于华中工学院(现华中科技大学)，获硕士学位。1986 年 9 月—1991 年 9 月，任教于华中师范大学政治系。1991 年 9 月—1994 年 7 月，就读于中国人民大学哲学系，获马克思主义哲学博士学位。博士毕业后，继续任教于华中师范大学政法学院（2012 年更名为马克思主义学院)。1994 年 12 月，由讲师破格晋升为教授;2007 年 11 月聘为二级教授。

林剑先生在华中师范大学任教期间，1995 年 12 月—1996 年 12 月任华中师范大学法商学院副院长；1996 年 12 月—2010 年 6 月任华中师范大学政法学院院长。学术兼职有：中国历史唯物主义学会副会长，中国价值哲学研究会副会长，湖北省哲学学会副会长。曾获评湖北省有突出贡献中青年专家，享受国务院政府特殊津贴。

林剑先生是马克思主义哲学界的英才，深得学界同侪敬重。他在治学和科研上严谨求真，追求创新，既拥有对理论真理坚定执着的信念，又拥有深厚的学术底蕴与寻本溯源的探索精神，他将马克思主义真理融入血脉人生，化为生活方式，身体力行地展现了一位“真学、真懂、真信、真用马克思主义”的中国当代哲学学者风范，彰显出独特而又令人敬往的人格魅力。

林剑先生始终重视人才培养，教学中循循善诱，谆谆教诲，既精心授业解惑，又倾力传道育人，桃李满天下。培养的硕士研究生百余人，博士研究生六十余人，其中很多已成为高校马克思主义理论和哲学的学科带头人或学术带头人。

林剑先生在生活和工作上为人率直，善良热情，乐于扶危济困，待人接物真诚直接，大度豁达，行事全凭一片赤心。在任院长期间，他关心青年教师成长，努力改善老师们的生活条件，深得全院师生的爱戴和拥护。

林剑先生还为华中师范大学马克思主义学科建设做出了巨大贡献。任院长期间，2003 年获批马克思主义哲学二级学科博士学位授权点；2006 年获批马克思主义理论一级学科博士学位授权点；2008 年获批马克思主义基本原理被评为国家级重点学科。此后，在他的大力支持下，2018 年获批哲学一级学科博士学位授权点。

林剑先生主要研究方向为马克思主义哲学与马克思主义基本原理，重点关注的领域有唯物主义历史观、马克思主义正义观以及马克思主义文化观。先后在《哲学研究》《马克思主义研究》《马克思主义与现实》《哲学动态》《教学与研究》《人民日报》《光明日报》等重要报刊上发表学术论文百余篇，其中在《哲学研究》上发表论文 17 篇；被《新华文摘》《中国社会科学文摘》《红旗文摘》《高等学校文科学术文摘》等知名转载刊物全文转载文章 20 余篇，其中《新华文摘》全文转载 6 篇，《中国社会学科文摘》全文转载 9 篇，被人大复印资料《哲学原理》等全文转载近 40 篇。曾获国家教学成果奖二等奖 1 项，省部级社会科学优秀成果奖二等奖 4 项、三等奖 5 项，获湖北省教学成果奖一等奖 1 项。入选中国人民大学复印资料中心公布的 2016 年度哲学与马克思主义理论 2 个学科的影响力学者。

《林剑文集》凝结了林剑先生 30 多年的心血，由他生前发表的 130 多篇学术论文组成，3 卷本分别为唯物主义历史观研究、人学和政治哲学研究、文化与文明问题研究，共 100 余万字。感谢人民出版社对《林剑文集》的出版作出的精心安排，给予的大力支持和责任编辑付出的辛勤劳动。

华中师范大学马克思主义学院

2022 年 2 月

目　录

文化哲学问题研究的问题之思*

近些年来，文化问题日益成为学术界关注的热点问题，文化学与文化哲学渐趋升温，被一些人誉为时下中国的“热学”与“显学”。不可否认，在有关文化问题的研究与讨论中，确实提出了一些值得马克思主义哲学研究者深思与反思的问题，但同时也存在一些需要人们从理论上加以分辨的问题。本文将根据笔者对马克思历史观与文化观的理解，对近年来文化学与文化哲学研究中所表达出来的几个具有典型性的观点谈点自己的思考与看法。

一

文化学也好，文化哲学也好，尽管二者在研究的维度上不尽相同，但二者都必须首先直面与回答一个共同性的问题：什么是文化？或文化是什么？

什么是文化？这似乎是个既简单明了，但又复杂难解的问题。说它简单明了，不仅在于即使是在普通人的日常生活中，文化一词的使用频率也是较高的，而且在人们有关文化的交谈对话中

---

* 本文原发表于《华中师范大学学报（人文社会科学版）》2011 年第 4 期。

并不存在特别严重的困难。说它复杂难解，是因为每当人们试图在学理上给予文化概念一个规范性的定义时，困难便顿然而生，不要说对文化缺乏研究与思考的普通大众会感到迷茫，无以为是，即使是对文化问题进行过专门研究的学者与思想家们也会感到头痛。反思有关文化问题的研究时，人们通常不难发现一个经验性的有趣事实或现象，这就是喜好与习惯于在概念上下功夫与穷根究底的学者与思想家们，却在文化概念的界定上表现出少有的谨慎。学者与思想家们在有关什么是文化的阐释上，大都采用的是陈述性的描述，而不愿冒险性地给出类似教科书式的规范性定义。即使是偶有一些大胆的学者与思想家也曾尝试着给文化概念下过定义，但呈现在我们面前的是这样的一个不可否认的事实，没有哪一个定义能获得广泛的认同，学者与思想家们有关文化的定义通常也是众说纷纭、五花八门、莫衷一是。在文化概念阐述上的困难，似乎印证了如下的现象，越是人们熟习的问题、越是困难的问题、越是似乎人人都明白的问题，就越是难以言说清楚。

由于对文化范畴界定的困难性，因此，学者们在讨论什么是文化的问题时，通常将其着力点首先放在文化的分类上，并试图以文化的分类为基础，去寻求达致对文化本质的直观性把握。在有关文化分类的研究中，有代表性的分类方法主要有三种：其一，将文化划分为物质文化与非物质文化。目前，联合国在对人类的文化遗产进行分类时所采用的即是这种方法。古希腊神庙、中国长城、北京故宫、哥特式建筑等，广而言之，人类创造并遗留下来的一切物质产品所凝聚与固化的文化被称之为物质文化。而希腊神话、中国昆曲、各民族中流传的重要节假日、各种艺术形式等，即不是以物化的形式或不是以物质载体为媒介遗留下来的文化为非物质文化。概括地讲，一切固化在物质载体中的文化为物质文化，一切非固化在物质产品中的精神产品为非物质文化。其二，将文化划分成广义的文化与狭义的文化。从学术研究的维度看，这种划分方法最为流行与普遍。所谓广义的文化是指“文化即是人化，是人的本质力量的对象化”。广义文化的范畴通常与文明的范畴同义，涵盖着人类所创造的物质成果与精神成果的总和。所谓狭义的文化是指那些已被理论化、系统化、逻辑化与形式化的社会精神产品，具体地说指向的是属于社会思想上层建筑中的各种社会意识形式。有人持广义文化论的观点，认为“文化即是人化”，文化与文明同义；有人则持狭义文化论的观点，认为文化不同于文明，文化是一种精神，是一种观念，而文明标示的是社会的一种开放与进步的状态，通常表达的是一种积极的肯定性的价值，文化中则既有积极性价值的因素，也具有落后的消极性价值的因素，从而认为文化不应是广义的，而应特指属于思想上层建筑中的社会意识形式。其三，将文化划分成“内在性文化”与“外在性文化”。持这种观点的学者认为，广义的文化概念对于理解文化是十分有意义的，它揭示了文化的一个基本特征，即文化的“属人的”、人为的“本质特征”。但这种广义的文化概念的缺陷是，对文化的理解容易偏重于文化的外在特征，不利于对文化的深层本质的揭示，因此主张将文化分成“外在性的文化范畴”与“内在性的文化范畴”等两大类型。所谓“外在性的文化范畴”一般指狭义的文化范畴，它主要包括文化、艺术、宗教等独立的精神领域，并把这一精神文化领域视作外在于政治、经济等领域，并与之交互作用的独立的存在。所谓内在性的文化范畴，一般指广义的文化范畴，它否认文化对于政治经济领域的外在独立性，强调文化的非独立性和内在性，强调文化内在于社会运动和人的活动所有领域的无所不包和无所不在的特征。在广义上，人们所创造的一切都可纳入文化的范畴，如政治、经济、宗教、艺术、科学、技术、哲学、教育、语言、习俗、观念、知识、信仰、规范等。

不可否认，对文化的表现形态进行分类，对于人们把握文化的表现形式来说具有不可忽视的意义，而对文化表现形式的把握在一定程度上也有助于人们对文化本质的理解。然而，我们也应注意到，对文化表现形态的类型划分相对于我们把握文化本质的意义来说，既具有相对性，也具有有限性，因为文化类型的划分所依据与反映的主要是文化在现实表现中的外部特征。要真正把握文化的本质及文化范畴的内涵，还有必要通过文化表现的外部特征去思考与抽象出各种文化表现形态中所蕴含的具有共同性、普遍性的东西。第一，无论是物质文化与非物质文化的区分也好，还是广义的文化与狭义的区分也好，它们之间的区别只具有相对性的意义，不具有绝对的性质，深刻的原因在于，上述各种文化表现类型我们可以根据其各自的外部特征将其划分为不同的表现形态，却不可以视之为不同性质的文化。物质文化与非物质文化的区别在于它们的存在形式或承载载体与遗传方式的不同，而作为文化本身，二者之间则具有相通性、共同性。广义的文化与狭义的文化的区分也同样只具有相对的意义，一般说来，人类所创造的一切成果都具有文化的属性，所谓广义的文化，即作为社会意识形式而存在的文化在逻辑上是作为广义的文化的一部分而存在的，如果说作为狭义的文化与其他表现形态的文化有什么区别的话，那这种区别只是在于狭义的文化，即作为社会意识形式的文化是一种经过人们精神生产活动的加工，实现了理论化、系统化与形式化的文化，而其他的文化则是以附着的形式存在于具体的载体中，还未形式化的文化。因此，不论何种类型的文化，在其性质上都具有相同的属性，即都是人们的思想、意识、观念、情感与精神一类东西的对象化与思维的抽象。第二，如果将文化视作是一种观念形态与精神形态的东西的观点是能够成立的，那么，如下的推论也能成立：所有的文化都具有非独立的性质。笔者不能同意将文化分成“内在性文化”与“外在性文化”的两分法。诚然，持此种观点的学者的本意是试图从更深层次上揭示文化的本质，然而，这种“外在性文化”与“内在性文化”的分类却明显显露出一些不容回避的疑点。什么是“内在性文化”？“内在性文化”即是广义的文化，而什么是广义的文化？所谓广义的文化指向的是人们创造的一切成果，即“在广义上，人们所创造的一切都可纳入文化的范畴”，按照这样的逻辑链条，人们就难免要追问，“文学、艺术、宗教”是否是人的创造物？如果不是，那它们是谁的创造物？如果是人的创造物，它们应否属于广义的文化范围？如果它们属于广义文化范畴的内容，一方面认为广义的文化属于“内在性文化”，另一方面又认为“文学、艺术、宗教”属于“外在性文化”，在逻辑的链条上我们如何实现避免质疑的无缝链接？第三，划分“外在性”与“内在性”文化的根据与坐标是所谓的“独立性”与“非独立性”。根据此种观点持有者的思路与阐述，所谓“内在性”的、“非独立性”的文化，显然是指那种渗透于一定载体内的文化，这种“内在性”与“非独立性”我们不妨比喻性地称之为附着性。所谓“外在性”的、“独立性”的文化是指那些已经理论化、形式化，即属于社会意识形式的文化，它不仅应包括“文学、艺术、宗教”，还应包括道德与哲学等。然而，从哲学的本体论方面看，所有的文化都具有内在性与非独立的性质。只不过文化的真正的“内在性”与“独立性”的区别并不在于它在表现形式上的附着性与非附着性，而在于它们的生成基础与它们是否能离开人们的社会生活的实践活动自我生成，并游离人的生活而独立存在。在哲学的本体论上，独立性的含义应是因自身原因的存在而存在，即是说一个事物存在的基础与原因存在于该事物本身中，而无需以他物的存在作为前提与原因。笔者认为，从生成论与发生学的方面看，所有的文化都具有非独立的性质，并不存在纯粹独立的精神活动领域。诚然，马克思的历史观虽然肯定社会意识形式具有相对的独立性，但这种独立性只是相对的，不是绝对的，而且这种独立性主要指向的是社会意识的表现形式，而不是主要指向其内容。虽然一种社会意识形式一旦形成，就在一定程度上具有相对的稳定性与独立性，但有些社会意识形式，还具有独特性与不可复制性，这种情况在艺术领域尤为突出，古希腊史诗与莎士比亚戏剧就属于这种情况。然而，社会意识形式的这种独立性在其内容上却是相对的、有条件的，希腊史诗的载体是希腊神话，而希腊神话的基础与前提是科学与技术的不发达。文学、艺术、宗教与道德、形而上学和其他的社会意识形式一样，它们没有自己独立的历史、独立的发展，它们的历史与发展依赖于人们的物质生产与物质交往的历史与发展。文学也好，艺术也好，它们并不能离开人们的物质生产与物质交往而独立存在与独立发展，离开人们的物质生产与物质交往这个活水源头，必定会走向枯萎与凋谢。即使是宗教也不是人们独立的精神活动领域。宗教作为“被压迫生灵的叹息”，并不是外在于或游离于人们的现实生活的，“宗教里的苦难既是现实的苦难的表现，又是对这种现实的苦难的抗议”①。总之，从马克思的历史观与文化观来看，一切文化都不具有先天与先验的性质，文化是在人的社会实践活动基础上生成的，在本质上它是实践的。文化的这种实践本质也就意味着在本体论的意义上它是非独立的。所有的文化也都具有内在的性质，只不过这种内在性不在于它的附着性，而在于它们都产生于人们的社会生活，即使是作为社会意识形式存在的所谓狭义的文化也是人们现实的反映，不能游离于人们的社会生活之外。

二

循着人的实践活动是文化生成的深层基础，文化在本质上是实践的思维理路前行，在逻辑上必然性地会引申出另一个合乎逻辑的结论，即文化的生成与发展是有其内在发展规律可循的。如果文化的发展是有规律可循的这一观点能够成立，那么，如下的观点便属于自然而然的了，即文化的生成与演进并非纯粹的偶然，在文化上的任何非决定论的假设都是不能被接受的。

在文化哲学的研究中，有的学者不同意在文化研究中普遍流行地运用自然科学的普遍化与抽象化的方法，即“反对普遍决定与因果决定”的观点，认为这种决定论思想的最大问题是“剔除了文化的历史丰富性与现实的丰富性”，而主张“文化是非决定的”，“认为任何一种文化无论其生成还是发展都不是必然如此”的，而是一个包含着历史偶然性和选择性在内的进程，认为在社会历史与文化的发展中，尽管文化的生成与发展并非是“主观随意”的，“并不否认文化的产生和演化受各种

① 《马克思恩格斯文集》第1卷，人民出版社2009年版，第4页。

条件和因素的制约”，然而正因为这些条件和因素是如此复杂如此丰富，因而这种情形的出现和这种文化的生成本身就是“历史的偶然”，就是不可复制的历史奇迹，如果我们硬要将文化的“历史奇迹”理解为是各种条件与因素相互作用的结果进而理解为是一种历史必然性的话，那就可以说“这种历史必然性本身就是历史偶然性”。

在面对上述观点对文化生成与发展的阐述时，我们有必要首先弄清文化生成与发展中必然性与偶然性之间的关系问题。应该承认，我们过去对历史必然性与历史决定性的阐释确有过于简单化的倾向，在一定程度上还残留着机械论与绝对主义思维的残余印迹。我们的确不能将自然领域的物理和化学现象与社会历史领域的文化现象进行简单的类比，不能将解释自然现象的纯粹科学方法不加扬弃地运用到对社会历史现象的把握与解释中来，否则就难避社会达尔文主义的嫌疑。社会历史现象比自然现象要复杂得多，因为社会历史现象除了受到自然规律的制约与影响之外，在更大的程度上还受到有意识、有目的活动着的人的自觉与自为调控。从这一维度上看，对机械决定论或自然主义的决定论的批评应该说是有意义的。但这种批评不能表现为非此即彼式的，更不能表现为对决定论观点的颠覆与否弃，而应该是辩证的、扬弃式的。实际上，必然性与偶然性范畴是哲学史上一对古老的范畴，必然性与偶然性的关系问题也不是一个新问题。自黑格尔与马克思主义的辩证法理论诞生以后，绝对主义的必然性观点与绝对主义的偶然性观点已不多见。在辩证思维的逻辑中，必然性与偶然性不是相互排斥，而是对立统一的，不存在脱离偶然性的绝对必然性，也不存在脱离必然性的绝对偶然性，偶然性的背后存在着必然性，必然性通过偶然性获得表现并通过偶然性为自己开辟前进的道路。在必然性与偶然性关系的把握与理解上，无论是离开偶然性的必然性，还是离开必然性的偶然性，都是一种绝对主义思维，而绝对主义是非辩证的。对于熟习辩证法理论的人们来说，上述观点应是一种常识。对必然性与偶然性辩证关系原理的坚持，对于坚持马克思主义历史观与文化观来说具有决定性的意义，因为它涉及历史发展规律与文化发展规律是否存在的问题。规律性的存在是以必然性的存在作为前提与基础的，如果在事物发展的过程中不存在着任何因果联系的可能性，一切都是偶然的，也就从根本上否定了规律存在的可能性。人们不可以一方面不否认必然性、规律性的存在，另一方面又肯定一切都是偶然的。规律性不可能存在于纯粹偶然性的基础之上。

文化的生成与发展为何是非决定的？持“非决定的”论者的一个重要理由是任何一种文化都是十分复杂十分丰富的社会历史现象，它的产生演化和更新都是无限复杂的主观条件和客观条件，内在制约和外在制约，自觉选择和自发模仿等共同作用的结果……正因为这些条件和因素是如此复杂如此丰富，因而，这种情形的出现和这种文化的生成本身就是“历史的偶然”，就是不可随意复制的“历史奇迹”。从文化生成与演化的复杂性、丰富性推论出文化样态是不可随意复制的“历史奇迹”，然后又以文化的不可复制性与“历史奇迹”推论出“文化是非决定的”最终结论，在推论的逻辑上似乎是无懈可击的。然而，这种推论却是自觉或不自觉地掉进了波普尔否定历史决定论思维逻辑的陷阱。读过波普尔《历史决定论的贫困》一书的人们都知道，波普尔用来否定“历史决定论”的根本性论据即是社会历史事件的不可重复性与不可复制性。任何历史现象在其生成与演化的过程中都表现出极大的复杂性、丰富性，在极为复杂与丰富的各种因素之间存在着相互作用的特点，这一特点无疑也存在于文化生成与演化的过程中。马克思主义历史观对此是持坚定肯定态度的，这种肯定性的态度在恩格斯晚年对经济唯物主义庸俗观点的批判中得到鲜明表达。恩格斯针对当时有人将马克思的唯物主义历史观误读或歪曲成经济唯物主义时曾指出：“……根据唯物史观，历史过程中的决定性因素归根到底是现实生活的生产和再生产。无论马克思或我都从来没有肯定过比这更多的东西。如果有人在这里加以歪曲，说经济因素是唯一决定性的因素，那么他就是把这个命题变成毫无内容的、抽象的、荒诞无稽的空话。经济状况是基础，但是对历史斗争的进程发生影响并且在许多情况下主要是决定着这一斗争的形式的，还有上层建筑的各种因素：阶级斗争的各种政治形式及其成果——由胜利了的阶级在获胜以后确立的宪法等等，各种法的形式以及所有这些实际斗争在参加者头脑中的反映，政治的、法律的和哲学的理论，宗教的观点以及它们向教义体系的进一步发展。”①在恩格斯看来，经济唯物主义的观点是庸俗与错误的，其错误主要表现在恶意地将唯物主义历史观所强调的在历史发展过程中的“决定性因素”歪曲成唯一因素，使唯物主义历史观变成“毫无内容的、抽象的、荒诞无稽的空话”。然而，作为科学家的恩格斯也实事求是地承认，在受经济唯物主义思潮影响的人们当中，也有一些人，尤其是一些青年人，是属于对唯物主义历史观的误读，对此，恩格斯曾主动地承担了责任，自责性地指出：“青年们有时过分看重经济方面，这有一部分是马克思和我应当负责的。我们在反驳我们的论敌时，常常不得不强调被他们否认的主要原则，并且不是始终都有时间、地点和机会来给其他参与相互作用的因素以应有的重视。”②应该充分地肯定，马克思主义经典作家对经济唯物主义的严厉批评与对社会历史生成过程中的各种因素相互作用的强调，对于人们科学地把握马克思主义历史观的实质具有不可忽视的价值与意义。然而，令人遗憾的是，恩格斯对经济唯物主义批评中所蕴含的深刻思想再一次被一些人歪曲与误读了。所不同的是，庸俗的经济唯物主义者将马克思的历史观所强调的“决定性因素”与“主要原则”绝对化为唯一的因素与唯一的原则，而在时下的一些学者中，则片面地强调历史发展过程的各种因素的相互作用，却只字不提历史发展过程的“决定性因素”与“主要原则”。笔者认为，我们在把握丰富与复杂的社会现象与文化现象时，既不能像经济唯物主义者那样，片面抓住历史发展过程中的“决定性因素”与“主要原则”而否定其他因素的作用，从而导致对马克思历史观与文化观把握与阐释的庸俗化与简单化；也不能片面地强调历史发展过程中各种因

---

① 《马克思恩格斯文集》第 10 卷，人民出版社 2009 年版，第 591 页。

② 《马克思恩格斯文集》第 10 卷，人民出版社 2009 年版，第 593 页。

素的相互作用而放弃对历史发展过程中“决定性因素”的强调和“主要原则”的坚持；更不能将历史发展过程的某些附带因素与精神因素的作用故意放大，从而模糊唯物主义历史观与唯心主义历史观的界限。历史发展过程的各种因素一旦生成，不可避免地要彼此发生作用，每一种因素都有自己存在的价值，都要发挥自己的作用，但这决不是说它们各自所处的地位与所起的作用是相同的、等值的，实际上它们是各不相同的。它们有的属于主要的“决定性因素”，有的则属于派生的与从属性的因素，有的发挥着基础性与重大作用，有的作用则相对间接与较小。社会历史现象最终或在归根到底的意义上应从“现实的生产与再生产”、从经济基础中获得把握与阐释。社会“现实的生产与再生产”这个归根到底的“决定性因素”，既是马克思历史观坚持决定论原则的深刻根据，也是马克思文化观坚持决定论原则的根据。

当然，对文化非决定论的批评与对文化决定论原则的坚持，不能仅仅依赖于理论上的推论与逻辑上的分析，还需依赖于经验事实的支撑。马克思主义的唯物主义历史观之所以将“现实的生产与再生产”视作是社会历史生成与发展的归根结底的“决定性因素”，关键性的原因与理由不仅在于所有的社会历史现象，其中也包括文化现象都可以从最终的意义或归根到底的意义上得到合理性的把握与解释，而且还在于它是以历史的经验事实为根据的。游牧文化的产生是以游牧部落的生产方式与生活方式的存在为基础的，农耕文化是以农耕社会的生产方式与生活方式为基础的，同样工业文化也是工业社会的生产方式与生活方式为基础的，是游牧社会、农耕社会、工业社会的存在导致了游牧文化、农耕文化、工业文化，而不是相反，先有游牧文化、农耕文化、工业文化，然后才塑造出游牧社会、农耕社会与工业社会。先有游牧社会、农耕社会和工业社会，然后才有游牧文化、农耕文化和工业文化，这应是不容置疑的历史事实。从社会意识形态方面看也是如此，封建的生产方式与生产关系是产生封建文化的土壤，资本主义的生产方式与生产关系是资本主义文化生成的温床，之所以在封建社会中，人们所看重的核心价值观念是“忠诚”与“荣誉”，而在资本主义社会人们所看重的核心价值观念则是“自由”与“平等”，一种可能与合理的解释是，“荣誉”与“忠诚”的概念产生于维系封建等级制度的需要，而“自由”与“平等”的概念产生于资产阶级发展商品生产与商品交换的需要。“意识在任何时候都只能是被意识到了的存在，而人们的存在就是他们的现实生活过程”①，“统治阶级的思想在每一时代都是占统治地位的思想”②。上述所引马克思主义经典作家的话语，可以视作是对历史决定论与文化决定论思想的经典性表达。不可否认，即使是同一类型与同一时代的文化在不同的地方与民族那里，也存在着差异，世界上不存在两片相同的树叶，这一充满哲理的名言，无疑也是适用于文化的表现特征的，但文化表现的差异性更多地表现在文化的表现特征上，而不是表现在文化的内容与本质上。例如，在文化的外部特征上，近代和当代的英国文化与德、法等欧洲大陆还是存在差异，日本文化与美国文化也不尽相同，但在文化的基本内容与核心价值观上并不存在根本性的区别，在本质上它们都是资本主义文化，是对资本主义发展要求的反映。

文化在本质上是实践的，文化的生成与发展都离不开人的实践活动。这即是说一种文化何以会产生，从归根到底的意义上看，应当从社会现实的生产与再生产中去寻求合理性解释的根据，一种文化产生后，它的衰落、创新与更替，不能从文化本身中去获得解释，而只能从人们的实践活动的改变中去获得最终意义的解释。人的实践活动虽然不是影响文化的唯一因素，但它是文化生成与演进的根本性的动因或动力。文化不是自然的衍生物，也不是天启与神谕的产物，而是人的实践活动的创造物。肯定人的文化对人的实践活动的依赖，也就肯定了文化在哲学本体论上的被决定性，也即是在文化生成与演化问题上坚持决定论原则的深刻根据。

---

① 《马克思恩格斯文集》第1卷，人民出版社2009年版，第525页。

② 《马克思恩格斯文集》第1卷，人民出版社2009年版，第550页。

三

反思近年来国内学术界有关文化与文化哲学的研究，还有一个问题需要我们认真的对待与冷静的思考，这就是文化哲学的学科性质、学科定位与学科价值的问题。

尽管文化哲学的概念已经被这一些人炒得很热了，但有一个问题似乎被人们忽视了，或者说没有引起人们的注意，即在马克思主义经典作家的经典著作中，并没有文化哲学这一概念。是马克思主义经典作家的研究视野还未扩展到文化与文化哲学的领域，还是他们拒绝使用这一概念？这值得我们深思。从马克思本人拒绝使用历史哲学的概念，并且反对别人将自己的历史观称之为一般的“历史哲学”的思想来看，笔者是倾向于认为经典作家们是拒绝文化哲学概念的。我们知道，将哲学研究的视野向世界的具体领域延伸，构造出与一般哲学世界观相适应的具体哲学学科，这一现象在马克思、恩格斯之前就已风行，其中黑格尔就是最典型的代表。在黑格尔的客观唯心主义哲学体系中，研究绝对理念自在自为的科学是逻辑学，研究绝对理念向他在外化或异化、对象化的科学，以及绝对理念由他在恢复到自身的科学属于应用科学或应用哲学。因此，在黑格尔的哲学体系中除了逻辑学这个中心外，他还建构出诸如自然哲学、精神哲学、历史哲学、法哲学、美学等具体的哲学应用学科。对黑格尔哲学，马克思、恩格斯是熟习的。但熟习黑格尔哲学并给予过这种哲学以积极性尊重的马克思、恩格斯为何没有继承黑格尔的传统，并且还拒绝使用诸如自然哲学、历史哲学一类的概念呢？笔者认为，在马克思主义哲学的视野里，哲学是一种世界观与方法论，哲学作为一般的世界观与方法论，它的功能与使命：一是对“对象、现实、感性”，即人们生活其中的“感性世界”进行把握与解释；二是对人们的感性实践活动提供世界观与方法论指导。从把握世界与解释世界的方面看，马克思主义哲学并不试图为人们提供黑格尔《自然哲学》与《历史哲学》式的、适合于一切时代、任何情况的现成药方或公式。马克思主义哲学是一种新的自然观与历史观，而作为一种哲学自然观与历史观，其主旨在于对人们把握“人类学的自然”与人类社会的历史本质，以及纷繁复杂的自然与社会历史现象提供一种一般世界观与方法论的指导。从历史观方面看，它所要解决的是在面对社会历史这一研究对象时，人们应循着什么样的思维路径去进行分析与把握，而不提供对社会历史现象具体细节的分析与结论，认为那是历史科学的任务。在马克思历史观的视野里，历史观不同于历史科学，因而不能用历史观代替历史科学。笔者认为这也许是马克思主义经典作家在自己的著作中否弃黑格尔哲学中形成的建构诸如“自然哲学”“历史哲学”的思辨传统，拒绝使用“自然哲学”“历史哲学”等概念的真实原因。马克思的“新唯物主义”哲学或“实践的唯物主义”哲学世界观在人与世界相互关系的不同领域可以有不同的表达，可以表达为自然观、历史观、宗教观、艺术观、文化观等。哲学世界观所表达的是一种观点、一种立场、一种方法论，这种观点、立场与方法论不是包医百病的现成药方，也不是抽象的定理、公式。因此，人们能否将马克思主义哲学中的自然观、历史观、宗教观、艺术观、文化观等演变成自然哲学、历史哲学、宗教哲学、艺术哲学、文化哲学，在马克思主义经典作家的著作中是无据可依、无案可查、无例可循的。

当然，文化哲学与马克思主义文化哲学是否能够成立的问题是可以讨论的，如果我们假设它能够成立，那么，文化哲学的学科定位与学科价值是什么？在大多数文化哲学研究者的视野中，文化哲学是定位于哲学的应用学科或分支学科上。应该说，这样的学科定位基本上遵循了西方哲学的学科定位传统，例如黑格尔就认为，在他的哲学体系中，“自然哲学和精神哲学，似乎就是居于应用逻辑学的地位”①。然而，也有文化哲学的研究者反对对文化哲学做这样的学科定位，认为不应将“文化

① ［德］黑格尔：《法哲学批判》，商务印书馆1982年版，第3页。

哲学降格为一种一般地描述狭义的文化现象的部门哲学”，而主张定位于“文化哲学的社会历史观”“文化哲学范式与社会历史观”“作为一种历史解释模式的文化哲学范式”。将文化哲学的学科性质定位于“社会历史观”与“历史解释模式”，那文化哲学与马克思的历史观是一种什么样的关系呢？我们能否在文化哲学，即使是被冠以马克思主义名称的文化哲学与马克思的历史观之间画上等号？在持“文化哲学的社会历史观”的学者看来，将二者用等号连接起来似乎并不存在什么困难，因为文化哲学即是一种社会历史理论与历史观。但依笔者对马克思唯物主义历史观的理解，二者之间不仅有区别，而且还是原则性的区别。在持“作为社会历史理论的文化哲学”观点的学者的思维理路中，作为历史解释模式与哲学范式，文化是构成这种解释模式或范式的逻辑起点与思维辐射的轴心。但马克思主义历史观的创始人却不是这么认为的。什么是历史？“历史不外是各个世代的依次交替。每一代都利用以前各代遗留下来的材料、资金和生产力；由于这个缘故，每一代一方面在完全改变了的环境下继续从事所继承的活动，另一方面又通过完全改变了的活动来变更旧的环境。”① 在马克思历史观的视野里，历史在外部特征上表现为人的生活环境的改变，而环境的改变依赖于人的实践活动，人的历史在本质上是实践的。但人们改变环境的实践活动需要以一定的物质条件作为前提与基础。正因为如此，马克思主义经典作家在谈到唯物主义历史观的出发前提时特别强调：“我们开始要谈的前提不是任意提出的，不是教条，而是一些只有在臆想中才能撇开的现实前提。这是一些现实的个人，是他们的活动和他们的物质生活条件，包括他们已有的和由他们自己的活动创造出来的物质生活条件。”② 在马克思唯物主义历史观的视野里，人类的历史是在人的劳动基础上生成的。因此，人的劳动发展史是打开人类历史奥秘的一把钥匙。而在人类的劳动发展史中，其中最

① 《马克思恩格斯文集》第 1 卷，人民出版社 2009 年版，第 540 页。

② 《马克思恩格斯文集》第 1 卷，人民出版社 2009 年版，第 516—519 页。

重要的便是工业史与商业史，它们构成人类劳动发展史的基础，因此，马克思主义经典作家特别强调："人们所达到的生产力的总和决定着社会状况，因而，始终必须把'人类的历史'同工业和交换的历史联系起来研究和探讨。"① 无论是在《德意志意识形态》这部被人们视为马克思历史观形成的标志性著作中，还是在被人们视为马克思历史观最经典表述的《〈政治经济学批判〉序言》中，马克思主义经典作家始终强调："从直接生活的物质生产出发阐述现实的生产过程，把同这种生产方式相联系的、它所产生的交往形式即各个不同阶段上的市民社会理解为整个历史的基础……"②"人们在自己生活的社会生产中发生一定的、必然的、不以他们的意志为转移的关系，即同他们的物质生产力的一定发展阶段相适合的生产关系。这些生产关系的总和构成社会的经济结构，即有法律的和政治的上层建筑竖立其上并有一定的社会意识形式与之相适应的现实基础。物质生活的生产方式制约着整个社会生活、政治生活和精神生活的过程……"③ 直到恩格斯晚年在《致约·布洛赫》这部被许多西方学者与中国学者视为对早期的唯物史观作出了重大修正的著作中，恩格斯也再一次强调："历史过程中的决定性因素归根到底是现实生活的生产和再生产。"强调经济因素虽然不是历史发展过程中的唯一因素，但仍然认为经济是基础的这一原理是唯物主义历史观的"主要原理"。④ 从上面所引证的经典作家的经典论述中我们可以得出这样的结论，从"现实的个人"出发，从人们的"社会生产出发"，从人们的劳动史出发，尤其是从社会的"工业史与商业史"出发，从人们的"现实生活的生产和再生产"出发是理解与阐释人们复杂丰富的历史的唯一正确的思维路径，将人们的经济生活视为把握人们的政治生活与精神生活的基础的原理是唯物主义历史观的一条"主要原理"。马克思"实践的唯物主义"

① 《马克思恩格斯文集》第 1 卷，人民出版社 2009 年版，第 533 页。

② 《马克思恩格斯文集》第 1 卷，人民出版社 2009 年版，第 544 页。

③ 《马克思恩格斯文集》第 2 卷，人民出版社 2009 年版，第 591 页。

④ 《马克思恩格斯文集》第 10 卷，人民出版社 2009 年版，第 591 页。

历史观当然并不否定文化在人类社会历史发展中的作用，相反，马克思主义经典作家们在谈到文化的作用时，曾给予过极大的肯定，认为："文化上的每一个进步，都是迈向自由的一步。"尽管如此，马克思主义经典作家在自己的著作中却从来没有在任何地方主张分析社会历史问题时应以社会的文化作为前提与出发点，更没有赋予文化在社会历史发展中以"归根到底"的意义与价值，当然也就从来没有说过应将文化分析视为一条"主要原理"与"唯物主义基础"。

面对笔者的上述观点，持"广义文化论"或"内在文化论"的学者无疑还是要申辩的，他们也许会说他们所讲的文化不是那种独立的外在文化，而是与经济、政治、技术等融为一体的文化。在对这种内在文化的理解中，经济、政治、文化等社会历史要素到底"谁决定谁"的外在决定论的理论难题"不答自解"了，因为问题本身已经不存在了，成为被历史和文化的丰富性所否定的'伪问题'了。生产方式、经济、技术、政治、文化等不同的社会历史要素虽然在不同的历史运行中有不同的权重与地位，但是，任何一种因素无论其如何重要，都不可能独自决定历史的全部内涵和命运。按照"广义文化论"与"内在文化论"的理解，经济是什么？经济是文化；政治是什么？政治也是文化；只要是人类所创造的一切，都属于文化。既然经济、政治都是文化，"经济、政治与文化之间谁决定谁"的问题自然就完全消解而成为"伪问题"了。人类的创造物如果都能视作是文化，那么历史在本质上也属于文化，既然历史在本质上是文化的，将文化视作是历史的解释模式或范式在逻辑上就会是顺理成章的事情了。然而，这样的思考逻辑与推论逻辑颇有些类似于马克思在《哲学的贫困》中批评李嘉图与黑格尔所讲的一段话的意蕴："如果说有一个英国人把人变成帽子，那么，有一个德国人就把帽子变成了观念。"①生产方式、经济、政治、技术中有文化，如果我们将有文化转化成是文化，我们就能在生产方式、经济、政治、技术与

① 《马克思恩格斯文集》第1卷，人民出版社2009年版，第597页。

文化之间画上等号了，这种手法的确像李嘉图与黑格尔的做法。人是商品，帽子是商品，因而人也就等于帽子，它们都是商品；帽子是依照人们在生产帽子时所形成的观念构图生产出来的，帽子不过是帽子观念的对象化、异在化或外化，因此，帽子在本质上也就是一种观念。然而，如同帽子是依照帽子的观念构图生产出来的，与我们却不能将帽子视作是观念一样，我们也不能将生产方式、经济、政治、技术中有文化视作理由，就将生产方式、经济、政治、技术视作是一种纯粹的文化，将生产方式、经济、政治、技术与文化用等号连接起来。社会历史确实是一个有机体，构成社会有机体的一切要素都存在着相互作用与相互影响的现象，每一个单独的历史因素都不能离开社会历史的有机体单独存在与发生作用。但这并不意味着社会有机体的结构是绝对平面的，不可以进行结构与层次的划分，各种要素的作用没有轻重、大小与主次之别。如果没有层次的划分，马克思的历史观何以能与何以会将社会结构划分成经济基础与上层建筑，而经济基础与上层建筑之间仅仅是一种相互作用的关系吗？试想马克思的历史观强调的如果仅仅是一种经济基础与上层建筑之间的相互作用关系，而不是首先强调的是一种决定与被决定的关系，马克思的历史观是否还能称之为一种唯物主义历史观？笔者不反对对社会历史各要素之间相互作用关系的强调，反对的是离开唯物主义历史观的“基础”与“主要原理”而对“相互作用”关系的强调，更反对将社会历史因素间的“相互作用”关系误读与歪曲为各种文化因素的“相互作用”；反对以恩格斯晚年对各种历史因素相互作用关系的阐述为借口，将马克思主义的唯物主义历史观直接或间接地演变成以文化作为历史解释模式与范式的文化史观。笔者认为将文化作为历史解释模式与哲学范式的观点多少有些将黑格尔主义复活的嫌疑，因为二者都是从一种观念形态的东西出发去解释历史，所不同的是，在黑格尔那里是绝对观念或理念，而在以文化作为历史解释、模式或哲学范式的学者这里将绝对理念变成了文化；在黑格尔那里，引领一个民族发展的是一个民族的民族精神，而在后者这里，引领一个民族发展则取决于一个民族对文化的选择与该民族文化的发展。当然，笔者也注意到，主张将文化哲学视作是一种历史解释与哲学范式的学者在强调文化的作用时也并未否定规律性、必然性的存在与作用。但问题是，当一种观点以文化作为解释历史的思维辐射的轴心时，他的所谓的“另一方面”的强调就难免具有附带的性质。这种附带性质的强调是无法改变他的观点的本真颜色的。笔者认为，在马克思唯物主义历史观的逻辑系统中，生产方式、经济、政治、技术与文化之间，不仅存在着相互作用的一面，更重要的是首先存在决定与被决定的一面。这种在归根到底意义上的决定与被决定的关系问题，对唯物主义历史观来说是一个生死攸关的问题，而不是什么“伪问题”。是从人的实践、劳动出发，从而从劳动发展史出发去解释人类的发展史，还是从文化与文化发展史出发去解释人类的历史，不能视之为一个无关紧要的问题，而是一个重大的、不容有任何退却的原则性问题。

文化研究的若干争议之辨*

一、“有文化”与“是文化”之辨

什么是文化？“文化即是人化”，这是近些年来人们在文化研究中渐成共识的一个命题。这一命题虽然不能视之为对文化概念的规范性定义，但它对人们把握文化生成的主体与文化的本质确有积极的启发性意义。文化不是自然遗产，不是天然世界的自然延伸，更不是天启神谕的产物，文化是属人的存在，是人在自己的历史实践活动中创造出来的作品。文化是人的文化，在文化面前，人拥有无可争辩的主体地位。然而，在“文化即是人化”的命题中，确也存在这样一种可能性风险，即文化的泛化。近些年来，不少人正是根据“文化即是人化”的逆命题，提出了广义文化论的观点。在广义文化论的思考逻辑中，既然“文化即是人化”的命题成立，那么逆命题“人化即是文化”也应成立。广义的文化论者主张应打破人们将文化局限于知识与观念的传统认识，将人创造的、与自然存在物不同的一切人化的存在物都要看作文化，人的世界即是文化的世界，

* 本文原发表于《哲学动态》2013 年第 5 期。

广义的文化与文明同义。笔者同意“文化即是人化”的说法，因为文化是人创造的，文化既是一种为人的存在，也是一种属人的存在，正像其他的存在物一样；文化在本质上是实践的，离开了人的历史实践，文化既不能生成，也不能发展，文化从根本上说是适应于人的实践活动的需要而生成，并随着人的历史实践的发展而发展的。但笔者却不能苟同“‘文化即是人化’的逆命题也能成立”的观点，不能同意将文化与文明等同的广义文化论。

人所创造的人化存在物与自然天成的存在物之间存在着本质性的区别。在人化的或人工的一切存在物中，都熔铸着人的智慧、知识、观念，贯彻着人的价值取向或诉求；属人的存在物是人的自画像，是人的本质的确证与展现，因而是一种文化存在物。一切人化的存在物或文化存在物中有文化，这是无须争议的，但“有文化”不等于“是文化”，或者说不能将“有文化”的说法换成了“是文化”的说法，在“有文化”与“是文化”之间是存在着明显的区别的。关于两者的区别，我们不妨从下面的讨论中加以证明。长城中有没有文化？面对这样的提问，人们只能做出肯定性或“有”的回答与选择，而不能有其他的选择与回答。但若问长城是不是文化？人们显然可以做出多种不同的回答。因为长城可以被视为一项伟大工程、一座建筑、一道军事城墙，人们耗费大量金钱与牺牲无数生命而修筑长城的目的，并不是为了文化，而是用于军事上防止外族的入侵。显然，人们不能简单地将长城与文化之间画上等号。美酒佳肴有没有文化？当然有文化，不仅人们制作美酒佳肴的经验、工艺与技术是文化，人们享用美酒佳肴的方式中也渗透着文化。但美酒佳肴是不是仅有文化？无疑不是的，一种酒或食品的味道对人的身体是有益还是有害的，并不主要是由制作技术与享用方式等文化因素决定的，而是由其制作的原料的不同决定的。比如米酒与高粱酒的味道之所以不同，是因为原料不同，而原料是物质，不是文化。因此，不仅不能将人化的或属人的物质存在物等同于文化，或简单地称作是文化，即使是社会历史存在物也不能简单地等同于文化或称作是文化。政治中有政治文化，制度中有制度文化，所有在社会历史中存在的事物与现象中都渗透着文化，这也是无可争议的。但人们显然不能将政治文化与政治混为一谈、将制度与制度文化混为一谈。总之，文化的存在既以无形的观念的方式存在，也以有形的即有载体的方式存在，因此人们不能将文化本身与文化载体相混淆。而广义文化论的问题，恰恰在于将文化与文化载体相混淆，从而将“有文化”与“是文化”相混淆。

笔者不同意将“有文化”与“是文化”等同的广义文化论，并不仅仅因为将“有文化”视之为文化中存在的逻辑性问题，更为重要的是，如果将“有文化”转换成“是文化”，或将人类所创造的一切都仅仅看作是文化，那么我们在面对社会历史问题时，就会遭遇无法逾越的困境与障碍。假如我们将一切人类通过实践所创造出来的成果都视作文化，就必然会出现如下的情况：长城是什么？长城是文化；生产力是什么？生产力是文化；生产关系是什么？生产关系是文化；制度是什么？制度是文化；国家是什么？国家是文化……倘若如此无限类推，人们便无法确认在人类的社会历史中，除了文化之外还存在着什么？这不仅仅导致人们创造的存在物之间质的差异性的消失，而且将导致人文社会科学分类基础的消失，因为学科分类的必要性与可能性是建立在不同的学科有不同的研究对象的基础上的。如果我们对人类的创造物仅只做物质文化与非物质文化或物质文化与精神文化的划分，那么我们便无法确知分门别类的、以不同的研究对象为基础的各种人文社会科学的存在何以可能与何以必要？广义文化论的问题还不止于此。如果将人类所创造的一切人化存在物都仅仅视作一种文化，将人化存在物中的“有文化”转化成“是文化”，那无异于意味着在人类社会的历史中，除了文化之外什么也没有，人类的历史也就变成了文化史，或者说文化史也即是社会史；对社会历史的研究与对社会文化的研究、历史观与文化观在本质上都将归于同一。这并不是我们的任意推论，广义的文化论者的确就是这样认为的，有人曾坚决地主张：应从人类文化的维度去把握人类的历史，甚至将文化哲学当作人们研究社会历史的“社会历史理论”。

广义的文化论将人类的创造物或属人的存在物中的“有文化”转换成“是文化”，是不符合马克思主义历史观的基本原理的。在马克思主义经典作家的著作中，从未将社会历史中的生产力、生产关系、社会关系等概念归属于文化范畴，而是始终将它们视为社会历史中的物质性存在；而且，文化通常指的是人们的意识、观念、精神、思想、社会意识形式、社会意识形态一类的概念。在马克思主义历史观的视野里，人类的历史在本质上是一部实践的历史、劳动发展的历史，而人的劳动则是由物质劳动与精神劳动两部分构成的；马克思主义历史观的逻辑是从人们的物质劳动引申出社会的物质存在及其存在结构，从精神劳动中引申出社会的精神存在与存在结构。人类社会的历史既包括人类社会的物质发展史，也包括人类社会的精神发展史，虽然在人类社会历史的发展过程中，人类社会的物质发展史与精神发展史是相互联系与相互作用的，但两者之间的界限与区分却不容混淆。马克思主义历史观之所以要将人类社会的历史内容进行物质性存在与精神性存在的划分，其深刻的原因在于，要从人们的物质活动与物质存在出发去解释人们的精神活动与精神性存在。如果人们把人类历史创造的一切都仅仅视作一种文化，在人类的历史中人们所能看到的除了文化之外什么也没有，那么，人们对马克思主义历史观的立场与观点的强调就没有任何意义。历史是包含着文化史的，但不能将历史归结为文化史，应从人类社会的历史出发去解释人类精神发展史或文化史，而不应从人类的文化史出发去解释人类社会的历史。否则，历史观就会变成一种文化史观。尽管主张文化史观的人在西方思想史上大有人在，但那不是马克思主义的历史观与文化观。

二、文化有无优劣之辨

文化有没有优劣之分？在文化研究的过程中，这几乎是所有的研究者都必须面临的追问与难以绕开的问题。面对这样的追问，有人做出的是肯定性的回答，有人做出的是否定性的回答，即使那些在学术界被公认为是文化学者的人们中间，通常也会分裂为肯定与否定这样两大相互竞争的人群。而无论是持肯定意见者还是持否定意见者，各自又都能举出一些人们熟悉的文化现象与事实来证明自己的观点。可以说，直到今天，“文化有没有优劣之分”的问题，仍然是个争议不断、分歧明显的问题。

那么，文化究竟有没有优劣之分呢？当人们面对这样的追问，抽象地肯定或是抽象地否定都是不适宜的。正如人们在文化研究领域中所看到的情况那样，无论是对文化的优劣之分持肯定性意见的人们来说，还是对此持否定性意见的人们来说，都存在着一些难以合理解释与做出明确判断的文化现象与事实。文化有优有劣吗？文化确有优劣之分，确认这一点，在理论的逻辑与经验的事实上，都有其不争的根据与理由。从理论的逻辑推论方面看，文化是生成的，也是流动与发展的，因而任何文化存在形态都具有历史的性质；从文化的发生学或生成论的维度看，人类的历史实践是文化生成的基础，也是推动人类文化发展的动力与杠杆；从事物发展的逻辑上说，只要人类历史实践活动不停滞，文化就不可能凝固不变，这应是无可争辩的逻辑。承认了文化的流动性与历史性，也即意味着在思维的逻辑中先在性地承认文化是可比较的。文化的比较不仅存在于不同的文化形态之间，也存在于同一文化形态的历史演进中。有比较就有可能产生优与劣、先进与落后之分。

文化是有优劣之分的，这一观点不仅有逻辑的根据与理由，更为重要的是它还有历史与现实的根据和理由。就文化存在的总体形态的状态与性质看，工业文化优于农耕文化，资本主义文化比封建主义文化先进，人们即使达不到从马克思主义历史观与文化观的高度去考察此点，也很少有人对此持反对态度。就文化存在的具体形态来看，中国传统儒家文化中的以“三纲”“五常”为核心的等级制文化观念，相对于近代以来西方自由、民主、平等、博爱、人道、人权的文化观念，其优与劣、先进与落后的分野，恐怕也很少有人会断然否定。徽州的贞节牌坊与纽约的自由女神之间的文化观念的区别、中国的方桌文化与西方的圆桌文化之间的文化观念的区别、跪拜的礼节与握手的礼节之间的文化观念的区别，并不是一种偶然性的区别，而是一种历史的区别，它代表的是不同的生产方式与交换方式在文化价值观念上的表现与反映。文化观念，尤其是文化中的价值观念，与社会历史演进中的生产方式与交换方式有着密不可分的因果关系，生产方式与交换方式的性质在总体与根本上决定着作为对生产方式与交换方式反映的观念形态的文化，因而，当人们认定生产方式与交换方式存在着优与劣、先进与落后之分时，也就意味着人们应承认文化中的不同价值观念间的优与劣、先进与落后之分。应该承认文化是有优与劣、先进与落后之分的，否定这种区分，人们通常所说的学习先进文化、“代表先进文化”便无法成立，人们对文化的任何批判与反思都将是非法的，并失去意义。因为，只有在文化中存在着优与劣、先进与落后的情况下，文化的反思与批判才成为必要与可能。当然，文化间确也存在不可比较、不可区分优劣的情况。如西方的刀叉文化与中国的筷子文化之间、江南的水乡小调与西北高原的信天游之间、川湘等地的麻辣饮食文化与江浙等地的喜甜饮食文化之间、哲学的思辨表现形式与艺术的直观形象的表现形式之间，如何区分它们谁优谁劣、谁先进谁落后？人们显然无法进行比较，无法做出优与劣、先进与落后一类的明确判断。因此，我们也应该承认，文化既存在着可以比较与不可进行优劣区分的一面，也存在着不可比较与不能进行优劣区分的一面。一般而言，文化在内容上，尤其是内容所表达的价值观念的取向上是可以进行比较并对其做出优与劣、先进与落后之判断的，而在文化的表现形式上则是不可比较并进行优劣之分的；反映生产方式与交换方式，或者受生产方式与交换方式决定的文化因素是存在着比较的可能与有优劣之分的，而受纯粹自然因素影响的文化因素，通常是不可比较与进行优劣之分的。当然，这种区分也只具有相对的意义，不具有绝对的意义。因为，无论是文化的表现形式还是就文化的因素来看，绝对不变的东西是不存在的。

文化之间何以会有可进行比较、进行优劣区分的情况，又有不可比较、不可进行优劣区分的一面呢？笔者认为，影响文化生成与发展的原因是复杂多样的，既有主体的原因，也有客体的原因；既有社会历史的因素，也有自然条件与环境的因素。其一，文化可以有不同的表达形式，不同的表达形式又适应于不同的认知主体的需要。正如有的人喜爱艺术而讨厌逻辑与思辨一样，也有人喜爱思辨却对艺术麻木迟钝。因而，我们不能说哲学与艺术之间哪一种文化表达形式更优或是更劣，因为它适应与满足着不同个体的需要及爱好。其二，文化受社会历史因素的影响，也受自然条件与环境因素的影响。江南水乡的人们喜爱缠绵温柔的水乡小调，西北高原的人们喜爱雄浑高亢的信天游，这与江南水乡与西北高原的自然条件及环境因素有着直接的关系。自然条件是独特的，具有不可复制与相对稳定的性质，因而受自然条件和环境因素作用与影响的文化因素也就具有相对的稳定性，也就难于进行优与劣、先进与落后的区分。但信天游也好，水乡小调也好，其反映与表达的文化内容则是随着社会历史条件的变化而变化，具体地说是随着生产方式与交换方式的变化而变化的。

三、文化与意识形态之辨

在过去很长一段时间里，人们更多关注的是社会的意识形态问题，不仅很少聚焦一般的社会文化现象，而且通常还将文化研究意识形态化，表现出极端的泛意识形态化倾向。近些年来，文化问题日益受到人们的重视，文化学逐渐成为当下学术研究中的“热学”与“显学”，但在文化学处在这种“热”与“显”的过程中，一种淡化意识形态，并将意识形态文化化的思潮与主张日渐成势。笔者认为，无论是将文化问题意识形态化还是将意识形态问题文化化，两者都有失偏颇，具有明显的“剑走偏锋”的片面性。澄清文化与意识形态的关系，准确地把握与标定社会意识形态在社会文化体系中的恰当位置，对于文化研究与意识形态的研究来说，都具有不可忽视的意义。

如前所述，在马克思主义历史观与文化观的视野里，文化指向的是以人们的知识、意识、思想、观念为代表的一切精神性存在。文化的内涵极为丰富，文化存在并渗透于人类生活的一切过程中。文化的存在形态也极为丰富与复杂，既以对象化的形式存在于载体中，也以非对象化的形式存在于人的头脑中；既以逻辑的形式存在于社会的意识形式与意识形态中，也以非逻辑的形式存在于人们的潜意识与人们的日常生活行为中。社会的意识形态则通常指向的是那些与社会经济基础存在着密切联系，并被理论化、逻辑化的社会意识形式。文化与社会意识形态的关系无疑是一种包含与被包含的关系，社会意识形态构成社会文化的一个不可分割的部分。从逻辑上讲，“意识形态也是文化”这种判定似乎也并无不妥。然而，意识形态作为一个独立的范畴，并不是多余的与没有意义的存在，而是有其不可忽视与不可替代的独立价值。在马克思主义历史观的视野里，意识形态范畴不仅是一个独立性范畴，而且还是一个极其重要的核心性范畴。一个不争的事实是，在马克思主义历史观的范围内，使用意识形态的频率要比使用文化的频率要高得多。社会意识形态具有文化的属性，但并不是一切文化都具有意识形态属性，社会文化可以划分成作为意识形态存在的文化与作为非意识形态存在的文化。而作为社会意识形态存在的文化与作为非社会意识形态存在的文化之间的性质与特点存在着明显的区别。其一，作为社会意识形态存在的文化具有理论化、系统化、逻辑化、形式化的特征，社会意识形态是一种形式化的社会意识与文化形式，而非意识形态的文化既有以形式化方式存在的可能，也有大量以非形式化方式存在的情况。其二，作为社会意识形态存在的文化与作为非社会意识形态存在的文化具有不同的性质。显然，所有的文化都是在人的实践基础上生成的，因而所有的文化在本质上都是实践的。但人的实践活动或人的社会生活过程本身是丰富与复杂的，人的实践活动既受自然条件与环境的作用和影响，也受社会历史条件与环境的作用和影响，文化既可以是人与自然关系的反映，也可以是人与社会历史关系的反映；即使是人与社会历史之间的关系也是复杂的，因而，作为在不同条件与环境基础上生成，并反映不同对象的文化也就具有不同的性质。社会意识形态作为社会的思想上层建筑，并不是任何文化都能称之为社会的思想上层建筑，只有作为社会经济基础的生产关系基础上产生并作为反映生产关系要求和为社会经济基础服务的社会意识形式，即这种特定的文化才是社会的思想上层建筑，而那些并不由经济基础决定、并不反映社会生产关系要求的文化，无论是形式化了的还是未被形式化的文化，都不具有社会意识形态或思想上层建筑的性质。社会意识形态或社会的思想上层建筑归根到底是由社会的生产方式与交换方式决定的，因而社会意识形态具有鲜明的阶级性质，这是作为社会意识形态存在的文化与作为非意识形态存在的文化的显著区别。在私有制社会中，社会意识形态作为反映社会中占统治地位的生产关系要求的要素，因而通常也反映与表达着占统治地位的阶级的意志与价值诉求。其三，作为社会意识形态存在的文化通常在社会的文化系统中起着主导性的地位与作用。马克思主义唯物史观反对将一切文化、观念的产生与存在诉诸经济因素这一唯一的解释因，肯认文化生成原因的复杂性以及社会历史中各种因素间的相互作用对文化生成与演进的影响，但马克思主义历史观也坚定地认为："历史过程中的决定性因素归根到底是现实生活的生产和再生产。"① 而作为"社会生产与再生产"基础上生成的生产关系反映的社会意识形态，通常反映与表达的是社会生产关系占据主导地位的阶级，或是代表生产关系的统治阶级的价值取向与诉求，正如马克思主义经典作家曾经指出的："统治阶级的思想在每一时代都是占统治地位的思想。"②

正因为文化与意识形态之间既有联系又存在着不可等同与相互区别

① 《马克思恩格斯文集》第 10 卷，人民出版社 2009 年版，第 591 页。

② 《马克思恩格斯文集》第 1 卷，人民出版社 2009 年版，第 550 页。

的关系，因而，我们在把握文化与意识形态之间的关系时，一方面应防止将文化意识形态化，不应将所有的文化观念都视为阶级意识的表现，从而诉诸阶级的分析与审视。应该承认，社会文化中的那些并不是由社会经济基础直接决定的非意识形态的文化观念，包括某些形式化了的社会意识形式（例如科学与语言），它们并不直接地或明显地表现为阶级意识，有些甚至与阶级意识无关。对于作为非意识形态存在的文化，它们并不像社会意识形态那样，必然会随着社会经济基础的改变发生或快或慢的变化与消亡，某些文化由于主要受自然条件与环境的影响与决定，会长久地保持不变，即使有变化，也是极其缓慢的。对于非意识形态的文化，人们通常无法也不应给予优与劣、先进与落后的价值性评判。另一方面也应防止将社会意识形态作为一种普通的文化，或者说将意识形态文化化。社会意识形态由于是社会的思想上层建筑，它不仅在社会文化体系中占有统治与核心的地位，对人们的文化观念，尤其是人们的价值观念有着不可忽视的范导作用，而且还会随着社会经济基础的变更发生相应的或快或慢的变化。社会意识形态具有明显的阶级性，也是有优与劣、先进与落后之分的。那些反映先进生产力发展要求，从而反映先进生产关系要求的社会意识形态，代表着社会的先进文化；反之，则属于落后文化。否认社会意识形态在社会文化系统中的相对独立的性质，将社会意识形态文化化，不可避免地会导致先进的社会意识形态对社会文化的范导作用的弱化。对社会历史存在的合理与否的认定不能依据人们个人的主观意志，虽然在社会历史中活动的人们都是有目的的，但社会历史的生成与演进并不服从个人的意志与目的，因为历史是这样创造的：最终的结果总是从许多单个的意志的相互冲突中产生出来的，而其中的每一个意志，又是由于许多特殊的生活条件所决定的，以至最终它成为了它所欲成为的那样。这样就有无数互相交错的力量，有无数个力的平行四边性，并由此产生出一个合力，即历史结果；而这个结果又可以看作是一个作为整体的、不自觉和不自主地起着作用的力量的产物。除此之外，再没有其他的衡量的标准。

辩证认识文化的作用与影响 *

一、文化对历史的正面作用

文化是一种因人的存在，也是一种属人的存在与为人的存在。人的劳动、生产、实践不仅是文化生成的基础，也是推动文化发展与演进的动力与杠杆，文化在本质上是实践的，因而也是历史的。从发生学与因果关系的维度上看，人的实践及其发展相对于文化的生成及其发展来说，具有无可争辩的基础性、决定性或逻辑在先与在前的地位，这是实践与文化关系理解上应贯彻的唯物论原则，对两者之间关系的颠倒，即意味着对历史唯物论的背离。因为，文化存在与表现的方式虽然是多种多样的，因其载体的不同，既以物质的方式存在，也以非物质的方式存在，但文化在实质上是一种意识的、观念的或精神性的存在。"意识在任何时候都只能是被意识到了的存在，而人们的存在就是他们的现实生活过程。"① 所谓"现实生活过程"即是指人们现实的实践活动，因为人的"全部社会生活在本质上

---

* 本文原发表于《中原文化研究》2017 年第 1 期。

① 《马克思恩格斯文集》第 1 卷，人民出版社 2009 年版，第 525 页。

是实践的”[①]。“不是从观念出发来解释实践，而是从物质实践出发来解释各种观念形态”[②]，这是马克思唯物主义历史观的一条基本性原则。当然，实践与文化之间也存在相互作用的关系，实践相对于文化只是一种逻辑上而不是时间上的在先与在前，在人们“现实生活过程”中，实践也是文化的。文化一旦生成就会以不同的方式与程度，作用与影响着人们的实践或人们的“现实生活过程”，这是理解实践与文化之间相互关系中应贯彻的辩证法原则。将文化定义为一种软实力有一定道理，民族与国家的影响力既取决于自身的经济、军事等硬实力的强与弱，也取决于其价值观念、精神信仰等方面的优与劣。但仅将文化视作软实力的观点并不全面，文化中的知识、科学、技术等因素应视作是一种硬实力，至少它们是可以转化为经济与军事等硬实力的因素。民族的历史与民族的文化发展是分不开的，一个民族历史上辉煌的阶段通常也是其文化发展的繁荣与灿烂时期，很难发现文化发展落后的民族能够充当世界历史领头羊的经验性先例。民族的文化及其发展，对民族的历史生成与发展的作用与影响是明显的，也是巨大的。而文化对历史的作用与影响并不仅仅存在着积极的方面，也存在着消极的方面。从积极的或肯定的方面看，文化对历史的正面作用至少应包括以下几方面。

第一，对人的自由的推动作用。文化是人化的，即是说是人的劳动、生产、实践创造了文化，文化是一种因人的、属人的存在。人也是文化的，人既以实践的方式存在，也以文化的方式存在。从人类整体的维度看，人类正是依凭自己所创造的文化而逐渐游离与远离自然界，使自己成为自由的存在物。自由是人之为人的确证，人自由发展的程度是衡量人发展程度的重要标尺。虽然推动人的自由发展的动力与杠杆是人的劳动、生产、实践，但离不开文化的作用。人的劳动、生产、实践无不具有文化的底色与属性。某种意义而言，人的劳动、生产、实践也是

① 《马克思恩格斯文集》第1卷，人民出版社2009年版，第501页。

② 《马克思恩格斯文集》第1卷，人民出版社2009年版，第544页。

文化的。文化的发展程度不仅表现与确证着人自由的发展程度，而且是测量人自由发展程度的标尺。人的自由的发展需以文化的发展作为基础与前提，同样文化的发展与进步也必然伴随着人的自由的进展，正如恩格斯曾经指出的："文化上的每一个进步，都是迈向自由的一步。"①从个体维度看，人在出生时只不过是纯粹的生物性存在物，由于社会文化的滋润与教化，人才成为社会的人与有自由能力的人。个人自由能力的获得与享有，通常与其具有的文化素养之间存在不可分割的正比例关系，粗野与愚蠢的个人同自由的个人之间，实质上是文化素质的区别。

第二，对人类文明传承的纽带作用。某种意义上，文化是文明的内核与灵魂，文明是文化的外化与外显。各种不同类型文明之间的区别，更重要的表现在其内在的精神气质上，而精神气质是由观念形态的文化构成的。文化在文明的生成、传承与传播上起着极其重要的作用，文化不同于实体形态的器物，实体形态的器物最终会在人们的视野中消失，而文化不会消失。今天的人们很难见到古希腊荷马时代文明的遗迹，但通过《荷马史诗》则有可能复原或想象荷马时代的文明图景。人类个体对人类文明的了解与认知，主要通过文化的接受而实现。正是由于文化具有传承文明的作用，因此今天的人们能在极其短暂的时间跨度中，通过对历史留传下的知识、经验、价值观念、文化形式等的了解与吸收，而享有人类文明的成果。一个民族及其文明可能由于灾害毁于一旦，但只要该民族不是生存于一个孤立与封闭的环境，其文化已融入人类的整体文明之中，它就仍然能依凭自己创造的文化而成为不朽与永生。没有文化的作用，文明就不可能是积累与进步的。现代人之所以不同于原始人，在于其借助于文化，承接了前人创造的一切文明成果。

第三，文化对人们的社会生活具有极其重要的范导作用。人作为人存在，其生活是一种社会性的生活，规范与约束是人的生活成为可能性的基础与前提，没有规范与约束，人们的生活就会成为不可能。社会规

① 《马克思恩格斯文集》第9卷，人民出版社2009年版，第120页。

范有多种表现形式，风俗、制度、法律、道德等，文化也是一种规范。虽然文化对人们社会生活不如其他社会规范在发挥作用方面，表现得直接与刚性，但它对人们的社会生活所起的范导作用，却是不可忽视的。某种程度而言，文化对人的社会生活所起的范导作用，相对于其他规范来说更为根本与重要。这不仅在于其他社会规范无不打上文化的底色，更在于文化对于人的范导作用，有如春风化雨，润物无声。人们所掌握的知识，所认同的价值观念，所具有的文化素养，都会对人们的言行起着隐性或显性的范导作用。没有人可以游离于文化的范导作用，区别只是在于其认同与接受的是什么样的文化范导。

第四，文化具有凝聚社会共识，增强社会向心力的作用。社会是由个人组成并相互联系的有机体，构成社会有机体最深刻的基础虽然是社会的生产方式与交换方式，及以其为基础的人们的需求关系与利益关系，但文化在社会有机体的建构中起着不可忽视的作用。文化是凝聚社会共识的黏合剂，人们由于各自需求与利益诉求存在差异，个人的兴趣、爱好，包括所受教育的不同，因而人们的认知与价值取向是难于一致的。但社会中占主导地位的主流文化，通常会为人们的行为选择与价值取向提供一个关于是与非、善与恶、美与丑、好与坏的尺度与坐标，引导人们达成价值观念上的共识，以增强社会的凝聚力与向心力。在价值观认知方面，应承认有价值共识、文化共识的存在。社会历史发展到一定阶段，社会分工使不同行业有不同的行业文化与价值共识，不同的阶级有不同的阶级文化与价值共识，不同的民族与国家有不同的文化与价值共识。这种文化与价值上的共识，即是占主导地位的文化与价值观念。文化共识与价值共识对于阶级、民族与国家的存在来说，具有极其重要的作用与意义，它不仅是阶级、民族与国家认同的重要条件，更为重要的还在于它是阶级、民族与国家共同体维持存在与持续发展的重要条件。

二、辩证地认识文化的作用与影响

文化关乎人的自由的发展，关乎着社会历史的进步，关乎文明的传承与延续。对于一个民族与国家来说，文化不仅影响着人们对民族与国家的认同，更关系到民族与国家的兴衰存亡。文化的功能与作用在于它对人与社会的教化。然而，文化对人与社会的教化功能通常具有两重性的特点，或者说它是一把双刃剑，既可以是一种促进人与社会不断发展与进步的正能量，也可以是阻碍人与社会发展与进步的负能量。相对于个人与社会来说，文化究竟是一种促进发展的正能量，还是阻碍发展与进步的负能量，其根本取决于文化本身的性质，即文化本身的好与坏、优与劣。

文化是生成的，也是流动与发展的，文化是一种历史的存在，因而不仅存在优与劣的区分，也存在着先进与落后的比较。如前所述，文化是人创造的，是人实践活动的作品，因而文化是因人的存在、属人的存在与为人的存在。正如人的作品有好坏、优劣区分一样，文化也不例外。因为，人既有理性的一面，也有非理性的一面。人有善恶之分，文化有优劣之别，两者之间相互依存、相互作用，互为因果，同时也相互确证。文化不仅有优劣之分，还存在着先进与落后之别。所谓落后的文化，即是指过时的或不合时宜的文化；所谓先进的文化，即是指符合时代发展需要，代表社会历史发展方向的文化。因此，对文化的优与劣、先进与落后的判别不能诉诸抽象的思辨，而需放在确定的历史时空中加以审视与辨别。一种文化的性质与作用并非始终不变，在先前的历史时代曾属于先进、进步的文化，随着时代的改变，有可能变成不合时宜的落后文化。在先前的时代中属于正能量的文化，在新的时代中有可能变成阻碍社会发展与历史进步的保守性力量，甚至是负能量。其原因在于，文化是一种有根的存在，特定的文化只能生存于特定的土壤中。归根结底，一种文化的性质是在一定的生产方式与交换方式的基础上生成，并为其服务的。社会的生产方式与交换方式，随着人类实践活动的发展与实践能力的提高，逐渐发生历史性的变更，是一种必然性规律与普遍性的经验事实。

正因为文化存在着优与劣、先进与落后的区分，因此要坚持唯物论的观点辩证地看待文化的作用与影响。文化虽然对人与社会发展的作用与影响是不争的事实，但也应看到，对于历史性生成与流传下来的文化，并不应是照单全收的礼物。现在有许多人只是片面地强调与颂扬文化对于人和社会发展的积极作用，将一切形式的文化都视为弃之不得的精神珍宝与财富，尤其是对于一些具有文化恋旧主义与文化保守主义倾向的人而言，其对文化的肯定近乎一种非理性的崇拜。即使是一些马克思主义者在谈论文化的作用时，通常也只引证与强调马克思主义经典作家对文化作用的肯定性话语，不提或很少提及经典作家对落后文化与文化所具有的保守性的批评。

实际上，在马克思历史观与文化观的视野里，文化不仅是推动人的自由、社会历史发展与进步的力量与杠杆，而且文化也有可能成为阻碍人的自由、社会历史的发展与进步的“巨大的保守力量”。正如对文化诉诸文化虚无主义的态度是片面的一样，对文化诉诸拜物教式的崇拜态度同样是片面的。“在一切意识形态领域内传统都是一种巨大的保守力量”①，马克思主义经典作家所谓的“传统”，虽然指向的是意识形态领域的传统，其实传统并不仅仅存在于意识形态领域，在人们社会生活的一切领域都存在传统。所谓传统即是历史上传承下来的思维成果与思维习惯。传统即是文化，文化成果的积累、内化与固化为人们的一种心理结构时，便成为一种传统。因此，在一定的意义上也可以说，传统即是一种固化的文化。传统或文化何以被马克思主义经典作家视之为是一种“巨大的保守力量”呢？一种合理性的阐释是，当一种文化被人们认同与接受，并变成一种传统时，很容易演变成一种对传统的信仰与崇

① 《马克思恩格斯文集》第 4 卷，人民出版社 2009 年版，第 312 页。

拜。传统或文化一旦形成并内化为人们的文化心理结构，便具有相对的稳定性与巨大的历史惯性。传统式文化不是绝对不可以改变的，但传统的改变确是一件极其困难的事情。尤其需要指出的是，那些越是曾创造过辉煌文化，有着深厚文化传统的民族，对自己民族文化的认同感、自豪感、信仰感与崇拜感也越强，同时文化恋旧与保守的情结和倾向也越牢和越强烈，所背负的文化包袱也越重。那些在世界历史上曾创造过辉煌的文化与文明的民族，其领先与辉煌大多都是一次性的，在其后的历史发展中，鲜见有第二座乃至连续不断的文化高峰的出现，四大文明古国的文化与文明的演进即是如此。例如，希腊哲学是西方哲学乃至世界哲学的源头，直到今天，大多数希腊人仍以此自豪。然而亚里士多德之后，希腊哲学再也没有出现过有着世界历史意义与影响的哲学家与哲学。希腊哲学为何无法再出现高峰？一种合理性的解释也许应是，古代希腊哲学太辉煌了，当他的子孙们一代又一代地言必尊苏格拉底、柏拉图、亚里士多德时，又如何能摆脱祖先留下的哲学遗产的束缚与纠缠呢？

从理论逻辑上说，本文前面所述的文化对人与社会历史发展的功能和作用，其实也具有积极与消极、正面与负面的两重性。文化的进步虽然可以促进人的自由的提升与发展，但人若固守于既有的文化观念而不愿放弃与改变，文化也会成为束缚人的自由发展的锁链。文化具有传承文明的作用，既可以将先前文明中优秀的成果传承下去，也可以将落后的、消极的内容传承下去。文化对人的行为与人们的社会生活具有范导功能，但这种范导功能好的文化与坏的文化都具有，属于优秀与先进的文化可以引导人们积极向上，从而促进社会历史的进步；落后、劣质的文化也可以对社会历史的发展起阻碍作用，而且文化的规范作用也具有阻碍文化进步的一面。不仅劣质文化对社会历史的发展与进步具有负面效应，即使是优质的文化也有成为保守性力量的可能。因为规范在促进人们社会生活有序化的同时，也有可能导致人们思维方式、价值认知、行为模式的固化与惯性化，从而阻碍社会的进步与变革。文化具有凝聚人心，增强社会向心力的作用，优质文化与劣质文化都具有这种属性与功能。如果消极而劣质的文化形成一种占据优势地位的情形，同样会影响社会发展的潮流甚至改变历史发展的方向。这种影响有的是暂时性的，有的则会造成较长时期内社会历史的发展处于缓慢或停滞状态。基督教神学文化对欧洲中世纪社会历史的影响，德国法西斯文化对二战期间及二战之后世界的重要影响，等等，都是文化凝聚力负面效应存在的有力证明。

三、以古化今与以今化古

文化存在好与坏之分，先进与落后之别，因此，文化在其功能上也存在积极与保守、肯定性与否定性两个方面的作用与影响。先进的与进步的文化，是促进人的自由与社会历史进步的积极性的或肯定性的力量，落后的与保守的文化是阻碍人的自由与社会历史进步的保守性与否定性力量。判别与确认文化的先进与落后、进步与保守、积极与消极的标准与尺度又是什么？不可否认，任何文化都是一种有根的存在，在人们现实生活中存活与存在的文化都有其存在的原因与根据，但存在的并不意味着都是先进与进步的。当然，人们对文化的接受程度不能作为标准或尺度，即使是社会中被广泛认同，甚至属于社会的主流文化也不一定属于先进与进步的文化。在人类社会的历史上并不乏这样的例证，某些代表着历史发展必然性或历史发展未来方向的具有先进特质的文化，在其产生时并不被人们认同。而某些广获认同，甚至成为社会中占主导地位的文化，不仅不具有先进或进步的属性，而且有些甚至是落后的或保守的。二战时期德国与意大利的法西斯文化、日本的军国主义文化即是如此。

一种文化究竟是先进的还是落后的，是进步的还是保守的，是应该肯定的还是应该否定与扬弃的，应以它是否有利于促进人的自由的发展与社会历史的进步为参照，在更深的层次上，应以它是否满足与适应符合历史必然性的生产与交换方式的需要或要求，加以确认与核准。那些对人的自由起束缚作用，对社会发展与历史进步起阻碍作用，只代表着社会历史的过去，而不代表着社会历史的现实与未来的文化，都不具有先进与进步的属性。

文化是历史的，是发展与流动的，不存在绝对意义上所谓的“原生态文化”。先进的文化是符合世界历史发展与时代要求的文化，进步的文化是面向历史现实与未来的文化。先进的文化取代落后的文化，进步的文化取代保守的文化，这是不可遏阻的历史大势。其更深刻的原因在于，社会历史是在人的实践活动基础上生成，并伴随人的实践活动的发展而发展的，而人的实践活动能力在总趋势上是不断提高的。随着人们实践能力的提高，人们也必然创造出与自身实践能力相匹配的新的生产与交换方式，在此基础上必然生成新的社会形态，继而在与交换方式的不断变革中必然生成新的文化形式与文化观念。

人的实践的发展与实践能力的提高，推动着社会的生产与交换方式的不断变革，推动着社会形态从低级到高级的不断演进。社会形态的不断演进推动着文化的发展与进步，尽管有不少人将这种理论怒斥为单向度的“经济决定论”逻辑，然而从世界历史的维度上看，它在基本趋势上既表现为历史生成与演进的规律，也表现为文化生成与演进的规律。先进文化与进步文化的生成，虽然主要受制于社会生产方式与交换方式的演进，并表现为生产方式与交换方式演进的结果，然而文化的演变与发展也与正确地对待传统文化不无关系。因为，文化的演变与发展并不是从零出发的，除受到社会生产方式与交换方式的作用与影响外，也受到传统文化的作用与影响。所谓传统文化是相对于当代文化而言的，但当代文化中却包含着传统文化，因为传统文化并不单指历史上形成的一切文化，而是指现在仍存活于人们现实生活中的文化，那些没有转化为传统或失传的文化，只能算是历史文化，不能算是传统的文化。

民族的传统文化对民族的文化发展具有双重作用，传统文化中有积极的、优秀的成分，也有落后的、消极的、保守的成分。积极性的、优秀的文化成分，可以成为发展先进与进步文化的宝贵资源，但落后的、消极的、保守的成分，有可能成为文化演进与进步的包袱或障碍。因此，在对待传统文化的问题上，我们既要反对文化虚无主义，也要反对文化崇古主义与保守主义，正确的态度应是遵循历史唯物论与历史辩证法，对传统文化进行科学地辨认，扬弃地进行创造性改造与转化。正确的做法应是遵循历史发展的必然性要求，以时代的现实需要为参照坐标，贯彻毛泽东同志主张的“古为今用”原则。对于传统文化中的文化形式与文化内容，不论它来自什么样的经典，其存活与传承历史有多长，也不论它在历史上有过多大的作用与贡献，只要它不适合今天人们的实际需要，对社会的发展与历史进步起阻碍作用，就应坚决抛弃。传统文化应满足与服务现实的需要，而不是让现实去符合传统文化的要求，或者说，应以现实的要求为准绳去决定传统文化的取与舍、扬与弃，而不是以传统的文化观念，尤其是传统的价值观念去评价现实的对与错、是与非。当人们现实的实践与传统文化发生矛盾与冲突时，首先应检视的是传统文化观念是否合乎时宜，而不是相反，或者只是一味指责所谓“世风日下”与“人心不古”。

一切传统文化或文化传统都具有两面性与双重性的历史作用，中国传统文化也不例外。不可否认，中华民族曾创造了辉煌的文明，中国文化在农耕文明阶段是灿烂的，也是先进的，这可以由中华民族在世界历史上长久地处于领先地位中得到确证，也可以从它对亚洲文明乃至世界文明的巨大影响中得到确证。我们不仅为我们的祖先的贡献而自豪，而且也应该尊重与珍爱祖先留下的文化遗产，因为那是我们的文化基因。对中国的传统文化同样应采取历史的与辩证的态度，尤其是对作为中国传统文化符号的儒家文化，更应采取历史的与辩证的态度，不能诉诸拜物教式的，或原教旨主义式的态度，神化与崇拜儒家文化。对儒家文化应采取“信而好古，述而不作”的态度，通过对儒家文化复兴的方式，解决当下中国乃至世界面临的问题，从而增强中国的文化软实力。

其中的深刻原因在于，儒家文化生成与生长的土壤是农耕文明，而农耕文明与现代工业文明是属于两种不同性质的文明，后者属于更高的文明形态。

儒家文化在长达两千多年的中国封建社会中，长期处于一学独尊的地位，并在人类社会历史的农耕文明时代有着巨大的吸引力、发散力、辐射力，而到了近代则日渐式微，既不能阻止中国沦为半殖民地半封建社会，也未能阻止西学东渐。合理性的解释只能是，儒家文化只是农耕文明时代的先进文化，并不适应工业文明的要求。农耕文明挡不住工业文明的脚步，自然经济竞争不过商品经济的发展，封建的生产方式敌不过资本主义的生产方式，扎根于农耕文明土壤中的儒家文化的式微与没落，具有历史的必然性。不可否认，中国传统文化中存在不少对我们今天仍然有用的成分，也不可否认对传统文化进行创造性改造与转化的必要性与可能性。但需要强调的是，究竟是以古化今，还是以今化古？这不仅仅是一个学术方面的问题，而是一种立场，是关涉原则与方向性的问题。时下的中国，文化的怀旧之风与复古之风似有日趋强劲之势。其实，这不过是春天里偶尔刮起的一股冷风，儒家文化在总体上已是不合时宜了，因为它赖以生存的土壤必将随着中国现代化的历史进程而不复存在。让今天的中国人放弃自由、平等、民主、科学，以及理性的文化观念，去尊崇与信奉儒家文化的“三纲”“五常”“三从”“四德”等价值观念，就类似于要今天的中国男人留辫子、女人缠小脚一样，那是近乎不可能的。

文化危机与文化进步*

一

一种文化的生成，其原因是复杂的，有自然因素的作用，也有社会因素的作用；有内部的原因，也有外部的原因；有偶然性因素的影响，更受必然性因素的决定。但文化的生成归根到底则依赖于人的实践活动。文化作为人的创造物，其生成的基础与源头无疑是人的劳动与实践。人的实践活动与人类的文化的关系，虽然从人的现实生活的维度看，二者是一种相互作用、相互影响、相互支撑的关系。人的实践活动影响与作用着文化的发展，文化的发展与性质也影响与规范着人的生活与活动。但从生成论或发生学的维度看，人的实践活动与人类文化的关系，首先是一种产生与被产生的关系，是人的实践与劳动创造出了文化，人的劳动、实践是人类文化生成的本体。人类文化的生成也好，发展也好，归根到底要从人的实践与劳动的历史演进中去获得理解与解释。

因为文化生成的原因是复杂的，因而正像世

* 本文原发表于《江汉论坛》2011 年第 10 期。

界上不存在两片相同的树叶一样，世界上也不存在两种完全相同的文化类型。也正因为文化的生成从根本上与最终的意义上依赖于人的实践与劳动，人的实践、劳动是文化生成的最深刻的基础，因此，处于不同地域、不同环境中的不同民族，当生产方式与交换方式处于相同的历史阶段时，其文化的生成与演进又呈现出惊人的相似性。相同的生产工具导致的是相同的生产方式与交换方式，相同的生产方式与交换方式导致的不仅是相同的生产关系，也衍生出在性质上大致相似的文化，这不仅是因果关系的逻辑推理，而且是呈现在人们面前的一种普遍性的历史事实。农耕的生产方式是农业社会的基础，也是农耕文化生成的基础；工业生产方式是工业社会的基础，也是工业文化生成的基础。无论是西方民族的农业文化，还是东方民族的农业文化；无论是西方民族的工业文化，还是东方民族的工业文化，在其表现特征上也许存在着某些差异，但就其性质与基本特征上看，并不存在本质性的差别，并有着惊人的相似性。正如马克思主义经典作家曾经指出的，在农业社会中，占主导地位的是封建主为首的生产关系。在以封建主为首的生产关系中，占统治地位的文化价值观念是“荣誉”与“忠诚”；而在工业社会中，占主导地位的是资本家为首的生产关系。在资本家占统治地位的社会中，占统治地位的文化价值观念是“自由、平等，等等”①。农业的生产方式与交换方式是农业文化生成的基础，工业的生产方式与交换方式是工业文化生成的基础，是先有农业的生产方式与交换方式，然后才有农业社会与农耕文化的生成，先有工业的生产方式与交换方式，然后才有工业社会与工业文化的生成，而不是相反。这是马克思主义历史观与文化观在文化生成问题上为我们提供的一条基本的实践决定论原理。

一种文化的生成，无疑会对人们的社会生活发生潜移默化的影响，对人们的行为起着规范与导向的作用。当文化通过规范与导向作用影响人们的行为时，便会逐渐内化为人们的文化心理结构，而人们的文化心

① 《马克思恩格斯文集》第1卷，人民出版社2009年版，第552页。

理结构一旦形成，就会具有相对的稳定性。当然，民族文化的稳定性是相对的，就其总的趋势而言，任何民族的文化都具有流动的、历史的性质。深刻的原因在于文化的生成与存在依赖于人的实践活动，而人的实践活动是随着人的实践能力的提高与积累不断拓展的。随着人们的实践活动方式，特别是最基本与最主要的物质生活资料的生产方式与交换方式的转变，文化也会或慢或快地发生变化。因此，文化作为一种精神现象，并不具有绝对独立的历史，文化史不过是人的实践活动史的反映。这既是历史发展的逻辑，也是历史演进中表现出来的客观事实。当工业的生产方式与交换方式取代了农业的生产方式与交换方式，工业社会取代了农业社会，农耕文化的瓦解与解构就是一种历史的必然。无论是在西方，还是在东方，这种历史性的趋势是不可改变的。

文化是流动的，具有历史的性质，因而文化也是发展与不断进步的。文化的发展与不断进步是文化维持其生存的基础与条件。一种凝固与高度稳态的文化，就如一潭没有活水注入的死水，最后的归宿必然是干枯与萎缩。然而，文化的流动与演进，并不是一条恒定向上的直线，而是包含着曲折起伏与震荡的过程，它是一种量变与质变相统一、连续性与间断性相统一的过程。文化在其流动的过程中，既有高潮，也有低谷，既有繁荣，也有危机。虽然，我们不能简单地认为，文化流动的曲线，必然对应于社会生产与交换方式变动的曲线，社会经济繁荣向上的时期，也一定是文化繁荣昌盛的高峰，因为文化的发展，尤其是社会意识形式的发展有其相对独立性，文化的发展与社会经济的发展之间存在着发展不平衡的可能性。但有一点却是肯定的，当一种社会的生产方式与交换方式丧失了生命力，原有的社会结构与社会关系处于崩溃与瓦解的过程时，社会中占统治地位的文化或社会的主流文化便会进入它的危机时期。无论是在西方还是在东方，无论是在古代还是在当代，一种相似的社会现象一再重演：每一次的社会转型都会伴随着一场深刻的文化危机。

二

什么是文化危机？文化危机的本质是什么？从一般的意义上讲，危机的基本意蕴是指一种事物或现象的存在发生了严重的困难，存在着巨大的，甚至是崩溃的风险。例如，我们经常谈到的经济危机、社会危机，都是意指经济运行与社会运行中存在着的巨大风险与威胁。危机根源于事物的矛盾，其中有来自于事物内部的矛盾，也有来自于事物外部的矛盾，但主要是来自于事物内部的矛盾。即使是来自于事物外部因素的作用与影响，它也要通过事物内部的因素而起作用。经济危机的根源存在于社会的生产与消费的矛盾之中，社会危机的根源存在于社会中各阶级、阶层的利益的矛盾与冲突之中。危机来源于冲突与对立，冲突与对立来源于矛盾。从可能性上看，一切事物与现象中都存在着产生危机的风险。然而，也并不是任何程度的矛盾与冲突都会导致危机，一般来说，只有当事物与现象中存在的各种内、外部矛盾与冲突达到极其严重，陷入难于缓解、无法妥协的情况下才会爆发危机。经济危机实质上是经济发展过程中生产与消费的矛盾达到尖锐的程度，生产出来的产品卖不出去，出现严重过剩的一种过剩危机。社会危机的实质是社会各阶级之间的矛盾与冲突尖锐化的表现。文化危机是社会危机的一个不可分割的部分或方面，文化危机的根源在深层次上同样来源于社会发展过程中的矛盾与冲突，是社会的各种矛盾与冲突的尖锐化在文化精神方面的反映与表现。具体地说，文化危机的实质是社会原有的文化系统与文化价值观念不适应人们社会实践的发展与生活变化的要求，人们的文化认同与社会实践的变化之间发生严重的冲突与对立，从而使在社会中生活的人们精神上陷入困惑与迷茫，对传统文化产生怀疑与丧失信心，传统文化的生存与延续受到威胁与挑战的一种表现。

文化危机的最深刻的根源无疑是社会的生产方式与交换方式的变化，这是马克思的历史观与文化观的一条不可动摇的原理。作为人的最基本最重要的实践方式，社会的生产方式与交换方式既是文化生成的基础，也是文化演变的基础。当一种生产方式与交换方式发生嬗变时，文化发展的轨迹受到冲击与改变就是必然的事情。当然，正如生产方式与交换方式只是影响文化生成的最终的决定性因素，而不是唯一的与全部的因素一样，生产方式与交换方式的变革也只能视作是文化危机产生的根本性与决定性的因素，而不是唯一的与全部的因素。因此，在文化生成与文化危机的分析与解释上，我们既要防止将外部因素、次要因素、偶然因素加以膨胀与夸大，否定生产方式与交换方式对文化生成与发展的决定作用的各种各样的非决定论倾向，也应防止将生产方式与交换方式的作用绝对化、唯一化，用生产方式与交换方式的变化与发展去解释文化生成与危机中的一切现象，甚至包括它们的某些外部特点。

文化危机也和社会的其他危机类似，存在着局部性危机与总体性根本性危机的区别。一般说来，当社会的生产方式与交换方式的基本性质与特点并未出现根本性的变化，从而在社会关系，尤其是在生产关系方面并未发生根本性质变化的情况下，一个社会的主流文化或因生产方式与交换方式的局部性变化，或因阶级斗争尖锐化，政权出现更替，或因外部与外族文化的传入与冲击，通常也会受到一定程度的冲击与震动，使人们在社会文化心理产生一定程度的困惑与迷茫，并使传统文化的延续发生暂时性与局部性的困难。但这种性质的文化危机只是一种局部性与阶段性的危机，还不是文化的整体性与根本性危机。其原因在于，社会的生产方式与交换方式作为人们最基本的实践方式，既是人们社会生活的基础，也是文化生成与存在的基础。只要这个基础不发生根本的改变，即是意味着文化生成与存在的土壤并未发生变化。相同的文化土壤，生长出来的必然是大致相似的文化。政权的更替与外来文化的传入，虽然有可能使一种文化的外部特征发生一定程度的变化，但就其本质而言，不可能发生根本性的改变。中国从汉、唐到明、清长达近两千年的历史过程中，其间虽因朝代的更替，外来文化的影响，尤其是佛教文化传入的影响，使占主导地位的儒家文化受到过冲击，但因农耕社会的生产方式与交换方式并未受到根本性的冲击与破坏，因而作为农耕社会反映的儒家文化虽然在表现形式上有过变化，但就其实质而言并未发生改变，且香火不断，始终占据主导地位。其实，相似的经验性的现象，在欧洲的中世纪也同样表现得相当明显。在欧洲中世纪的历史中，占主导地位的基督教文化尽管在形式上也有变化，但在本质上仍属于农耕社会反映的农耕文化。而总体性与根本性的文化危机则不同。导致总体性与根本性文化危机的深层原因是社会的生产方式与交换方式的根本性变革。当一个社会原有的生产方式与交换方式发生瓦解与崩溃，新的生产方式与交换方式取代了旧的生产方式，新的生产关系取代了旧的社会关系时，人们固有的文化观念与新的实践方式之间不可避免地会发生矛盾，同时社会文化生成的基础与土壤也会发生改变。当一种文化生成与存在的基础与土壤发生了质的变化与改变时，这种文化在生存上所受到的冲击就不仅仅是一种局部性的，而是一种总体性的与根本性的危机。欧洲的基督教文化在文艺复兴时期遇到的危机，中国的儒家文化在19世纪末和整个20世纪所遇到的危机就属于这种总体性与根本性的危机。基督教神学文化之所以在西方近代日益衰落，连续了两千余年的儒家文化之所以在20世纪的中国趋向式微，最为根本性的原因无疑是商品经济的生产方式与交换方式取代了农耕社会的生产方式与交换方式。

三

任何危机都会对社会产生一定的冲击与震动，尽管因其危机的性质不同，冲击与震动的程度存在着强弱之别，但不造成一定的冲击与震动是不可能的，否则就不能称之为危机。危机对社会造成的冲击与震动会给人们的社会生活带来某种混乱，有时甚至是灾难性的混乱。正因为如此，一谈到危机，人们便会潜意识地或类似于本能性地生发出莫名的恐惧感。在对待文化危机的问题时也一样，许多人以一种看待瘟疫似的眼光去看待文化危机，常常有一种谈虎色变的感觉。

应该说，文化危机对人们生活的冲击并不亚于社会的其他危机，所不同的只是它冲击的领域与表现形式。文化危机冲击的首要的方面是人们的文化生活与文化心理结构，它使人们的精神与心灵受到重创。文化危机直接威胁的是传统文化的生存，其最明显的表现是传统文化的“礼崩乐坏”。当文化危机，尤其是总体性与根本性的危机来临时，给予那些传统文化守护者的打击与创伤通常是撕心裂肺、生不如死的。在他们看来，文化的崩溃，无异于人的精神家园的丧失，而人的精神与灵魂一旦无家可归、无处可依时，生活对他们来说便丧失了价值与意义，一旦对自身存在的价值与意义感到绝望，便会对生活甚至是生命丧失信心。清末民初，某些或美曰为有气节，或贬曰为冥顽的士大夫，甚至像王国维那样的被尊称为国学大师的人选择结束自己生命的现象，便是旧文化的守护与守望者受到重创的典型表现。

文化危机对社会普通大众的冲击也是明显的。在社会处于转型，文化处于危机的时期，由于人们原有的文化观念与新的社会实践发生严重冲突，新的文化观念，尤其是价值观还未产生，或产生了但尚未被人们所认同与接受，这时人们在精神上通常陷入迷茫与困惑的境地，产生无以为是、无所适从的感觉。每当社会处在转型期，人们就会听到“我们从何而来，向何处去”的疑问与追问，听到不绝于耳的要重建精神家园的呼唤。其实，这种追问与呼唤不过是人们对即将式微的文化观念丧失信心，对未来不明方向的一种表现。

文化危机会对社会中的许多人造成精神与心灵的创伤，会导致人们原有的精神家园的毁损与丧失。对于某些人群来说，这也许是不幸与严酷的，但对一个社会的文化发展来说，则具有积极性的意义，至少是其积极意义要大于消极意义。可以赞成这样的看法，危机的意蕴中，既蕴含着危的意蕴，也包容着机的希望，危与机相辅相成、对立统一，没有危，也就没有机，危应该说是机的基础与前提。对于文化危机来说，它虽然给传统文化的生存与延续造成了威胁，但通常会给文化的转型与创新提供契机。一种凝固的文化是一种凝固的社会在精神方面的反映与表现，而无论是凝固的社会，还是凝固的文化，只要是它处于凝固的状态，就会丧失活力与生机。社会转型与文化转型是相伴而行的，也是社会进步与文化进步的常态形式。诚然，在社会转型与文化转型的过程中，难免出现过激与过头的现象，出现一些将“婴儿与洗澡水一起泼出去”的事情，或者说会使传统文化的优秀成分受到伤害，甚至会使文明的发展发生某种程度的破坏与倒退。但正像每一个新生命的诞生是以母亲在分娩时所遭受的阵痛与痛苦作为需要忍受的代价一样，文化的转型与进步也是需要代价的。暂时性的创伤与阵痛既是难免的，也是必须的，人们能做的也许只能是尽量减轻阵痛的程度，而不能免除痛苦。而且，在对待文化危机的问题上，人们应该多一些辩证性的思考，在重视文化危机对文化发展负面与消极影响的同时，更应看到它对文化发展的肯定与积极的价值与意义。文化危机对文化发展的积极意义与价值不仅在于它是文化转型与进步不可或缺的重要环节，也是新的文化形态诞生的助产士。在一定的意义上说，文化危机是推动文化转型与文化进步的助推器与加速器。没有文化危机的产生，就不会有旧文化的没落与衰亡，也不会有新文化的创生与文化的进步，这是在世界各民族文化发展与进步过程中所表现出来的一个带规律性的现象或经验性的事实。

文化危机为何能成为新的文化形态诞生的助产士，成为文化转型与文化进步的助推器与加速器？其深刻的原因在于，文化的转型是新旧文化的此消彼长的过程，不破不立，破是立的基础。诚然，推动社会文化转型与进步的动力与杠杆是社会的生产方式与交换方式，随着社会生产方式与交换方式的发展与进步，社会文化作为一种精神现象也要或早或迟、或快或慢地发生变化与进步，这是一种基本的不可逆转的趋势。但任何一种文化一旦形成，通常会渗透于人们的社会生活，并内化于人们的心理，形成一种特定的文化心理结构。而人们的文化心理结构一旦形成，就会具有相对的稳定性与保守性。社会文化的相对稳定性与保守性又会抑制与阻碍人们对新的文化观念的接受。这即是人们常常会看到的与传统文化的决裂比改变一种旧的生产方式与交换方式要困难，人们离弃一种过时的传统会在精神与心灵上深感痛苦的原因。正因为社会文化系统与人们的文化心理结构具有相对的稳定性与保守性，因此，要打破与改变这种相对的稳定性与保守性，必须具有强大的冲击力量。只有经过深刻的文化危机，使人们在对传统文化的反省与反思的基础上达到文化上的自觉，才能逐渐地挣脱对旧的文化的依赖，改变自身的文化心理结构与文化行为模式，明确文化发展的新方向，为新的文化的创造与生长扫除障碍。

文化确实是人的精神家园，是人的精神与心灵的居所，但这个精神与心灵的居所不应是、也不可能是亘古不变的。人的精神与心灵的住所有时是需要维修的，有时则需要改建与重建。改建与重建是需要付出代价的，但不可改变的是改建与重建后的家园或住所总地来说是更适合人的精神与心灵需要的。这即是为何对文化危机不应恐惧，而应持积极态度的理由。

文化的评价及其尺度*

一

文化就其存在与表现的载体来看，大致可以分成两大类——物质文化与精神文化；就其性质来看，具有多元并存的现象，有古代文化与当代文化之分，有东方文化与西方文化之别；就其意识形态方面来看，既有封建文化、资本主义文化、社会主义文化之分，也有资产阶级文化与无产阶级文化之别。那么，在不同形态、不同性质的文化之间，究竟有没有优与劣、先进与落后的比较与区分？这既是一个复杂的问题，更是一个敏感的问题。

之所以说文化的优与劣、先进与落后问题是一个复杂的问题，原因有二：其一，某些类型的文化，仅就其外部的表现形态来看，确实很难进行优与劣的比较。例如，江南“水乡小调”的缠绵温柔与西北高原“信天游”的豪放粗犷，对于各自的迷恋者来说，都具有如痴如醉的魅力。又如，现代城市的高楼大厦与传统民居的四合院相比，高楼大厦无疑是经济得多；但从适合居住与

* 本文原发表于《学术月刊》2011 年第 6 期。

文化内涵的维度来看，后者可能对人更有吸引力。这说明，所有的社会意识形式都以各自特有的方式反映与表达着时代精神。就其对时代精神的反映与表达这一点上看，它们各有各的魅力与优点，也各有各的缺点与局限，人们很难用优与劣、先进与落后的尺度去进行比较与衡量。其二，某些文化表现形式在人类历史上的存在具有一次性、不可复制性与空前绝后性。以古希腊史诗为例，这种“有重大意义的艺术形式只有在艺术发展的不发达阶段上才是可能的”，“当艺术生产一旦作为艺术生产出现，它们就再不能以那种在世界史上划时代的、古典的形式创造出来”。① 对于这样一种艺术形式，后人是很难给予它们优与劣、先进与落后的评价。文化的优与劣、先进与落后问题之所以被认为是一个敏感的问题，不仅在于20世纪的世界历史中希特勒曾以“优”与“劣”的问题为借口，发动了第二次世界大战，给人类带来了深重的灾难；还因为时下一些西方国家总是打着“传播先进文化”的旗号，在世界各地输出他们的价值观，进行文化侵略，建立西方文化霸权。而在西方文化霸权大肆扩张的环境下，谈论文化的优与劣、先进与落后问题，似乎不合时宜，不利于文化上的弱势民族的利益。此外，在人们的思维定势中，“先进”与“落后”的概念，有泛政治化与泛意识形态化的嫌疑；而对文化的泛政治化与泛意识形态化的解读与阐释，也不利于传统文化的保护与弘扬。正因为如此，时下中国的学术界，文化研究虽被一些人视之为当下的“热学”与“显学”，但人们“热议”的只是中国“国学”的复兴与弘扬的问题，是文化的繁荣与文化产业发展的问题，至于对文化的优与劣、先进与落后问题，要么是拒谈，要么是惧谈，甚至认为文化没有优劣，各种文化都有得到尊重的平等权利。

诚然，在面对西方文化强权与文化霸权的背景下，维护文化的多样性或多元性，强调各民族文化平等的权利与价值，对于反对文化霸权、文化侵略，促进不同文化间的融合与发展，保护处于弱势地位的民

① 《马克思恩格斯文集》第8卷，人民出版社2009年版，第34页。

族的文化方面有着不可否定的积极意义；然而，反对文化霸权与文化入侵，不应以“文化没有优劣”作为应战的理论武器。因为，以“文化没有优劣”作为应对西方文化霸权的武器，在实践上是文化自信心缺失的表现，在理论上也是难以自立自足的。我们应反对的是将强势文化等同于优质与优秀文化，将弱势文化等同于劣质或落后文化，而不是否认存在着优与劣、先进与落后的区别与分野。一个国家与民族的文化的强与弱，通常是与一个国家与民族的经济发展的强与弱有着密切关系的。一般说来，一个国家与民族在经济上表现为强势，相应地在文化上也表现为强势；一个国家与民族在经济上表现为弱势，相应地在文化上也处于弱势地位。但强势文化并不等于是先进文化，弱势文化也不等于是落后文化，因为社会的经济与发展间的关系存在着发展不平衡的可能性。一种强势文化即便它在总体上有优势，那也并不意味着它在所有方面都是先进的；一种弱势文化即便它在总体上是劣势的，也并非在所有方面都是落后的，不包含任何先进的因素。

反对文化霸权主义，尊重不同民族的文化价值与存在的权利，提倡与保护文化的多样性与多元性，这些都是正确的，但并不能由此得出文化没有优劣之分的结论，否认对文化进行优与劣、先进与落后的区分，否认比较的可能性与必要性。实际上，文化是发展与演进的，任何文化都具有历史的性质。文化的历史性质决定着文化无论是在历时态上还是在共时态上都是存在着优与劣、先进与落后的区别。从历时态方面看，任何民族的发展与演进都经历了不同的历史阶段，不同的历史阶段有着不同的文化特质。就其总的发展趋势方面看，较后或较高的发展阶段上的文化是优于较前或较低的发展阶段上的文化的。从共时态方面看，不仅同一时代的不同国家与民族由于处于社会发展的不同阶段，其文化发展的水平存在着明显的差异，即使是同一个国家与民族内部的文化在一个特定的阶段上也存在着多元文化的并立与竞争。而在这种多元并立与竞争的文化中，有的属于先进的，有的则属于落后的。如果我们不是停留在文化的外部形态上，而是从文化发展的内容上看，一个不容否认的事实是：工业文化优于农耕文化，资本主义文化比封建主义文化进步，社会主义文化比资本主义文化进步。自由与平等的文化观念相对于封建等级制的文化观念来说，谁优谁劣、谁先进谁落后，这应是无需争论的。

文化是有优与劣、先进与落后的问题的。否认了这一点，我们不仅会在实践领域中遭遇到对许多文化现象无法进行合理性解释的困难，同时，我们在理论的领域中也会陷入难以逾越的困境。首先，如果文化没有优与劣、先进与落后的问题，人们在文化领域中所做的一切工作与努力便全然没有意义，文化存在的价值便会被彻底消解。其次，文化如果没有优与劣、先进与落后的问题，人们对文化的一切反思与批判不仅毫无意义，而且在理论的逻辑上还会衍生出文化的反思与批判是否具有合法性的问题。

二

文化的存在从表现形态上看是一种多样性的存在，从内容的性质上看是一种多元性的存在。无论是从历时态上看，还是从共时态上看，文化的多样性与多元性都是一种普遍性的常态。没有哪一个时代的文化是单色调的，也没有哪一个国家与民族的文化是绝对同质的。文化的多样性共存、共生，多元性冲突、竞争，既是文化进化的生态基础，也是文化具有魅力的原因。那么，在多样性与多元性的文化存在中，什么样的文化属于先进的文化？什么样的文化属于落后的文化？衡量文化的优与劣、先进与落后的标准和尺度是什么？确定文化评价的标准与尺度的参照坐标是什么？这种参照坐标的科学性与合理性又应以什么样的根据和原则加以确定？这是一个重要的问题，同时也是一个相当困难的问题。

当人们面对文化时，通常呈现在人们面前的是这样一幅画面：在多样性与多元性存在的文化中，它们彼此之间不但存在着差异，而且也存在着相互之间的冲突与竞争。但在相互冲突与竞争的文化之中，没有哪一种文化愿意承认自己是落后的。社会中的所有阶级与个人通常都认为与声称自己所代表的文化具有先进性，并竭力对自己所认同与代表的文化进行科学性与合理性的辩护。即使是那些在历史上属于落后与保守文化代表的阶级，那些对已走向式微与逝去的文化恋恋不舍的人们，也不愿戴上守旧与保守主义的帽子，也通常以优秀传统文化的守护者与捍卫者的姿态出现。在现实的社会生活中，人们通常遭遇到如下的情况：对同一种观念，有人给予肯定性评价，有人则给予否定性评价；对同一种行为，有人斥之为野蛮粗俗，有人则誉之为率真与纯朴；对同一种处事态度，有人赞赏，有人鄙视；对同一种生活方式，有人称之为健康向上，有人认为是颓废奢靡；对中国传统的文化，有人力主应进行反思批判，将其视之为中国近代以来落后的殃国祸首，是中国走向现代化复兴的历史包袱，有人则力主弘扬光大，将其视之为中华民族走向复兴的基础与软实力；对外来文化观念尤其是价值观念的传入，有人欣喜，有人深忧。都以先进文化的代表者和推进者自居的人们，为何在面对相同的文化现象时，会表现为看法差异明显，甚至是截然相反的立场与态度？一个显而易见的原因是，人们在评价什么是先进的尺度与标准的理解与认知上存在着差异。而造成这种差异的更为深层的原因则是人们所处的地位与利益的不同。人们通常是从自身的地位与利益出发去对文化观念进行评价的。地位与利益的不同，也就决定着人们对待文化观念的立场与态度的不同。正因为人们通常是从自己所处的地位与利益诉求出发，去确定文化的先进性尺度与标准的，从而形成对文化先进性的不同解读。因此，确立一个具有科学性与合理性的文化评价标准，既是必要的，也是重要的。否则，在文化的先进性问题上，就会陷入公说公有理、婆说婆有理的相对主义的困境。

文化的存在是多样性与多元性的，但在多样性与多元性的文化存在中，并不是每一种文化存在都能获得科学性与合理性、先进性与进步性辩护的，属于先进的文化只能是一元的而不是多元的，更不是所有的。

那么，什么样的文化评价标准与尺度才算是科学与合理的？科学性与合理性赖以确立与存在的基础是什么？这显然是一个需要进一步强调与回答的问题。

科学性问题，也即是必然性问题、规律性问题。所谓文化的评价尺度与标准要符合科学性的要求，无疑意味着文化的发展要以必然性与规律性的要求作为参照坐标。由于文化的生成与演进是发生在社会历史领域中，文化在本质上是实践的，是对人们社会生活实际过程的反映，因此，这里所谈的必然性与规律性不是指自然的必然性或自然规律，而是指社会历史的必然性与规律性。文化的评价尺度与标准要具有科学性，即要求先进的文化必须是符合社会历史发展必然性与规律性的要求的文化。在马克思历史观的视野中，符合社会历史发展的必然性与规律性的要求，也即是要符合社会的先进的生产方式与交换方式的要求。更具体地说，一种文化是否具有先进性的性质，主要应看它是否有利于先进的生产方式与交换方式的生成，是否能促进先进的生产方式与交换方式的发展。只有那些反映了先进的生产方式与交换方式生成发展的要求的文化才具有先进的性质，而那些作为过时的生产方式与交换方式反映的文化，作为已处于丧失了历史必然性与规律性的生产方式与交换方式反映的文化，不仅不具有先进性，而且还表现的要么是反动与落后的，要么是保守的。符合先进的生产方式与交换方式的要求之所以符合社会历史发展的必然性与规律性的要求，深刻的原因在于，社会历史的必然性与规律性是在人的实践活动基础上生成的，而人们物质生活的生产方式与交换方式是人类的最基本的实践活动方式。诚然，不能认为社会的生产方式与交换方式即是社会历史的全部，也不能说对社会历史发生作用的唯有生产方式与交换方式，但“历史过程中的决定性因素归根到底是现实生活的生产和再生产”①。影响文化的生成与发展的因素是复杂的，但从归根到底的意义上看，“现实生活的生产与再生产”是其决定因素与

---

① 《马克思恩格斯文集》第10卷，人民出版社2009年版，第591页。

主要因素。文化的生成与发展以生产方式与交换方式的演进为基础，因而它也应适合生产方式与交换方式演进的需要，这是一个问题的两个方面。一种与先进的生产方式与交换方式发展方向相悖逆，阻碍先进生产力发展的文化是不可能具有先进性的。

文化评价的尺度与标准不仅应符合科学性的要求，同时也应符合合理性的要求。合理性问题属于价值问题。文化的生成与发展不仅依赖于人们对历史发展的必然性与规律性的认识与把握，也与人们的需要、利益等价值诉求密切相联。在人们的实践活动中，价值诉求是构成活动目的的重要内容。但问题是，由于人们在社会中所处地位与利益的不同，人们的文化观念中所蕴涵的价值诉求自然就存在着差异与对立。而在各种不同甚至对立的文化观念所蕴涵价值诉求中，显然存在着一个是否合理的问题。应该说，就合理性本身而言，人们是没有分歧的，这可从每一个阶级与个人都力图为自己的价值诉求进行合理性辩护，都认为自己的价值诉求具有合理性这一基本事实中得到证明。问题的分歧焦点在于：价值标准合理性的尺度与标准是什么与何以是。当然，由于历史观与文化观的不同，人们对文化评价的合理性尺度与标准的理解也是不同的。但在马克思历史观与文化观的视野中，衡量一种文化观念所蕴涵的价值诉求是否具有合理性，也即是否具有先进性的尺度与标准，既不能以某些个人的价值诉求为参照坐标，也不能以某些阶级的价值诉求为参照坐标，合理性的尺度与标准所参照的坐标是人类作为一个种族的整体利益。具体地说，一种文化是否具有先进性，主要应看它所蕴涵的价值诉求是否有利于人类种族的保存与促进种族的进化，是否有利于人类整体文明的提升，是否能促进人类整体的自由度的增强。这里需要强调的是，在人类历史发展的历史过程中，并不是任何阶段上的先进文化都与大多数人群的利益相一致。在历史发展的某一阶段，具体地说，在阶级对抗的社会中，社会的发展“都是在经常的矛盾中进行的。生产的每一进步，同时也就是被压迫阶级即大多数人的生活状况的一个退步”①。一个不容否认的事实是，资产阶级文化中所贯彻的价值诉求并不与资本主义社会中的大多数人的利益相一致，但这并不否定资本主义文化相对于封建文化的先进性。社会的先进与进步文化所代表的价值诉求与社会中大多数人的利益相一致的情况，只有在消灭了阶级剥削与阶级对立的社会中才是可能的。先进文化中所蕴涵的价值诉求与社会中的阶级个人所认同的文化中的价值诉求之间并不必然性地相吻合，但也并不必然性地相悖逆与矛盾。当阶级与个人所认同的文化中的价值诉求代表着历史发展的进步趋势时，阶级与个人所认同的文化中的价值诉求与社会的先进文化中的价值诉求则是一致的。

三

肯认文化的存在具有优与劣、先进与落后的区分，并将衡量文化的先进性的尺度与标准定位于是否有利于促进社会历史的进步，是否有利于人类种族的整体利益的增进，这是否会产生不利于对弱势民族文化生存与保护的后果？是否有为强势民族推行文化霸权、文化入侵、文化殖民主义进行合法性辩护的嫌疑？这种疑虑与担忧既没有必要，也缺乏逻辑根据。

其一，强势民族的文化并不一定具有先进性，也并不必然地表现为强势与优势；弱势民族的文化并不一定是落后的，并不必然地表现为弱势与劣势。因为，文化的生成与演进是具有某种程度的相对独立性，社会的文化发展与社会经济的发展存在着发展不平衡的可能性。19世纪的德国与俄国在经济政治上较之于19世纪的英国与法国显然是落后的，但落后的德国却产生了优秀的、具有先进性质的德国古典哲学，落后的

① 《马克思恩格斯文集》第4卷，人民出版社2009年版，第197页。

俄国却产生了优秀的并影响巨大的俄罗斯文学。这一经验性的事实证明，落后的民族在特定的历史阶段与特殊的历史环境中，是可以产生先进性的文化的。

其二，文化的生成与发展虽然从归根结底的意义上看，社会的生产方式与交换方式是其决定性因素，但并非是唯一性因素，社会文化的生成与发展还受到历史过程的其他因素的相互作用的影响。不同的民族由于生存的自然环境与社会环境不同，因而使文化的生成与发展既具有普遍性的一面，也具有特殊性的一面。正如每一个民族都要求与希望尊重自己的文化特性一样，它也应尊重别的民族文化的特点。即使是那些处在社会历史演进阶梯上较高阶段上的民族，也没有理由与权利向别的民族推行文化强权与霸权。

其三，由于文化的生成与发展从归根结底的意义上看要受到生产方式与交换方式的制约，因此从一般意义上说，那些在社会历史演进的阶梯上其生产方式与交换方式处在较高阶段的民族的文化，就其总体或基本性质上看，可能优于或高于那些在生产方式与交换方式上处于较低阶段的民族的文化。如前所述，工业文化优于农耕文化，资本主义文化较之于封建主义文化进步，社会主义文化又比资本主义文化先进。但对于特定的民族的文化来说，即使它的文化在总体上落后于先进民族的文化，这也不能成为处于领先发展或处于历史发展较高阶段的民族推行文化霸权与文化殖民主义的理由。深刻的原因在于，一定的民族的文化的总体性与发展水平，是由它所处的历史阶段的历史环境与客观条件所决定的，相对于它的历史条件来说，既具有客观的必然性，也具有相对的合理性。一个民族的文化的生成与发展的逻辑从归根结底的意义上植根于该民族的生产方式与交换方式演进的逻辑。用强权与殖民主义的方式试图消灭或改变一个民族的文化，既不可能，也不合理。正如人们对于自己的民族文化不能采取文化虚无主义态度，而应以一种历史主义的态度去看待与评价自己的民族文化传统一样，对其他民族的文化也应诉诸一种历史主义的态度，给予其他民族的文化以应有的尊重。

实际上，文化的生成与发展如果不是处在孤立封闭的情况，而是处在开放的状态下，各个民族的文化之间是会发生相互影响与相互作用的，只不过这种相互影响与相互作用并不是单向度的，而是双向互动的。尤其是在全球化的时代，阻止文化的交流与对话是不明智与不可能的。没有不同文化之间的相互交流、对话、竞争，就没有文化从地域性的文化向世界历史性的文化的转变。这种转变，既有利于克服地域性文化的某些片面性与局限性，也有利于人类整体文化的进步与繁荣。但在文化的交流、对话、竞争的过程中，保持一种健康的民族文化的自信心，无论是对于强势文化来说，还是对于弱势文化来说，都是不可或缺和重要的。一个民族的文化自信心的缺失，通常会影响该民族参与文化交流的积极性与主动性，滋生文化的自卑感。然而，一个民族的文化自信心必须是健康的，而不能是扭曲的。对处于强势地位的民族与国家来说，文化的自信心应建立在对其他民族文化的尊重与信任的基础上，应防止将文化自信心转变成一种文化骄横与文化霸权的文化殖民主义心态。对处于弱势地位的国家与民族来说，文化的自信心是守护民族文化的独立性，避免自卑自弃的堤防，但也应防止自信心的膨胀而导致文化的民族保守主义，使自信心成为阻碍文化交流、文化融合的桎梏。

在全球化背景下的文化交流与文化融合的过程中，对于各个不同的国家与民族来说，除了应具备健康的文化自信心之外，还应具有文化的自觉性。所谓文化自觉，即对文化的性质与特点应有透彻而清醒的认识。对于各个国家与民族来说，既要对自己文化的优点与缺点有清醒的认识，也要对其他国家与民族文化的优点与缺点有清醒的认识。只有对各种不同文化、性质、特点的认识达到一种理性自觉的状态，才能在文化交流、对话、碰撞、竞争的过程中做到既不自傲也不自卑，既不骄横也不盲从，扬优去劣，取长补短，达到文化整合与融合，实现相互促进与共同进步。实际上，每一个国家与民族的文化都不是纯色的，而是多彩的，既有优秀的方面，也有落后的方面。强势的文化并不是所有的方面都先进，其中也有落后的成分；落后的文化中也不是所有的文化都落后，其中也有闪光的亮点。文化的先进性除了有其确定性的一面外，也有相对性的一面。因此，即使是对某些暂时就算总体性上具有先进性的强势文化来说，它们的优势与强势也只是具有相对与暂时的性质，它们也应与时俱进，吸收其他民族文化中合理与优秀的成分来丰富自己、发展自己，否则就会丧失自己的强势与优势的地位。对于相对弱势的文化来说，在维护自己的文化的独立性与尊严的同时，更应该见贤思齐，自觉地学习与吸收其他民族先进的文化成分，振兴与发展自己的文化。

总之，只有在文化上理性自觉，在分清什么是先进与落后的基础上，既反对文化霸权主义，不盲目崇拜，又反对文化保守主义，善于汲取人类文化的一切优秀成果，才能真正维护民族文化的独立性，保持文化的先进性。

文化的批判与批判的立场*

一

何谓文化，这是个既简单又复杂的问题。说它简单，是因为人们无时无刻不生活在文化中，并能感觉与意识到文化的作用与影响；说它复杂，是因为当人们试图给予文化以一个相对确定的界定时，通常又会感到难以言说。人类文化已经存在了几千年，直到今天，文化似乎还是一个见仁见智的问题。尽管如此，在有关“什么是文化”的问题上，仍可梳理出相对集中的两种意见或观点：一种观点认为文化即是人化，人类所创造与改造过的一切事物与现象都应归属于文化的范畴，这种观点通常被视为广义的文化论。另一种观点认为，文化是以精神观念形态存在的东西，这种观点通常被人们视之为狭义的文化论。笔者以为，相对于广义的文化论而言，狭义的文化论具有较为相对的合理性。文化是人创造的，但不能将人创造的一切东西都称之为文化，否则的话，在人类社会及其历史中，除了文化之外便别无他物，一部人类社会的历史不过是一部人类

* 本文原发表于《哲学动态》2012年第1期。

的文化史。在文化的把握上，我们应将文化与文化的载体区分开来，不能将两者混为一谈。人类所创造的一切存在物或人化存在物，与属人的存在物中都有文化，但有文化不等于可以转换成文化，只有人化存在物与属人的存在物中所贯彻与渗透着的观念性、精神性的东西才是文化。文化作为一种观念性、精神性的存在，可以是知识的，也可以是价值的；可以是艺术与审美的，也可以是理想与信念的。广义的文化论对于唯心主义的历史观与文化观来说也许是合理的，因为在唯心主义哲学家们的视野里，人类社会及其历史中的一切都不过是人的意识、观念、精神的产物，用黑格尔哲学思辨性的说法，不过是绝对观念、绝对精神的“对象化”“外化”“异化”。但相对于马克思的历史观与文化观来说则是不可接受的，倘若人类所创造的一切都转换成了文化，在人类社会与历史中存在的一切因素，除了文化存在形态上的差别之外，再也没有什么别的差别了，那么，在唯物主义历史观中有关物质性的存在与意识、观念、精神的存在的区分既是不合理的，也是没有意义的。广义文化论的问题是从根本上否定与取消人类社会及其历史中的物质性的存在与观念性的存在之间的本质性的差别与区分。

文化作为一种观念性、精神性的存在，是人创造的，是人的作品，因而人相对于自己创造的作品或产品而言，具有无可争辩的主体性地位。但人对文化的创造，并不是以任意或随心所欲的方式实现的，从发生学或生成论的维度看，文化的生成是以人的实践活动为基础的，归根到底，文化生成的最深刻的基础是在人的生产方式与交换方式上，因为生产方式与交换方式是人们的实践活动中的最基本的实践方式。人的实践活动方式既是人的生命活动方式，也是人的文化生成的根本方式，因而，文化在本质上是实践的，既是一种属人的存在，也是一种为人的存在。对文化的实践本质的确认，也即是对在文化生成问题上的决定论观点的肯认，文化是生成的，证明着文化是有根的、被决定的，而不是无根的、偶然性的产物。不可否认，一种文化的生成其原因是复杂的，任何一种与文化相关联的因素，都会对文化的生成产生这样或那样、或大或小、或直接或间接的作用与影响，这种作用与影响不可避免地会使文化在其性质与表现形态上呈现出某些独特性。任何试图从某种单一与唯一的因素去阐释文化的生成的做法，都是片面化与简单化的。但也应看到，文化生成原因的复杂性与表现形态的个性与差异性，并不能否定文化生成的决定论与规律性，因为作为文化生成基础的人类实践活动是有规律的，文化的生成的原因尽管是复杂的，但归根到底，它的基本性质只能从人类的最基本的实践活动方式，即从社会的生产方式与交换方式中获得根本性的解释。大致相同的生产方式与交换方式，必然产生出大致相同性质的文化，这不仅仅是一种理论逻辑的推论，更是社会历史中重复表现出来的经验性事实。处于农耕社会的西方与处于农耕社会的中国，尽管在文化的表现形态或外观上可能存在着这样那样的差异，但就其基本的文化价值观念而言则是相同的。同样，无论是西方也好，还是中国也好，在相同的工业文明发展阶级，所呈现出来的也是性质相同的工业文化。“在贵族统治时期占统治地位的概念是荣誉、忠诚，等等，而在资产阶级统治时期占统治地位的概念则是自由、平等，等等。”①马克思主义经典作家的这个论断，既适合于西方，也适合于中国。“意识在任何时候都只能是被意识到了的存在，而人们的存在就是他们的现实生活过程。”②正因为如此，所以，马克思主义历史观“不是从观念出发来解释实践，而是从物质实践出发来解释各种观念形态”③。

文化是生成的、有根的，也即意味着文化是发展的、流动的，因而具有历史的性质。文化的流动与变化，在人类社会历史发展的不同阶段上会呈现出不同的特征，它有时慢，有时快。但绝对不变的文化是不存在的。一种文化如果不是因某些特殊的原因导致消失的话，它在总趋势上是向前与向上的，这种向前与向上的发展通常被称之为文化的进步。肯定文化是进步的，对于文化的评价来说有重要意义，只有承认文化的

---

① 《马克思恩格斯文集》第 1 卷，人民出版社 2009 年版，第 552 页。

② 《马克思恩格斯文集》第 1 卷，人民出版社 2009 年版，第 525 页。

③ 《马克思恩格斯文集》第 1 卷，人民出版社 2009 年版，第 544 页。

流动与变化中存在着进步与否的问题，才能在逻辑上确立区分文化的先进与落后的可能。文化之所以在其总的趋势上是不断进步的，根本性的原因在于人们的实践活动的能力是不断提高的，伴随着人们的社会生产方式与交换方式的不断转换与进步，文化也会或慢或快地发生转型与进步。当然，文化的进步与社会生产方式和交换方式的进步并不总是平衡的，更不具有如影随形的同步性。文化进步与生产方式、交换方式以及与社会形态其他方面的进步存在着不平衡性与滞后性的可能。文化一旦形成，就会内化为人们的文化心理定势或文化行为惯性，从而使文化具有保守的性质。为此，要使文化进步，除了需要人们的实践推动之外，对现有文化的反思与批判也是一个不可忽视的方面。

批判的基本含义是否定和扬弃，文化批判即是对一定的文化在反思的基础上的否定与扬弃。在马克思历史观与文化观的视野里，文化的反思与批判虽然不是推动文化发展与进步的决定性动力，但并不忽视、否定它对推动与促进文化发展与进步的积极作用。文化批判相对于那些在历史上已丧失了必然性、现实性、属于过去的文明形态的文化来说，它是祛魅、决裂、思想解放，它对旧的文化形态的消亡起着加速的作用。文化批判对于文化与文明转型的作用表现得尤为明显，历史的经验表明，人类文化的每一次重大转型的实现，都需以文化的批判为自己清除障碍，欧洲近代的文艺复兴运动是如此，中国近代史上的“五四”新文化运动也是如此，没有文艺复兴对中世纪的基督教文化的否定或批判，就不会有资本主义文化在欧洲大陆的迅速扩展；没有“五四”新文化运动对传统儒家文化的否定，就没有20世纪中国的自由主义文化、革命文化、社会主义文化的迅速崛起。因而，在一定的意义上说，文化批判既是一种文化否定、一种文化扬弃，也是一种文化启蒙、一种文化的方向性选择。不破不立，破掉了落后的、保守的旧文化，也就为进步的、先进的文化的创造与生成提供了适宜的环境。

二

肯认文化的反思与批判在文化进化中的作用，但也需要看到与强调，不可将文化的反思与批判的积极作用绝对化与片面化。确认文化的反思与批判的积极作用，只能在下面的意义上，即文化的反思与批判是文化进化的一个必不可少的环节上加以强调，而不是说任何意义的文化反思与批判都具有无可争辩的肯定性意义，也不是说，任何一种反思与批判都能获得无条件的正当性辩护。实际上，文化的反思与批判通常具有两面性。这说明，文化的反思与批判作为一种否定性的文化评价方式，其本身在价值上具有中立的性质，即是说，我们并不能对任何形式的文化批判都可以给予积极性与肯定性的评价与辩护。赋予文化的反思与批判以积极性肯定意义与消极性负面意义的是文化反思与批判者所持的立场。文化的反思与批判的主体是有立场的，受到多种因素和原因的制约，其中既有历史与时代的局限性的制约，也受到批判主体的认识能力与文化素养的制约，但更加重要的是会受到批判主体在社会中所处的经济关系与利益关系的制约。文化的反思与批判无疑需以人们的认识能力与学术素养为基础，文化批判活动首先应视作为一种学术活动，缺乏学术含量、不具有学理性的文化批判不能称之为真正意义的文化批判。但文化批判又不仅仅是一种纯粹的学术性与学理性的活动，它具有极其鲜明的意识形态的色彩。因此，对于文化的批判与反思来说，问题的关键不仅在于其对文化所持的批判行为，更重要的在于其批判行为背后所持的立场与价值向度。面对相同的文化观念或文化思潮，即使是诉诸相同的批判行为，但因其批判主体之间所持的批判立场与历史观、文化观的不同，其价值取向及其作用与影响也是不同的。因此，在文化批判的问题上，比批判行为更重要的是站在什么立场上运用什么样的历史观与文化观进行批判。

历史的经验表明，在文化批判中，因人们进行批判时所持立场的不同与所遵循的历史观与文化观的不同，可将人们的批判行为区分为反动的、保守的、革命的。那么，判断文化批判的反动、保守与革命性的尺度或坐标应如何确定？根据马克思历史观与文化观的理论逻辑，概括地讲，一切向后看的批判具有反动的性质，一切向前看的批判具有革命或进步的性质，一切想维护现状的批判则具有保守的性质。具体讲，判断人们的批判行为的性质主要取决于以下两个相互联系的方面：其一，取决于批判主体的基本立场；其二，取决于批判主体的价值取向的目标指向。一般说来，一切以那些在历史上已经丧失了必然性和现实性，因而不具有先进与进步性的旧有文化观念作为衡量尺度，以恢复旧有的文化观念为目的的批判行为都具有反动的性质。因为这种批判不是意在促进文化的创新与进步，而是意在找回或恢复一种已经失去或式微的旧文化，在本质上不是朝前看，而是回头看与开历史倒车。站在旧文化的立场上批判新文化，而批判新文化的目的是为了恢复旧文化，因而，这种批判通常表现为“半是挽歌，半是谤文，半是过去的回音，半是未来的恫吓”①，应该说，一切以恢复丧失了历史必然性、现实性、具有明显的文化复古主义与文化怀旧主义色彩的文化批判，都具有开历史倒车或反动的性质。而那些对现实中流行的或占统治地位的文化观念与文化思潮虽也感到不满，并在一定程度也给予一定程度的批评、批判与揭露，但对现存文化观念与文化思潮在基本的或总体的方面则是持肯定立场的批判，可视之为是文化批判的保守主义。封建主义的卫道者对封建文化的批评与批判、资产阶级思想家对资本文化的批评与批判，是典型的文化批判的保守主义。文化批判的保守主义的显著特点是，他们对现存文化的批评与批判的出发点与根本性目的并不是想从根本上去颠覆它与否定它，而只是试图对现存文化进行改良与完善，并通过这种改良与完善，达到使现存文化延续生命，甚至使之永恒化或普世化的目的。文化批判的保守主义的批判，不是真正的否定，也不是真正的扬弃，充其量也只

① 《马克思恩格斯文集》第 2 卷，人民出版社 2009 年版，第 54 页。

是打着批判招牌的一种文化改良主义。应该说，文化批判的保守主义即是文化的改良主义，文化上的改良主义也即是文化批判的保守主义，两者在本质上是一致的。为现存文化辩护、维护与巩固现存文化的基本性质不变，是一切文化批判的保守主义或文化改良主义的基本立场与基本态度。而具有革命性的文化批判，既不同于文化批判上的文化复古主义与文化怀旧主义，也不同于文化批判上的保守主义与文化改良主义，其批判的视点既不是向后看，对已逝去的文化恋恋不舍，也不是仅仅满足于对现存文化的批判性改良。革命性的文化批判，首先是一种以科学性为基础的文化批判，它是以社会历史发展的必然性为坐标，以文化发展的必然性趋势的尺度对现存文化的一种评价；革命性的文化批判，是一种面向未来、以促进文化进步为旨趣的批判；革命性的文化批判，是一种否定，更是一种扬弃，是一种破为基础、立在其中的批判。

文化批判的性质区分，对于认识与评价文化批判来说具有不可忽视的意义。如何在五花八门的文化批判中，保持一种清醒的头脑，不被形形色色的文化复古主义与怀旧主义、文化保守主义或改良主义所误导，使文化批判沿着健康、正确的方向发展与前进，运用马克思历史观与文化观的基本立场与方法，对各种各样的文化批判的立场与方法、出发点与目的进行谨慎的辨察与分析，对其批判的性质做出科学的把握与界分，是不可缺少的前提与基础。不是任何形式与性质的批判都应给予肯定性的评价，更不是所有的文化批判都具有无可怀疑性地促进文化进步的价值，只有在科学与正确的历史观与文化观的指导下，具有科学性与革命性的文化批判才具有促进文化进步的意义，才能给予肯定性的评价。

三

在对待文化批判的问题上，不能陷入盲目性，更不能陷入对文化批判的非理性崇拜。对科学与正确的文化批判的作用与影响必须进行实事求是的合理性评价，也应避免盲目性的崇拜。诚然，在马克思主义的历史观与文化观的视野里，科学与正确的文化批判对于破除落后的文化的束缚，促进人们在文化上的启蒙与思想的解放，推动文化的不断创新与进步具有无可争辩的积极而又肯定性作用。需要强调的是，对文化批判作用的估价与强调切不可过分地膨胀与夸大，即使是属于科学与正确的文化批判的作用。原因在于，科学与正确的文化批判虽然是推动社会文化进步的重要力量，但不是唯一的，更不是决定性的力量，推动文化发展与进步的最终的、决定性的力量是社会历史中的生产方式与交换方式。

对思想的批判、理论的批判、哲学的批判，也包括文化的批判，总之对一切意识与精神现象的批判，其价值与意义应该肯定，而不应予以否定与忽视，但又不应该加以膨胀与片面性夸大，更不能导致一种批判崇拜，似乎批判即是一切，一切旧的思想、精神性观念通过批判即可灰飞烟灭。推动思想、理论、哲学，也包括文化发展的根本性动力是革命，而不是批判，批判只是起着一种辅助的作用。有关批判的作用问题，马克思主义经典作家们留下过经典性与示范性的论述。在《德意志意识形态》中，马克思、恩格斯就曾针对青年黑格尔派中的一些人将批判神圣化的演出闹剧，不仅讽刺性地将他们称之为“神圣家族”，而且还以辛辣的话语写道：“既然这些青年黑格尔派认为，观念、思想、概念，总之，被他们变为某种独立东西的意识的一切产物，是人们的真正枷锁，就像老年黑格尔派把它们看做是人类社会的真正镣铐一样，那么不言而喻，青年黑格尔派只要同意识的这些幻想进行斗争就行了。既然根据青年黑格尔派的设想，人们之间的关系、他们的一切举止行为、他们受到的束缚和限制，都是他们意识的产物，那么青年黑格尔派完全合乎逻辑地向人们提出一种道德要求，要用人的、批判的或利己的意识来代替他们现在的意识，从而消除束缚他们的限制。这种改变意识的要求，就是要求用另一种方式来解释存在的东西，也就是说，借助于另外的解释来承认它。青年黑格尔派的意识形态家们尽管满口讲的都是所谓‘震撼世界的’词句，却是最大的保守派。”① 在《德意志意识形态》的另一处，马克思、恩格斯在谈到属于青年黑格尔派的费尔巴哈时也以大致相同的话语写道：“我们不想花费精力去启发我们的聪明的哲学家，使他们懂得：如果他们把哲学、神学、实体和一切废物消融在‘自我意识’中，如果他们把‘人’从这些词句的统治下——而人从来没有受过这些词句的奴役——解放出来，那么‘人’的‘解放’也并没有前进一步……”② 那么，为何一生都在与形形色色的错误思想做斗争、在批判各种错误思潮时毫不妥协的马克思与恩格斯，在谈到曾经是他们旧日的战友、一群有浓厚的批判崇拜情结的青年黑格尔派的批判时，却给予了上述如此的否定性评价呢？马克思、恩格斯何以将那些口不离批判的青年黑格尔派思想家们称之为“最大的保守派”，认为他们的批判虽然声称是要将人从哲学、神学、实体和一切废物中解放出来，但在实际上并没有使人的解放前进一步？马克思、恩格斯的论断给予了我们一个明确而有说服力的答案。青年黑格尔派思想家们之所以是一群“玄想家”，是一些“最大的保守派”，是因为“这些哲学家没有一个想到要提出关于德国哲学和德国现实之间的联系问题，关于他们所作的批判和他们自身的物质环境之间的联系问题”③。即是说，青年黑格尔派的思想家们只是将自己的批判完全局限于思想的范围内，而从不涉及思想与现实之间的联系，没有想到现实的改变问题，而这种完全在思想范围内跳舞、玩“词句革命”的批判，对人的现实性解放是不会有任何作用的。因为人的“‘解放’是一种历史活动，不是思想活动，‘解放’是由历史的关系，是由工业状况、商业状况、农业状况、交往状况促成的”④。在马克思历史观的视野里，“意识的一切形式和产物不是可以通过精神的

① 《马克思恩格斯文集》第 1 卷，人民出版社 2009 年版，第 515、516 页。

② 《马克思恩格斯文集》第 1 卷，人民出版社 2009 年版，第 526、527 页。

③ 《马克思恩格斯文集》第 1 卷，人民出版社 2009 年版，第 516 页。

④ 《马克思恩格斯文集》第 1 卷，人民出版社 2009 年版，第 527 页。

批判来消灭的，不是可以通过把它们消融在‘自我意识’中或化为‘怪影’‘幽灵’‘怪想’等等来消灭的，而只有通过实际地推翻这一切唯心主义谬论所由产生的现实的社会关系，才能把它们消灭；历史的动力以及宗教、哲学和任何其他理论的动力是革命，而不是批判”①。

在马克思历史观中，为何无论是“历史的动力”还是“理论的动力”，乃“是革命”而“不是批判”？为何精神性的存在“不是可以通过精神的批判来消灭的”？为何“人的解放是一种历史活动，不是思想活动”？其深刻的原因在于：人的意识、观念、思想、文化、精神一类的东西，它们不是一种独立的存在，也没有自己独立的历史。它们都是在一定的生产方式与交换方式上生成的，与人们现实的社会关系有着密切的联系，是作为人们现实的社会关系的反映而存在的。人们的生产方式与交换方式、人们的社会关系、现实的物质生活条件，是人们的意识、观念、思想、文化、精神一类的东西生成与存在的基础，不通过革命的方式，铲除意识、观念、思想、文化、精神生成的土壤，改变它们存在的基础，它们是不会被消灭的。揭示出宗教产生与存在的秘密，并不等于能使宗教得到消灭，只要现实的世俗世界中存在着“自我分裂与自我矛盾”的情况不消灭，世界就不可避免地要“被二重化为宗教的、想象的世界和现实的世界”②。要使宗教被彻底铲除，唯一的途径是要通过革命实践的方式使世俗世界的矛盾与分裂彻底消灭。揭示出货币拜物教与商品拜物教的本质与生成的秘密，不等于就能消除拜物教观念，不论人们对拜物教观念进行什么样的批判与围剿，只要商品生产与商品交换存在，商品、货币关系仍然在发挥作用，拜物教观念就不可能消除。同样，等级制观念的生成与存在是以农耕社会的生产方式与交换方式以及封建生产关系的存在为基础的，要真正消除等级制观念，首先要消除人们在社会关系中的等级制关系，等级制关系的基础性因素不消除，等级

---

① 《马克思恩格斯文集》第 1 卷，人民出版社 2009 年版，第 544 页。

② 《马克思恩格斯文集》第 1 卷，人民出版社 2009 年版，第 504 页。

制观念也会顽强地表现自己。总之，文化的发展与演进的根本性动力，不应在文化自身中去获得解释，因为文化作为一种观念、精神性存在，不是一种绝对的独立性，它的独立性只具有相对的性质。因此，文化的发展与进步不是思想家们通过反思与批判的方式实现的，而是人们通过自己的革命实践活动的方式，“使现存世界革命化，实际地反对并改变现存的事物”① 的方式实现的。这也即是马克思主义经典作家所强调的“理论的动力是革命，而不是批判”的内在根据。

① 《马克思恩格斯文集》第1卷，人民出版社2009年版，第527页。

文化的生成与发展的决定论诠释*

一

文化不是人类从自然界中接收来的自然遗产，更不是伊甸园神话中所描述的是上帝赠予人类的礼物；文化是人创造的，是在人的社会实践中生成的。人作为文化的创造者或者作者，在文化面前，是拥有无可争辩的著作权与主体性地位的。但这只是人与文化关系的一个方面，人与文化的相互关系还有另一方面，即文化一旦在人的实践中生成，它也反过来影响与规范人的存在。因此，在人与文化的关系中，一方面文化是属人的存在，另一方面人也是文化的存在。人在自己的现实生活中无时无刻不在与文化打交道，且不论人们喜欢与否，都无法摆脱文化幽灵的纠缠。应该说，在人们的现实生活中，人们感受最亲近的东西是文化，最熟悉的东西是文化，在人们的日常话语中使用频率最高的词汇恐怕也是文化。然而，什么是文化？或者说文化为何物？当人们直面这样的追问时，不要说一般的普通人，即使是学富五车的大师恐怕也难说清楚。对什么是文

* 本文原发表于《学习与探索》2013 年第 6 期。

化的回答上，人们通常喜欢选择的是使用描述性语言，而谨慎地避免使用教科书要求的规范性语言。当然，在文化史上，也确有一些较为具有冒险精神的勇敢者，试图给予文化以一个确定性的界定。有人做过一个难说精确的统计，有关文化的定义大概有七十余种。但遗憾的是，至今为止，还没有任何一种定义获得过没有异议的普遍性赞同。应该说，在文化的认识与把握的问题上，最能印证人们常说的一句话：最简单的东西，最难把握；最熟悉的东西，最难说清楚。

在时下的中国学术界，人们在面对文化是什么或为何物的问题时，解决的思路与方式在总体上也是遵循描述的路径。一种观点认为，人类所创造的一切都具有文化的性质，一切非纯粹的自然物，无论是以物质形态的方式存在的，还是以非物质形态的方式存在的，只要是人创造与生产出来的，都是人类的文化。这种观点通常被称为广义的文化论。广义文化论者认为文化与文明同义，一切属于文明性质的东西，都具有文化的性质。在文明存在形式的划分上，可以将文明划分成物质文明与精神文明，在文化存在形式上则可以划分成物质文化与非物质文化，两者划分的标准具有同一性。另一种观点认为，文化不同于文明，文化的历史不仅要比文明的历史悠久得多，而且不是任何一种文化都能转化为文明的，文化与文明作为两个相对独立的概念之所以在历史上长久地存在，本身就证明了两者不可相互替代。文化是一种知识，文化是一种经验，文化是一种价值观念，即是说，文化在本质上是一种观念性的东西。这种将文化视为一种观念性的东西的文化论通常被人们称为狭义文化论。实事求是地说，认同广义文化论的人趋多，一个有力的证据是，使用物质文化与非物质文化分类的做法不仅被越来越多的人所接受，而且得到了联合国教科文组织的认可。而认同狭义文化论的人有日趋减少的趋势，而且还存在着被视为思想保守的风险。尽管如此，在广义文化论与狭义文化论的相互竞争中，笔者宁愿冒被人视为思想保守的嫌疑与风险，仍然坚持将文化视为一种在本质上是观念性的东西的观点。

文化不同于文明，文化的历史比文明的历史久远得多，人作为人存在时，就开始创造出自己的文化，而文明只是人类发展到较高阶段上的产物。凡是读过摩尔根的《古代社会》与恩格斯的《家庭、私有制和国家的起源》的人都应该十分清楚，人类在蒙昧时代与野蛮时代是有文化的，但在这两个阶段并不存在文明，蒙昧时代、野蛮时代、文明时代是人类文化发展的三个不同时代。在文明诞生之后，文化与文明确有相互作用、相互影响、彼此渗透的关系。文化的发展与变化，不可避免地转化与表现在文明的发展与变化上，而在文明的发展与变化中，通常也渗透与体现着文化的发展与变化。正因为如此，在文化与文明存在形态的划分上，两者之间通常存在着密切的相关性与极其相似的对应性与对称性，具体地说，表达文明存在形态与类型的词汇，也可以相应地用来表达文化的存在形态与类型。也正是因此，才导致不少人将文化与文明概念相等同与相混淆。然而，几乎在所有的语言中，之所以都同时保留着文化与文明的词汇，深刻的原因在于，文化与文明都有各自存在的理由与独立性的价值，两者并不能完全地相互替代与无障碍地相互转换。人们可以对一种制度、一种社会规范做出文明的或不文明的评价与判断，却不能做出有文化与没文化的评价与判断；人们可以依据一个人的行为举止做出文明与不文明的判断，但不能完全地依据一个人的行为举止做出有文化与没有文化的判断，人们可以说徽州民居的文化含量比现代城市居屋的文化含量高，却不能说徽州民居的文明程度比现代城市居民建筑的文明程度高。一般说来，文化是文明的内核，文明是文化的外显，只有当文化通过人的实践活动被对象化与现实化后才表现为文明。文明通常是以实体或载体的方式存在着的，而文化既可以通过载体的形式存在，也可以以非外显、非载体的形式存在于人的头脑中。在人类所有的创造物中无疑都蕴涵着一定的文化，但我们不能说人类的所有创造物都是文化，“有文化”与“是文化”并不能等同。长城中有文化，没有人会有异议，但说长城是文化或等于文化，苟同的人恐怕不会太多，因为长城作为一种建筑，无疑承载着一定的文化，但长城本身毕竟是一座建筑物。

将文化与文明相等同与相混淆，在思维的逻辑上会使人们陷入不可解脱的困境，因为如果将人类所创造的一切都等同于文化，那无异于意味着在属人的世界中，除了文化之外，什么也没有。长城是什么？长城是文化；金字塔是什么？金字塔是文化；酒是什么？酒是文化？房子是什么？房子是文化……要知道当人们说人所创造的一切存在物都是文化时，也即意味着将文化等同于一切，而当人所创造的所有存在物都能与文化相互转换时，也即意味着人所创造的一切文明存在物之间质的差别的消失。对于马克思的历史观来说，这样的观点是不可接受的。在马克思主义经典著作中，人们可以寻找到有关文明的论述，也可以寻找到文化的论述，但没有发现过将文化与文明相等同的论述。在马克思主义经典著作中，当马克思主义经典作家讲到文明时通常指向的是生产力、商品一类的物质性存在物，而在讲到文化概念时，通常指向的是以社会意识为代表的精神、观念性的存在。马克思主义经典作家为何从不将文化与文明范畴混用，并始终将文化概念限定为观念形态的存在，坚决地反对将人类社会历史中生成的“对象、现实、感性”作纯主观的理解？深刻的原因在于，在马克思历史观的视野里，在人类社会历史中生成的“对象、现实、感性”虽然不是纯粹自然的客体性存在，即它渗透着实践活动主体的精神、文化诉求，但它也不是纯主观性的存在，决不意味着“对象、现实、感性”仅仅是一种文化，其他的什么也不是。如果在人类社会历史中生成的一切都只是一种文化，充其量也只是存在诸如物质文化与非物质文化等表现形态上的区分，人们将无法理解与阐释在社会历史的领域中何以会有唯物主义历史观与唯心主义历史观的分歧与对立，更无法理解与解释马克思的历史观“不是从观念出发来解释实践，而是从物质实践出发来解释各种观念形态……”① 以及从物质性东西出发去解释观念性东西的思考逻辑何以需要与何以可能。

广义的文化论不只是具有将文化泛化的倾向嫌疑，应该说在逻辑上

① 《马克思恩格斯文集》第 1 卷，人民出版社 2009 年版，第 544 页。

还具有将文化泛化的逻辑。而这种将文化泛化的逻辑，不管持有者在主观上的动机与意愿如何，在客观上都难以避免黑格尔主义的嫌疑。在黑格尔主义的思想逻辑中，“对象、现实、感性”是什么？是绝对观念或绝对精神的外化、对象化或异化。在广义文化论的持有者的思想逻辑中，“对象、现实、感性”是什么？是文化，是文化的外化、对象化、现实化。所不同的只是在于，后者将前者的绝对观念或绝对精神换成了文化。这种转换与马克思所揭露的黑格尔玩的手法并没有什么不同。马克思在《哲学的贫困》中谈到黑格尔的方法时曾经指出：“如果说有一个英国人把人变成帽子，那么，有一个德国人就把帽子变成了观念。”①马克思讲的英国人指的是李嘉图，那个德国人指的是黑格尔。对马克思的上述这段话，我们不妨试作如下的引申：劳动力是什么？劳动力是商品。帽子是什么？帽子是商品。劳动力与帽子既然都是商品，劳动力也就等同于帽子，这是李嘉图的游戏。帽子是什么？帽子是帽子观念或概念的外化、对象化与异化，因而帽子也就与帽子的观念相等同，这是黑格尔的游戏。对于广义文化论或泛文化论者来说，帽子是什么？帽子是文化，帽子是帽子文化的外化与对象化，这是广义文化论的游戏。

二

尽管文化是以知识、观念、精神的方式存在着，但文化并不像天上的云彩，随风而起与随风飘游，飘到哪里算哪里。文化是生成的，因而是有根的。文化作为一种有根的存在，它的根深植于特定的土壤中。人们常说，一方水土养一方人，其实，相对于文化来说更是这样，特定的水土，哺育与滋养着特定的文化的生成与生长，不同的水土哺育出与滋养着不同的文化。

---

① 《马克思恩格斯文集》第 1 卷，人民出版社 2009 年版，第 597 页。

当然，相对于文化的生成与发展来说，文化的水土并不仅仅指向纯粹的自然条件，更指向社会历史条件。不可否认，自然条件与自然环境在文化的生成与发展中具有不可忽视的作用，就如海洋与陆地、水乡与高原。正因为如此，在文化的分类中，才有了海洋文化与内陆文化、东方文化与西方文化、南方文化与北方文化的区分。生活在中国江南水乡的人们喜爱缠绵婉转的水乡小调，生活在中国西北高原的人们则喜爱雄浑激越的信天游，这无疑与自然条件和自然环境的差别有着密切的关系。是江南水乡的柔美环境塑造出水乡人的柔美感，是西北高原的雄浑环境塑造出高原人的雄浑感。然而，文化的水土更多地或主要地指向是社会历史条件与环境，因为文化的生成与发展主要受社会历史条件与环境的影响。所谓的社会历史条件与环境主要是指人们在自己的社会实践中生成的生产方式与交往方式，以及在生产方式与交往方式基础上形成的生产关系与交往关系。为什么说在文化赖以生成与发展的水土中，社会历史的条件与环境相对于自然的条件与环境更为重要呢？深刻的原因在于，一种文化的主要内容以及作为文化的内核的价值观念并不是由人们所处的自然条件与环境决定的，而是由人们所处的社会历史条件与环境决定的。如果说自然条件与环境可以影响一种文化的表现方式与外部特征的话，社会历史条件与环境则主要影响与决定着文化表达的内容与本质。一个无可争辩的经验性的历史现象或事实是，不管西北高原的信天游与生成于江南水乡的小调在艺术表现风格上有多么大的不同，但就其蕴涵的内容及内容所具有的性质方面看，处在相同的历史阶段上，两者所表达的基本观念与价值诉求不仅具有相似性，甚至具有高度的趋同性与同步性。不管是东方还是西方、地处海洋还是地处陆地在文化的表现形式与文化的外部特征上有着什么样的差别，但就其文化的内容及其性质而言，处在相同社会历史条件与环境，或处在相同的生产方式与交换方式以及由此决定的生产关系与交换关系发展与演进的历史阶段上，社会中占统治地位的思想、观念或者说文化也是大致趋同的，并不存在着不可通约与比较的鸿沟。在农耕社会的生产方式与交换方式基础上生成的必定是农耕文化，在工业社会生产方式与交换方式基础上生成的必然是工业文化。与此相适应，在封建社会中占主导地位的文化必然是在封建社会生产关系中占主导地位的贵族阶级的文化，在资本主义社会中占主导地位的文化也必定是在资本主义生产关系中占主导地位的资产阶级文化。文化的内容及其本质从归根到底的意义上看，更多地是由社会的生产方式与交换方式所决定的，与东方和西方、海洋与内陆等地理位置与环境并无直接关系，更谈不上决定性关系。马克思在《德意志意识形态》中有一段经典性名言："在贵族统治时期占统治地位的概念是荣誉、忠诚，等等，而在资产阶级统治时期占统治地位的概念则是自由、平等，等等。"①马克思的这一经典性论断虽然根据于西欧社会的历史，但它的适用范围并不仅仅适用于西欧，而是具有普遍性的价值。它既适用于西欧社会，也适用于中国社会与东方社会。在西欧的中世纪占统治地位的文化价值观念是"荣誉"与"忠诚"，在中国漫长的封建社会中占统治地位的概念难道不也是"荣誉"与"忠诚"吗？人们在对中西文化进行比较时，通常喜欢谈论中西文化、中西文明的对立与冲突，应该说这是对中西文化的一种严重误读。中西文化的冲突与对立并不是从一开始就有的，而是始于文艺复兴以来的近代与现代，而中国的以儒家为代表的传统文化与西方中世纪占统治地位的文化之间并没有本质性的区别。西方近代以前的社会与中国封建社会同属于农耕文明社会，在以手工工具为基础的农耕社会的生产方式与交换方式的基础上必然产生的是以封建主为首的生产关系，而封建的生产关系在本质上是一种以等级制为特征的生产关系。在等级的条件下，占统治地位的必然是"荣誉"与"忠诚"。深刻的原因在于，不仅处于较高等级的人较之于较低等级的人来说是一种"荣誉"，更为重要的是，要求较低等级的人忠诚于较高等级的人是社会的等级制得以维系的条件。中西方文化只是到了近代才发生了背离，并产生了对立与冲突。因为西方的近代已进入工业文明阶

① 《马克思恩格斯文集》第1卷，人民出版社2009年版，第552页。

段，在工业文明社会中，社会的生产方式与交换方式是商品生产与商品交换，而商品生产与商品交换都必须以人的自由与平等为基础与前提，没有自由与平等这个基础与前提，既不可能有商品生产，也不可能有商品交换。因此，中西方文化在近代以来的冲突与对立在本质上是中国传统文化中的等级观念与西方近代以来的自由、平等观念的冲突与对立，而导致这种冲突与对立的并不是中西方或东西方所处的位置差异，而是由生产方式与交换方式以及由此导致的生产关系的异质化而形成的。其实，中西方文化观念近代以来的这种冲突与对立，在西方社会中早已存在过。西欧近代文艺复兴的一个巨大历史功绩就在于它以自由、平等的观念取代了维持封建等级制的“荣誉”与“忠诚”观念，从而为西方近代以来的商品经济与资本主义的发展扫清了文化观念上的路障。

文化是生成的，因而文化是有根的存在，确认文化生成的有根性，也即意味着确认文化的生成有其内在的必然性与规律性。在文化的生成是否存在着必然性与规律性的问题上，有人以文化是人的选择的结果为由，坚决主张文化的生产是“非决定的”，认为“任何一种文化无论生成还是发展都不是必然如此”的，因而在文化生成与发展的问题上坚决地“反对普遍决定与因果决定”。应该承认，文化的生成离不开人的选择，而人的选择无疑要受到人的主观因素与价值诉求的纠缠与影响，但问题是：人的选择是否属于一种纯粹主观任意的行为？在人们主观选择的背后，是否受到自然条件与社会历史条件的制约，尤其要受到后者的制约？如果文化的生成纯粹是人们的主观选择的任意行为的结果，完全是偶然的、非决定的，那么人们对文化所作的诸如东方文化与西方文化，封建文化、资本主义文化、社会主义文化的分类何以可能与如何成立？一个显而易见的事实是，封建文化、资本主义文化、社会主义文化的生成，是与封建的生产关系、资本主义生产关系、社会主义生产关系有着密不可分的因果关系的。封建文化、资本主义文化、社会主义文化是封建生产关系、资本主义生产关系、社会主义生产关系的反映，后者是前者生成的基础，承认了这一点，也就等于承认了文化生成的必然性与规律性。

当然，文化生成的原因是复杂的，一切作用于文化生成的因素，都或多或少地要在文化上留下自己的印迹，因而文化在其表现形态上具有不同的面貌。正如世界上不存在两片相同的树叶一样，世界上也不存在两种绝对相同的文化，即使是具有同样性质的文化，在其外部特征上也存在着这样那样的差异，因为文化生成的条件与环境不可能完全一样。人们在对文化进行解读时，应力戒简单化，避免用某种单一性的因素去对文化的性质与特征进行简单的图解，而是应尽可能全面地对各种因素对文化生成的影响与作用进行细心的辨认与分析。但我们不能依据文化生成原因的复杂性与文化表现形态的丰富性与差异性，去否认文化生成的因果性与被决定性。要知道，一种文化与另一种文化之间的差异并不是没有原因的，如果认为是没有原因的，那就意味着人们对文化的考察只可描述，不可解释。如果人们对文化只能使用描述性语言说它“是”什么或“怎么样”的而不能作为什么“是”的追问，那就否定了文化生成和差异的因果性；而如果认为是有原因的，也就等于承认了文化生成的因果性与被决定性。文化生成的原因是复杂的，但各种因素在文化生成中的作用与影响并不是等价的，不仅有大小与程度的区分，而且也存在着直接与间接、根本性与非根本性的区分。马克思的历史观与文化观虽然一方面认为文化的生成是影响文化的各种因素相互作用的结果；但另一方面同时强调，一种文化的主要内容与根本性质从归根到底的意义上看是由社会的生产方式与交换方式决定的。因为在马克思历史观与文化观的视野里，是游牧社会、农耕社会、工业社会的存在导致了游牧文化、农耕文化、工业文化的产生，而不是相反。同样，也是随着社会生产方式与交换方式的变革与更替而推动着社会文化在内容和性质上的改变与转型。对于不同地区、不同民族与不同国家来说，只要是处于相同的历史发展阶段上，其生产方式与交换方式具有大体相同的性质，其文化表现的外部特征也许存在着差异，但在文化所表达的基本内容与核心价值观诉求上不会有、也不可能有根本性的差别。

三

文化是生成的，文化的生成离不开生成与生长的土壤，因而文化在其生成与演进的过程中呈现出内在的必然性与规律性。但由于文化生长的土壤除自然的因素之外，其社会历史因素也是在不断改变的，因而文化生成与演进的内在必然性与规律性在其表现形态上也存在复杂性与多样性。有人以文化内容的丰富性与表现形态的复杂性与多样性去否定文化生成与演进的内在必然性与规律性，然而，问题的实质恰恰相反。文化生成与演进在表现形态上的复杂性与多样性不仅不是对文化生成与演进的内在必然性与规律性的否定，反而是无可争议的客观性证明。在文化发展史上，存在着这样一种文化现象，即某些文化形式具有不可复制性与空前绝后性。马克思在《〈政治经济学批判〉导言》中，就曾以古希腊史诗与莎士比亚戏剧为例对此类文化现象进行了说明。马克思指出："关于艺术，大家知道，它的一定的繁盛时期决不是同社会的一般发展成比例的，因而也决不是同仿佛是社会组织的骨骼的物质基础的一般发展成比例的。例如，拿希腊人或莎士比亚同现代人相比。就某些艺术形式，例如史诗来说，甚至谁都承认：当艺术生产一旦作为艺术生产出现，它们就再不能以那种在世界史上划时代的、古典的形式创造出来；因此，在艺术本身的领域内，某些有重大意义的艺术形式只有在艺术发展的不发达阶段上才是可能的。"①在马克思的视野中，艺术的发展并不与社会的一般发展成比例，某些艺术形式，例如希腊史诗，只有在艺术发展的不发达阶段上，具体地说"只有艺术生产还没有作为艺术生产出现"的阶段上才有可能产生，而在艺术发展的发达阶段上则是不可能的。希腊史诗在人类艺术发展史上何以会是一次性的、不可复制与空前绝后的伟大杰作？这是否意味着希腊史诗的产生纯粹是一种偶然的历

① 《马克思恩格斯文集》第 8 卷，人民出版社 2009 年版，第 34 页。

史现象？当然不是，希腊史诗的产生以及它的一次性的、不可复制的悲壮绝唱，都源于希腊史诗生成的历史土壤的独特性。“希腊神话不只是希腊艺术的武库，而且是它的土壤。”①而希腊神话之所以既是希腊艺术的武库，又是希腊艺术生长的土壤，这是与希腊社会当时的科学不发达状况相适应与相一致的。因为“任何神话都是用想象和借助想象以征服自然力，支配自然力，把自然力加以形象化；因而，随着这些自然力实际上被支配，神话也就消失了”②。即是说，希腊社会的蒙昧与科学不发达状况是希腊神话得以产生的基础与前提，希腊神话则是希腊艺术的土壤，而伴随着蒙昧向文明的转变与科学的日益进步，希腊神话的破灭也就成为了历史的必然。当神话的土壤不再存在时，希腊史诗也就成为不可复制的了，这是一个无懈可击的逻辑解释。神话也是人话，只不过是人类儿时的童话，正如人并不能真正地返老还童一样，人类也不可能再从文明与科学状态中返回到蒙昧与野蛮状态，希腊史诗的不可再现并不是因为人类智力的退化，而是因为孕育希腊史诗的土壤不可再造。

文化是生成的，也是流动的，文化无论就其形式还是就其内容来说，在其总趋势上是不断抛弃与不断进化的，不存在一种一旦生成就绝对不变的所谓原生态的文化。但文化的流动与进化，通常也会呈现出如下的情况，即文化的某些方面的变化表现得极为迅速与显著，而在某些方面又表现得相对缓慢，甚至会给人们以固定不变的感觉。一般说来，文化内容的变化快于文化形式的变化，文化中的价值观念的变化要快于人们的生活习惯与审美观念的变化。文化的内容，尤其是人们的文化价值观念的生成与演进大体地维持着与人们的生产方式与交换方式同步的特点，而文化中的某些表现形式以及文化内容中的与价值观念联系不太明显的部分则具有相对较大的独立性。江南水乡的小调与西北高原的信天游就其内容，尤其是在文化价值观的表达上，不仅是变化的，而且两

① 《马克思恩格斯文集》第8卷，人民出版社2009年版，第35页。

② 《马克思恩格斯文集》第8卷，人民出版社2009年版，第35页。

者之间是保持着同步性与一致性的。两者在艺术的美学风格与喜爱它们的大众保持着相对稳定性的事实即是一个很有说服力的例证。那么，文化的生成与演进、流动与变化，何以会呈现出上述的情况呢？合理的解释是，影响文化生成与演进、流动与变化的原因与因素是复杂的，不同的原因与因素对文化的生成与演进、流动与变化的影响与作用是不尽相同的。一般来说，受自然条件与自然环境因素作用与影响的文化部分较为稳定，因为自然条件与环境的变化极其缓慢而微小，正是因为如此，文化呈现出比较明显的地域性特征，并且这种地域性特征较为固定，即使有变化也给人并不明显的感觉。在受社会历史条件与环境影响与作用的文化部分中，有些与社会生产方式与交换方式以及以此为基础的生产关系与交换关系的关系较为密切，有些则较为间接。关系较为间接的变化较为缓慢；关系较为密切的变化较快，并大体上维持着与生产方式与交换方式的同步性。在文化生成与演进的历史过程中，人们对传统文化的批判与扬弃之所以首先指向文化的价值观念，一种新的文化的生成也首先表现在新的文化价值观念的产生上，深刻的原因在于，不同的生产方式与交换方式必然产生出不同的文化价值观念，生产方式与交换方式的变革首先要求价值观念的变革，因为文化中的价值观念部分与社会的生产方式与交换方式联系最为直接与密切。这里需要强调的是，文化的生成与演进虽然要受到自然因素的影响，但主要地还是受到社会历史因素的影响。一种文化的性质是由它们蕴涵的价值观念决定的，封建文化与资本主义文化的区别不在于它的表现形式，而在于它们各自所表达的价值观念，文化的价值观念取向反映着生产方式与交换方式的要求。正因为如此，在马克思历史观与文化观的视野里，一方面坚决地反对用某些唯一的因素去解释文化的一切方面；另一方面又坚决地主张，文化的本质及其变化从归根到底的意义上应从生产方式与交换方式的性质及其变更去获得根本性的解释。

文化是生成的，文化的生成离不开一定的土壤，但这并不意味着文化生成的空间是完全封闭的。文化是生成的，也是流动的，文化的流动并不像水在狭窄的人工沟渠中那样，更像在自然的河流中奔腾，不断地接纳活水与汇聚其他河流。文化流动的空间，是伴随着人类交往活动的扩大而呈现出敞开的态势。在文化流动与开放的过程中，各种不同的文化之间相互作用与相互影响，每一种文化既影响别的文化，同时也受到别的文化的影响。文化的开放与交流，对于文化的生成与发展来说具有极其重要的意义，正如生物群体在封闭的系统中近亲繁殖必然导致生物群体的退化一样，文化在封闭的环境下也会丧失持续性的活力。但各种不同的文化之间的相互作用与相互影响也是有条件的，无论是文化的输出还是输入，不仅取决于文化本身先进与否的性质，同时也取决于是否存在文化落地生根的适宜土壤。一个民族的文化是否能对其他民族的文化发生影响，首要的条件是要满足其他民族的需要，同样，其他民族的文化是否能被自己所属民族接纳，也要取决于自己所属民族本身的需要。一种文化对其他文化作用力与影响力的实现程度，取决于这种文化对其他文化生长的土壤适应的程度。南为橘、北为枳的自然现象，在文化移植中同样存在。总之，无论是文化的生成，还是文化的流动与移植，都不能被视为是纯粹的偶然性巧合，文化的生成与流动都是有其客观性条件作为基础、作为根据的。

当然，强调文化生成与发展的必然性与规律性，并不意味着确认文化的生成与发展是一种纯属自然性的自发过程，也不意味着可以否认文化自觉在文化生成与发展中的意义，更不意味着个人在文化生成与发展中的作用的消解。文化是属人的存在，也是为人的存在，文化的生成与发展都是以人的活动为基础的。但应强调的是，人的社会历史实践活动是有规律的，作为人的社会历史实践反映的文化也是有规律的，人们在推进文化发展的过程中，应遵循文化生成与发展的内在必然性的要求，这样才能使文化沿着正确的方向前进。

论文化生成与发展中的必然性与相对独立性*

一

在时下的中国学术界，最吸引人们眼球的恐怕要算是文化问题了。不仅有日渐增多的学人激发出对文化的浓厚兴趣，就连普通老百姓也不乏关注文化的热情。“文化”无疑成为人们日常生活中使用频率最高的词汇。

然而，什么是文化？面对这颇有点类似哲学形而上学的追问，不要说普通的人们会感到茫然，即使是对于那些多年研究文化问题的学者们也不是能够轻易解答的。一个有趣的现象似乎不难说明这一点。一般来说，学者们在分析事物与阐释现象时，通常习惯做的第一件事情便是分析与阐释研究所指向的对象的概念，给研究对象赋予一个在内涵与外延上相对明晰与确定的教科书式的定义，这通常是被视为符合学术研究规范的必要要求，在当下一些受西方分析哲学影响较大的学者那里，这点尤为突出。但在面对文化问题时，情况似乎有些特殊，不仅在普通人群的话语

* 本文原发表于《江汉论坛》2012 年第 10 期。

中，人们对文化含义的表达差异很大，就是学者们对文化的理解也不尽相同。在文化概念的表达上，学者们大多表现得相当谨慎，宁肯费时费墨地去对各种具体的文化现象进行经验性的描述，也不愿冒险地对文化给出一个教科书式的界定。即便偶有一些勇敢的尝试者，对文化概念给予过这样那样的界定，也没有哪一种界定获得人们的普遍认同与共识。文化研究领域的上述现象，似乎也在印证着人们所熟悉的另一种现象：越是明了的问题越复杂，越是人们熟悉的东西越难言说清楚。

文化与人们的社会生活联系密切，它似乎无处不在，无时不有，而人们之所以对它究竟是什么的问题难以说清楚，其中的一个重要原因恐怕与它的存在与表现形态具有多样性、复杂性的特征不无关系。文化具有复杂与多样的存在与表现形态，不同的文化表现形态具有不同的外部特征。人们可以根据文化存在的一般与特殊的关系将文化区分成广义文化与狭义文化。广义文化可视之为与文明同义，指涉人类所创造的一切成果，既包括已被形式化了的文化，也包括未被形式化的文化；狭义文化则是指文化中已被形式化的各种社会意识形式。此外，还可以根据文化的载体与传承方式的不同，将文化区分为物质文化与非物质文化；可以根据文化与人们的生产方式演变的关系的不同，将文化区分成渔猎文化、农耕文化、工业文化；可以根据社会关系各个构成部分与文化的关系的不同，将文化区分成经济文化、政治文化、制度文化、法律文化、宗教文化……可以根据利益与价值观念的不同将文化区分成阶层与阶级的文化；可以根据由于人们职业的划分所造成文化差异区分成各种不同的职业文化；可以根据人们生活中因所处的自然环境的不同所造成的文化上的差异，将文化区分为不同的地域文化，如南方文化与北方文化、海洋文化与内陆文化……可以根据人们因生活的社会环境的不同所导致的文化上的差异，将文化区分为乡村文化、城市文化。在人们的日常生活中也存在着文化，属于物质生活方面的诸如饮食文化、酒文化、茶文化等，属于精神方面的有娱乐文化、体育文化等。总之文化的存在与表现具有不同的形态，而且随着人们社会生活实践在空间与内容上的扩展，文化形态在总趋势上是向不断增多的方向发展的。文化具有历史的性质，随着社会历史条件与环境的变化，文化的存在与表现在形态上也是发展变化的，有些文化的表现形态会消亡，有些文化的表现形态会发生进化与嬗变，同时社会历史的新条件与新环境也会创造出新的文化表现形态。文化的存在与表现形态之所以是复杂与多样的，深刻的原因在于，文化生成的原因是复杂与多样的，社会历史过程中存在的各种因素，都会以各种不同的方式对人类的实践活动产生作用，从而对文化的生成及其表现发生影响。由于对文化概念定义的困难性，人们在阐述文化概念时大都避免直接地对文化概念作教科书式的界定，通常将其主要的着力点放在文化的分类与具体文化形态的描述上，试图以一种迂回的方式，去寻求到达对文化本质的直观性把握与文化概念的混沌性的表达。不可否认，对文化的表现形态进行不同维度的分类，对各种具体的文化形态的外部特征作直观性的描述，对于人们把握文化的含义与文化的本质具有不可忽视的意义。因为文化的表现形态所呈现出来的外部特征与文化的内在本质具有不可分割的联系。然而，我们也应清醒地认识到，对文化表现形态的类型区分与对具体形态的外部特征的直观性描述，对人们把握文化的本质的意义来说，既具有相对性，也具有有限性。要真正把握文化的本质及其文化范畴的内涵，应该透过文化形态所表露出来的特征，把握和抽象出各种文化表现形态在其深层上所蕴涵的具有共同性、普遍性的东西。只有文化表现形态背后或深层中蕴涵的那种具有一般性、普遍性的东西，才体现着文化的实质。

那么，文化的表现形态中所蕴含的共同性、普遍性的东西是什么？一个可能性的答案只能是人们的思想、意识、观念、知识、价值取向、情感、精神一类性的东西或思维的抽象。文化是人在自己的劳动、实践中创造与生成的，只有人的创造物中所渗透的人的思想、意识、观念、知识、价值取向、情感、精神一类的东西才是构成不同文化表现形态的本质性内核。因此，在把握文化范畴的内涵时，应特别注意如下的界分，即将文化的本质性内核与文化的具体载体加以区别。文化的生成与存在是需以一定的载体为基础的，任何文化形态的生成与存在，通常是与一定的文化载体相伴随、相联系的。正是观念性的文化内核与一定的文化载体的契合，才使文化在其外部特征上表现为具体的文化表现形态。文化载体对于文化的生成与存在具有重要的意义，它不仅使文化的生成与存在得以显现，而且是文化在空间上得以传播与在时间的历史流逝中得以传承与保存的条件与基础。离开了文化的具体载体，文化的显现、传播、传承与保存是不可能的。人们不可能离开文化的载体去体认与识别文化。尽管如此，人们还是不能将文化本身与文化的载体不加区别地予以混淆，将文化的载体视之为是文化本身。例如，人们通常所讲的物质文化中就既有物质，也有文化。作为物质文化的载体是物质的，只有物质载体中所蕴含的价值观念、审美观念，才是文化。人们日常生活中流行的酒文化、饮食文化也是这样，酒与饮食本身不是文化，只有饮酒的方式与吃的方式以及这些方式中所渗透的人的情感属于文化。即便是属于非物质文化中的文化与文化载体之间也是有区别的。人们通常所说的经济文化、政治文化、法制文化、制度文化等，也只能说经济中有文化，政治中有文化，法律中有文化，制度中有文化。经济、政治、法律、制度作为经济文化、政治文化、法制文化、制度文化的载体，是不同于文化本身的。在概念使用的逻辑上，说人类所创造的一切事物与现象是文化与说有文化是存在着区别的。如果我们说人化的存在物即是文化的存在物，人的一切创造物都是文化，那么在逻辑上便会推出人类社会的历史即是一部文化史，在人类社会的历史中除了文化外，什么也没有；人们关于经济、政治、文化、生产力与生产关系、经济基础与上层建筑的区分完全是没有意义的，如果硬要说有意义，那也只是说它们之间的区别不过是不同文化在外部特征上的区别之类的结论。

二

在文化研究的领域中，另一个值得人们注意并需要予以澄清的问题是：文化是决定的，还是非决定的？换句话说，文化的生成与发展是有其必然性的，还是纯属偶然性的？对此有人曾作过如下的两个理论预设：其一，“文化是非决定的”；其二，“文化是选择的”，并认为“‘文化是选择的’与‘文化是非决定的’是两个密切相关，相互补充的命题”。但文化如果是非决定的，那无疑是意味着文化的生成是一种无确定原因的生成，文化的存在是一种无根据的存在，文化的演进也是无规律的任意流动。

文化的存在不同于自然的存在，文化是在人的劳动、实践、社会生活中生成存在的，文化在本质上是实践的。正因为文化是人在劳动、实践、社会生活中的创造物，因此文化的生成的确离不开人的选择。但承认文化是选择的，是否就意味着文化是非决定的？在理论推论的逻辑上并不存在上述自然而然的结论。因为对人的选择问题，大多数哲学家是持决定论立场的。而在他们当中，除了极少数持绝对决定论者（例如古希腊的德谟克利特）之外，多数并不反对人的选择的可能性与存在，所不同的只是，有的对人的选择作出的是唯心主义的决定论解释，有的则是唯物主义的决定论解释。熟悉黑格尔哲学的人都知道，他是坚决反对任性自由的，而主张以必然性为基础的自由，在他的哲学中有一个著名而经典的命题：“自由是对必然性的认识。”然而，承认人的选择性的自由，并不必然地导致对决定论的否定。在决定论者看来，人的选择并不是无缘无故的、任意的行为，人的选择是有目的性的。对于人的选择的目的性，虽然不能绝对地排除人的兴趣、爱好、情绪等非理性因素的干扰与影响，但从根本上来说是受一定的条件与原因制约与决定的。这种一定的条件与原因是影响人们进行选择的基础与前提，也是一定的文化生成的根源。

在马克思唯物主义历史观的视野里，文化作为一种精神现象，它植根于人的社会生活，是对人的社会生活的反映与表达。因为“意识在任何时候都只能是被意识到了的存在，而人们的存在就是他们的现实生活过程”①。“不是意识决定生活，而是生活决定意识。”②什么是人的“现实生活过程”？人的“现实生活过程”即是人的现实的实践活动，因为人的“全部社会生活在本质上是实践的”③。正因为任何意识都是人们的现实生活过程的反映，而人们的现实生活过程“在本质上是实践的”，因而马克思的历史观与各种唯心主义历史观不同，“它不是在每个时代中寻找某种范畴，而是始终站在现实历史的基础上，不是从观念出发来解释实践，而是从物质实践出发来解释各种观念形态……”④。在马克思的历史观的视野里，一切人类的意识、精神现象，归根到底都是人们现实的物质生活过程的必然升华物，“甚至人们头脑中的模糊幻象也是他们的可以通过经验来确认的、与物质前提相联系的物质生活过程的必然升华物”⑤。意识、精神没有自己独立的历史，也没有自己独立的发展，它们是随着人们的实际生活过程的发展而发展，因为“发展着自己的物质生产和物质交往的人们，在改变自己的这个现实的同时也改变着自己的思维和思维的产物”⑥。意识、精神作为文化的内核，它们生成与发展的非独立性，决定着文化的生成与发展的非独立性。在外观上，文化的生成与发展，也像社会意识形式的生成与发展一样，有其自身的历史，然而，这种历史并非是一种独立性的存在，实质上具有派生的性质。文化史的非独立性表明它的生成与发展既不可能是纯粹偶然的，也不可能是人们主观任意选择的结果。不可否认，世界上并不存在绝对相同的文化，就像世界上不存在两片完全相同的树叶一样。文化的存在是多彩多

---

① 《马克思恩格斯文集》第1卷，人民出版社2009年版，第525页。
② 《马克思恩格斯文集》第1卷，人民出版社2009年版，第525页。
③ 《马克思恩格斯文集》第1卷，人民出版社2009年版，第501页。
④ 《马克思恩格斯文集》第1卷，人民出版社2009年版，第544页。
⑤ 《马克思恩格斯文集》第1卷，人民出版社2009年版，第525页。
⑥ 《马克思恩格斯文集》第1卷，人民出版社2009年版，第525页。

姿的，这种多彩多姿虽然不能绝对地排除文化创造主体的自由、自主的作用与影响，但这并不能成为文化发展是非决定论的根据。文化生成与发展的多彩多姿性源于文化生成与发展过程中的各种因素，包括主要因素与次要因素、必然性因素与偶然性因素、主观因素与客观因素都会在不同程度上对人的实践活动产生影响与作用，从而在文化的外部形态上留下各自的印迹，使文化呈现出多彩多姿。尽管如此，我们应该看到文化性质归根到底是由那些在文化的生成中起主要作用的决定性因素与必然性因素所规定的。一个显而易见的事实与基本的证据是，不同民族的农耕文化尽管在外部特征上各不相同，但就其性质上并无本质的区别，东方的工业文化与西方的工业文化在外部特征上或许存在差异，但它的内核是相同的。处在封建主义发展阶段的各民族，几乎都看重“荣誉、忠诚”，而处在资本主义发展阶段的各民族中，占统治地位的概念则是“自由、平等”，这些事实无疑以无可辩驳的方式证明了文化的性质归根到底是由社会的生产方式与交换方式决定或者支配着的。

文化的存在不是一种自在自足的存在，文化的性质并不能从其自身的存在中获得解释，而只能从它赖以生成与支撑其存在的基础中加以说明。这并不是一个困难的问题，而是一个以极其简单的方式呈现在我们面前的经验性的事实。没有农耕生产方式的存在，就不会有农耕文化的存在，没有工业生产方式的存在，也不会有农业文化与工业文化的存在。农耕的生产方式与工业的生产方式作为农耕文化与工业文化的母体，是先于农耕文化与工业文化存在的。同样，一定的阶级文化的存在也是以一定的阶级的存在作为基础与前提的，没有资产阶级的产生，何来资产阶级文化的产生？即使是那些与社会生产方式、交换方式联系得不十分直接、社会意识形态色彩不甚明显的文化类型，例如地域文化，它们的生成也不是无根的、偶然的，同样是有其内在根据的。乡村文化不同于城市的社区文化，江南水乡文化不同于西北的高原文化，从深层与归根到底的意义上看，同样是源于它们之间的生产方式与生活方式的差异。总之，任何文化的存在，都是一种有其特殊载体的存在，文化载体是文化存在与文化得以表征的基础，肯认了文化的有根性也就无异于肯认了文化的决定论。

三

肯认文化生成与存在的有根性，文化发展史的非独立性，从而肯认了文化生成与发展史的决定论原则，是否意味着马克思主义历史观与文化观是一种绝对的决定论？是否意味着否认文化生成与发展过程中相对独立性的存在？当然不是。在马克思主义的历史观与文化观中，一方面贯彻着他的唯物论原则，强调社会的生产方式与交换方式对社会历史现象，包括文化现象的归根到底的决定作用；另一方面也贯彻着辩证法的原则，从不否认社会历史因素间的相互作用，不否认文化生成与发展有自己的相对独立性。

文化的生成与发展虽然在归根到底的意义上是受制于社会的生产方式与交换方式发展，但二者之间的关系并不是如同物体与物体的影子的关系，在其表现的图像上并不是两条平行的直线，有时也会表现为不规则，甚至背离的情况。这种不规则与背离的现象，马克思主义经典作家通常称之为“不平衡关系”，或是“社会组织的骨骼的物质基础的一般发展”与文化发展的不成“比例关系”。正因为这种“不平衡关系”与不成“比例关系”的存在，使社会意识与文化的生成与演进表现出一种相对独立的样式。其一，文化的演进与社会经济政治的发展存在着趋势背离的现象。在人类社会历史演进的过程中，有时会出现这样一种情况，社会经济政治处于蓬勃发展的阶段，而社会的文化发展并没有表现出相应的繁荣成果，反而表现得比较沉闷，或是表现出一种骄侈浮华之状。而在社会经济、政治处于落后的状态下，社会文化的发展有时反而呈现出蓬勃向上的样态。18 世纪至 19 世纪的德国古典哲学，18 世纪末至 20 世纪初的俄国文学，以及明清以降的中国思想界都不失为是上述情况的经典性案例。18 世纪至 19 世纪的德国，无论是在经济上，还是在政治上，较之于当时的英、法等国来说，无疑是落后许多。然而，经济、政治落后的德国，却绽放出耀眼万分的德国古典哲学的文化奇葩，孕育出像康德、谢林、费希特、黑格尔、费尔巴哈等一批为后世所仰视的哲学大师。18 世纪末至 20 世纪初的俄国，经济与政治上的落后是极为明显的。当西欧的资本主义经济与工业革命如火如荼时，俄国还正处在资本主义的入口处犹豫不决，爆发了一场要不要跨越资本主义“卡夫丁峡谷”的大规模争论。然而，落后的俄国却在这一历史时期迎来了一个少有的文学发展的高潮期与繁荣期，产生了像托尔斯泰、普希金、契诃夫等那样的彪炳史册的文化巨匠。同样，明清以降的中国，封建的经济、政治进入到了一个迅速式微的没落期，遭受到内忧外患的双重困境的挤压，但这一时期的中国思想界却并不沉闷，不仅有像顾炎武、黄宗羲、康有为、梁启超等思想俊杰，还爆发了对中国近代史影响巨大的“五四”新文化运动。其二，文化的演进具有相对的滞后性与预感性。由于文化的生成与演进从归根到底的意义上受到社会的生产方式与交换方式的制约，因而从其总的发展趋势与演进方向上看，二者之间保持着相对的一致性。但文化的演进并不是简单地沿着社会的生产方式与交换方式演进的路径亦步亦趋，偶尔也会表现出滞后与超前的偏离。一方面，不仅文化发展的建设有时跟不上社会经济、政治发展的节奏，有时甚至在旧的社会经济基础瓦解许久后，一些文化观念仍然在新的社会结构中保留着它的“残片”。另一方面，文化对生产方式与交换方式的反映也具有一定的预感性与超前性，马克思在谈到鲁宾逊的故事与卢梭的社会契约说时就曾阐释过，《鲁宾逊漂流记》故事的产生与卢梭“社会契约”思想的产生，不能像一些文化史家所解读的那样，“仅仅表示对过度文明的反动和要回到被误解了的自然生活中去”，在实质上“……这是对于 16 世纪以来就作了准备、而在 18 世纪大踏步走向成熟的‘市民社会’的预感”[①]。马克思主义经典作家在这里所说的“预感”，也即是一种超前的反映。其三，文化生成与发展的相对独立性有时还表现在：有些文化表现形式，尤其是某些文学表现形式在其历史演进的过程中具有一次性、不可复制性与空前绝后性。虽然文化在总体上是不断超越与进步的，因为创造文化的人的实践活动是不断拓展与积累的，但就其文化的表现形式而言，却并不必然如此。某些文化表现形式，如古希腊史诗、莎士比亚的戏剧等，由于它的产生条件的独特性与不可重复性，因而这些文学表现形式在历史上也就表现为具有不可复制性与空前绝后的特点。其四，文化生成与发展的相对独立性还最明显地表现在，它对于产生它的基础具有反作用。一定的文化一旦生成，它也就成为社会历史发展中的一个相对独立的历史因素，进入到与其他历史因素的相互作用中，对其他的社会历史因素起制约与影响作用。

对于文化的生成与发展来说，困难的问题不在于对它的相对独立性的现象作描述性的陈述，而在于揭示它何以会有相对独立性的原因。文化的生成与发展何以可能会表现出一种相对的独立性呢？深刻的原因在于：首先，文化的生成与发展虽然从归根到底意义上看，受社会的生产方式与交换方式的制约与规定，但生产方式与交换方式只是制约文化生成与发展的主要因素，而不是唯一的因素。影响文化生成与发展的因素是多样的、复杂的。在多样复杂的社会因素的相互作用的过程中，各种社会历史因素之间的变量关系并不是恒常与固定的，而是存在着放大与萎缩的可能。18 世纪至 19 世纪德国古典哲学的辉煌，正是由于一方面是德国资本主义的落后，德国资产阶级的弱小与软弱；另一方面，德国资产阶级在英法资本主义的影响下，萌发出向往资本主义的强烈愿望。这种相互矛盾的状况，使德国固有的哲学传统寻求到了一个难得的放大与拓展的历史契机。思辨性的哲学表达方式，对于既想革命，又怕遭到镇压的德国资产阶级来说，是一种最合适的表达方式。其次，文化的生

① 《马克思恩格斯文集》第 8 卷，人民出版社 2009 年版，第 5 页。

成与发展存在相对独立性的另一个重要原因在于，一定的文化观念的生成与积累，一方面或多或少地内化为人的文化心理结构，另一方面会外化为文化历史传统。人的文化心理结构与文化历史传统一旦形成，便会成为一种不可低估的文化历史惯性，使文化的生成与演进相对生产方式与交换方式演进来说呈现出保守性与滞后性。在人类社会历史的发展过程中，摒弃一种落后的文化观念为什么比一种生产方式的改变更困难，所需的时间更长？深层的原因即在于此。再次，文化对社会发展的趋势之所以能产生"预感"，进行超前性的反映，这是由于文化是人创造的，作为文化创造的主体的人，不仅是一种受动性的存在物，同时也是一种能动性的存在物。人作为一种能动性的存在物，有能力从社会历史发展过程所萌芽出来的某些蛛丝马迹中去捕捉到历史演进的规律性趋势与未来社会发展方向。

需要强调的是，文化的生成与发展尽管有其相对的独立性，但人们在把握与解释这种相对性时，不可将其夸大与膨胀。在对待"相对性"的问题上，我们不时地看到两种情形，一种是将文化生成与发展的必然性方面绝对化，片面强调生产方式与交换方式对文化生成与发展的绝对作用；一种是将文化生成与发展的相对独立性夸大与膨胀，片面强调社会历史过程中的各种因素的相互作用，并用这种相互作用去否认生产方式与交换方式在文化生成与发展中的归根到底意义上的决定作用。在马克思历史观的视野里，文化的生成和发展与社会的生产方式与交换方式的生成和发展之间的关系，是绝对性与相对性的统一、必然性与偶然性的统一，因而也贯彻着决定论原则与选择论原则的统一。既不将经济的因素视作是文化生成与发展中的唯一因素，而否定社会历史因素之间的相互作用，也反对以各种社会因素的相互作用为由，而否定经济在社会历史发展过程中的主要作用。在文化生成与发展的问题上，绝对主义的观点与相对主义的观点都是片面的与错误的。

论文化中的冲突性因素与非冲突性因素*

一

人作为人存在，既是以一种实践方式的存在，也是一种以文化的方式的存在。在历史或时间的维度中，人的实践与人的文化是同时发生的，文化是实践的，实践也是文化的，并不存在谁先谁后的问题，人以一种实践的方式存在时，也以一种文化的方式存在。但在逻辑的维度中，实践是文化生成的原因，文化表现为实践的结果，原因相对于结果而言表现为一种逻辑上的先在。实践是文化的，但文化在本质上首先是实践的。因此，在理论阐述的逻辑上，是从人的实践出发去解释人的文化的生成，还是从人的文化出发去解释人的实践的发生，具有原则性的意义，它关涉着实践与文化之间相互关系解释上的哲学路线的贯彻与差别。应从人的实践出发去解释文化的生成与发展，而不应从文化的生成与发展去解释人的实践及其历史的发展，对于马克思的历史观来说，这是必须遵循的一个原则。

文化是在人类实践基础上生成与发展的，因

* 本文原发表于《学术界》2013年第7期。

而文化在其总的趋势上是流动的，世界上不存在一种一旦生成就原封不动的文化，所谓原生态的文化只是意味着它的相对古老，而不意味着它是非历史的，深刻的原因在于，人的实践活动不可能停留在一个固定不变的点上。文化生成与发展的流动性与历史性，表现为不同历史时代、不同民族与国家、不同地域的文化在内容与表现方式上的多样性与异质性。正如世界上不存在两片相同的树叶一样，世界上也不存在两种完全相同的文化。正因为文化在历史演进的过程中与在现实生活中通常表现为多样性与异质性，因而为文化的比较与区分提供着基础与前提。人们可以根据影响人类实践活动的不同因素为参照坐标，将文化在内容和表现形式上区分为不同的类型。人们可以依据人们的生产方式与交换方式的不同，将文化区分为渔猎文化、农耕文化、工业文化；可以依据人们在实践或劳动中生成的生产关系的不同，将文化区分成原始文化、奴隶制文化、封建制文化、资本主义文化、社会主义文化与共产主义文化；可以根据人种、血缘、地域及交往空间的情况的不同，将文化区分成部落文化、民族文化与世界文化；可以根据自然条件与自然环境的不同及其对文化生成与发展的影响，将文化区分成海洋文化与内陆文化，河流文化与山地文化，水乡文化与高原文化、草原文化，寒带文化与热带文化；可以根据社会中的不同因素对文化生成与发展的影响，将文化区分成经济文化、政治文化……可以根据各种不同文化在社会文化中所处的地位与作用的大小，将文化区分成主流文化与非主流文化、文化与亚文化……还可以根据多种因素的综合，将文化区分为不同的类型，例如人们通常使用的西方文化与东方文化的概念，就不是一个依据单一的参照坐标所提出的概念，东方与西方既是一个地理学的概念，但又不仅仅是一个地理学概念，在更大的程度上它是一种经济学、政治学与意识形态综合在一起所形成的概念。诸如此类的比较与区分，远不止这些，应该说任何纳入到人类实践活动过程中的因素，都会对文化的生成与发展形成作用与影响，人们可以根据这些作用与影响进行比较与区分，将文化区分成不同的形态或类型。不可否认，对文化的内容与表现形式，依据不同的参照坐标进行比较与区分，对于文化学意义上的研究来说具有不可忽视的独立性价值，它可以较为鲜明地凸显各种不同的因素在文化生成与发展中的作用与影响。然而，人们也应看到，各种不同的因素对文化生成与发展的作用与影响是不同的，不仅存在着直接影响与间接影响、主要影响与次要影响、积极影响与消极影响的比较与区分，而且还存在着作用大与小的比较与区分。有些因素影响的是文化的内容与性质，但有些因素更多地影响的是文化的表现形式。江南水乡小调的缠绵婉转与西北高原信天游的高亢豪放，这种艺术表现形式的不同，可以用自然环境条件的不同加以理解与诠释，但相同历史阶段的水乡小调与信天游所表达的文化内容及其价值取向却不能用自然环境与条件去解释，而只能用社会的生产方式与交换方式去解释。一般来说，文化的内容与性质与人的实践的内容与性质之间具有同构的性质，那些对人的实践活动及其发展起主要的、决定性作用的因素，也必然是对文化生成与发展起主要的、决定性作用的因素。历史观与文化观不同于历史学与文化学，它关注的不是文化的表象，而是文化的本质与性质，以及文化生成与演进的历史规律，也即是说，它不仅要关注一种具体的文化形态是什么，更要揭示出这种具体的文化形态何以是的问题。正因为如此，在马克思历史观与文化观的理论逻辑中，对文化类型的比较与区分，选取的参照坐标主要是影响与决定人类实践活动的核心因素：人们的生产方式与交换方式，以及以生产方式与交换方式为基础的物质生产关系。马克思的历史观与文化观虽然反对社会复杂的文化现象，诉诸简单的单一线条的理解与诠释，但却坚决地认为，文化的生成与演进归根结底应从人们社会实践的主要方式即社会的生产方式与交换方式的存在与演进中得到把握与解释。农耕社会的生产方式与交换方式的土壤中生成的必然是农耕文化与农耕文明，工业社会的生产方式与交换方式的土壤中生成的必然是工业与商业的文化与文明。不管各个不同的民族之间存在着多么大的差异，也不管不同地区的自然环境与条件有多么大的不同，只要在相同的历史阶段上，或在相同生产方式与交换方式的基础上生成的必然是大致相似的文化，尤其是在作为文化内核的文化价值观上，表现得尤为如此。“手推磨产生的是封建主的社会，蒸汽磨产生的是工业资本家的社会。”[①] 而“在贵族统治时期占统治地位的概念是荣誉、忠诚，等等，而在资产阶级统治时期占统治地位的概念则是自由、平等，等等”[②]。即是说封建等级制生产关系基础上生成的是适应等级制需要的文化：“荣誉”与“忠诚”，资本主义生产关系基础上生成的是适应商品生产与商品交换需要的文化：“自由”与“平等”。这是一种普遍性规律，与民族的特性无关，也与西方和东方的空间位置与自然环境条件的差异无关。

文化是生成的与发展的，因而具有历史的性质，这种历史性既表现在特殊的民族与国家的文化的存在与演进上，也存在于世界性文化的存在与演进上。从具体的民族和国家文化的存在和演进上看，不仅同一个民族与国家的文化在不同的历史发展阶段上有不同性质的文化，而且在共时态上也存在着多元并存与竞争的情况。从世界文化的存在与演进上看，一方面尽管存在着不同的民族与国家在相同的历史发展阶段上文化同构的现象，另一方面也存在着在共时态上不同的民族与国家因其处于不同的历史阶段而在文化上呈现出异构的现象。文化在内容与表现形式上的差异性是一种普遍性的存在，在这一点上，人们或许是不争的。但在不同形态的文化之间，它们是一和谐共生的关系，还是一种竞争冲突的关系？在这一问题上，文化的研究者们不仅存在着分歧，而且存在着严重的分歧。有人认为，文化没有优劣，各种不同的文化之间虽然存在差异，但应和而不同，和谐共生，相互包容与相互促进，在国内的文化学者中，持这种观点的人数占有相当的优势。但也有人认为，不同形态的文化之间异质性的存在，不可避免地会导致不同的文化认同，这种不同的文化认同是导致社会秩序与世界秩序矛盾与冲突的最深层的根源，《文明的冲突与世界秩序的重建》的作者塞缪尔·亨廷顿即是持此种观

① 《马克思恩格斯文集》第 1 卷，人民出版社 2009 年版，第 602 页。

② 《马克思恩格斯文集》第 1 卷，人民出版社 2009 年版，第 552 页。

点的著名代表之一。不仅如此，上述两种观点的持有者们，似乎都能提供一些事实与证据使自己的观点得到一定程度的辩护。那么，不同形态的文化之间，究竟是冲突的，还是非冲突的？不能不说是文化研究中需要进一步分辨与澄清的问题。

二

在不同的文化之间确有非对立与冲突的一面。文化作为一种观念性的存在，它是在人们的实践活动中生成与发展的，是对人们现实生活的反映，任何文化都是一种有根的存在，而不是悬浮在空中的云彩。而影响人们实践活动与现实生活的因素是多种多样的，既有自然方面的因素，也有社会历史方面的因素，任何一种作用与影响到人们的实践活动与现实生活的因素，都不可避免地会在人们的文化观念上留下自己的印迹，区别在于有的印迹明显，有的不甚明显。正是由于作用与影响人们的历史实践活动和人们现实生活因素的多样性与复杂性导致了文化存在的差异性。不同文化之间的差异性，也即意味着不同的文化之间的矛盾性，因为差异本身即是矛盾。正如任何事物与现象在其存在的过程中都包含着矛盾一样，文化在其生成与发展的过程中也包含着矛盾，矛盾普遍性的法则适合于一切事物与现象，文化的生成与发展无疑也不能例外。差异与矛盾既存在于相对独立的文化系统的内部，也存在于不同文化系统或形态之间。差异与矛盾对于任何一种文化形态的生成与发展来说，都具有积极与肯定的意义，矛盾是推动文化生成与发展的动力与杠杆。但问题是，肯认不同文化之间的矛盾，并不意味就必然性地肯认着不同文化之间的冲突与对抗，更不意味着不同文化之间在一切方面都水火难容。矛盾的存在具有普遍性，但普遍性存在的矛盾之间存在着对抗性矛盾与非对抗性矛盾的区分。并不是所有的矛盾都表现为冲突与对抗，冲突与对抗只是对抗性矛盾所表现出来的一种特殊形式，而不是矛盾表现的普遍性形式。中国人喜欢吃中餐，西方人喜欢吃西餐，中国人吃饭用筷子，西方人吃饭用刀叉，中餐与西餐，筷子与刀叉虽然代表着不同的文化与文化差异，但这种文化差异并不一定会导致冲突与对抗，因为这只是生活习惯的不同，不存在着彼此间利益的冲突。江南水乡的人喜欢越剧与水乡小调，西北高原的人喜欢秦腔和信天游，这显然也是由不同的自然环境与条件决定的，人们既不能比较二者之间的优与劣，也看不到喜爱不同的人群之间的对立与冲突。诸如此类的现象还有许多，无需一一列举。需要强调的是，不同文化之间的差异与矛盾，既以隐性的方式存在，也以显性的方式存在；既以对抗的方式存在，也以非对抗的方式存在，不同的文化之间既存在着优与劣的比较与区分，也存在着不可比较与区分的文化现象。

不同文化之间既有非对抗与冲突的一面，也有对抗与冲突的一面，否认不同文化之间对抗与冲突的存在，既不符合辩证法的基本法则，也不符合历史所显示的客观事实。文化中的对抗与冲突，无论是从历时态的维度看，还是从共时态的维度看，都是不可否认的客观存在。从历时态的维度看，农耕文明与农耕文化同工业文明与工业文化之间；封建文化与资本主义文化之间，封建文化、资本主义文化与社会主义文化之间，其对抗与冲突的性质与特点应该是不争的。从共时态的维度看，不仅不同民族与国家间在文化上因其各自处在不同的发展阶段，而存在着不可避免的冲突，即使在同一个民族与国家的范围内，不同的阶级与阶层的文化间也存在着相互冲突的一面。反映等级制度要求的“忠诚”与“荣誉”的文化观念，同反映商品生产和商品交换要求的“自由”与“平等”的文化观念之间；人治的文化与法治的文化之间；握手、拥抱的文化与下跪、磕头的文化之间；圆桌文化与方桌文化之间；西方历史上的基督教文化与西方近代以文艺复兴为代表的人道主义文化之间；资产阶级文化与无产阶级文化之间；如此等等。它们之间不具有对立与冲突的性质，不能认为文化上的所有差异与矛盾都会表现为对抗与冲突，但也不能否认不同文化中确有彼此不可相互认同与冲突的因素或方面，不是文化的所有方面都可以进行先进与落后的区分与比较，但文化在总体上是存在着先进与落后的比较与区分。不能否定文化上的比较与区分，否定了文化的先进与落后的比较与区分的可能性和必要性，也就等于否定了文化进步的可能性，以及文化的批评与批判的合法性。在理论分析的逻辑上，承认了文化上先进与落后的比较与区分，也就意味着对文化上的对立与冲突的承认。因为，文化的进步通常是以先进文化对落后的文化的批判与扬弃的方式得以实现的。文化史的演进表明，人类历史上每一种新的文化形态的诞生与文化的每次具有划时代意义的变革与进步都伴随着新旧文化的激烈的对抗与冲突，欧洲的文艺复兴运动是如此，中国 20 世纪初的“五四”新文化运动也是如此。不破不立，这是事物发展的普遍性法则，文化的发展也需遵循这样的法则。而文化发展过程中的破和立，不可避免地会存在着激烈的冲突与对抗。文化的冲突，不管人们是否愿意承认它，它都是一种历史的事实。文化的冲突不仅存在于世界的文化发展史中，也存在于每一个民族的文化发展史中。

文化是一种复杂的现象，不同的文化之间既有冲突性因素，也有非冲突性因素。那么，在不同的文化之间，什么样的文化因素不具有冲突的性质，也不能作先进与落后的比较与区分？什么样的文化因素是具有冲突的性质，并且存在着先进与落后的比较与区分？这是一个需要进一步面对的问题，也是一个需要具体情况具体分析的问题。不具体地分辨清楚文化中的冲突性因素与非冲突性因素，并对其中的原因进行合理性的阐释，像盲人摸象一样，摸到象腿的人说大象像一根柱子，摸到身子的人说大象像一堵墙，片面地抓住文化中的冲突性因素或非冲突性因素，并加以夸大与绝对化，人们就仍然难以走出与摆脱长期困扰人们的文化冲突论与非冲突论的二元对立的困境与纠缠。

文化作为一种观念性的存在，虽然从归根到底的意义上主要是在一定的生产方式与交换方式的基础上生成的，并应在生产方式与交换方式的基础上进行把握与解释。但生产方式与交换方式只是文化生成的主要的或最终起决定性作用的因素，而不是唯一起作用的因素。对社会文化的生成起作用与影响的因素既有社会历史性因素，也有自然环境与条件的因素。即使在社会历史因素中，还可以区分成经济因素与非经济因素，生产方式与交换方式只能直接地决定人们之间的经济关系，不能直接地决定人们经济关系之外的其他关系。社会文化既是对人与社会关系的反映，也是对人与自然关系的反映；既是对人们经济生活的反映，也是对人们全部社会生活的反映。而在人与自然之间的关系、人与社会之间的关系中，并不是所有的关系都具有冲突与对抗的性质，有的表现为冲突，有的并不表现为冲突，因而作为对人们不同的社会生活反映的不同的文化之间，通常也存在着既有冲突的一面，也具有非冲突的一面。一般说来，由不同的生产方式与交换方式，或由社会的经济关系与政治关系决定的文化因素之间，通常存在着相互冲突的特点，而不直接由社会的经济关系与政治关系所决定，人们社会生活中的非经济关系决定的文化因素之间，通常不具有对抗与冲突的性质，尽管它们也存在着差异与矛盾，但这种差异与矛盾并不必然地表现为冲突与对抗。

具体地说，其一，相对于文化所表达的内容而言，有些不直接表达价值观的文化表现形式之间通常不表现为冲突性与对抗性。中国的京剧与西方的歌剧之间，江南水乡的小调与西北高原的信天游之间，虽然是不同的文化艺术的表现形式，并各自拥有不同的喜爱人群，但在这些不同的人群中并不形成对抗与冲突。人们也不能简单地说，是京剧好，还是歌剧好，是江南水乡的小调好，还是西北高原的信天游好，它们无法进行优与劣的比较与区分，因为它们各自生成于不同的环境与条件下，并适合于不同的人群不同的环境与历史传统形成的审美情感的需要。但有些直接表达价值观念的文化表现形式之间则存在着冲突性。跪拜的礼仪与握手拥抱的礼仪之间，方桌文化与圆桌文化之间，由于各自明确地表达着不同的价值观念，其价值观念之间的冲突则是明显的。跪拜的文化与方桌的文化蕴含着一种上下有序、地位有别的等级制观念，而握手拥抱的文化与圆桌文化表达的是一种平等的观念。等级制观念较之于平等的观念显然是落后的观念，在当今的国际交往活动中，跪拜文化与方桌文化是很难被人们接受的，人们更愿意彼此尊重，而不愿意低人一等。

其二，有些不直接反映社会的经济关系与政治关系的文化内容之间，也并不必然地表现为冲突性的特点。不同的民族与国家，不同的地区之间，因其各自所处的环境不同，各自所处的历史发展阶段不同，文化不仅在表现形式上不同，而且在内容上也存在着不同。但这种不同并不意味着彼此之间的不能相互容忍与相互接纳。中国人喜欢吃中餐，认为中餐色、香、味俱全，西方人喜欢吃西餐，认为西餐更有利于健康，但中国人并不反对西方人吃西餐，西方人也并不反对中国人吃中餐，只要中国人与西方人不各自将自己的爱好强加于对方，彼此之间并不会发生冲突。人们常说，十里不同风，五里不同俗，但人们很少见到具有不同风俗的人们之间的冲突，大多可以按照入乡随俗的方式，实现具有不同风俗的人群之间的和谐共处。

其三，对于不同民族的文化来说，处于相同发展阶段上的主导性文化价值观是大致相同的，处于不同发展阶段上的主导性文化价值观是不同的，在主导性文化价值观大致相同的情况下彼此之间并不发生对立与冲突，而在主导性文化价值观不同的情况下彼此之间则表现为对立与冲突。所谓主导性的文化价值观即是指主要是由社会的生产方式与交换方式、经济关系与政治关系所决定的，在社会中占据统治地位或支配地位的文化价值观。因为，文化的内容和性质最主要地还是由社会生产方式与交换方式、经济关系与政治关系所决定的。以中西文化之间的关系为例，长久以来，人们对中学与西学之间关系的看法似乎形成了一个类似于教条式的观念，认为中学与西学是对立与冲突的。其实这是对中学与西学关系的严重误读。中学与西学之间确实存在着对立与冲突，但这种对立与冲突是近代以来才开始发生的。在欧洲中世纪的以基督教文化为核心的文化与中国传统上的以儒家为核心的文化，在核心的文化观念上并不是对立与冲突的，二者都是将作为等级制的经济关系与政治关系反映的“忠诚”与“荣誉”看成是最重要的文化价值观念。进入近代以来，中学与西学或中国文化与西方文化之间确实表现为激烈的对立与冲突，这是因为自文艺复兴以后，尤其是工业革命以后，商品经济的生产方式与交换方式，取代了农耕社会的生产方式与交换方式，适应商品生产与商品交换的需要，西方社会的核心文化价值观念也发生了根本性的变化，人们看重的不再是“忠诚”与“荣誉”，而是“自由”与“平等”。而近代以来的中国社会仍然停留在农耕社会的生产方式与交换方式阶段，社会的经济关系与政治关系仍然是封建的与等级制的，传统的以反映等级制经济关系与政治关系要求的儒家文化仍然占据着统治地位。近代以来的所谓中学与西学的对立与冲突在表象上似乎是不同民族文化的对立，本质上则是代表着两种不同的生产方式与交换方式、不同的经济关系与政治关系的文化间的对立与冲突。等级制文化与“自由”“平等”的文化之间的对立与冲突是不可避免的，也是不可调和的，因为它们根源于不同的生产方式与交换方式。

其四，即使在同一民族文化的内部，由于存在着文化与亚文化的区分，亚文化与文化整体之间，各种不同的亚文化之间也是存在着差异与矛盾的，只是有的差异与矛盾并不明显地表现为对立与冲突，有的则表现为对立与冲突。具体地说，反映阶级关系与利益关系的文化之间，存在着对立与冲突，尤其是统治阶级的文化与被统治阶级的文化之间，其对立与冲突更为明显。相对来说，那些并不是作为阶级关系与利益关系反映的文化之间，并不一定表现为对立与冲突。

三

综上所述，不同的文化之间既有非冲突性的一面，也有冲突性的一面，是非冲突性与冲突性的辩证统一。不同的文化之间尽管存在着差异与矛盾，由于都是在人的实践活动基础上生成的，都是人的实践活动的产物，从发生学的维度上看，具有同源性，而且都遵循着相同的生成与发展的规律，这是不同的文化之间具有统一性的原因与根据。但由于人类的实践活动及其发展水平并不完全同步，有高有低，存在着发展阶段上的差别，并且不同的实践主体在社会的经济关系与政治关系中处于不同的地位，分属于不同的阶级与阶层，因而不仅处于不同发展阶段上的民族在文化价值观上存在对立与冲突，而且在同一民族与国家内部，分属于不同阶级与阶层的文化之间也存在冲突与对立。正确把握不同文化之间的非冲突与冲突的关系，科学地区分不同文化间的非冲突性因素与冲突性因素，对于正确地处理不同文化间的关系及其矛盾来说具有不可忽视的理论意义与实践意义。

文化在本质上是实践的，是对人的实践的反映和实践的产物。正如人的实践的能力与水平是一个不断积累与进步的过程一样，人类社会的文化的生成与发展也是一个不断积累与进步的过程。虽然人类文化的生成与发展在历史上呈现出阶段性的特征，不同阶段的文化呈现出不同的性质与表现形式，但社会的文化发展也和人的历史实践的发展一样，通常表现为连续性与阶段性的统一。人类在过去历史阶段上形成的，并不反映特殊的生产方式与交换方式，以及特殊的经济关系与政治关系的诸如科学、技术、知识、经验、情感的表达方式与艺术的表现形式，甚至是某些风俗与习惯等文化因素，通常是可以构成新的文化发展阶段文化继续发展的基因与基础，文化的演进不是像猴子掰玉米一样，掰一个丢一个，不同的文化发展阶段之间存在着继承性与连续性的一面。不仅如此，各个不同的民族之间，由于在文化生成与发展上具有同源性与遵循着普遍的共同性的规律，因而它们在文化上不仅存在着交流对话的可能，而且也存在着相融与互补的可能。各个不同的民族文化之间，即使是处于不同发展阶段上的民族文化之间，也不是在所有的方面都是相互抵触与冲突的，在许多方面是存在着相互吸引、相互学习、彼此渗透与融会的可能的，有些因某些特殊的因素而生成的民族文化的特质，可能难以被其他的民族文化吸纳与复制，但也不会因此而丧失其独特的魅力。应该说，不同文化间的相互吸引力与魅力，在于彼此间的不同的方面，而不在于彼此间的相同的方面，只要这种彼此间的不同不是表现在核心的价值观上，通常是不会引起激烈的对抗与冲突的，并能达致不同而和的状态。

但另一方面，我们也不能否认在对抗性的社会中，不同的文化之间存在着相互对抗与彼此冲突的因素的存在。社会中对抗性与冲突性的因素，必然生成对抗性与冲突性的文化因素，文化上的对抗性与冲突性不过是社会本身的对抗性与冲突性的表现与反映。只要社会是属于对抗性社会，在社会中存在着对抗性与冲突性的因素，不同文化间的对抗性与冲突性的现象就不可能从根本上消除。在对待不同文化间的彼此关系的把握上，我们虽然不能同意美国学者塞缪尔·亨廷顿的观点，完全以文化价值观的不同将世界文化分成不同的文明，然后以文化价值观的冲突去解释世界各民族间的冲突。然而，我们也不应同意那种否认不同文化之间存在着先进与落后的比较，否认不同文化间存在着对抗性与冲突性因素的观点。事实上，文化的对抗性与冲突性因素既存在于不同的民族和国家的文化之间，也存在于同一个民族和国家内部的不同阶级与阶层的文化之间。在马克思历史观的理论逻辑中，社会的生产方式与交换方式是随着人类实践能力与水平的提高而不断发生更替与进步的，不同的生产方式与交换方式的基础上生成不同的文化与文明，只要不同的生产方式与交换方式之间存在着对抗性与冲突性因素，作为不同的生产方式与交换方式基础上生成的不同文化间的对抗性与冲突性就不可避免。不仅如此，不同的生产方式与交换方式的基础上还会生成不同的经济关系与政治关系，不同的社会成员由于与社会的经济关系和政治关系的关系不同，也会生成不同的文化，在社会的经济关系与政治关系中处于对立的阶级间的文化，无疑存在着对抗性与冲突性。一个不争的事实是，作为封建等级制关系反映的“忠诚”“荣誉”的观念与作为资本主义商品生产和商品交换关系反映的“自由”“平等”观念之间，马克思主义经典作家们是视为对立与冲突的。在对不同文化间的相互关系的把握上，我们不能将二者之间相互关系的一切方面都看成是对抗与冲突的，将不同文化中的对抗性与冲突性因素夸大与绝对化，既不利于文化的继承与扬弃，容易掉入历史虚无主义与文化虚无主义的陷阱；也不利于各民族文化之间的交流与对话、学习与借鉴、渗透与融洽，从而阻碍民族文化从地域性文化转变为世界历史性文化，从民族的精神财富转化为全人类的共同的精神财富。同时也不能否定不同的文化之间有对抗性与冲突性的因素的存在，忽视不同文化间的优劣比较，否定不同文化间对抗性与冲突性因素的存在，同样不利于文化的扬弃与文化的进步。对文化中的对抗与冲突不能仅仅从消极的意义上去理解与诠释。要知道正是由于对抗性与冲突性因素的存在，才形成不同文化间的碰撞、批评与反批评、批判与反批判，而这种不同文化间的碰撞、批评与反批评、批判与反批判是有利于落后文化对自身文化的反省，从而促进落后文化的自我扬弃与自我更新的。没有不同文化之间的对抗与冲突，就没有世界文化的发展与进步。

这里需要强调的是，时下国内的一些文化学者，热衷于大谈文化的无优劣性与文化的非对抗性与非冲突性，而拒谈和惧谈不同文化间的对抗性与冲突性。通常认为，将文化分成优劣，突出不同文化间的对抗性与冲突性因素的存在，不利于民族文化间的平等关系的维护，并会为某些民族与国家推行文化强权与霸权提供理论根据与辩护借口。应该说，这不仅是一种弱势文化的心态，也是一种难有说服力的观点。对不同文化之间存在着先进与落后的比较，以及对抗性与冲突性因素的承认，并不会在理论的逻辑上必然导致对不同民族文化存在的平等权利的否定，更不会导致对文化强权与霸权的肯定。因为，一个民族的文化性质是由该民族的社会物质生活条件与社会发展阶段的性质决定的，其中主要是由该民族的生产力发展水平以及由生产力发展水平决定的生产方式与交换方式决定的。因此，一个民族的文化存在的合理性及其存在的权利，其衡量的标尺与参照坐标不应是由其他民族强加与给定的，也不是通过与其他民族文化的比较中加以确定或判定的，而是由该民族所处历史发展阶段的历史必然性的要求决定的。凡是符合该民族所处历史发展阶段历史必然性要求的文化，既具有存在合理性，也有存在的权利。任何民族与国家都无权将自己及其价值观念强加到其他民族的文化身上，即使是那些在人类历史发展史上代表着先进生产方式与交换方式的民族，也无权强迫其他民族与国家接受自己的文化。文化强权与霸权的理论逻辑是一种违背历史发展规律与文化发展规律的逻辑，因而它既是一种没有根据的逻辑，也是一种注定失效的逻辑。以美国为代表的西方强国在发展中民族与国家强制推行自由、平等、民主、人权等一套所谓普适性的文化价值观所产生的南橘北枳式的后果，即是文化强权与霸权逻辑无效性的最好注脚。不可否认，从人类历史发展的必然性趋势看，那些代表着先进生产方式与交换方式的民族的文化，对于那些处于落后发展阶段的民族文化来说，是具有指示与范导性作用的，它们文化发展的今天，有可能是处于落后状态的民族与国家文化发展的明天，但这也不能成为某些民族与国家推行文化强权与霸权的理由，更不是文化强权与霸权具有合理性与获得辩护的理由。深层的原因在于，文化的生成与发展是有自身的规律的，各个具体的民族与各个不同的阶级对文化的选择和认同，取决于自己的生活条件的需要，而不能由外部强制与强加。

论文化创新与创新文化*

一

文化是历史的，历史也是文化的，就文化与历史的现实性的关系而言，文化与历史的关系是一种相互渗透、相互依存、相互作用的关系。历史的发展影响着文化的发展，文化的发展也影响着历史的发展，没有游离于历史的文化，也没有游离于文化的历史。但从因果关系的维度看，文化首先应是历史的。根本性的原因在于文化作为一种本质上是观念性的存在，它没有自己独立存在的历史，文化的历史通常不过是人类社会历史的伴随物。文化不是先于人的存在，而是在人之后的存在，或者说是一种属人的存在，文化作为社会历史及其发展在观念上的反映，在思维逻辑的认知上应确认为是人类社会历史的发展决定着社会文化的发展，而不是相反。不仅一定阶段的社会历史存在的状况与性质决定着一定阶段的文化内容与性质，而且社会历史发展为社会文化的发展提供动力。文化是一种有根的存在，而不是飘浮在空中的云彩，社会历史的状况是文化生成

---

* 本文原发表于《江汉论坛》2017 年第 6 期。

的土壤。在文化与社会历史间的因果关系的阐释逻辑上，首先应从社会历史的生成与发展去解释社会文化的生成与发展，而不应如有人所主张的那样，将文化视作是一种解释社会历史的理论，以文化的生成与发展去解释社会历史的生成与发展，将人类社会历史视作是一种纯粹的文化史。当然，肯认社会历史相对于社会文化在因果关系上的逻辑先在性，并不意味着可以否认社会文化对社会历史的作用与影响。一种文化的生成，无论在性质上是属于好的或坏的、优的或劣的、善的或恶的、美的或丑的，都会给予社会历史的生成与发展以积极的或消极的作用与影响，也正因为如此，社会文化的发展、文化的创新、文化的建设、文化的保护、文化的传承、文化的批判、文化的扬弃等，始终受到人们的关注与重视。不论何种性质的文化，都会在不同程度上对人的活动与行为产生教化作用、规范作用、范导作用，从而也对社会历史的发展产生推动与阻碍的作用，赋予社会历史以不同的文化色彩。

文化是生成的，也是发展的，文化的生成与发展虽然存在着快慢之分，但却不存在，也不可能存在绝对不变的文化。所谓原生态的文化，只是某些进化相对缓慢，发展相对落后的文化，并不存在纯粹意义上的原生态文化。文化在本质上是实践的，也是社会历史的，人的实践活动的能力与水平并不会停留与固定在一个点上。社会历史发展的节律有快有慢，但在总体趋势上是向前的与上升的，这是文化在逻辑上是流动的内在性根据。文化的生成与发展一般说来在总体趋势上与社会历史的生成与发展之间保持着相对的同向性与类质性，这是因为，从归根到底的意义上看，决定社会文化性质与推动社会文化发展的最重要的动力是社会的生产方式与交换方式。但社会的生产方式与交换方式只是决定与推动社会文化生成和发展的最重要因素，而非是唯一性的因素。影响与作用于社会文化生成与发展的因素是复杂的和多方面的。社会文化的生成与发展既受社会因素的影响，也受自然因素的影响；既受现实因素的影响，也受传统因素的影响；既受民族与国家内部因素的影响，也受民族与国家外部因素的影响；既受社会经济因素的影响，同时也受到社会政治因素，包括社会文化系统各种社会意识形态之间相互作用因素的影响。文化的生成与发展虽然没有自己独立的历史，但文化的历史与社会的历史之间在演进的轨迹上并不总是吻合与平行的，有时也呈现出非平衡与背离的状况。一个民族与国家经济繁荣的时期，并非也一定是文化繁荣的时期；同样某些在经济政治处于落后状态的民族国家，在某些特殊的条件下，其文化的发展状况却在个别领域中有过杰出的表现，展现过耀眼的光芒。19 世纪上半叶的德国哲学、19 世纪下半叶的俄国文学的繁荣便是其经典性的历史例证。

文化是实践的、历史的，因而文化也是发展的，发展是文化维持其生命持续力的不可或缺的基础与条件，没有发展，任何文化都经不住岁月的蒸烤而会走向没落与枯萎。文化的河流也与自然界的河流一样，需有源源不断的活水的汇入才会长流不断，汹涌澎湃，一浪高过一浪，永不枯竭。相反，没有文化的不断创新，也就等于文化的河流失去了新的活水的供应，而在缺乏活水供应的情况下，即便没有干涸，也会由流动的河变成一潭死水的湖。一种文化，不管它在世界历史上曾经多么的灿烂与辉煌，倘若它缺乏创新与发展，其光芒也会随着岁月的流逝使其灿烂渐失，辉煌不再。在世界历史上，某些民族的文化高峰只有一座，而不是一座接一座，连绵不断，这样的例证并不少见。一种文化要维持自己的存在，就必须发展，而文化的发展离不开文化的创新，没有文化的创新，也就没有文化的发展，这并不仅仅是一种逻辑性的推论，而且是经验性的历史事实。

影响文化创新与发展的因素是多方面的，文化的发展与创新的主要动力来自于人的社会实践的发展。社会的生产方式与交换方式的变革，以及在一些基础上发生的社会的经济结构与政治结构的变革是推动社会文化发展与创新的根本性因素。相同的生产方式与交换基础必然生成大致相似的文化，停滞的社会历史导致的必然是相对固化的文化。这些在人类社会历史的进程中，在绝大多数情况下表现为一种常态。然而，一种文化的发展与创新也与这种文化本身的性格与特质存在着不可忽视的关系。文化是一个系统或有机体，任何一个文化系统或有机体都具有自己的性格与特质，它的性格与特质是它的文化基因，或多或少影响甚至决定着这种文化的表现形态。文化的创新需有创新性的文化作支撑，一个缺乏创新文化基因的文化很难实现文化的自我更新与转型。近些年来，中国学者围绕着“李约瑟难题”与“钱学森之问”进行了不少的思考与讨论，有着五千年文明的中华民族为何在自然科学理论上却少有建树？尤其是近代以来，当西方社会的科学技术发展突飞猛进，科学巨星灿若繁星时，为何我们在科学上却鲜有硕果，大师级人物稀若辰星，甚至难觅？人们试图从各方面进行解答，有人将上述现象归因于经济的落后，有人将其归因于政治的专制，也有人将其归因于科举制的选人制度，还有人将其归因于中国汉字的象形性——因其过于感性直观抑制了人们的想象力与创造力。上述的见解也许都有道理，但有一点似乎被人们忽视了，即中国传统文化中创新意识与创新精神的缺乏，对中国文化的创新，尤其是对科学技术的创新，起着不可忽视的阻碍与抑制作用。中国传统文化是以儒学作为标志与符号的，儒学虽不是中国文化的全部，但它构成中国传统文化的核心，在社会文化中占据着主导性与支配性地位。不仅自汉代以降的儒学的“一学独尊”的地位阻碍了不同文化之间的相互竞争，更为重要的是儒学中内在蕴含着一种保守主义的性格与基因。在对待文化的态度上，儒学对人们的要求是“信而好古，述而不作”“学而时习之”“温故而知新”，这是儒学世代相传的圣训，也是不可变更的治学原则，这种治学的圣训与原则所主张与推崇的基本性的价值取向是学习而不是思考与探索，是传承而不是创新，是尊古而不是怀疑、批判与超越。这样的儒学圣训与原则虽然有利于文化与知识的传承，也有利于儒学的香火不断，却不利于知识的增加与更新。文化的创新与自我更新，它可以造就出无数的学富五车的学者与博学鸿儒，却难以造就出具有彪炳史册的科学大师与思想大师。时下，有不少人诟病中国的学生是考试的高手、创新的低能儿，从表面看这是教育制度的问题，从深层看也是教育传统与教育思想的问题，与创新性文化的缺失密切相关。

二

如上所述，文化的创新与创新的文化密切相关。虽然就其历史发展的总趋势看，任何民族的文化都会随着社会实践与历史的发展而发生或快或慢的变化，不存在绝对意义上的“原生态文化”，创新性的文化虽不是影响文化创新的唯一因素，但却是一个不可或缺的因素。一个民族的文化中，文化创新意识、创新精神、创新思维的有与无、强与弱，都会对一个民族文化历史发展的进程起着不可忽视的或积极或消极的作用，这一点应是不争的与无疑的。那么，何谓创新性的文化？什么样的文化意识、文化精神、文化思维才具有创新性文化的品格与特性？本人以为，创新性文化至少应有以下几个方面的品格与特性：

其一，创新性的文化应具有面向实践、面向现实、面向未来的文化视野。它应鼓励人们与时俱进，努力创新，即是说应引导人们的目光向前看，而不是引导人们向后看，应弱化而不是强化人们的崇古、尚古、唯古的意识。应树立正确的历史观与文化观，历史地与辩证地对待文化的继承与发展的关系。在对待传统文化的态度上既要反对文化虚无主义，也要反对文化保守主义与崇古主义。首先，我们应对传统文化给予应有的尊重，对那些对传统文化做出过重要贡献的人物，以及那些经过时间淘洗而流传下来的文化典籍给予应有的尊重。这不仅是因为，文化是生成的，是一种有根的存在，传统文化是前人实践的观念表达与创造，并构成人类社会全部历史的一个不可分离的部分。在对待传统文化的问题上，我们不应像某些历史虚无主义与文化虚无主义者那样，用一种抽象的，所谓应该的理想性标准，或是站在当下的位置上进行所谓的价值重估，否定传统文化的历史生成的必然性与历史的合理性，而是应该将传统文化置于它生成的历史条件与环境下进行历史性的评价。更为重要的是，文化的演进是连续性的，文化的发展与创新不是从零出发，也不是一张白纸上的重新书写，而是在传统文化的基础上，并以传统文化作为参照的改写与续写，任何创新都是以既有的存在作为参照的，离开了这个参照，创新就成为说不清楚的东西。实际上，社会精神生产也与社会物质生产一样，遵循着大致相同的规律与路径。如果说，社会的物质生产所遵循的是“每一代都利用以前各代遗留下来的材料、资金和生产力；由于这个缘故，每一代一方面在完全改变了的环境下继续从事所继承的活动，另一方面又通过完全改变了的活动来变更旧的环境”①的规律与路径的话，文化的生产也需要从既有的基础出发，在继承传统文化的基础上改变传统文化。在一定的意义上说传统文化既是文化创新的材料，也是文化创新与改变的对象。其次，在文化发展的问题上，采取保守主义的立场与态度也是不可取的。文化在本质上是实践的，任何文化都是特定历史条件与环境的产物，都或多或少地打上时代的烙印，存在时代的局限性，即使是曾经属于先进的文化，也并非能始终保持其优秀与先进性，随着社会历史条件与环境的变化，也有可能变成不合时宜与落后的文化，更何况人类的实践是发展的，新的实践需要新的文化与之相适应。传统文化既有可能成为文化继续发展，建构新的文化价值系统的材料，也有可能成为文化发展的负担或包袱。正如恩格斯在论及宗教时所指出的那样：“在一切意识形态领域内传统都是一种巨大的保守力量。”②在文化传承与发展的问题上，应反对一切形式的文化保守主义、恋旧主义，更要反对文化的复古主义，抛弃类似于中国儒家学说中所宣扬的“信而好古，述而不作”的圣训。倘若我们面对历史性的文化，只是采取“述而不作”的态度，文化也就没有历史可言了。

其二，创新性的文化应具有反思的、批判的精神。虽然，在马克思历史观的理论逻辑中，推动社会文化发展与进步的主要动力是人们的社会实践，以及在人的实践基础上生成的社会生产方式与交换方式的运动与变革，而不是反思、批判。深刻的原因在于，文化作为一种观念性的

① 《马克思恩格斯文集》第1卷，人民出版社2009年版，第540页。

② 《马克思恩格斯文集》第1卷，人民出版社2009年版，第312页。

存在，它没有自己的独立的历史，文化的发展与进步决不可能是独立于人的实践之外的自我运动与自我超越。但这也决不意味着文化对人的实践或社会生产方式与交换方式要求的适应完全是自发性的，无需人的参与与努力。一般来说，文化对社会实践要求的反映与适应通常有两种方式，一是自发的方式，一是自觉的方式。反映与适应的方式的差异，对文化的发展与创新也具有不可忽视的影响。而人们的文化自觉与人们的反思批判精神有着不可分割的关系。在一定的意义上说，对文化的反思与批判虽然不是推动文化发展与进步的原动力，但它是促进文化发展与进步的助产婆。在缺乏反思与批判的情况下，社会文化也能实现某种程度的自发性发展，但发展与进步的速度通常是缓慢的。那些在文化史上的人物，之所以被人们称之为历史人物，并被人们所尊敬，一个重要的原因即在于他们比一般人更具有反思与批判精神，他们是新文化的助产士或接生婆。

其三，创新性的文化应具有开放性的胸怀与包容性的品格。每一个民族都有自己的文化，民族文化的存在是构成民族品格与特质的重要因素，也是民族的认同感与凝聚力生成的基础，对自己的民族文化给予充分的尊重应是不争的必需。但这种不争的必需，不应成为在文化上坚守保守主义的理由，将尊重变成一种盲目的傲慢与妄自尊大。民族文化的创新不仅需要继承本民族的优秀文化遗产，反映本民族的社会实践，也需要吸收其他民族的优秀文化，反映全部人类的历史实践。因而一个民族文化的发展与创新需有海纳百川的胸怀与包容性的品格，吸收一切积极性的优秀成果。一种非开放性或封闭性的文化系统，在性质上是属于地域性的文化，而任何地域文化都具有自然的与历史的局限性。不仅对外来的文化应提倡开放与包容的文化态度与文化精神，对本民族内部文化的发展同样需要这种态度与精神。尊重多元文化的存在与彼此竞争，贯彻百花齐放与百家争鸣的原则，提倡文化发展上的求新求异精神，而不仅仅是对既有文化的记住与守护。当然，文化上的开放与包容，并不意味着文化上的放任，不意味着对落后与有害文化的容忍，而是指应摒弃文化上的门户之见，不论哪个民族的文化，只要是优秀的，都应给予积极性的接纳。

三

如前所述，文化的创新需要创新性的文化作为必要条件，创新性的文化是文化创新的土壤。但创新性的文化也是历史性生成的，并不具有自然的或天赋的性质。创新性文化的生成也需具备一定的条件，这些条件既受客观的历史进程的制约，也与人们的主观自觉密切相关。

从历史的维度方面看，一个民族的文化系统中是否蕴含文化的创新意识与创新精神，首先取决于一定的生产方式与交换方式的性质。从历史的经验事实中，我们或许不难得出这样的结论，处于农耕文明发展阶段上的民族较之于处在工业文明发展阶段上的民族，或者说处于自然经济发展阶段上的民族较之于处在商品经济发展阶段上的民族，就其一般性与总体性的文化性质而言，前者呈现出明显的保守性，后者呈现出明显的创新性。不少中外从事中西文化比较研究的学者，在对中西文化的比较研究中通常得出的结论是，西方文化比中国传统文化更富于张力，中国人看重的是知识的积累与文化的传承，西方人看重的是知识的批判与文化的创新。这种看法如果仅就中西方文化的近代史的比较而言，的确是有道理的，但若从全部中西文化史的比较而言，这种看法却是难以成立的。一个确认不争的事实是，以英、意、法、德为主要代表的西方文化在文艺复兴、新教改革、工业革命之前，无论是就其文化的价值取向而言，还是就其文化发展的表现形态而言，与中国传统文化之间并没有什么本质性的不同。在西方近代以前的中世纪，以基督教文化为核心与代表的西方文化，不仅与中国的儒家文化一样，经历了一个长达千年的文化冰冻时期，而且在文化运行的方式上，儒学与基督教也遵循着大致相似的路径与轨迹，尊经重典、信而好古、述而不作是其主要特征，学者的主要使命与工作即是对经典的重述、诠释与论证。不同的地方只是在于儒生们重述与诠释的是孔学，基督教徒重述与诠释的是以亚里士多德哲学为根据的基督教教义。虽然，我们不能以历史虚无主义的态度对待欧洲的中世纪的历史，不能将欧洲中世纪的历史视为一无是处，漆黑一片，欧洲中世纪的历史中也有如恩格斯所说的许多进步，但总的来说，其变化的速度是缓慢的。比较中西文化发展轨迹的差异，有两个极其重要之点需要辨别与确认，其一，中西方文化并不总是对立与冲突的。马克思在《哲学的贫困》中曾经指出："手推磨产生的是封建主的社会，蒸汽磨产生的是工业资本家的社会。"①而在贵族统治时期，也可以说在"封建主的社会"中，占统治地位的核心文化价值观念必然是"荣誉、忠诚，等等"②，马克思的这一观点既适用于西方中世纪的文化的实际，也适用于中国以儒学为代表的传统文化的实际。因此，抽象地而不是具体地谈论中西文化的对立与冲突是缺乏历史根据的。所谓中西文化的对立与冲突实际上只存在于中西方近代以来的历史中，而不是全部的历史中。其二，将近代西方科学理性或科学精神的崛起，以及以这种科学理性与科学精神为基础的现代科学的产生与科学巨星的频出归因于西方文化中的天然性内在张力是缺乏说服力的。就全部西方文化而言，它并不具有天然性的创新基因，不仅如此，在近代以前，西方文化在总体上并不比中国文化优越，即使在科学技术方面的情况也是如此。一直被西方人引以为优越与自豪的科学只是出现在工业革命发生后的 18 世纪。而在"18 世纪以前根本没有科学；对自然的认识具有自己的科学形式，只是在 18 世纪才有，某些部门或者早几年"③。所有的农耕文明时代的文化都具有保守性的性质，这是一种普遍性的经验现象，无论是西方与东方，概无例外。深刻的原因在于，农耕文明的生产方式是以手工劳动为基础的，而在以手工劳动为基础的生产方式中，"原封不动地保持旧

① 《马克思恩格斯文集》第 1 卷，人民出版社 2009 年版，第 602 页。

② 《马克思恩格斯文集》第 1 卷，人民出版社 2009 年版，第 552 页。

③ 《马克思恩格斯文集》第 1 卷，人民出版社 2009 年版，第 88 页。

的生产方式，却是过去的一切工业阶级生存的首要条件”①。西方文化，尤其是自然科学在西方文艺复兴与18世纪工业革命后之所以发生了深刻性的质变与巨大发展，引发了中西文化的对立与冲突，以及中国在自然科学发展上的明显落后与巨大差距，根本性的原因在于，以机器生产为基础的商品生产方式与交换方式取代了以手工工具为基础的自然经济生产方式与交换方式。在商品经济社会中，“生产的不断变革，一切社会状况不停的动荡，永远的不安定和变动”是其基本特征②。正是生产方式不断要求变革的驱动，才使得西方文化走出了长达千年的缓慢发展的冰冻期，取得了自然科学的巨大发展与相对于非西方民族的巨大优势。

当然，确认社会的生产方式与交换方式对一个民族的文化性质与特质的制约作用，并不意味着文化的发展完全是自发性的，更不意味着文化发展的逻辑完全受制于生产方式与交换方式演进的逻辑。生产方式与交换方式是影响文化发展的基础性因素，但不是唯一性的因素。不然的话，我们就无法解释这样的现象，处在大致相同发展阶段与相同发展水平的民族，在文化的创新意识与创新能力方面都存在着明显的不同与差异。创新性的文化是生成的，它既受自发性因素的影响，需要客观因素的驱动，推动文化创新的真正动力来自于人们改造自然与变革社会的实践，也需要人们自觉地倡导与培育。首先是倡导。应在全社会的范围内营造一种文化创新的氛围，鼓励人们根据社会实践的需要，创造出与时俱进的新的文化内容与形式。文化创新是一项群众的事业，只有当全体国民都具有创新意识与创新精神，才有可能进行真正意义上的文化创新。其次，创新性文化的形成也需要培育。创新文化的培育是一个漫长的过程，需要几代人的努力，只要我们放弃文化保守主义心态，持续不断地推进创新性文化的建设，我们就一定能达到目标，实现中华民族文化史上的再一次辉煌，再创造出一座新的文化高峰。

---

① 《马克思恩格斯文集》第2卷，人民出版社2009年版，第34页。

② 《马克思恩格斯文集》第2卷，人民出版社2009年版，第34页。

“李约瑟难题”与“钱学森之问”的文化诠释 *

一

英国人李约瑟是长期关注与研究中国科学技术史的著名学者，他对中国科学技术史的热情及其研究所达致的深度与成就及影响，不仅在西方人中是鲜见的，即使是较之于中国学者而言，成就也不逊色。李约瑟对中国古代科学技术的成就，尤其是对闻名世界，并对世界文明发展起到巨大推动作用的火药、造纸、印刷术、指南针等四大发明的肯定与赞赏的评价是独具慧眼的。然而，李约瑟对中国古代科学技术史的研究，给予中国人的不仅仅是骄傲与自信，同时也给我们带来与留下了一些挥之不去、避之不开、引人不得不思的疑问，其中的一个便是：“为什么现代科学只是在欧洲文明中发展，而未在中国（或印度）文明中成长？为什么在公元 1 世纪至公元 15 世纪，中国文明在获取自然知识并将其应用于人类实践需要方面比西方有成就得多？”① 李约瑟的两

* 本文原发表于《人文杂志》2017 年第 12 期。

① ［英］李约瑟：《东西方的科学与社会》，辽宁教育出版社 2002 年版，第 83 页。

个为什么既似疑问，更似追问，这种疑问和追问，要求人们思考与解答的其实是一个问题，即为何创造了辉煌的古代文化与文明的中国与印度，尤其是创造了四大发明的中国，在近代以降的历史时段中，在现代科学的发展方面不仅大大落后于西方，而且根本没有生长出具有真正意义的现代科学？面对李约瑟提出的上述疑问与追问，国内外学者做过不少思索与探讨，人们试图从不同的维度进行解答，并力求给予一个令人信服的答案。令人遗憾的是，尽管研究与试图解答李约瑟疑问的学术论文与学术论著日趋增多，但几乎没有一种解答能够获得相对多数的认同，更不用说普遍与一致性的认同。基于此，美国学者肯尼思·博尔丁将李约瑟的由两个为什么所构成的疑问与追问称为“李约瑟难题”。

其实，类似于李约瑟式的疑问与追问，或类似于李约瑟的看法在中国学界并非难觅。著名的哲学家冯友兰就曾在分析中国近代落后的原因时，先于李约瑟指出，中国近代以来之所以大大地落后于西方，一个重要的原因就在于中国近代没有产生出西方式的自然科学，而西方近代以来之所以超过中国，根本性的原因在于他们创造出了发达的自然科学，这种发达的自然科学成为推动西方社会发展与兴盛的重要推力。① 尽管冯友兰先生的上述看法，与“李约瑟难题”的旨趣所指并不完全相同，一个试图解答的是中国近代为何落后于西方，一个试图追问的是近代以来的中国为何没有产生出类似西方的自然科学，但不可否认的是，二者所论及的问题之间是存在着内在的关联性的，“李约瑟难题”所关涉的实质上是冯友兰先生所探讨的前置性问题。如果说，上述冯友兰先生所论及的问题与“李约瑟难题”在旨趣指向上还存在着某种差异的话，钱学森先生在逝世之前所发出的追问，即被中国学界冠之以“钱学森之问”，无论就其追问的形式看，还是就其所及问题的实质看，不仅是形似，而且是神似。“钱学森之问”所追问的是，新中国的诞生已超过半个世纪，虽然我们在科学与教育事业的发展已取得了长足的进步，但一

① 冯友兰：《三松堂全集》第1卷，河南人民出版社1985年版，第189页。

个不可否认的事实是，我们并没有造就与涌现出具有影响力的科学与学术大师，我们不仅没有造就出有重大影响力的类似于诺贝尔奖获得者那样的科学大师，在科学与学术大师的造就方面，我们甚至还逊色于贫穷、落后的民国时期。中国为何没有造就出大批的科学与学术大师？又是什么原因阻碍了科学与学术大师的造就与涌现？这的确是一个引人不得不思、不得不虑的问题。“李约瑟难题”与“钱学森之问”，一个追问中国近代为何没有生长出自然科学，一个追问当代中国为何没有生长出科学与学术的大师，二者之间的关联度与相似性是显而易见的。并且，二者的目的指向都在于疑问与追问的形式，引发人们对阻碍科学发展与大师成长的环境与条件的思考。

自“李约瑟难题”产生以来，尤其是“钱学森之问”公布时候，再次激发出学者们对“李约瑟难题”与“钱学森之问”的谜底进行破译的热情，产生了不少值得关注与重视的见解。有人试图从哲学上去破译“李约瑟难题”与“钱学森之问”的谜底，认为中国哲学发展中缺乏形而上学阶段，而形而上学对自然界的发展进行分门别类与量化的研究方法与思维方式是西方近代以来的自然科学得以生成和获得进展的重要环节。①然而，西方近代科学技术史与形而上学生成史的真实关系却表明，形而上学的思维方式与研究方法，与其说是西方近代科学技术生成与发展的原因，不如说是它的生成与发展的结果与必然表现。有人试图从中国语言与文字所具有的特点去解读中国近代以来在科学方面落后的原因，认为中国的语言文字的特点具有极为明显的象形性质，以形示意与以形喻意的语言文字虽有益于形象思维的发育与培养，却不利于抽象的逻辑思维的形成。②中国古代的四大发明都属于技术发明，而不是科学发现，因此，中国古代的领先主要是一种技术的领先，而不是科学的领先。技术的发明主要依赖经验的积累与感性思维，而科学依赖的主要

① 任鸿隽：《说中国无科学之原因》，《科学》2014 年第 2 期。

② 宋礼庭：《论李约瑟难题——基于中国文字的视角》，《武汉科技大学学报》（社会科学版）2012 年第 3 期。

是抽象的逻辑思维。西方近代以来科学发达的民族与国家，使用的大多是拼音文字，拼音文字具有抽象化的特点，因而有益于人的逻辑思维的培养与形成。但这种以语言文字的特性去诠释中国近代以降的落后与科学大师的缺乏，既不能有说服力地解释，同样是使用字母文字的民族与国家在西方近代以前的古代与中世纪，在科学的发展方面并不比中国优越，一个不争的历史事实是真正意义上的科学在西方也是 17 至 18 世纪以后的事情；也不能合理地诠释，深受中国语言文字影响，并以汉语为基础而形成自己语言的日本，自明治维新以来科学发展水平却远远超出我们，即使是在二战后的阶段，以诺贝尔获奖者为标杆的科学与学术大师也远远领先于我们。也有人从社会经济、政治方面去诠释中国近代以来，科学发展落后的原因，认为落后的自然经济或农耕文明的生产方式与专制的政治统治是阻碍中国科学精神、科学理性、科学理论生成与导致科学发展水平严重落后的根本原因。这样的诠释是有说服力的，因为一个不争的历史事实是，近代以来在科学上崛起的民族几乎都是资产阶级民族。但生产方式与交换方式、经济制度与政治制度对科学生成与发展的作用和影响也只能从归根到底的意义上去理解，生产方式与交换方式并不是作用与影响科学生成与发展的唯一决定性因素，因为，即使是在生产方式与交换方式大致相似的民族与国家之间，其科学发展的状况与水平也并不完全一致。近些年来，不少人开始将反思的目光聚焦在我们的教育发展与教育制度上。教育是科学的基础，教育的发展状况通常决定着科学发展的状况。在一些人的视野中，新中国成立后，我国的科学技术事业之所以取得了长足进步，是与教育事业的发展密切相关的，但另一方面，新中国成立后，我们在科学大师与技术巨匠的涌现方面却明显地逊色于我们科学发展的总体状态与水平。人们普遍认为，当代中国之所以没有造就出群星灿烂的科学大师，是与我们的教育思想与教育理念紧密相关的。我们的教育重知识的教授，轻能力的培养；重学生的考试分数，忽视对学生创新精神与创新思维的关注，其结果自然是我们培养出来的学生是高分低能的，是考试的巨人、创新的矮人，而科学家需要的不仅仅是知识，更重要的是创新精神与创新能力。应该说，人们对中国教育存在的问题的反思是有根据与理由的，正是由于这种根据与理由的存在，我们的教育改革才成为必要与必需。但我们的教育为何重分数，轻能力；重知识，轻创新，我们为何没有培养出群星灿烂的科学大师，是否还有更深的原因？值得深思。

学界对“李约瑟难题”与“钱学森之问”的解码与试答还在持续，且思考的视野日渐广阔，但有一点似乎被人们忽视了，至少是没有给予足够的重视，即一个国家与民族的科技发展和该民族与国家的文化传统有着不可忽视的内在联系。

二

影响科学技术发展的因素是多方面的，尽管存在着大小之别、强弱之分。我们首先应确认或肯定，一个国家与民族的科学技术的生成也好，发展也好，其状况与水平从归根到底的意义上看，应从社会的生产方式与交换方式的性质去获得根本性的解释，但一个民族与国家的文化传统与文化精神对该民族与国家的科学技术的生成与发展的作用与影响应是不可忽视的。创造过四大发明的中国为何没有生长出现代形态的科学？在世界科学发展史的壮丽画卷上，为何鲜见有中国人的名字位列其中？为何当代中国，我们的学生呈现出高分低能的特点，人数众多的考试状元、奥赛王者中能成为学术大师与科学巨匠的却稀若晨星？其中的原因尽管是多方面与复杂的，但笔者认为，中国传统文化的文化传统与文化精神的保守性基因的作用难辞其咎。

广义地讲，中国传统文化应包括中国五千年文明所生成与积累而成的全部文化。但就其影响中国历史发展进程的作用大小而言，中国传统文化主要指的应是以儒学为代表的，或作为表征符号的文化。理由是，其一，儒学与儒家文化在中国历史上存活的时间最长。虽然儒学并不是中国文化与文明的源头，在儒学诞生前，中国文化的历史存在已超过两千多年，而且与儒学同时并存和与之竞争的还有诸子百家，但一个不可否认的历史事实是，儒学之前的中国文化以及与儒学相互竞争的文化，大多数要么被儒学改造吸纳被融入与包含在儒学之中，要么在与儒学的竞争中因失败而式微或消失。对于近代以来的大多数中国人来说，尤其是普通大众来说，不要说通晓诸子百家，即使是能知晓几家名称的人也较难觅。其二，自汉武帝采纳董仲舒的“罢黜百家，独尊儒术”以降的两千多年的历史跨度中，虽屡经王朝更替与历史变迁，但在整个封建时代，儒学与儒家文化始终处于一学独尊的统治地位。在整个中国封建时代，虽上演过扬佛抑道或扬道抑佛的剧目，但始终不存在扬道而抑儒、扬佛而抑儒的情况。儒学与儒家文化在中国长达两千多年的绝大部分时间里通常都处于统治地位，这表现在，儒学经典既是官学的指定教材，而且也是科举考试的主要内容，同时还是构成社会法律与道德规范的主要内容与根据。

儒学与儒家文化作为中国传统文化的符号受到统治阶级的呵护与推崇有其内在的必然性逻辑，根本性的原因在于，以“三纲”“五常”为核心的儒学文化最符合封建统治阶级维护与巩固自己统治的需要。需要指出的是，人们不能以儒学与儒家文化曾经是中国农耕文明时代占统治地位的统治阶级的意识形态或文化观念而诉诸拒斥与否定。儒学与儒家文化相对于农耕文明的历史时代来说它不仅曾经是必然的、合乎时宜的，而且曾经也是先进的，中国在农耕文明时代的历史辉煌与儒学和儒家文化的发展具有不可否认的关系，或者说儒学与儒家文化对中国农耕文明时代的文明发展功不可没。儒学与儒家文化作为民族的传统文化与文化传统，它是中华民族文化演进的基因，这种文化基因既影响着中华民族文化精神与气质的塑造，也影响着中华民族思维模式的形成。儒学与儒家文化生成于中国的农耕文明时代，它对中国农耕文明的发展起着极其重要的作用，然而，儒学与儒家文化对于中国近代以来现代科学的落后也负有不可忽视的责任。虽然在以儒学与儒家文化为代表的传统文化中存在着类似于“周虽旧邦，其命维新”这样的提倡革故维新的思想，但就其总体倾向与文化气质而言，其文化的崇古、恋旧、保守的色彩更为浓厚。儒学与儒家文化在更多时候主要强调与突出的是“信而好古，述而不作”“温故而知新”“学而时习之”“学而优则仕”等一类的文化观念。即是说相对于对革新与创新的提倡而言，儒学与儒家文化更表现为对信古、好古的看重，强调的是对前人、古人思想的述，而不是作，是学而不是思，是“学而优‘则仕’”，考而优则仕，而不是思而优、智而优则仁、则贤。或者说，儒学与儒家文化重视的是对儒学经典或对前人、古人、贤人、圣人已有思想的学习与记忆、固守与重述，轻视文化的思考与创新。在以儒学与儒家文化为代表的中国传统文化的文化传统中，与强调“学而优则仕”的文化传统相联系或互为支撑的另一个文化传统，即“考而优则仕”。“学而优则仕”与“考而优则仕”虽然二者强调的着重点稍有区别，一个着重于人才的培养，一个着重于人才的选拔，但二者在价值取向上具有不可分割的内在联系，且二者是相互支撑的。对于力求入仕者而言，学而优的直接目的也许是为了考而优，对于社会或统治者而言，考试的目的不仅仅是要选拔出所需的人才，也蕴含有以考促学的价值取向。科举取士制度是中国封建社会的一项选拔官员的根本性制度，历经千年以上的历史而不断不衰，这在世界历史上实属罕见。科举作为一项选官取士的考试制度，其本身无可厚非，也不乏积极意义，它至少在形式上为一些出身低下的寒门学子提供了改变社会地位的潜在可能性，即使是在现代社会，考试制度也是人才选拔与考核的一项重要制度。但问题是，中国的科举制度在价值取向上基本遵循的是儒学的文化传统，其考试的内容与要求是儒学的经典与对经典的诠释。在我们的文化传统中，无论是“六经注我”，还是“我注六经”，其出发点与关注的核心都是对前人、古人、贤人、圣人的圣言、圣训、圣经、圣典的学与习，其目的是使人们在“修身、齐家、治国、平天下”时尊圣人之道，崇祖宗之法。以儒学与儒家文化为代表的中国传统文化中这种重学轻思、重述轻作的文化传统，虽然有益于传统文化的记忆与守护、保存与传承，但不利于人们创新思维的养成，不利于文化的创新与革新，更不利于现代科学的生成与生长。诚然，文化的发展是一个日积月累的过程，科学的生长与发展也离不开已有的知识作为出发点与基础，但科学的本质不是对已有知识的记忆与尊述，而在于对未知领域的思考与探索，因而科学的生长与发展是一个从已知到未知、不断超越已知的过程。科学的发现是需要反思、批判、探索精神的，而不仅仅是对已有知识的学习、记忆与掌握。当我们弄清了中国传统文化中的文化传统的精神气质，我们或许就能明白，曾经创造过四大发明的民族为何在现代科学的发展上却大大地落后于西方；就能明白为什么在世界历史上独创出状元这一称号，并选拔出七百多个状元的民族，却少有人在学术上，尤其是在科学上做出过与状元称谓相匹配的业绩。无论是在中国的古代，还是在中国的当下，我们或许并不缺乏学富五车、说文解字式的博学鸿儒，但缺乏卓有建树的思想家与科学家。时下，不少人对中国的教育多有诟病，批评中国学生重考试、会考试，但许多学生是高分低能，我们的学校能培养出懂牛顿、爱因斯坦科学理论的人，却培养不出类似于牛顿、爱因斯坦式的人。为何如此？不能说与我们的文化与教育传统没有关系。我们或许不缺学者，但缺少的是具有探索精神的学问家，一个不可忽视的原因恐怕在于，我们的文化传统看重与习惯的是学，而不是问，是述而不是作，是已知，而不是未知。

三

那么，是什么原因导致了以儒学与儒家文化为代表的中国传统文化中的重学轻问、重学轻思、重信轻疑、重述轻作或述而不作，好古、信古、崇古而薄今的带有浓厚保守主义的文化传统呢？这种保守主义文化传统的生成与延续究竟是自然性的因素所致，还是历史性的因素所致？它是必然的，还是偶然的？合理性的解释应是，它是历史性的因素所致，而非自然性的因素所致；它是必然性的历史表现，而非偶然性的历史表现。中华民族并不缺乏创造性的资质与天赋，孔子及其创造的儒学与儒家文化本身即是中华民族思维创造性的表现与证明。只是由于儒学所崇尚的一些文化观念，导致了一种保守性的文化传统，而这种保守性特质的文化传统的形成，确实不利于创造与创新性文化精神的生成与发挥。以儒学与儒家文化为代表的中国传统文化之所以具有保守主义特质，并且这种具有明显保守主义特质的文化还能长期地居于一学独尊的统治地位，内化为一种稳定的社会文化的心理结构与文化传统，决非是某种偶然性因素所决定的，而是一种历史必然性，确切些说，它是农耕文明的生产方式与交换方式以及由此决定的人们的社会生活方式的必然表现。

文化与文化传统是生成的，因而是历史的，而不是天赋的。任何一种文化与文化传统都是一种有根的存在，不是无根的浮萍，而文化与文化传统的根是植于一定的社会与历史的土壤之中的。一定的社会与历史的条件和环境即是社会文化与文化传统的土壤，在特定的社会历史土壤中必然性地会生成特定的社会文化与文化传统。社会与历史的条件与环境是由多种因素构成的，因为任何一个社会都是一个有机体，单一的社会因素构成的社会是不能称之为有机体的。因此，一个社会的文化与文化传统也是由多种复杂的因素相互作用生成的。文化与文化传统不具有先天的性质，而是历史性的生成，具有被决定的性质，一个不争的历史性的经验事实是，世界历史上的一切民族与国家，在大致相同的社会历史阶段或大致相同的条件与环境的基础上便会生成大致相同的文化观念与文化传统，这便是文化不具有自立与独立性的决定论证明。如上所述，决定或影响文化与文化传统历史性生成的因素虽然是多方面的，但在多种因素中起根本性作用的因素是社会的生产方式与交换方式，深刻的原因在于“历史过程中的决定性因素归根到底是现实生活的生产和再生产”。①

① 《马克思恩格斯文集》第10卷，人民出版社2009年版，第591页。

其实，守旧崇古的保守主义文化传统并不是中国传统文化精神的独有气质，而是处于以手工工具进行社会生产与再生产的生产方式和交换方式为基础的一切社会所具有的普遍气质。一个不争的历史事实是，现代意义上的科学在中国农耕社会的土壤中没有生长出来，但在现代科学发展的欧洲，当它还处在农耕文明的历史时代时，也不存在现代意义的科学。在欧洲近代以前的中世纪，在长达一千多年的历史跨度中，不仅没有产生出真正意义上的科学，而且在技术的发明与发展方面，甚至是大大地落后于中国。现代科学的发源地是欧洲，但现代科学在欧洲的生成则是近代以后的事情，具体地说是17、18世纪的事情，而这时的欧洲已经处于与中国完全不同的历史发展阶段了。当欧洲已进入到以商品生产与商品交换为基础的生产方式与交换方式的资本主义时代时，中国仍然延续着农耕文明的生产方式与交换方式的历史。当我们弄清了现代科学在欧洲生成的历史时代以及具体的历史条件与环境时，我们或许就不难明白，在中国近代的历史条件与环境下为何没有生长出现代科学。中国近代之所以没有生长出现代科学，一个合理的解释也许是，中国仍处于以农耕文明的生产方式与交换方式为基础的封建社会中，而农耕文明的生产方式与交换方式具有天然的保守性质，这种生产方式与交换的保守性质，既限制了人们探索的视野，也压抑了人们创新的动力。

那么，以手工工具进行社会的生产与再生产的生产方式与交换方式为何具有天然的保守性质？导致农耕文明的生产方式与交换方式具有保守性质的根本性原因又是什么？马克思、恩格斯在《共产党宣言》中有论及资产阶级为何能起过非常革命作用的一段话，对于我们理解农耕文明时代的生产方式与交换方式的保守性也许是有启发性的。他们曾明确地肯定："资产阶级在历史上曾经起过非常革命的作用。"① 资产阶级为何曾经能起过非常革命的作用，深刻的原因在于："资产阶级除非对生产工具，从而对生产关系，从而对全部社会关系不断地进行革命，否则

① 《马克思恩格斯文集》第2卷，人民出版社2009年版，第33页。

就不能生存下去。反之，原封不动地保持旧的生产方式，却是过去的一切工业阶级生存的首要条件。生产的不断变革，一切社会状况不停的动荡，永远的不安定和变动，这就是资产阶级时代不同于过去一切时代的地方。”① 所谓过去的“一切工业阶级”当然指的是资本主义社会以前的工业阶级。其实，“原封不动地保持旧的生产方式”不仅是资本主义以前的工业阶级生存的首要条件，也是资本主义以前的其他阶级生存的首要条件。深刻的原因在于，在以手工工具为基础的生产方式中，经验与技能具有重要的意义，生产的任何变革，都意味着原有的经验与技能所具有的价值的丧失，手工业阶级要想维持自己的生活状况不恶化，只有维持原有的生产方式不发生变化，否则他们的生存条件便会受到威胁。在农耕文明时代，人类的历史总的来说是有过进步的，即使是在被人们称为黑暗的欧洲中世纪，也是有过进步的，但不可否认的是，其进步与变化是极缓慢的，缓慢得人们几乎感觉不到。保守性的生产方式必然生成保守性的文化与文化传统，在马克思历史观的理论逻辑中，这是一个自然而然的逻辑，弄清了这种历史发展的逻辑，人们也许就明白，为何在农耕文明时代生成的文化传统中，信古、好古、尊古、崇古成为一种普遍性的历史观，而非某一民族文化的独有现象；同时也不难明白，现代意义上的科学，首先诞生于资本主义率先发展的欧洲，而不能诞生于曾创造过辉煌的古代文明的中国与印度。现代科学的田园属于率先进入资本主义的欧洲是有其历史必然性的，因为资产阶级要维持自己的资产阶级生存地位，就必须使自己的资本不断地进行增殖与扩张，因而必须对“生产工具，从而对生产关系，从而对全部社会关系不断地进行革命，否则就不能生存下去”②。正是在对生产工具进行不断革命需要的驱动下，现代科学才得以逐渐地发展起来。现代科学首先生成于资本主义的欧洲，这决不意味着唯有资本主义生产方式与交换方式的土壤才适合

① 《马克思恩格斯文集》第 2 卷，人民出版社 2009 年版，第 34 页。

② 《马克思恩格斯文集》第 2 卷，人民出版社 2009 年版，第 34 页。

现代科学的生长与发展，但可以确认的是农耕文明的生产方式以及与此相适应的保守性的文化传统的土壤的确不能生长出现代科学。这也许是处于农耕文明发展阶段的民族与国家缺乏现代科学生成与发展领先的历史例证的合理解释。

以农耕文明生产方式的保守性去解释中国传统文化与文化传统的保守性，并以后者去进一步诠释中国近代在科学方面的落后似乎还无法彻底地解释人们心存的疑惑。人们难免要问，以追求民主与科学为旗帜的“五四”新文化运动已远离我们近一个世纪了，新中国诞生的历史也已近 70 年了，在过去的一个世纪中，我们掀起了一次又一次向科学进军的高潮，尤其是在改革开放以后，科学的现代化提高到立国之本的高度，人们对科学的热情与推崇甚至超过西方，为何我们仍然没有造就或培养出能在科技史与思想学术史上留下不朽英名的科学与学术的大师呢？考试的状元为何少见成为科学与学术的状元呢？难道还应当归咎于我们的文化传统吗？诚然，中国的科学技术在今天的发展水平已不是 19 世纪可以比拟的，中国已不再是科技发展的弱国，但若看中国教育发展中的问题，看中国学生中仍普遍存在的高分低能现象，再看看我们的学界在科学与学术研究上大多是照着讲、跟着走，较好的情况也只是接着讲的习惯与现象，不得不说，我们没有从根本上改变与改造我们的文化传统，或者说传统仍然在阻碍着我们的科学与学术的创新与发展。因为，当人们只是习惯于照着讲与跟着走的时候，有可能成为某一个方面的专家或学者，却很难成为学问家与大师，即使是那些能接着讲的人也很难说是真正意义上的大师。只有那些具有创新与开拓精神的人，善于创新性地转换思路进行思考并代码生成出原创性的成果的人才有可能成为大师。虽然一定的文化与传统是一定的社会历史条件与环境，且归根到底是与一定的生产方式与交换方式相联系与相适应的，随着社会历史条件与环境或生产方式与交换方式的改变，社会的文化观念与文化传统终究要发生改变，但这种改变通常需经历一个或长或短的历史性的过程。因为一种文化传统，无论是好的文化传统，还是坏的文化传统，传统一旦成为传统，或者说传统一旦转变成一个民族的文化心理结构与此民族的文化性格时，通常会具有较强的稳定性与巨大的历史惯性，要改变它不是件容易的事情。现代科学的发源地虽然是在资本主义的欧洲，但欧洲的现代科学与资本主义并不是同时产生的，现代科学生成的历史比欧洲资本主义的历史晚了至少两百多年，这一事实表明，克服农耕文明时代的保守性的文化传统，对所有的民族与国家来说都是一个极其艰难与漫长的历史过程。

论民族文化的创新*

一

人作为人存在，是以一种实践方式的存在，也是以一种文化方式的存在。虽然，从发生学与因果关系的维度上看，是人类的实践与劳动活动创造了人类的文化，人类任何意义上的文化在本质上都是实践的，应该说，人类的实践、劳动活动构成人类文化生成与发展的终极性的前提与基础，这样的认定在历史发展的逻辑上是无可置疑的。然而，在人类历史的现实中，人类的实践、劳动与人类的文化之间的关系又是一种双向作用、双向互动的关系，人的实践、劳动创造出自己的文化，而文化一旦生成，又以不同的方式作用于前者。一切具有完全意义上的属人的，具有历史性质的人的实践、劳动无不具有文化的底色和属性，因此，在这个意义上，我们强调文化在本质上是实践的同时，也有理由认为，人的实践、劳动在本质上也是文化的。在现实的历史发展过程中，人的实践、劳动与人类所创造的文化之间的关系，是一种相互作用、彼此规定的关系。

* 本文原发表于《江海学刊》2015 年第 6 期。

人的实践、劳动与文化之间的关系，也普遍性地存在和显现于每一个民族的具体历史发展过程中。文化是生成的，因而文化的存在是一种有根的存在。一个民族的实践发展史、劳动发展史是构成一个民族的文化发展史的最深刻的物质性基础，任何民族的文化，它的生成、它的演进、它的表现形式、它的精神特征、它与其他民族文化的相似点与不同点，从归根到底的意义上看，都可以从该民族的生产方式与交换方式及其演进的历史进程中获得正确性的理解与科学性的阐释。正如一个民族的劳动发展史是理解一个民族的全部历史奥秘的钥匙一样，民族的劳动发展史也是理解民族文化生成与发展史奥秘的一把钥匙。对于马克思的历史观与文化观来说，上述观点应是一条不可动摇的基本性原理。但任何民族一旦形成自己的文化，反过来又会对该民族的物质生活与精神生活产生制约与规范的作用，这同样是不可否认与忽视的。任何民族的生成与存在，不仅与特定的生活条件、特定的地域空间与地理环境密切相关，同时也与特定的语言、特定的文化精神有着不可分割的联系。对于任一民族来说，它的文化是其自身民族性存在的存在方式，也是维系其存在的守护神，民族的兴盛与衰落通常与民族文化的兴盛与衰落保持着大致相同的方向。在人类社会发展的历史上，人们难以寻找到有哪一个民族在没有形成自己的文化或丧失了自己文化的情况下能够维持自己的民族特性的证据。

民族文化对于一个民族的生存与发展所具有的重要意义与价值是无容有疑且无需申述的。无论在思想史上，还是在人们的现实生活中，几乎没有人会对此持反对或否定性的意见。马克思主义的历史与文化观虽然在文化的生成与发展的问题上诉诸实践、劳动的决定论解释，反对任何形式的文化决定论的文化史观，但它并不否定文化在人类历史与民族历史发展中的影响与作用。一个民族的文化是一个民族维系自己生存与延续的精神支撑，是一个民族国家的硬实力与软实力，尤其是软实力的重要表现。正因为如此，在人类社会历史的发展过程中，没有哪一个民族会忽视对自己民族的文化的守护与发展。然而，无论是从人类历史发展的方面看，还是从民族历史发展的方面看，文化对人类历史与民族历史的作用与影响都具有两面性。任何民族的文化通常表现为多种文化因素的集合体，当中存在着先进的文化与落后的文化之分，积极的、健康的文化与落后的、腐朽的文化之别，并不是所有的民族文化对民族历史的发展都具有无条件的积极与肯定的意义。关于历史与文化间的这种双重向度的关系，马克思主义的经典作家们曾有过明确的阐述，一方面曾明确地断定“文化上的每一个进步，都是迈向自由的一步”①；另一方面也曾明确地指出，“在一切意识形态领域内传统都是一种巨大的保守力量”②。“在一切意识形态领域内”传统何以会成为一种巨大的“保守力量”？诚然，文化是生成的，一切文化及文化现象的生成无不具有某种直接或间接的客观原因与根据，其根据或是来自于自然的方面，或是来自于社会历史的方面，一般来说更多地或主要地来自于后者。无根无据的文化是不存在的。然而，影响文化生成的因素是复杂的、多方面的，其中，有客观的因素，也有主观的因素，由于受到人们认识能力与历史局限性的制约，并不是所有的文化都具有优秀的品质。一个有说服力的事实是，文化发展的轨迹越是朝着它的起始点追索，相应地越显粗俗。即使是在人类历史与民族历史发展过程中，曾经对社会历史发展起过推动作用的文化，也并不具有永恒不变的合理与优秀的属性，曾经的合理与优秀只是相对于当时的历史条件与社会发展状况而言的，而社会历史条件与社会发展状况不是永恒不变的，而是发展变化的，因而，曾经的合理与优秀也可能变成不合理与非优秀的，甚至变成一种阻碍民族历史发展与进步的巨大的保守性力量。从理论的逻辑推论上看，由于文化是生成的，它理应随着人类实践活动以及在人的实践活动基础上生成的社会历史条件的变化而变化。从世界文化史演进的实际情况看，没有哪一种文化是绝对固化不变的，一切民族的文化都存在着一个变动的历史轨迹，不同的只是有的民族文化的发展如同奔流的江河，有的民族文化的

① 《马克思恩格斯文集》第 9 卷，人民出版社 2009 年版，第 120 页。
② 《马克思恩格斯文集》第 1 卷，人民出版社 2009 年版，第 312 页。

发展有如平缓流淌的小溪。文化的发展存在着自发性与自觉性两种不同的状态，一般来说，在自发状态下，文化虽然在社会实践的推动下也能实现一定的发展，但发展通常是相对缓慢的，只有那些具有文化自觉意识与创新精神的民族，才能使自己民族文化的发展如同奔流的江河，一浪高过一浪。文化的发展并不是一个简单的累积与堆叠的过程，而是一个需要不断创新的过程。在文化发展的问题上，人们既需要对自己民族的文化表示出应有的珍爱与尊重，反对一切形式的历史的与文化的虚无主义，但相对于文化的继承而言，更需强调的是文化的创新，文化创新是民族文化香火不断的条件，是文化江河奔流不息的源头活水。在对待民族文化的问题上，文化虚无主义是错误的，文化上的恋旧主义与保守主义同样是错误的。民族文化的生命力在于文化的创新力，文化之命，命在唯新，尤其是对于那些在人类历史上曾经出现过文化高峰，形成了伟大文化传统，做出过值得骄傲与自豪的文化成就的国家和民族来说，历史地、辩证地看待自己的文化，强调文化创新的作用，提高创新意识的自觉，树立创新的精神具有更为重要的意义。其深刻原因在于，文化一旦形成便会在人们的心理上积淀成一种相对稳定的文化心理结构，越是曾经创造过伟大文化的民族，越是对自己的民族文化具有强烈的认同感、自豪感，其文化心理结构亦越稳固，越易产生文化拜物教与文化上的原教旨主义。当一个民族对自己的文化生成一种类似于拜物教与原教旨主义式的认同情感时，要实现自我超越就会变得极为困难，这或是世界历史上那些曾产生过文化高峰的民族，在往后的历史发展中，很少见到第二座乃至更多的文化高峰，文化繁荣很难持续的缘故吧。

二

民族文化的存续与发展是需要不断创新的，如上所述，没有文化上的创新与纳新，文化的发展就会像自然界中没有活水流入的河流，干涸与消失是迟早会发生的事情，这样的道理似乎是无需多说的，因为人们很少会听到有反对文化创新的声音。然而，什么是民族文化的创新？对民族文化的创新应如何进行辨识与判别？无论是从理论的方面看，还是从实践的方面看，仍是一个需要进一步思考与澄清的问题。

什么是民族文化的创新？民族文化创新与民族文化振兴、民族文化复兴之间是一种什么样的关系？是一种相互等同与契合的关系，还是一种彼此包涵的关系？抑或是一种既相互联系又相互区别的关系？在思考与确认民族文化创新的意蕴时，这也许是一个首先需加澄清与分辨的问题。时下的中国学界，建设社会主义文化强国，提高中华民族文化软实力，正成为人们热议的话题。在人们热议的文化话题中，经常看到的是民族文化振兴、民族文化复兴等话语的反复出现，而对于民族文化创新的呼吁不能说没有，但从使用的频率上看，前者较之于后者显然要高出许多。诚然，要建设社会主义文化强国，提高中华民族文化的软实力，振兴与复兴中华民族文化的提法具有无可争辩的正面与积极意义。但需要澄清与分辨的是，民族文化的振兴也好，民族文化的复兴也好，它们都不能与民族文化创新的话语画等号。振兴与复兴都是相对于丧失、丢失、衰落、式微一类的话语而言的，其价值依归的底蕴与基本指向是对传统文化的继承与传统文化的历史辉煌的再造与重塑。文化的创新则不同，虽然，任何意义上的文化创新都不是无中生有与另起炉灶，都需以一定的文化传统与既有的文化成果作为基础与前提，但民族文化创新的价值取向的底蕴，重点强调与主要指向的不是对传统文化的继承与复兴，而是对传统文化的改造与新文化的创造。文化创新是一种创造性活动，这种创造性活动所追求的不仅仅是传统文化的香火越燃越旺，更追求文化延续的与时俱进。

民族文化的创新也不同于民族文化的改良。文化改良与文化创新之间有形似之处，因为任何意义上的文化改良，无论是文化形式上的改良，还是文化内容上的改良，都不免使文化的原有形态发生某些新的改变或改进，从而给人们带来某种程度的新鲜感。并且文化改良在民族文化的生成与发展的过程中具有不可忽视的作用与意义，任何一种文化形态的形成都有一个从粗糙到精致、从幼稚到成熟的过程，在这当中，文化的不断改良工作是必须的。从一定的意义上讲，文化的改良是一种文化形态达到成熟的必不可少的条件。然而，文化的改良与文化的创新在性质上是存在着重大区别的。其一，文化改良与文化创新二者之间在出发点或活动目的上是不同的。一般来说，任何文化改良的活动都是以对现有或现存的文化系统，尤其是它的文化价值取向持基本认同与肯定态度为基础与前提的，因而其活动的出发点是以坚守现存文化系统的价值观念，完善现有文化形态为目的。而文化创新虽然也要以一定的传统文化作为前提与基础，但其活动的出发点并不是对传统文化的固守与坚持，而是为了推动传统文化不断变革与进步。其二，文化改良与文化创新在民族文化发展中的作用是不同的。文化改良可以促进现有文化形态的充分发展，但很难甚至不会导致文化形态的革命性变化与质变，不仅如此，文化改良在某种程度上会导致传统文化的固化，阻碍传统文化的转型与进步。文化的创新则不同，新是较之于旧而言的，创新的目的与作用不在于对已有文化的坚守与完善，而在于对既有文化的改造与超越，创新所导致的是文化上的革命与质变。因此，文化改良与文化创新在性质上是形似而神非，二者不仅在出发点与归宿点上大相异趣，其作用也大有不同。

民族文化的创新也不同于一般文化上的标新立异。不可否认，创新的特质在于一个新字，创新本身含有标新立异的要求，也带有标新立异的表征。提倡与鼓励文化创新，首先应提倡与鼓励文化上的标新立异，从另一种维度上说，没有文化上的标新立异，也就没有所谓的文化创新。但我们并不能据此认为一切形式与意义上的标新立异都具有无可争辩的创新属性，更不意味着对具有标新立异属性的文化现象、文化思潮、文化成果都可以诉诸积极性的辩护与肯定性的评价。一般来说，在谈到标新立异的概念时，在价值评价上具有价值中立的意蕴，肯定性或否定性评价的关键不在于形式上是否具有标新立异的属性，而在于内容上与性质上是否符合先进与进步的要求。并不是文化上的任何标新立异都具有进步的意义，那些纯粹以追求形式上的标新立异为目的的奇思异想，那些反映腐朽落后生活方式与低级趣味追求的标新立异现象，不仅不应给予肯定性的评价，反而应诉诸否定性评价。文化的创新虽然在形式上表现为一种标新立异，但只有促进文化进步的标新立异才能称之为文化创新。

综上所述，笔者以为，文化的创新既不同于传统民族文化的振兴与复兴，也不同于传统民族文化的改良，民族文化的振兴、复兴、改良等概念中所表达的主基调是对民族传统文化或民族文化传统的一种继承、光复、弘扬与辉煌的再造与再现，因而它或多或少地寄托着人们的某种文化上的寻根、怀古、恋旧情结，蕴含有或多或少的文化恋旧主义与文化保守主义色彩。而文化创新则是一种创造性活动，其价值诉求要达至的是文化发展的与时俱进，以文化的创新与创造推动文化的发展与进步。文化创新虽然对民族的传统文化与文化传统不应采取历史虚无主义态度，但它的价值诉求的向度，主要关注的不是历史的过去，而更多关注的是文化发展的当下与未来。民族文化的创新，大致可区分为文化表现形式的创新与文化内容和文化精神的创新，虽然文化表现形式的创新对于文化的演进具有不可忽视的意义，但相对而言，文化内容与文化精神的创新具有更为重要的意义，其深刻的原因在于，一种文化的性质主要通过它的内容以及它所蕴含的文化精神获得表达与表现。如果将文化的表现形式比作一个酒碗，那么文化的内容就如同是由各种原料酿成的酒，而文化精神就类似于不同酒的味道。正如一种酒的品质是由酒的原料与味道决定的一样，一种文化的性质与特质也是由它的文化内容与文化精神决定的。文化创新既是对传统文化或文化传统的一种扬弃，更是对传统文化或文化传统的一种超越，这种扬弃与超越具有革命性的特征。文化创新的价值诉求与目标应是构建一个符合时代要求，促进社会发展与历史进步的，具有优秀、先进、科学、进步等诸多品质的新质态文化。这种新质态文化不仅要反映社会历史发展必然性的要求，同时也是推动社会发展与历史进步的动力与杠杆。

三

文化创新对民族文化的繁荣与进步的意义是不言而喻的，但要真正推进文化创新并非易事，要取得文化创新的实效则更是难上加难。文化创新也与其他领域的创新一样，说起来明白，做起来难，它不仅要受到各种各样的主客观条件的制约，而且还会受到各种保守势力的阻挠与反抗。

推动社会文化创新的根本性动力来自于社会发展的需要。如前所述，文化在本质上是实践的，文化的发展既受社会实践需要的驱动，也表现为实践活动的产物，一切文化元素，无论是文化形式方面的，还是文化内容方面的，或是文化精神方面的，都可以在人们的社会实践中找到其生成的某种根据，并能从人们的社会实践中寻找到生成性的解释。作用并影响民族与社会文化生成及发展的因素是多种多样的，在推论的逻辑上，一切作用与影响人类社会实践的因素，也会对文化的生成构成直接或间接的影响。然而，在所有作用与影响社会文化的因素中，社会的生产方式与交换方式起着归根到底的作用。农耕的生产方式与交换方式是农耕文化与农业文明生成的基础，工业的生产方式与交换方式是工业文化与工业文明生成的基础，这是世界各民族历史发展中所普遍显现出来的毋庸置疑的经验性事实。正因为社会的生产方式与交换方式是民族文化生成与民族文化演进的基础与决定性力量，因此，民族文化创新的动力在根本上还是要依赖于社会的生产方式与交换方式的发展状况。一般来说，当一个民族的社会生产方式与交换方式处于进步与上升状态，或生产方式与交换方式处于新旧交替和形态转型时期，社会文化的创新也会相应地表现出生气与活力；而当一个民族的生产方式与交换方式的存在状况处于停滞与衰落状况时，民族文化在总体上也会处于沉闷与固化状态。在世界历史上，那些处于发展领先的民族，其民族文化的发展状况大多呈现出较多的创新性特征，而生产方式与交换方式处于落后、停滞、固化状态的民族的民族文化则呈现出显著的保守性。当然，在世界历史上也存在着这样一种特殊现象，某些经济、政治处于相对落后的民族和国家，在某个特定的历史时期，在其个别文化领域中有过文化创新与文化繁荣的突出表现。春秋战国时期的百家争鸣，18 世纪末到 19 世纪初崛起的德国古典哲学，19 世纪六七十年代兴起的俄国文学，都应是上述历史现象的经典例证。但需强调与申述的是，这类现象的产生存在着一个相似的特点，即几乎都出现在社会历史急剧变革时期或其前夜。社会实践的发展与社会文化的发展之间是一种双向互动的关系，实践的发展会推动文化的创新，文化的创新也会推动社会实践的发展，文化的发展状况与社会经济、政治结构之间虽然并不总能保持着一致与平衡，不平衡的状况也会不时地显现在各民族的历史中，但这并不改变文化的发展归根到底是由人们的实践方式即社会的生产方式与交换方式推动的，一切文化现象最根本地应从生产方式与交换方式的性质及其变动中去获得合理性解释的基本原理。

强调文化创新的实践推动，并不意味着否定与弱化人们的主观努力在推动民族文化创新中的作用。没有绝对固化的文化，从总趋势上看，一切民族的文化都会随着历史实践的改变发生或快或慢的变化。我们不否认文化的发展与演进有其自发性的可能，但不同民族文化的发展与演进的速度之所以有快慢之分，性质上有先进与落后之别，显然不是自然性演进的必然结果，也不能仅仅从纯粹的历史必然性中得到合理解释。诚然，文化的发展与演进是有自身规律的，任何民族文化的发展都不能无视并超越历史必然性要求，但问题在于历史必然性需要通过在历史活动中的人去实现。不是所有的民族都能创造出领先于其他民族的先进文化，伟大的民族之所以能创造出伟大的文化，并不是神意的眷顾与命运的安排，而应归因于该民族的文化创新能力与创新精神。文化的创新既要有创新能力，更需要创新精神，缺乏创新精神的民族是不可能有创新能力的。一个民族的创新精神需要培养，要使一个民族具有创新精神，第一，无疑需要有正确的历史观与文化观的指导，没有正确的历史观与文化观的指导，文化创新就会缺乏正确的方向。第二，要树立科学的文化创新精神，还依赖于对自己民族传统文化的科学认识与理性自觉，即是说要对民族的传统文化有一个正确的态度。对民族的传统文化与文化传统既要历史地看，也应辩证地看。所谓历史地看，即是将民族的传统文化放在历史的时空条件下进行审视与评价，防止用今天的评价尺度去贬损与否定传统文化的合理性，避免一切形式的历史虚无主义与文化虚无主义的片面性。所谓辩证地看，即是要一分为二地对待民族的传统文化，既不应否定一切，也不应肯定一切，传统文化中存在着闪亮的珍珠，也存在着历史性的糟粕；有些文化形式与内容，在历史上可能是进步的，但随着历史条件的变化也可能变成落后的了。在对待自己民族的传统文化的问题上，我们既要讲文化自信，更要强调文化自觉，相对于文化自信而言，文化自觉更具有积极的意义，缺乏文化自觉的自信，通常会导致文化上的自发性盲从。在对待民族传统的问题上，历史虚无主义与文化虚无主义是错误的，文化的保守主义、复古主义更是错误的，要推动民族文化的创新与进步，必须旗帜鲜明地批判与反对形形色色的文化恋旧主义、文化保守主义与文化复古主义。尤其需要指出的是，越是那些在人类历史上曾创造过文化辉煌的民族，越应自觉地克服文化的自恋与怀旧情结，越应对文化保守主义与文化复古主义保持警惕，因为文化一旦固化为一种文化传统，就会转变成一种保守性的力量，要克服这种保守性力量的束缚，通常是极为困难的事情。

民族文化的创新除了需要有创新理念与创新精神，还需要有宽松的文化环境与良好的社会氛围。在推动民族文化的创新过程中，科学与正确的历史观与文化观的指导无疑是必需的，但良好的文化环境与自由宽容的氛围同样重要。要促进文化的创新，应坚定不移地贯彻百花齐放、百家争鸣的方针，鼓励各种不同的文化形式与文化流派之间的对话、碰撞与竞争。尽管在文化创新的过程中也可能出现泥沙俱下的现象，甚至出现一些人打着文化创新的旗号，贩卖一些传统文化中的过时旧物，或舶来一些域外的含毒的洋货的状况，但我们应坚信，文化的发展有如大浪淘沙，泥沙尽处可见金，历史是可靠的清道夫，时间是有效的清毒剂，究竟是真创新还是假创新，是文化的鲜花还是文化的毒草，历史的时间延续最终会给出有效的判别与公正的裁决，真正优秀与先进的文化是不怕碰撞与竞争的，也是具有顽强生命力的。

文化创新也离不开文化开放。虽然开放本身不是创新，但它是文化创新的条件。文化创新，离不开文化的原料，巧妇难为无米之炊，文化的原料越丰富，文化创新的潜力愈大，至少从可能性上说应是如此。民族文化的创新，首先无疑要从本民族当下的社会发展需要出发，要充分地挖掘利用自己所拥有的文化矿山，这是无需争辩的；但也不应忽视其他民族的优秀文化成果与成功的文化创新经验，用毛泽东同志的一句名言来说，叫作既要“古为今用”，也要“洋为中用”。其他民族的优秀文化成果可以通过改造加工，变成我们进行文化创新的原料，其他民族文化创新的成功经验与教训，可以成为我们进行文化创新时的有益借鉴。无论是世界历史发展的经验事实，还是当代中国改革开放以来的经验事实，无不证明，没有哪一个民族的文化在完全封闭的情况下能够攀登上具有世界历史意义的文化高峰。在文化开放的问题上，应坚决地反对文化上短视的保守主义。每一个民族的文化中，都蕴含有一些值得其他民族借鉴与学习的优秀成分，即使被一些人视为洪水猛兽的西方自由主义文化也是如此。当然，我们在文化开放的过程中，也会受到挑战，这是不应被忽视与否认的，但问题的关键还在于我们自己在开放与借鉴中有一个正确的态度与做法。对其他民族的文化既不能拒之门外，也不能简单地采取拿来主义的做法，拿来主义不是创新，外来文化一定要适合中国国情，否则就会出现南为桔、北为枳的现象，洋为中用需以改造、加工、创新为前提。

总之，要建设社会主义文化强国，就必须走文化创新的道路，因为社会主义文化强国的文化不仅要为建设有中国特色的社会主义现代化强国服务，而且在性质上要“姓社”。社会主义文化既不可能奠基于中国传统儒家文化，也不可能奠基于西方自由主义，而只能奠基于建设有中国特色的社会主义现代化强国的理论与实践。在马克思主义科学的历史观与文化观的指导下，利用人类的一切优秀成果，加强有中国特色的社会主义的理论与实践的探索，通过文化创新，构建符合社会主义本质要求，满足建设现代化强国需要的社会主义新文化体系，是实现建设社会主义文化强国目标的唯一之路。舍此，要么是走复古倒退的老路与死路，要么是走改旗易帜的自由主义文化的歪路与邪路，二者皆不是建设有中国特色的社会主义文化强国的正路。

民族文化并非都是世界文化*

文化的民族性与世界性究竟是一种什么样的关系？是对立的，还是统一的关系？从19世纪到20世纪末，在长达一个世纪的历史跨度中，中国的文化研究者们曾为此进行过长久的讼争，直到20世纪90年代以后，这一讼争才开始逐渐平息下来。越来越多的人根据共性与个性、普遍性与特殊性关系的思维理路，认为文化的民族性与世界性的关系不是对立而是统一的，民族文化即是世界文化。有人则更进一步地认为，文化越是民族的，便越是世界的。因为世界文化是由民族文化构成的，民族文化是世界文化的根与源，没有民族文化也就没有世界文化。

世界性的文化首先是民族性的文化，没有民族文化的存在，就没有世界性文化的存在，文化的世界性不过是民族性文化融入世界文化中的结果与产物。民族文化与世界文化之间可以相互贯通与相互渗透：一方面表现为民族文化的世界化，另一方面表现为世界文化的民族化。但民族文化与世界文化的相互贯通与相互渗透，并不是无条件的，而是需以一定的条件为基础与前提的，因而，文化的民族性与世界性的统一，是一

* 本文原发表于《光明日报》2013年5月7日。

种包含着矛盾的统一。世界文化不能视作是各民族文化的简单汇集与相加的总和，也不能简单地将文化的世界性视作是各民族文化中的共性。世界性的文化应该是各民族文化中那些被世界各民族所广泛认同与普遍接受的文化。因此，并不是所有的民族性的文化都能称之为世界的文化，更不是文化越是具有民族性就越是具有世界性。当一个民族的文化只是存在于一个有限的封闭的地域内，只存活在自己本民族的现实生活中，并没有对世界其他民族文化产生辐射力与影响力，并没有渗透到其他民族文化中去时，它只能是一种民族的与地域的文化，而不能被视作是一种世界性文化。

民族文化并不天然是世界文化，民族文化转变为世界文化是人类社会发展到一定阶段上的产物。具体地说，民族性的文化转化为世界性的文化，文化的世界性的生成与存在，是以人类历史从地域性的历史向世界性的历史的生成与转变为前提与基础的。文化的民族性向文化的世界性的生成与转变，是在地域性、民族性的历史向世界性的历史转变的过程中实现的，前者不过是后者的必然性的伴随现象与产物。马可·波罗之前的时代，欧洲文化与中国文化是彼此隔绝的，因而都属于地域性、民族性的文化，那时的欧洲文化也好，中国文化也好，虽然都发展到较高的程度，但由于没有超出民族与地域的边界，没有对其他民族与地区的文化产生辐射力与影响作用，因而都不具有世界文化的性质。在摩尔根发现印第安人的文化之前，印第安人的文化已经存在了几千年，但由于地理环境的阻隔，并不为世界所知所识，因而印第安人的文化也纯粹是一种地域性的、民族性的文化，同样不具有世界性文化的性质。一种处于孤立、封闭环境与状态中的民族，其文化不论发展的状态与程度如何，都是不具有世界文化的品格与性质的。并非所有民族性、地域性的文化都能转化为世界性的文化，孤立与封闭的环境与状态导致某些地域性、民族性文化在历史上自生自灭的现象并不鲜见。不仅如此，地域性、民族性的文化向世界性的文化的生成与转化，或者说要实现文化的民族性与世界性的有机统一，不仅依赖于地域的、民族的历史向世界性的历史的转变，同时还必须依赖于民族文化本身的发育状况是否正常与健全，是否优秀与先进。孤立与封闭的状况与环境会阻碍民族文化的辐射与传播，但即使是处在社会交往普遍化与全球化的条件下，也并不是所有民族性与地域性的文化都能转化为世界性文化，从而具有世界性文化的性质。深刻的原因在于，各民族文化的生成都有自己的土壤，一个民族的文化内容与形式只有在特殊的土壤中才能生成与存活，离开了相对特殊的土壤条件是不能存活的。更为重要的是，一个民族的文化要转化为世界性的文化，必须对其他民族的文化具有吸引力、辐射力与影响力。而一个民族的文化要具有相对于其他民族文化的吸引力、辐射力与影响力，其文化必须具有先进性的品格。很难想象一种处于落后状态的、过时的文化对世界上其他民族的文化具有吸引力、辐射力与影响力，能被世界所认同与接受。一般来说，那些在世界历史发展进程中处于领先地位与状况的民族文化转化为世界性的文化的可能性较大，而那些处于落后地位与状况的民族文化转化为世界性文化的可能性不仅较小，而且还有被边缘化与被淘汰的可能。

正确地认识与阐释文化的民族性与世界性的关系，对于我们建设社会主义文化强国具有不可忽视的意义。什么叫文化强国？文化强国的文化无疑要有自己民族的文化精神、文化风格与品格，对民族的生存与发展具有强大的凝聚力与推动力，与此同时，还必须对其他民族的文化具有吸引力、辐射力与影响力。要真正实现中华民族的文化强国梦，让中华民族的民族文化走向世界，具有世界性的文化品格，就必须在文化建设的过程中保持文化的开放性，在文化的高度开放与普遍性的交往中实现中国文化的世界化与世界文化的中国化。要达到这一目的，就必须坚持文化的创造与创新，创造出既有民族特色，又符合世界历史发展趋势与方向的先进文化。只有当我们的民族文化既具有鲜明的民族特色，又能被其他民族的文化所接受与认同，产生强大的吸引力、辐射力与影响力时，才能称之为名副其实的文化强国。

文化全球化再思考*

一

世纪之交的十年中，世界范围内的全球化浪潮一浪高过一浪，尽管其间偶尔也会卷起几朵反全球化的浪花，但大势澎湃，具有不可逆的性质。在全球化的浪潮中，中国无疑是世界上发展较快、分享益处较多的国家之一。随着全球化的推进，这一概念在世界范围内热了起来，也在中国的土地上热了起来。无论是在人们的日常生活中，还是在学术界，如果要对人们的话语进行统计分析的话，其中使用频率最高的词汇恐怕非“全球化”莫属。确实，全球化的概念，全球化的趋势，全球化的意义，随着中国经济的飞速发展与社会的深刻改变，已被中国人在理论与实践上所认同。然而，当我们对中国的“全球化”话语稍作察辨，就会发现，中国人话语中的“全球化”概念与西方人话语中的“全球化”概念不仅不尽相同，而且还大有差别。中国人大都接受经济的全球化，而回避政治的全球化、文化的全球化，对后者甚至是拒斥的。一个不争的事实是，

* 本文原发表于《江海学刊》2013 年第 4 期。

在中国人的“全球化”的话语系统中，几乎鲜有政治全球化与文化全球化的语言表达。

人们何以会在经济的维度上能接受全球化的概念，而在文化的维度上却持拒绝态度呢？究其所以，人们思维的逻辑显然是，全球化虽然是市场经济发展的必然趋势，但当代世界的全球化趋势，是由西方发达国家所主导与支配的趋势。在经济全球化的过程中，通用的游戏规则是由那些在经济上先发与处与强势地位的国家所制定的，对于后发与落后的国家来说，这些游戏规则具有一定程度的强加性质。在经济全球化的游戏规则中，一方面固然渗透与贯彻着西方发达国家的利益与价值观念的诉求，另一方面也体现着市场经济发展规律的要求。对于在经济上后发与落后的国家来说，一方面由于市场经济具有不可避免的历史必然性，即使明知某些游戏规则对自己不利，但也无可选择；另一方面，后发与落后的国家也可以将自己的后发劣势转变为后发优势，利用市场经济的游戏规则实现经济上的赶超。在人们的思维逻辑中，经济的全球化相对于后发与落后的国家来说，其影响与作用具有双重的效应，既有消极的作用，也有积极的作用，既有挑战，也有机遇。人们在经济上可以认同并接受与全球性接轨，却拒绝在文化上与全球性接轨，除了上述原因之外，通常还有一个更深层、更敏感的原因，即人们通常认为，经济全球化的规则体现了市场经济发展规律的一面，而市场经济本身，“既不姓社，也不姓资”，因而在经济全球化的规则中，相对而言，其意识形态的色彩较弱一些。文化则不同，文化不仅要受到经济的影响，还受社会制度、历史传统尤其是价值观的影响，因而通常具有极其鲜明的民族性与意识形态性。在西方发达国家参与主导的全球化的环境下，如果人们不对文化的全球化保持清醒的头脑，自觉与不自觉地与之进行所谓的接轨，对于经济上处于落后与后发的国家和民族的文化来说，不仅存在着自身的文化被西方强势文化侵蚀的可能性，还存在着文化的民族性彻底丧失的风险。总之，在某些人的思维当中，市场经济可以不姓“西”，不姓“东”，“不姓社，不姓资”；但文化作为一种观念性、精神性的东西，其中渗透着价值观，具有鲜明的意识形态性，既有“东”“西”之别，也有“姓社”与“姓资”之分。也许这就是人们拒提与避谈文化全球化的真实原因。

拒斥文化的全球化现象，不是一种个例，几乎在所有处于后发的国家中都有这种现象的存在，但拒斥文化全球化在理论上却是不合理的。从马克思历史观提供的视野看，社会的经济、政治、文化是密不可分的。诚然，影响文化的生成与发展的原因是多方面的，经济并不是其唯一性因素。但一个不容否认的事实是：“政治、法、哲学、宗教、文学、艺术等等的发展是以经济发展为基础的。”①“经济关系不管受到其他关系——政治的和意识形态的——多大影响，归根到底还是具有决定意义的。”②从经济与文化之间不可分离的关系看，我们很难想象，人们接受与认同经济的全球化，却回避与拒斥文化的全球化的思维逻辑可以成立。

回避与拒斥文化的全球化在实践上也是不可行的。全球化首要的表现无疑是经济的全球化，经济全球化的基础是市场经济，市场经济是推动经济全球化发展的强大动力与杠杆。没有市场的全球化，就不可能有经济的全球化。一个国家与民族是否能或是否被纳入全球化的历史进程，关键性的因素在于它的市场经济的发展程度。游离于市场经济的发展轨道之外，也就无异于游离于经济全球化的范围之外。市场经济既是一种生产方式，也是一种交换方式，是生产方式与交换方式的统一。而无论是在市场经济的生产方式中，还是在市场经济的交换方式中，都蕴涵与承载着一定的文化。因此，市场经济的生产方式与交换方式扩展到哪里文化也就伴随至哪里。市场经济的扩展首要表现为物的流动，即商品的流动。而任何商品中不仅蕴涵着科学与技术的元素，也渗透着文化的因子。当商品在全球范围内流动时，也即意味着文化在世界范围内流

① 《马克思恩格斯文集》第 10 卷，人民出版社 2009 年版，第 668 页。

② 《马克思恩格斯文集》第 10 卷，人民出版社 2009 年版，第 668 页。

动。输入与输出一件商品，同时也意味着某种文化观念的输入与输出。消费一件商品，不仅意味着商品使用价值的消费，也意味着一种文化的消费与享用。其次，市场经济的扩展也表现在人的流动上。在全球时代，伴随着商品全球性流动的必然是人的全球化流动。当人们奔走于全球各地，处于一种普遍性的交往环境中，人们也就通过自己的生活方式与活动方式将自己的文化直接或间接地带往全球各地。在文化的流动与交往的过程中，固然存在着碰撞、冲突的一面，但各种不同的文化间并不存在着无法逾越的鸿沟。在商品、资本的媒介作用下，存在着通过对话与沟通，达到理解与融合的可能。关于经济全球化与文化全球化的历史趋势，马克思、恩格斯曾有过准确的预测："资产阶级，由于开拓了世界市场，使一切国家的生产和消费都成为世界性的了。"因而，"过去那种地方的和民族的自给自足和闭关自守状态，被各民族的各方面的互相往来和各方面的互相依赖所代替了"。这种相互依赖是全面性的，"物质的生产是如此，精神的生产也是如此。各民族的精神产品成了公共的财产"。①

总之，经济的全球化与文化的全球化是相互联系、密不可分的。一方面，经济的全球化是文化全球化的前提与基础，没有经济的全球化就没有文化的全球化，经济的全球化必然导致文化的全球化。另一方面，文化的全球化虽然是经济全球化的必然产物，但它对经济的全球化也起着不可忽视的作用，没有真正意义上的文化的全球化，也不会有真正意义上的经济的全球化。很难设想，在一个文化上充满冲突、对抗，相互分割与封闭的环境中会形成一个统一、开放与相对有序的世界市场。文化由地域性的文化向着世界历史性的文化的生成与转变，既是经济全球化发展的历史必然，也是历史的巨大进步。

---

① 《马克思恩格斯文集》第 2 卷，人民出版社 2009 年版，第 35 页。

二

在人们热议全球化的过程中，之所以慎谈与惧谈文化的全球化，是与人们的一个深切担忧有直接关系的。有人认为在西方发达国家主导的全球化浪潮中，文化的全球化有可能导致文化的全盘西化。而对于具有五千年文化史的中国来说，这是一个难以接受与承载的后果。那么，文化的全球化是否会导致文化的全盘西化？在近代中国的历史中，这是一个人们担忧了很久，也争论了很久的问题，从19世纪末直至整个20世纪的中国学术界，围绕着中学与西学的“体”“用”之争，实质上正是人们的心理担忧在理论上的一种表现。然而，文化的全球化是否会导致文化的西化与资本主义化的问题，并不是一个能在事实发展的逻辑与理论思考的逻辑上证实或证伪的问题。在全球化的历史过程中，既存在着落后与后发的民族的文化被西方文化彻底同化的例证（例如印度等），也有虽然主张全盘西化，但没有被西方文化彻底同化的例证（例如明治维新后的日本）。实际上，文化的全球化是否会导致文化的西化或资本主义化的问题必须结合每一个国家与民族的具体情况与世界历史的演进进行分析与说明。在下述两种情况下，对于落后的民族与国家的文化来说，在文化的全球化的过程中确实存在着被强势文化同化的可能性：其一，在全球化与资本主义发展的早期阶段，随着商品与资本的向外输出与扩张，先发民族的文化，尤其是资本主义文化也随之输入到落后的民族中去，从而不仅在经济上，而且在文化上出现“使未开化和半开化的国家从属于文明的国家，使农民的民族从属于资产阶级的民族，使东方从属于西方”①的情况。其二，是处于殖民地与半殖民地的国家与民族的文化，存在着被殖民国家或资本主义国家的文化摧毁与同化的情况。而导致上述情况出现的原因在于：首先，在全球化与资本主义发展的早

① 《马克思恩格斯文集》第2卷，人民出版社2009年版，第36页。

期阶段，商品的流动主要表现为：发达国家向落后国家输出的主要是制成品与资本，落后国家向发达国家输出的主要是自然资源与矿产资源。而在这两类不同的商品中，一类商品中含有文化要素，一类商品中含有的主要是自然要素。当含有文化要素的商品呈一种单向度的流动时，文化的流动也就具有定向的性质，人们在消费一种商品时，也会自觉与不自觉地受到商品中的文化要素的感染。其次，殖民地与半殖民地国家与民族的文化之所以易受外来文化的同化，是因为殖民地与半殖民地的国家与民族通常在经济与政治上处于被统治或依附地位，殖民国家或资本主义国家在殖民地与半殖民地不仅依靠其武力与统治权推销自己的商品与输出资本，通常还会不遗余力地宣扬自己的政治法律制度和文化价值观念，甚至改变与消灭殖民地与半殖民地的语言。当一个民族的生产方式与交换方式发生了改变，政治制度、法律制度，特别是语言都被改变或同化时，其文化独立性与个性的丧失也就不可避免了。

然而，从逻辑上讲，我们并不能从经济全球化中的主导地位推论出文化全球化中的主导地位，更不能从文化的全球化中推论出文化的西化与资本主义化。深刻的原因在于：经济的发展与文化的发展之间存在着发展不平衡的情况。从马克思主义的历史观与文化观的视角看，虽然文化的生成与发展不可避免地要受到经济发展的影响与制约，而且经济的发展状况是影响社会发展的主要因素。但在文化生成与发展的过程中，经济因素并不是唯一起作用的因素，文化的生成与发展还会受到社会历史过程中其他因素的影响，并与后者发生相互作用。因此，正是由于文化生成与发展的原因的多样性与复杂性，使其同经济发展间的关系，既有一致性，也有差异性与不平衡性。这种差异性与不平衡性通常表现在：经济上处于领先水平的国家与民族，在文化的发展水平上未必领先；经济上落后的国家与民族，文化的发展不仅未必落后，在特定的情况下，甚至会呈现出繁荣与领先的水平。18—19 世纪的西欧，在哲学的发展中拉第一把小提琴的不是经济政治上处于领先水平的英、法等国，而是相对落后的德国。其次，文化的生成与发展，既具有拓展与生长的一面，也具有继承的一面，是一个继承与发展相统一、连续性与间断性相融合的过程。任何一个民族的文化，既是自己过去实践创造的成果，同时又是未来文化创造与发展的基础与条件。如果不是因偶然性的自然灾害或外族的入侵而导致该民族彻底毁灭的话，一个民族在自己的历史实践中累积起来的文化基因是很难发生彻底改变的。一个民族的文化基因，犹如一个民族文化的香火，有赖于基因与香火的存在与传承，才使民族文化保留着多样性的特征。在文化生成与深化的过程中，同样遵循着辩证法的基本规则：外因是变化的条件，内因是变化的根据，外因通过内因起作用。当然，在文化全球化的过程中，的确存在着一种文化同化与趋同化的历史趋势。这种趋势既具有不可逆的性质，也是推动经济全球化发展所需要的。全球化的基础是经济的全球化，而推动经济全球化的动力与杠杆是市场经济。市场经济的全球扩展一方面促进着文化交流的扩大，并通过文化的交流达到不同文化间的沟通、理解与融合，形成一种各民族都能理解并接受的文化；另一方面文化的同化与趋同化也为经济的全球化提供文化的支撑与反作用。难以设想，在不同文化观念处于冲突、对立、分隔的情况下，经济能实现全球性的一体化。概言之，没有经济的全球化，就不会有文化的全球化；没有文化的全球化，也不会有经济的全球化。各个不同的民族在交流碰撞的基础上达致文化观念的相对性的一致与共识，是经济全球化发展的重要条件。但问题是，人们不能将文化全球化过程中形成的文化的同化与趋同化视作西化与资本主义化。在经济全球化深化发展的情况下，它不同于经济全球化的早期阶段，更不同于殖民主义统治支配下的全球化时代，经济文化的流动与交流已不是单向度或单一方面的，而是双向互换与互动的。当西方国家将它的商品与文化输入到东方的同时，东方民族的商品与文化也同样流入西方。任何国家的产品与文化要想进入其他的国家与民族，前提条件是必须对它想进入的国家的经济与文化有着充分的了解，要适应其他国家经济与文化的现实并满足它的需要，否则就会失败。因此，在全球化的过程中所形成的各种产品，无论是物质产品，还是精神产品，由于物质生产与精神生产本身已全球化了，故而也失去了单纯的国家和民族的性质。

不可否认，由于各种历史的现实的原因，在全球化的过程中，参与或卷入全球化浪潮的各个具体的国家与民族，有先发与后发的差别，有强势与弱势之分，因此，它们在全球化的过程中，在经济、政治、文化中所起的影响与作用是有差别的。一般来说，先发的国家与民族相对于后发的国家与民族在经济、政治、文化上处于相对强势的地位，这是一个不可否认的客观事实。但这并不能成为我们否定与拒绝文化全球化的理由，这不仅在于文化全球化是一种客观的历史必然性，我们还应看到，在全球化的历史过程中，强势与弱势不仅是相对的，而且其格局并不是固定不变的。时下，以中国为代表的新兴国家的崛起，对全球化过程中的主导权的逐渐改变与转移就是一个无可争辩的经验例证。

三

面对经济全球化与文化全球化的浪潮，我们不仅要以积极的姿态参与经济竞争，还要以积极的姿态参与文化竞争。全球化趋势已被二战以来的历史经验所证明是一种不可逆转的必然性趋势，那么对任何国家和民族来说，迎接挑战就是唯一理性的选择。消极地对待全球化浪潮，回避全球化中的问题，不仅会导致许多宝贵的机遇丧失，还有可能使自己有被越来越边缘化的危险。

在文化全球化的过程中，对任何国家与民族来说，确立文化自信心都是一件至关重要的事情，这是积极参与文化全球化竞争的前提条件。只有在此基础上，人们才有可能在各种外来文化的冲击与挑战面前，表现出从容与积极、自若与宽容的态度。相反，在民族文化自信心缺失的情况下，人们对外来文化通常采取的要么是消极防御的态度，要么是极端狭隘的排斥态度，很难产生出积极进取的竞争精神。应该说，时下的一些人之所以对文化的全球化拒谈与惧谈，从更深的层次上看，正是文化自信心缺失的表现。要建立起对民族文化的自信心，人们首先必须树立科学正确的历史观与文化观，反对并批判历史虚无主义与文化虚无主义。要在马克思主义历史观与文化观的指导之下，对民族文化进行实事求是、深入的发掘与清理。文化在本质上是实践的，是在人们的实践基础上生成与发展的。文化的积累在实质上是人们实践的积累，文化的历史记录与反映的是人们实践的历史。因此，人们应当充分尊重自己文化，尊重自己的民族的文化，即是尊重自己民族的实践、尊重自己民族的历史。对待民族的文化，采取虚无主义的态度，否定一切，实质上也就是对本民族的历史实践与历史本身的否定。对文化采取虚无主义的态度，既不利于民族文化自信心的建立，也不利于我们参加文化全球化的竞争。正如在商品交换中，人们必须依靠自己商品的成本优势与品质优势去赢得竞争一样，在文化的交往与交流中，人们也必须以自己优秀的文化去赢得其他文化的尊重。因此，人们首先应对自己的民族文化有自信心，尊重自己的文化，深入挖掘自己文化中的优秀成果，以自己文化中的优秀成果去影响其他文化，换取其他文化对自己民族文化的尊重，并使自己的民族文化的成果转换成全人类共同的精神财富。

在文化的全球化的过程中，我们同时也要不断提高文化的自觉性。文化自觉是一个民族的文化成熟的基础与标志。所谓文化自觉，是指在对文化进行反思的基础上，对文化的性质、特点、历史与现状进行正确的评价与理性的把握。文化自信与文化自觉是相互联系、相互支撑的。首先，只有在文化自觉的基础上，文化的自信才有可能是一种理性的自信，避免自信的狭隘性与盲目性。文化是实践的，文化作为人的历史实践的产物，是人的智慧的结晶，对人的实践的产物与智慧的结晶，不能采取文化虚无主义的态度，而应给予应有的尊重。但人的实践是不断发展的历史过程，伴随着人的实践活动在广度与深度上的发展，文化也会必然地发生改变与自我扬弃。诚然，任何一种文化的产生都不是无缘无故的，而是与一定的、具体的历史条件相联系的，一种文化的产生相对于它的生成条件来说是有其必然性的，所以我们应予以尊重，但随着人的实践活动的发展与历史条件的改变，它也会丧失其必然性与合理性。即使是在历史上属于先进与进步的文化，随着人的实践活动的发展与历史条件的改变，也有变成落后文化的可能。因此，在对待文化的态度上，正确的态度应是力戒僵化，善于扬弃。而要达到善于扬弃，前提与基础是要对文化中的先进因素与落后因素、进步因素与非进步因素有着清醒的认识，即首先要达到文化的自觉。缺乏文化自觉的文化自信，通常会使文化的自信变成一种文化的蒙昧主义、保守主义，甚至是复古主义。其次，只有在文化自觉的基础上，才能在文化全球化的过程中，保持清醒头脑，把握文化发展的正确方向。在文化全球化的过程中，我们既要以扬弃的态度对待民族的传统文化，也应以扬弃的态度对待外来文化。文化的交流与交往是相互的、双向度的，我们要让别人理解自己的文化，同时也应理解别人的文化，单向度的思维方式与态度，要么是一种文化自卑，要么是一种文化殖民主义。在对待外来文化的态度上，我们既应有一种开放性的思维与心态，善于学习与吸收外来文化中的先进与优秀的成分来丰富我们自己的文化，也应坚持扬弃的思维与态度，对外来文化进行理性分析与选择。在文化的问题上，中国的月亮不是最圆的，西方的月亮也不是最圆的。西方近代以来的商品经济比我们发展得早，相对来说，它的文化中确有很多东西值得我们学习与借鉴，但西方文化也不是所有的东西都先进，即使是最先进的东西，也有一个水土服不服、适合不适合的问题。能否以扬弃的态度对待外来文化尤其是西方文化，关系到我们文化的发展方向，而要使扬弃具有科学性，文化自觉是必需的。

在全球化的过程中，中国是全球化浪潮中受益最大的国家之一，经过30年的改革开放，中国在经济上崛起了，这是一个谁也不会否认、也否认不了的客观事实。随着中华民族在21世纪经济上的日益崛起，一个新的问题又引起了人们的关注，即一个国家的崛起与强大，是否仅以经济硬实力的增长为标志？时下，人们似乎达成了一个共识：一个国家的崛起与强大，不仅应看它的经济硬实力的增长与强大，还应看它在文化软实力等方面的影响力的增长与扩展上。人们普遍认为，文化的竞争力是构成国家竞争力的重要组成部分，如果一个国家与民族在全球化的进程中，丧失了自己民族文化的独立性与特性，即使在经济上强大起来了，也不算是真正的崛起，甚至是没有意义的。那么如何才能增强我们在文化上的软实力呢？许多人将思维的视线转向了以儒家思想为代表的中国传统文化，将弘扬中国传统文化视作反对西方文化强权、抵御西方文化入侵的最有效的武器。正是循着这样的思维理路，时下的中国，所谓的“国学”热一浪高过一浪，穿弟子服、念弟子规似成一种时尚。笔者认同这样的观点，国家的现代化与崛起，不应仅限于经济的腾飞，还应包括文化的发扬光大。但笔者同时认为，对试图通过恢复儒家思想为主要代表的中国传统文化来增强我们文化的竞争力与影响力的思维路径，需要保持一份冷静与谨慎。至于试图以中国传统文化去抵御外来思想，尤其是西方思想的想法，则更是不可取的。从文化生成与发展的经济基础与内在逻辑上看，以儒家思想为代表的中国传统文化生成的基础是自然经济与封建的生产关系，在总体上，儒家思想不要说与马克思主义的历史观与文化观相比较是落后的，就是较之于西方近代以来的资本主义文化来说也是落后的。从历史上看，近代中国在西方列强面前屡战屡败，从表面上看是冷兵器的长矛、大刀打不过热兵器的坚船利炮，但在深层次上恐怕问题还是出在我们的文化上。中国的传统文化如果是先进的，中国近代何以会落后挨打，并饱受屈辱？中国近代以来的各种运动，尤其是以“五四运动”为代表的新文化运动，确有一些过激与过正的地方，这是我们应予以反思与纠正的，但新文化运动的斗士们的努力绝不是一种瞎折腾。从现实上看，今天中国经济崛起的基础是市场经济，在现实社会生活中尽管有这样那样的问题，但有一点是达成共识的，即谁也不愿意回到过去。选择市场经济是正确的，这既有历史的依据，也有现实的证明。在市场经济的条件下，核心价值观念是“自由”与“平等”。而中国传统文化中的儒家思想由于生成的基础是自然经济与封建的生产关系，它维护的是封建等级制，试想一下，我们如何能从中国儒家的“君君、臣臣、父父、子子”的等级制文化中改造出一种适应市场经济发展的自由平等思想？这是一个值得深思的问题。

在全球化的过程中，文化的现代化既是中国全面现代化与崛起的要求，也是中国增强自身的影响力、为全球化做出自己贡献的要求。但文化现代化的软实力和影响力的提高，不能寄希望于对中国传统文化的回归上。如前所述，在对待中国传统文化的态度上，不能采取一种历史虚无主义与文化虚无主义的态度，应给予应有的尊重。但我们同样不能陷入一种文化复古主义与文化保守主义的泥淖，以一种怀旧主义与浪漫主义的态度进行单纯的守护，更不能掉进被某些西方学者吹捧的中国传统文化的迷梦里，盲目地崇拜与痴迷于中国的传统文化。在文化全球化的过程中，我们要想获得话语权，拥有竞争力与影响力，理性的选择应该是努力使我们的传统文化现代化、国际化，塑造出一种适合市场经济发展需要、促进人类文明进步的社会主义新文化，而不是复归与固守于中国的传统文化。

也论文化的自觉、自信与自立*

一

文化在本质上是实践的，既在人的社会实践中生成，也随着人的社会实践的发展而不断地发生改变，同时文化的生成与发展也是为人类的社会实践服务的。因此，认定文化在本质上是实践的，即意味着文化的存在不是一种脱离社会生活而独立的存在，而是一种被决定的存在，在强调这种被决定性时不能简单地绝对化，因为事实上文化的生成与发展在一定程度上具有自己的相对独立性。在文化发展与演进的问题上强调文化的被决定性与相对独立性具有极其重要的意义。它意味着文化的发展与运行并不是像风雨飘摇中无人驾驶的一叶小舟，漂到哪里算哪里，文化的发展与演进有着相对确定的规律，它犹似大海航行的航船，有着自己航行的航道，只不过有时也会发生违航与偏航的现象。文化的发展与演进是被决定与有规律的，但不能认为它的规律是预设的，而是在人的实践活动中的各种因素的相互作用的结果。正因为社会文化生成与发展的规律受

* 本文原发表于《学习研究》2013 年第 6 期。

人在社会实践中所遇到的各种因素相互作用的制约，因而文化的发展具有自发性的一面。也正因为如此，文化对人的社会实践的作用或效应通常也不是单向度的，而是双重的，甚至是多重的。任何一种文化的生成都不是无根的，它始终有其生成的根据。尽管如此，这并不意味着任何一种文化一旦生成就会恒久不变，也不意味着它就有长久存在的理由。文化是生成的，也即意味着它是历史的、变化的，文化演进的过程是一个不断扬弃的过程。推动文化的扬弃的动因虽然植根于人类实践活动的发展，但也离不开人们的主观努力与选择。

文化选择对于文化扬弃具有不可忽视的作用，虽然文化选择不能改变文化生成与发展的规律，也不能从根本上改变文化发展的基本趋势与方向，但对于落后文化的淘汰与先进和进步文化的发展来说，却有着延缓与加速的作用。文化，无论是从历时态上看，还是从共时态上看，都存在着优与劣、先进与落后的比较与评价。从历时态上看，任何一种文化都具有历史的性质，文化在性质上的优与劣、先进与落后，都不能进行抽象的评价与确定，而必须放在具体的历史坐标中去加以审视。一种文化即使是优秀与先进的，也只是相对于产生它的历史条件与适合它所服务的时代来说是优秀的与先进的，这种优秀与先进并不具有超越历史发展阶段的永恒性质，因为随着社会实践的发展与社会历史条件的改变，曾经是优秀与先进的文化，也可能变成阻碍社会发展与历史进步的东西。一般来说，从历时态比较的维度看，任何一种文化都可以进行三种不同的评价与判定：即属于失去现实性的落后文化，具有现实性的、符合时代需要的文化，以及虽然不具有现实性但代表着历史发展的未来趋势与方向的文化。从共时态的维度看，每一个时代的经济结构都不是单一的，通常是多种经济结构的并存，经济结构的多元并存所导致的必然是利益的多元化与生活方式的多元化。在利益多元化与生活方式多元化存在的情况下，人们的文化观念，尤其是作为文化观念内容的价值观念，也会不可避免地呈现出复杂性与多元并立和相互竞争的特点。在每一个特定的历史时代中，每一个阶级都有自己的特定文化，不同的职业群体也有不同的文化，甚至在同一阶级与同一职业群体中，由于其利益上与生活方式上的某些差异，还会衍生出形式多样的亚文化。不仅如此，在同一个历史时代中，文化的生成与发展还会受到外来文化的影响，并且随着对外开放程度的提高，以及对外交往关系的扩大，受外来文化的影响也会越来越大。在这种多元并立与相互竞争的文化中，无论内生的文化，还是外部输入的文化，都存在着一个优与劣、先进与落后的比较问题。不可否认，任何一种文化的存在，都有其自己存在的土壤，即使是外来的文化，倘若能在本民族的文化范围中存活下来，也必然具备适合它存活的水土条件。文化的多元并立与相互竞争现象的存在，不能仅仅从消极的方面去看待，而更应从积极的意义上去看待。文化的多样性不仅是不可避免的历史现象，更是文化繁荣与发展的不可或缺的环境与条件。我们应清醒地认识到，消极的、负面的、落后的文化，不可避免地会对社会的发展与历史的进步产生负面的作用与效应，正如花园中的杂草与毒草多了，会影响鲜花的生长与开放一样。多元并立与相互竞争的文化的存在，一方面给人们的文化选择提供了可能性空间，另一方面也给人们的选择行为带来挑战与困难。每一个人都有根据自己的兴趣、认知、利益观与价值观进行文化选择的权利，但这绝不意味着人们的任何选择都可以获得合理性与正当性辩护，因为人们的选择行为有一个正确与否的问题。人们面对复杂的、多元的，甚至相互对立的文化，要做出正确与合理的选择，其基础与前提是要对各种不同文化的本质进行科学的辨识与把握，以达到对文化的理性自觉。

中国的崛起需要经济硬实力的强大，也需要文化软实力的强大，文化与经济一样，也是构成综合国力的一个要素。这在时下的中国，已是国人的一致共识。文化的繁荣与发展有赖于文化的自觉，我们要克服文化发展的自发状态，使文化的发展达到理性自觉状态。什么叫文化自觉？如何才能达到文化自觉？人们通常认为，所谓文化自觉，就是要在复杂的文化现象中分辨出什么是好的文化，什么是不好的文化，克服负面的文化，保留好的与发展优秀的文化，以实现各种不同的文化

"各美其美"与"美美与共"。从一般的意义说，这样的看法也许确有道理，一个显而易见的事实是没有人反对好的文化，更没有人肯定坏的文化。但什么是美的或优秀的文化？什么是丑的或负面落后的文化？美与丑、先进与落后应如何判别，以及判别与衡量的坐标或尺度是什么？事实上，在社会生活的不同人群都有不同的文化认同与选择。在时下的中国，既有迷恋以儒家文化为代表的中国传统文化的人们，也有崇拜以自由主义文化为代表的西方文化的人们。在这些持不同的文化认同的人们之中，他们的文化认同与选择是自觉的，还是盲从的呢？不可否认，其中确有盲从者，但更应看到，无论是中国传统文化的迷恋者，还是西方自由主义文化的崇拜者，不少人的认同与选择事实上是一种自觉行为，他们之中不少人还是学识渊博的学者，甚至是学术大师，他们对文化的热爱与真诚是无可怀疑的。可以断言，无论是迷恋中国传统文化，还是崇拜西方自由主义文化的人们，他们的内心都是确信自己认同的文化是优秀的和先进的。因为，在正常的情况下，很少有人会故意或恶意地去认同与选择一种连自己也不认为具有进步与先进性的文化，这符合人的价值选择行为。因此，在文化自觉的问题上，根本性的问题，还不在于有没有文化自觉和自觉意识，而在于如何才能达到真正的文化自觉。

笔者认为，要真正地实现文化自觉，仅仅诉诸于一种对文化的热爱与真诚是不够的，也不能对一种文化所蕴涵的价值取向诉诸于抽象的认知，正确的途径是应将文化放在历史的坐标上去加以审视。一个文化观念是否具有合理性，不在于它是否是现存的，而在于它是否具有现实性，按照黑格尔与恩格斯的理解，现存的不等于是现实的，"决不是一切现存的都无条件地也是现实的""现实性这种属性仅仅属于那同时是必然的东西"。① 文化是历史的，对文化的历史性的含义，不仅包括文化的生成是历史的，还应包括对文化的合理性与现实性做历史的理解。抽象地就一种文化观念与文化现象去进行评价，人们是很难就其合理性

① 《马克思恩格斯文集》第4卷，人民出版社2009年版，第268页。

做出判别的，只有将文化观念、文化现象的蕴涵以及所表达的价值取向与历史发展的现实必然性联系起来才有可能做出合理性的判断与评价。因此，要真正实现文化自觉，首要的问题不是在于对文化观念与文化现象本身的直观，更重要的是要认识社会历史发展的时代本质，弄清楚人们现在所处的历史阶段性质与历史方位，把握时代发展的现实性要求。任何一种文化观念与文化现象，也不论它是来自于历史的、现实的，抑或是外部的传入，其合理性与现实性、进步性与先进性，都应在社会发展的必然性与现实性的坐标下加以审视与确定，其审视的尺度是，它是否适合时代实践的需要，是否有利于促进社会的发展与历史的进步。历史上是甜的橘，在西方是甜的橘，移植到今天中国的土地上不一定是橘，也有变成枳的可能。我们不能对传统文化诉诸于简单的否定，但也不能掉入迷恋的陷阱，对外来的文化，包括西方的自由主义文化不能诉诸于简单的排斥，但也不能诉诸于盲目的崇拜。正确地认识中国现时的历史发展阶段的性质与历史方位，把握中国现时代的本质与要求，改造吸收一切能适合今天中国所需要的、有利于促进中国社会进步与崛起的文化，才是真正意义上的文化自觉。

二

中华民族的崛起与强大，需要文化的繁荣与发展。如上所述，要真正实现文化的繁荣与发展，需要文化的自觉，只有在此基础上，才能保障文化的繁荣与发展沿着正确的、符合历史必然性的方向前进。同时，文化的繁荣与发展更离不开民族文化自信心的坚定与增强。时下，人们在谈论文化的繁荣与发展时，之所以既高度关注文化的自觉问题，也高度关注文化的自信问题，深刻的原因在于，二者都关乎着能否实现中华民族文化的繁荣与发展的问题。

一个民族与国家是否具有文化自信心，对于一个民族的生存与崛起来说，具有无可争辩的价值与意义。诚然，民族文化的根基是民族的历史实践，一个民族的文化的生成与发展从归根到底的意义上应从该民族的历史实践中去获得解释，这是唯物史观不可动摇的观点。但这只是问题的一个方面，在民族文化与民族历史实践之间还存在着另一方面的关系，一个民族在自己的历史实践中创造出来的文化，也会反过来影响该民族的生存与发展，既影响该民族的物质生活的发展，更影响该民族的精神生活的发展。文化首先是实践的，但实践也是文化的，这是一个问题的两个方面。一个民族与国家的文化是一个民族与国家的黏合剂和凝固剂，也是一个民族与国家的精神支撑。一个缺乏这种黏合剂，缺乏这种精神支撑的民族与国家，通常会因表现为一盘散沙而丧失独立性与主动性，并有最终走向毁灭的危险，这样的经验性例证在世界的历史上并不少见。一个独立的自信的民族与国家，在文化上的独立与自信虽然不是唯一的条件，但绝对是一个不可缺少的条件。没有文化的自信心，就不可能有对自己民族历史与文化的尊重，也不会在世界的物质交往与精神交往中享有自主性和话语权，更不会对自己的民族与国家的前途怀有憧憬与梦想。

然而，要正确地确立对自己民族文化的自信心，则离不开文化自觉。在文化自信与文化自觉的关系上，后者应是前者的基础。没有真正的文化自觉，不可能建立起真正的文化自信，只有建立在真正的文化自觉上的文化自信才可能达到真正的文化自信。在文化自信的问题上，之所以需要强调文化自觉对于文化自信的基础性与前提性地位，深刻的原因在于，人们只有准确地把握自己所处社会的性质以及社会发展阶段与历史方位，掌握自己所处时代实践的本质与特点，并以此作为思考问题的参考坐标，从现实的必然性与具体的历史条件和环境出发，才能弄清楚现实需要什么样的文化，什么样的文化能适应与满足当下的实践要求，并能促进中国社会的进步与有助于推动中华民族的崛起与强大。更确切地说，只有当人们对社会发展的性质与文化存在的现状做到了心中有底，弄清了什么是进步的与先进的文化，什么是落后的与不适合当代中国国情的文化的基础上，我们才能真正地确立起文化的自信心。离开文化自觉的文化自信，不可能是真正的文化自信，并有可能在直观上表现为自信，在实质上反映的却是文化自卑与文化盲目。在文化自信的问题上，人们应分清文化自信与下述几种文化现象之间的区别。

其一，应分清文化自信与文化盲从的区别。在文化自信的问题上，正确地区分文化自信与文化盲从的区别极为重要，文化自信不等于文化盲从，文化盲从不仅不是文化自信，反而是文化自卑的一种表现形式。在时下中国的文化生活中，存在着两种表现形式不同的文化盲从现象：一是文化上的媚外与崇外的盲从；一是文化上的排外与恋旧复古的盲从。两种不同的文化盲从形式，虽然有着不同的文化价值向度，但就其思考逻辑的基础与思想倾向的底色看，却有着惊人的相似与一致，即都表征着文化自卑与文化自信的缺乏。文化上的媚外与崇外主义者对以自由主义为代表的西方文化表现出如痴如醉、顶礼膜拜的狂热与兴趣，言必称接轨之，行必以效仿之，尤其是对西方文化中的价值观念进行不遗余力的吹捧、推介与兜售。我们不怀疑绝大多数文化上的媚外与崇外者的出发点的善性，更不怀疑他们的立场，但在文化认知的维度上看，他们确实对民族文化缺乏自信。他们既对中国的传统文化缺乏自信，更对生成于当代中国现实中的社会主义文化缺乏自信。在他们的视野中与骨子里，既不相信传统的儒家文化能助中国崛起，更不相信社会主义文化能助中国崛起，唯有向西方学习、吸收与借助西方的文化才能使中国实现现代化与崛起。这些人思考逻辑的理路通常是：市场经济发源于西方，西方社会不仅经济比我们发达，科技与文化也比我们先进，在全球化时代，我们不仅在经济上要与世界接轨，文化上也应与世界接轨。文化上的排外主义与怀旧复古主义则是另一种形式的文化自信缺乏症。如前所述，如果说文化的媚外与崇外主义是一种显性的文化自信缺乏症，那么不妨将文化的排外主义与怀旧主义称之为隐性的文化自信缺乏症。文化的排外与怀旧是一个问题的两个方面。文化上的怀旧与固守，通常会导致文化上的排外，而文化上的排外的目的通常也就是为了固守与防御。从表面上看，文化上的排外主义与怀旧复古主义的思潮与倾向，其出发点是为了弘扬民族文化，是增强民族文化自信的行为；但实质上仍然是一种缺乏文化自信的表现，只不过表现为一种隐性的文化自信缺乏症。为何要排斥与阻止外来文化的进入？无非是害怕外来文化的进入变成一种文化入侵，伤害与侵蚀本土的民族文化，危害本土民族文化的生存。而这种担忧与害怕说到底是对自己文化的免疫力与竞争力缺乏底气与自信的表现，倘若我们对自己文化的免疫力与竞争力怀有充分的自信，对外来文化的进入又有什么忧心与排斥的必要呢？一般来说，只有弱者才害怕竞争，害怕受伤，强者是无惧竞争与亮剑的。文化上的怀旧复古主义者同样是患有文化自信缺乏症的病人。诚然，文化上的怀旧主义者对民族文化是钟情的，面对西方文化的强权与霸权有着不甘示弱的勇气与豪气。但遗憾的是，他们的目光不是聚焦在现实，而是投向了历史与过去；他们不是相信自己，而是相信我们的祖先。文化怀旧复古主义，走的是一条试图弘扬与复兴以儒家文化为代表的中国传统文化而实现文化强国梦想的文化复古主义的路。我们姑且不论生长在农耕文明土壤中的以儒家文化为代表的中国传统文化是否适合当代中国现代化的需要，也不论文化怀旧复古主义的道路能否通向文化强国的大门；事实上，当文化怀旧复古主义者试图沿着文化复古主义的路径进入文化强国的大门时，表达出的是他们对当代中国新文化的不信任与不自信。

其二，应分清文化自信与文化自大的区别。文化自信不等于文化自大，前者是一种文化自觉的表现，后者是文化盲目的表现。任何民族都有文化自信的理由，因为任何民族的文化中都有自己独特的文化特色、独特的文化优势、独特的文化魅力与优秀成分，对人类文化也可以有自己独特的贡献，这些都是一个民族能够实现文化自信的依据与资本。同样，任何民族都没有文化自大的理由与权利，因为任何民族的文化中都不可避免地存在着某些消极的因素，文化的杂草并不是只生长在别人的文化园地里，自己民族的文化园地里同样生长着文化的杂草，甚至是毒草。对别人的文化俯视，对自己民族的文化仰视，并不是真正的文化自信，而是一种缺少文化自觉的文化自恋症与文化幼稚病，是文化不成熟的典型表现。一个民族的文化自信与成熟，不仅表现在对自己民族文化的自豪感上，同时也表现在对自己文化的反思、批判与扬弃上，文化上的谦虚与自我反省，不仅不是文化上的自卑，反而是具有文化自信的表现。

其三，应分清文化自信与文化强权和霸权的区别。一个文化成熟与自信的民族，应是一个文化开放的民族，在文化的开放中，既应勇于和善于吸收别人的文化，也应勇于与善于向别人宣传与展示自己的文化，在文化开放与文化交往中，实现各民族文化的共同繁荣与发展。有没有勇气理直气壮地向别人宣传与展示自己民族的文化，是有没有文化自信的重要标志。宣传与展示自己的文化是实现民族文化价值的辐射力与影响力的重要形式，不能将这种宣传与展示视作是文化的强权与霸权，不能将文化强国视同于文化的强权与霸权。文化强权的本质是文化控制与文化殖民，其特点是要将自己的文化以强力手段强加在别的民族身上，强迫别的民族成为自己文化的顺民。对于一个民族来说，不畏文化强权与霸权是一种文化自信的表现，同样，不推行文化强权与霸权也是一种文化自信的表现。信奉文化强权与霸权，看似来自于对自身文化的自信，实质是对自己文化的不自信，中国古谚说："酒香不怕巷子深。"倘若自信自己的文化是优秀的、先进的，何需以强力的手段去向别人做硬性的推销呢？

总之，建设文化强国，需要文化自信，而要达到文化自信，首先需要文化自觉，没有以文化自觉为基础的文化自信，不是真正的文化自信。

三

建设文化强国，实现中华民族的崛起与复兴，需要文化的自觉与自信，但更需要的是文化自立，文化自觉与自信的目的是要达到文化自立。没有文化自立，文化强国便没有现实的基础，实现文化强国的目标与理想充其量也不过只是一幅令人向往的蓝图。而蓝图上的文化强国，有如国画中的大饼，迷人与诱人，虽有美学的意义，却不具有充饥解饿的现实价值。

什么叫文化自立？不同的人们无疑有着不同的理解与解读，人们很难给出一个能广泛认同的界定与概括。但有一点应是肯定的，文化自立并不等于文化的自发性存在。文化的自发性存在是文化存在的一种自然状态，这种自然状态的文化也可称作是文化的原生态。一种自发性的、自然状态的或原生态的文化存在是不能视作是自立的文化的，否则任何形态的文化存在本身便具有天然的文化自立的性质，而人们对文化自立的强调与努力便会变得没有任何价值与意义。笔者以为，文化自立应包括以下的基本含义：有独立的民族文化形态，有特色的文化表现的民族形式，有独特的文化魅力，有先进的文化内容与进步的核心价值观念，有自立于时代潮流、自立于世界文化之林的能力。概括地讲自立的文化应具有民族性、时代性、世界性的特点；具有先进性与进步性的性质；对内具有凝聚力、规范力、引导力，对外具有免疫力、辐射力、竞争力。

文化自立不能单纯地依赖于文化的外部引进与照抄照搬，更通俗地讲不能通过“西化”与“接轨”的方式实现或达到。诚然，要实现文化自立，不能走孤立封闭的路，应有开放的胸襟与全球性的眼光，“应该大量吸收外国的进步文化，作为自己文化食粮的原料”。① 但学习与吸收西方文化不能变成照抄照搬西方文化。自 19 世纪后半叶以降，有不少中国人，其中包括一些先进的中国人都曾不同程度地将文化寻觅的目光投向中国外部，先是投向欧、美与日本，后又投向苏联，不可否认，经过一百多年的努力，我们也确实学习和吸收不少有益和先进的文化因

① 《毛泽东选集》第 2 卷，人民出版社 1991 年版，第 706 页。

素，这些有益和先进的文化因素对中国文化的启蒙与转型确实发挥过不可抹杀的积极作用。但我们也应实事求是地承认，人们在向西方文化学习与引进的过程中，确实存在或出现过片面性与偏差，这种片面性与偏差主要表现在：将学习变成了模仿，将吸收变成了搬家，片面地热衷于“西化”和强调与国际接轨，缺乏应有的辨察与选择、批判与扬弃。应该说，我们在过去一百多年的文化开放与向西方文化学习的过程中，既有成绩，也有教训。这些教训给予人们深刻的历史启示是：建设文化强国，实现文化自立，不能完全走“全盘西化”与“国际接轨”的路径，而必须走出自己的文化发展之路。人们有必要清醒地认识到，任何一种文化中都会既有精华，也有糟粕，西方文化也不例外，而且即使是西方文化中的进步与先进的因素，也不能直接舶来，因为它也存在着一个水土不服的问题，存在着西方为橘、中国为枳的可能。因此，对待西方文化，应“如同我们对于食物一样，必须经过自己的口腔咀嚼和胃肠运动，送进唾液胃液肠液，把它分解为精华和糟粕两部分，然后排泄其糟粕，吸收其精华，才能对我们的身体有益，决不能生吞活剥地毫无批判地吸收”①。

没有自己的文化特色与文化魅力，单纯的文化引进与模仿是不可能自立于世界文化之林的，依赖文化上的进口转外销的方式也是不可能提高自己文化的辐射力与竞争力的，因为在进口转外销的文化产品中，人家看到的不过是他们文化的模仿本，听到的不过是他们声音的回音。

实现文化自立，建设文化强国，也不能走文化复古的路径。在时下的中国，既有一股崇洋的风，也有一股崇古的风。一些怀有文化恋旧与复古主义情结的人通常认为，要抵御西方文化强权与霸权的文化入侵，保卫我们的精神家园，只有依靠中华民族传统文化的复兴与振兴；而强化我们的民族与国家认同，提高我们的文化竞争与影响力，也只有依靠振兴中国的传统文化。应该说，这样的文化价值取向是大有问题的。以

① 《毛泽东选集》第2卷，人民出版社1991年版，第707页。

儒家文化为主要代表的中国传统文化为何需要复兴与振兴？当人们大声疾呼向中国传统文化回归时，实际上肯认了这样一个事实：传统文化已风光不再，从人们社会生活中的淡出与式微已是一种历史性趋势。没有衰落就无需振兴，没有失去也就无所谓回归，这是一个显而易见的道理。然而，自19世纪下半叶以降的中国，传统儒家文化的地位与影响为何在总趋势上日渐式微，无论儒家文化的迷恋者们如何抵抗都无济于事，这是需要人们深思的。对以儒家为代表的中国传统文化不能采取简单的否定，那是一种文化上的虚无主义，传统的儒家文化为何能成为中国传统文化的代表？当然不可能是无根无由的，而是有其历史必然性的，人们应当给予传统的中国文化以应有的尊重，这不仅在于那是中华民族的历史，而且在于文化的发展与演进是有其继承性与连续性的，换句话说，文化是有基因与香火的，砍断文化演进的历史链条既不可取，也不可能。但我们更应明白的是，以儒家文化为主要代表的中国传统文化不管有过何等辉煌的历史，起过什么样的进步作用，它反映与适应的是农耕文明与封建等级制社会的需要。相对于今天的中国与今天的世界来说，在农耕文明土壤中生长出来的以儒家文化为代表的中国古代文化，显然不属于先进文化。因此，我们既不能希冀以“三纲”“五常”为核心的传统儒家文化能抵御以自由、民主、平等人权等为核心价值观的西方文化的进攻与竞争，更不能希望通过儒家文化的振兴与回归实现建设文化强国的理想。因为，以儒家文化为主要代表的中国传统文化已不合时宜了，既不合当今世界发展潮流的时宜，也不合当今中国社会实践需要的时宜，更确切地说它不合工业与商业文明时代的时宜，不合建设有中国特色的社会主义市场经济的时宜。

总之，实现文化自立，建设文化强国，不能单纯地依赖于对外来文化的克隆与模仿，也不能单纯地依赖于对中国传统文化的传承与复制，继承与弘扬对于文化的生存与延续来说无疑都是需要的，但更重要的是需要文化的创造与创新。在世界历史上，没有哪一个民族与国家是依靠单纯的文化引进而成为文化强国的，也没有哪一个民族与国家是依靠传统文化的复兴与振兴而成为文化强国的，即使是打着文艺复兴旗号的近代以英、法、德、意为代表的西方文化也不是依靠复兴古希腊文化而实现崛起的。西方近代崛起的自由主义文化是资本主义与商品经济发展与崛起的反映，而不是希腊文化的简单复制与复兴。文化是实践的，也是历史的，在归根到底的意义上要随着实践与历史的改变而改变，发展而发展。实践是推动文化变化与发展的动力与源泉，但问题在于文化的变化与发展并不是在完全自发的形式上实现的，它离不开人们的创造与创新。正如世界历史上没有哪一个民族与国家是单纯依赖文化的引进与文化的复兴或复制成为文化强国一样，也没有哪一个民族与国家在缺乏文化创造与创新的情况下成为文化强国。建设文化强国，实现文化自立，需要文化的创造与创新，从时代的历史实践出发，根据时代实践的需要与时代实践提供的条件，创造与创新出符合时代实践需要的新文化与先进文化，是实现文化强国目标的根本途径。

我们不仅需要建设文化强国，而且能够建成文化强国。因为我们有着建设文化强国的基础与优势。首先，我们有马克思主义先进的历史观与文化观的指导，这是我们的理论与思想优势。现在中国的理论界，一些人的眼光撒向了西方自由主义文化，一些人的眼光撒向了以儒家文化为代表的传统文化，而将眼光聚焦在马克思主义历史观与文化观上的人似乎并不多，有些人甚至将坚守马克思主义立场的人们视之为思想上的僵化与保守。然而，中国改革开放以来的伟大实践及其成就，已经证明了马克思主义在理论上的巨大优势。在世界历史上，中国在短短的30多年的时间里就实现了腾飞与崛起，不仅我们自己自豪，西方人也为之惊叹，这绝对是世界历史上绝无仅有的伟大奇迹。是什么原因促使了这一奇迹的产生？有人将之解读为对外开放，向西方学习的结果，有人将之解读为中国传统文化历史积淀所形成的文化优势使然。然而，这样的历史奇迹在西方文化的故乡为何未曾有过，在儒家文化占统治地位的历史时代为何也未曾有过？中国的崛起，原因无疑是多方面的，单一性因素的解释无疑是简单化与片面化的，但一个无可争辩性的原因是我们有马克思主义，尤其是有中国化的马克思主义的理论指导，正因为我们具有这样独一无二的理论与思想优势，我们才能创造出无与伦比的文化优势与文化奇迹。其二，我们有先进的制度优势。文化的繁荣与发展、创造与创新与社会制度之间的联系是显而易见的，一个不争的事实是进步与先进文化的生成通常是与进步与先进的生产力与生产关系相伴随，文化的落后通常也与生产力与生产关系的落后有着密不可分的内在联系。不可否认，文化的发展具有一定的相对独立性，在世界历史上确实存在过生产力与生产关系落后的民族和国家，却在文化上有着耀眼的成就，但这并不是世界历史的常态，而只是许多特殊的历史条件的特殊汇聚所体现的特殊历史现象。我们的制度优势就在于我们正在建设的社会主义制度的进步性与先进性。这种制度的先进性与进步性不仅为社会经济的发展提供动力，也会为文化与文明的发展提供强大的推动力。其三，我们的文化发展有着优越的社会实践基础。文化在本质上是实践的，社会实践的发展与社会文化的发展虽然是一种双向互动、彼此促进的关系，但归根到底来说，社会实践既是文化生成的基础也是推动文化发展的强大杠杆与动力。从 20 世纪 70 年代末开始的改革开放与建设有中国特色的社会主义现代化建设的实践，是人类历史上最具特色、最具挑战性与探索性、最具宏阔性与深度性的伟大实践。伟大的社会实践，造就光辉灿烂的伟大文化，这是世界历史与文化史一再重复的历史规律。因此，我们有充分的理由相信，有中国特色的社会主义现代化建设的伟大实践，不仅必将造就出有中国特色的经济奇迹，也必将造就出有中国特色的文化奇迹。特色是风格、是气派、是魅力、是优势，有中国特色的现代化建设的伟大实践，是我们建设自立于世界文化强国的重要基础与保障。

文化自觉是文化自信的基础与前提*

一

文化不是天赋的，不是自然的馈赠物，最美的自然存在物也不过是文化生成的矿石，而不是文化本身。文化是一种属人的存在，因为无论是什么类型的文化，在本质上都是实践的产物。文化的实践本质不仅表现在它是在人类实践、劳动的过程中生成的，也表现在它是随着人类的实践活动、劳动活动的发展而发展的。人类的实践、劳动既为人类的文化生成提供了需要与可能，也为人类文化的发展与进步提供着动力与杠杆。一个不争的事实是，文化作为一种观念性的存在，并不是一经生成，便凝固不变的。文化是生成的，也即意味着它是历史的、变化的，而文化的发展与变化是有规律的。文化发展的规律性表现在，文化发展的水平从根本上说是由人们的实践能力与水平决定的。一种文化形态的性质从归根到底的意义上看，是由人们的实践方式与劳动方式，即人们的生产方式与交换方式决定的，并由生产方式与交换方式的性质得到理解与诠释。虽

* 本文原发表于《社会科学动态》2018 年第 6 期。

然文化的发展与社会生产方式与交换方式之间，并不总是保持正向的平衡关系，文化的发展具有一定程度的相对独立性，但文化相对独立性的存在，并不改变实践与文化之间的必然性关系。理解一种思想也好，文化也好，必须首先把握其思想、文化产生的条件、基础，不能将思想、文化与其赖以生存的条件、基础割裂开来。在资本主义以前的社会中，"荣誉""忠诚"之所以成为占统治地位的概念，而在资本主义社会中，"自由""平等"等概念之所以能取代前者而居于统治地位，深刻的原因在于二者生成的生产方式与交换方式完全不同。人类的劳动发展史是构成人类思想史、文化史的基础，应从人类劳动发展史中去寻找理解人类社会史，包括思想史、文化史发展奥秘的钥匙，而不是相反，像某些人主张的那样，将文化视作是解读历史的"历史理论"，从文化的发展去诠释历史的发展。对于马克思主义的历史观与文化观来说，这应是一个不可动摇的原则。

但人类的实践活动发展与人类社会的生成、发展间的关系，也不是简单地表现为一种单向度的决定与被决定的关系，它还存在着作用与反作用的关系。所有的文化一旦生成，无论其性质如何，都会对社会历史发展产生不可忽视的作用与影响。不同的地方在于，文化对社会历史发展的作用与影响，存在着积极的与消极的、直接的与间接的，以及程度大小的区分。在发生学的维度上，我们必须确认文化在本质上是实践的，人类实践的发展相对于人类文化的发展具有无可争辩的优先性，这是在二者之间关系的理解与诠释上必须贯彻的唯物论原则，即"不是从观念出发来解释实践，而是从物质实践出发来解释各种观念形态"①。但实践对于文化的优先性是一种逻辑上的优先，而不是时间维度的优先。在人们现实的历史活动过程中，人的实践活动与文化之间的关系实际上则表现为相互作用、相互推动的双向互动的关系，并且这种双向互动的作用与影响很难在时间上做出谁先谁后的区分。文化在本质上是实践

① 《马克思恩格斯文集》第 1 卷，人民出版社 2009 年版，第 544 页。

的，同样，实践在本质上也是文化的。在现实历史中活动的人的实践无不打上文化的底色，无不受到文化的引领与范导。因此，在对人的历史实践与社会文化间的真实关系的理解与诠释上，既要贯彻历史唯物论的原则，也要贯彻历史辩证法的原则。不能割断文化与它形成的历史条件与客观基础之间的联系，任意夸大文化的独立性与作用，否则就会存在掉进唯心主义的历史观泥坑的危险；也不能否定文化对社会历史的作用与影响，将文化视作是一种纯粹被动性的因素，否则也会存在掉进形而上学的历史观泥坑的危险。

二

文化是属人的存在，但人也是一种文化的存在。文化对民族、国家、社会、历史的发展影响是明显与巨大的，历史的经验事实表明，一个民族与国家在历史上的发展的辉煌时期，通常也是该民族与国家及其文化的繁荣时期。很少出现文化落后的民族与国家有过社会保持持续进步的历史例证。但文化对民族、国家、社会、历史的作用与影响，通常是通过对人的作用与影响加以实现的，深刻的原因在于，人是构成民族、国家、社会、历史的主体，民族与国家的社会及其历史是在人的实践活动的基础上生成的。一种文化一旦生成，便会对社会历史中活动的个人发生范导、教化、规范性的作用。文化不仅以范导、教化、规范的方式影响人的认知与情感，也影响人们的价值取向、道德与信仰，同时还影响着人们对自己的民族与国家的情感与认同。

一个民族的精神与气质，通常表现在它的文化中。黑格尔曾将文化视作精神的形式。仅就民族精神与民族文化的关系而言，黑格尔的这个思想无疑是深刻的。一个民族与国家要自立于世界民族之林，其基本前提与条件是它的人民应对自己的民族和国家充满自信。一个缺乏与丧失了自信心的民族与国家是无法自立于世界民族之林的。一个民族与国家的人民要对自己的民族与国家充满自信，必须对自己的民族与国家有着坚定的认同感。没有对自己的民族与国家的认同感做基础，是无法确立起对自己的民族与国家的自信心的，至少其自信心是不坚定与牢固的。诚然，一个民族与国家的自信与认同包括多方面的内容，既包括对自己的制度的自信与认同，自己所选择的道路的自信与认同，也包括对自己文化的自信与认同。文化的认同与自信相对于民族与国家的认同与自信之所以是不可或缺的方面，不仅在于一个民族的理论、制度、道路的选择与一个民族的文化有着不可分割的内在联系，无不打上文化的底色，更为重要的是，民族文化作为民族精神的表现形式，它反映与表达的是一个民族的民族精神。因此，就民族精神与民族文化的关系而言，对自己民族文化的认同与自信，实质上即是对自己民族的民族精神的认同与自信。丧失了对自己民族文化的认同与自信，也就等于丧失了对自己民族的民族精神的认同与自信。而一个对自己民族的民族精神缺乏自信的民族无异于是精神上得了软骨病的民族，这样的民族不要说自立于世界民族之林，即使是偶遇风浪也会心神不定、左右摇摆。作为中国人，如果对中国文化有着深刻的了解、认同与自信，即使是长期地身处异国他乡，身穿洋装，仍然会怀揣一颗中国心。倘若缺乏对中国文化的认同与自信，即使长着黑头发、黄皮肤与黑眼睛，说着汉语，写着汉字，充其量也只是形似而神不似，或者说只是一个人种学意义上的中国人。要实现中华民族的振兴与崛起，其目标与标志是要使我们的国家成为一个现代化强国，而现代化的强国不仅应是，而且必须是一个文化强国，没有文化强国作为精神支撑，我们就不可能实现真正意义上的振兴与崛起。在为中华民族振兴与崛起努力奋斗的过程中，我们不仅要有理论自信、制度自信、道路自信，同时还需要文化自信。

但需指出与强调的是，文化的认同与自信，需以文化的自觉作为前提与基础。文化虽然对人的精神具有范导、教化、规范的作用，但文化的范导、教化、规范的作用，在价值上是中性的，文化是存在着先进与落后之分、优秀与腐朽之别的。而一般来说，二者都具有范导、教化、规范的作用。文化对人的范导、教化、规范究竟是起着积极的作用，还是起着消极的作用；是促进社会历史发展与进步的正能量，还是阻碍社会历史发展与进步的负能量，还需取决于文化本身的性质。优秀的文化能鼓舞人、激励人，对内能提高民族的凝聚力、亲和力、向心力，对外能发挥感染力与辐射力；消极与落后的文化则会成为人们前进的包袱与影响民族与国家形象的负资产。要达到文化的自信，首先应对民族文化进行优与劣的分辨、先进与落后的区分，真正弄清哪些是民族文化中的珍宝，哪些是民族文化中的糟粕，什么是我们真正需要的，什么是需要扬弃的。只有在我们对自己的文化具有清醒的认识与高度自觉的情况下，我们才有可能使我们的文化自信，信得理直气壮，信得清楚明白，信得坚定不移。缺乏文化自觉的文化自信，不是真正的文化自信，也不可能真正地实现文化自信。

三

如何才能做到对文化性质的清醒认知与文化自觉？文化的优与劣、先进与落后如何进行区分？这并不是一个容易达成的共识。在大多数的情况下，不同的人往往有不同的看法，有时甚至还会形成相互竞争与彼此对立的分歧与冲突。这种分歧与冲突的产生与存在，不仅仅与人们对文化本身的认知能力和认知水平相关，更为重要的是与人们所持的历史观与文化观密切相关。导致人们在对文化的优与劣、先进与落后认知上竞争与冲突的根本性原因在于人们所持有的历史观与文化观是不同的。因此，要做到对文化的性质的清醒认知与文化自觉，就必须坚持以马克思主义历史观与文化观为指导，自觉运用马克思主义历史观、文化观所提供的科学理论与方法，并以时代实践的需要为参照坐标，对现有的各种文化进行科学评价、仔细辨识、认真选择。文化的优与劣、先进与落后的判别标准既不能是抽象的，也不能是主观的，而应是历史的与客观的。文化的优与劣、先进与落后之所以需要以时代的实践需要为参照坐标或尺度加以判别与确认，深刻的原因在于，在马克思主义历史观与文化观的理论逻辑中，文化是在人的实践中生成的。一定的生产方式与交换方式是文化生成的客观基础，随着人的实践方式，即社会的生产方式与交换方式的改变，社会的文化也需要发生改变。所谓优秀文化、先进文化，本质性的规定应是与先进的生产方式与交换方式相一致，并符合先进的生产方式与交换方式需要的文化。文化是实践的，因而是历史的，也因为文化是历史的，因而文化的优与劣、先进与落后在历史发展的进程中其性质是经常，而且是必然发生转换的。历史上曾经是优秀与先进的文化，今天并不一定是属于优秀与先进的。曾经的优秀与先进在今天是否仍属于优秀与先进，关键在于它是否仍为人们的实践所需要，仍能成为推动社会历史发展与进步的正能量和正资产。一切不能为时代实践所需要，并成为人们前进与社会历史进步阻力与包袱的文化，不论在历史上曾经起过多么大的积极作用，都应成为扬弃的对象。

分析与品味人们时下谈论的文化自信的话语，以下三点需要引起我们的注意：其一，谈论与强调文化自信，不能像时下的某些人的话语中所透露的那样，主要指向的是对儒家文化为代表的传统文化的自信。我们所强调的文化自信，应是指对当代中国现存的一切优秀与先进文化的自信，其中既包括中国传统文化中在今天仍然能发挥积极作用，并且有与时俱进品格的文化，也包括“五四”新文化运动以来所形成的新文化，更应包括在马克思主义指导下，在中国共产党的领导下，中国人民在民主革命与社会主义革命中所创造的革命文化与有中国特色的社会主义文化。我们之所以强调应对我们的文化有自信、有底气，不仅在于我们有深厚的传统文化的底蕴，更在于我们拥有比资本主义文化更先进的有中国特色的社会主义新文化。应防止有人将文化自信等同于对中国传统文化自信的误读与误导，防止某些人打着文化自信的旗帜，推行尊古、崇古、信而好古式的文化保守主义的错误倾向与行为。其二，强调文化自信，但不应忘记与忽视文化创新。文化是历史的、流动的，文化创新是文化保持活力与先进性的基础与前提。文化创新与文化的与时俱进是文化自信命题中的应有之义。我们之所以对我们的文化应有自信，深刻的根据与理由在于，马克思主义的理论指导与有中国特色的社会主义建设实践为我们的文化创新提供了双重性的保证。不应仅仅在文化继承的维度上去理解文化自信，更应该在建设与创新上去理解文化自信。文化没有创新，就不能保持先进性，缺乏先进性的文化是不可能保持文化自信的，即使有自信也只是一种阿Q式的盲目自信。其三，强调文化自信，不能忽视文化开放与文化包容。文化自信不等同于文化认知上的“夜郎自大”。应努力避免对文化自信作片面的理解，狭义性地将文化自信视作是防堵外来文化进入的一种围墙，更应避免从文化自信的解读中滋生出一种不健康的文化傲慢主义与文化优越主义的情绪与思潮。文化自信不仅不应拒斥文化开放，反而理所应然地包容着文化开放的意涵。正如我们不能关起门来搞经济建设一样，我们也不能关起门来搞文化建设。以面向世界的视野，海纳百川的胸怀，包容互鉴的态度与气度，勇于迎接外来文化的竞争与挑战，贯彻洋为中用的原则，勇于与善于吸收一切民族所创造的一切优秀与先进的文化成果，并将其转化为中国化的文化，既有益于我们文化的繁荣与发展，推动我们文化的不断进步，同时也是我们文化自信的一种表现。实际上，在民族文化与世界文化的关系问题上，崇洋媚外，充当文化的搬运工、二传手的“拿来主义”是文化不自信的一种表现形式，而拒斥一切外来文化的文化封闭主义，同样是文化不自信的一种表现形式。

以马克思主义历史观与文化观为指导建设文化强国*

一般来说，在世界上具有重要影响的民族和国家通常都是经济实力强大的国家。但经济的繁荣与强盛不是唯一的标识，那些社会生产力与经济发展处于领先地位的民族与国家，通常也是创造出灿烂文化并对世界文化的发展起着引领作用的民族与国家。文化是否先进并具有竞争力，对一个民族与国家的崛起与强大具有极其重要的意义，文化不仅为社会经济发展提供精神动力与内在支撑，同时也为社会经济的发展提供价值规范与发展方向。作为一个民族与国家不可忽视的重要软实力，文化也是一种实实在在的硬实力，文化的实力及其竞争力是构成综合国力的重要部分。中华民族的崛起与强大，既依赖于经济上的崛起与强大，也依赖于文化上的崛起与强大，我们既要将建设经济强国作为奋斗目标，也要将建设文化强国作为奋斗目标，这是当下中国形成的普遍性共识。

什么才是真正意义上的文化强国？怎样才能达到建设文化强国的目标？或者说通向文化强国的路应该如何走？文化强国的文化不能简单地理

---

* 本文原发表于《中国社会科学报》2012 年 12 月 1 日。

解为文化是否表现为热闹，表现为虚假的繁荣，也不能简单地看文化产业的商业价值与产值，重要的在于其文化的性质是否具有先进性。而一个民族与国家的文化是否具有先进性，应从两个方面衡量：其一，应看它能否适应社会实践发展的需要，能否促进社会的进步与发展。先进的文化应为自己民族与国家的发展提供凝聚力、向心力、活力与创造力，引导社会沿着健康、积极、向上与进步的方向发展。其二，应当看它是否对其他民族与国家的文化具有吸引力、辐射力、渗透力与示范力。一个没有影响力与示范力的文化不能视为先进文化，一个没有强大文化影响力的国家不能称为文化强国。

那么，建设文化强国应走一条什么样的道路呢？围绕这一问题，中国人思考了百年，也争论了百年。一种意见认为，要建设文化强国并展现文化强国的影响力与示范力，我们不能跟着别人走，更不能跟着西方自由主义文化走，我们应以自己的优秀文化去展示自己，影响世界。什么是自己的优秀文化呢？这就是以儒家文化为代表的中国传统文化，因而主张弘扬与振兴中国传统文化去实现文化强国的目标，向世界展示、宣传、推销中国的传统文化去扩大我们的文化影响力与文化的话语权。另一种意见则认为，以儒家文化为代表的中国传统文化是生长在农耕文明土壤上的文化，这种文化在本质上是适应农耕社会的生产方式与交换方式的需要而生成的，是为等级生产关系与社会关系服务的，这种文化与当代工业文明不仅不相适应，而且是矛盾的。依靠中国传统文化的复兴与振兴，不仅不能实现建设文化强国的目标，反而是文化的复古与倒退。依靠中国传统文化不仅不能影响世界，反而是会打败仗。中国文化要走向世界，必须一方面要立足于市场经济；另一方面要面向全球化浪潮，走与世界接轨的道路，引进世界先进文化。上述两种意见虽然有着广泛的代表性，但在本质上延续着历史上中学与西学的争论，二者的目光一个仍然是朝后看，一个仍然是朝外看；一个是尊古，一个是崇外，二者不仅都忽视了中国当下社会实践的现实，也都忽视了马克思的历史观与文化观在中国文化发展中的存在与作用。

在历史与现实的互动意义上，我们不应否定儒家文化在历史上的先进性与历史作用，不应用文化虚无主义的思维方式看待中国的文化，但应反对文化的复古主义与克服文化怀旧的心理情结。中国传统文化无论在历史上多么进步与多么辉煌，但毕竟是明日黄花，以儒家文化为代表的中国文化毕竟是农耕文明的产物，是维护封建等级制社会关系的意识形态，不论我们如何扬弃与改造，也改变不了它的固有本质。以儒家文化为代表的中国传统文化就其基本的文化精神，确实已不符合当今工业文明社会的生产方式与交往方式的需要了。在中华民族崛起与强盛的过程中，既不能依赖传统的儒家文化提供文化精神方面的支撑，也不能依赖复兴传统文化去抵御西方自由主义文化的入侵，更不可能对通过复兴传统文化以提高我们的文化影响力与竞争力寄予厚望。

同时，建设文化强国不能走文化复古的路，能不能走文化引进与文化移植的路呢？当然也不能。当代以来以自由主义为代表的西方文化，尽管是西方近代以来在商品生产方式与交换方式基础上生成的，是工业文明的产物，它在总体性质上以自由、平等、民主、人权、博爱、人道为核心价值观、为基础，但我们不能依靠简单地引进、移植、接轨方式以达到我们建设文化强国的目标。首先，西方文化即使有些是先进的，也仍有一个是否适合中国水土的问题。其次，走先引进再出口的路线，通过西方文化的中国化后再进口转外销的方式，无论如何都是难以形成与提高自己的文化影响力和竞争力的，因为不管我们怎样对西方文化进行中国化的改造，在西方人的眼中，他们看到的仍然是自己文化的影子，听到的仿佛仍是自己声音的回音。

建设文化强国，既不能走文化复古的路，也不能走进口转外销的路，唯有可能走的是文化探索与文化创新的路。一个民族与国家的文化要具有吸引力、辐射力与示范力，必须有自己文化的特色、风格、精神，没有属于自己的特色的文化，而且是属于新的先进的文化，是不能冠以有巨大影响力与示范力的文化强国称号的。中华民族的崛起与强大，不仅需要建设一个文化强国，而且也一定能建设成一个有影响力、辐射力与示范力的文化强国。我们有这样的基础与条件，因而也应有这样的抱负与底气。这种基础与条件、抱负与底气，就是我们正在从事的建设中国特色社会主义的伟大实践。经过30多年的改革开放与建设中国特色社会主义的实践，中国迅速地崛起为全球第二大经济体，这是一项伟大的奇迹。这种举世无双的历史奇迹何以会发生在当代中国？其中又蕴含着什么样的文化意蕴？有人试图用中国传统文化的优越性加以阐释，有人则视之为对外开放、西方文化传入的结果。我们不否认上述因素的作用与影响，但它们都无法说明这样一个事实：在儒家文化处于统治地位的时代，在自由主义文化的故乡都从来没有出现过的历史奇迹却出现在当代中国。很显然，无论是用传统的中国文化还是用西方资本主义文化，都无法解释中华民族当代的崛起。唯一可能与合理性的解释是，中华民族迅速崛起的伟大奇迹，其根本性的原因在于，我们有马克思主义指导的思想优势，有中国特色社会主义的制度优势，有在建设中国特色社会主义实践中不法古、不崇外，勇于探索、善于创新的实践优势。独特的优势，造就独特而伟大的奇迹，这既是事实，也合乎逻辑。我们有理由相信与自信，只要始终坚持马克思主义的思想指导，运用马克思主义历史观与文化观扬弃与改造中国的传统文化，借鉴吸收外来的先进文化，并立足于建设中国特色社会主义伟大实践，不断地探索与创新中国特色社会主义新文化，我们就一定能实现建设中国特色社会主义文化强国。

建设文化强国需要民族文化创新*

什么是民族文化的创新？民族文化创新与民族文化振兴、民族文化复兴之间是一种什么样的关系？是一种相互等同与契合的关系？还是一种彼此包涵的关系？抑或是一种既相互联系又相互区别的关系？在思考与确认民族文化创新的意蕴时，这也许是一个首先需加澄清与分辨的问题。时下的中国学界，建设社会主义文化强国，提高中华民族文化软实力，正成为人们热议的话题。在人们热议的文化话题中，经常看到的是民族文化振兴、民族文化复兴等话语的反复出现，而对于民族文化创新的呼吁不能说没有，但从使用的频率上看，前者较之于后者显然要高出许多。诚然，要建设社会主义文化强国，提高中华民族文化的软实力，振兴与复兴中华民族文化的提法具有无可争辩的正面与积极意义。但需要澄清与分辨的是，民族文化的振兴也好，民族文化的复兴也好，它们都不能与民族文化创新的话语画等号。振兴与复兴都是相对于丧失、丢失、衰落、式微一类的话语而言的，其价值依归的底蕴与基本指向是对传统文化的继承与传统文化的历史辉煌的再造与重塑。文化的创新则不同，虽然，任

* 本文原发表于《贵州民族报》2007 年 7 月 3 日。

何意义上的文化创新都不是无中生有与另起炉灶，都需以一定的文化传统与既有的文化成果作为基础与前提，但民族文化创新的价值取向的底蕴，重点强调与主要指向的不是对传统文化的继承与复兴，而是对传统文化的改造与新文化的创造。文化创新是一种创造性活动，这种创造性活动所追求的不仅仅是传统文化的“香火”越燃越旺，更追求文化延续的与时俱进。

文化创新对民族文化的繁荣与进步的意义是不言而喻的，但要真正推进文化创新并非易事，要取得文化创新的实效则更是难上加难。文化创新也与其他领域的创新一样，说起来明白，做起来难，它不仅要受到各种各样的主客观条件的制约，而且还会受到各种保守势力的阻挠与反抗。推动社会文化创新的根本性动力来自于社会发展的需要。文化在本质上是实践的，文化的发展既受社会实践需要的驱动，也表现为实践活动的产物，一切文化元素，无论是文化形式方面的，还是文化内容方面的，或是文化精神方面的，都可以在人们的社会实践中找到其生成的某种根据，并能从人们的社会实践中寻找到生成性的解释。作用并影响民族与社会文化生成及发展的因素是多种多样的，在推论的逻辑上，一切作用与影响人类社会实践的因素，也会对文化的生成构成直接或间接的影响。然而，在所有作用与影响社会文化的因素中，社会的生产方式与交换方式起着归根到底的作用。农耕的生产方式与交换方式是农耕文化与农业文明生成的基础，工业的生产方式与交换方式是工业文化与工业文明生成的基础，这是世界各民族历史发展中所普遍显现出来的毋庸置疑的经验性事实。正因为社会的生产方式与交换方式是民族文化生成与民族文化演进的基础与决定性力量，因此，民族文化创新的动力在根本上还是要依赖于社会的生产方式与交换方式的发展状况。一般来说，当一个民族的社会生产方式与交换方式处于进步与上升状态，或生产方式与交换方式处于新旧交替和形态转型时期，社会文化的创新也会相应地表现出生气与活力；而当一个民族的生产方式与交换方式的存在状况处于停滞与衰落状况时，民族文化在总体上也会处于沉闷与固化状态。在世界历史上，那些处于发展领先的民族，其民族文化的发展状况大多呈现出较多的创新性特征，而生产方式与交换方式处于落后、停滞、固化状态的民族的民族文化则呈现出显著的保守性。当然，在世界历史上也存在着这样一种特殊现象，某些经济、政治处于相对落后的民族和国家，在某个特定的历史时期，在其个别文化领域中有过文化创新与文化繁荣的突出表现。

强调文化创新的实践推动，并不意味着否定与弱化人们的主观努力在推动民族文化创新中的作用。没有绝对固化的文化，从总趋势上看，一切民族的文化都会随着历史实践的改变发生或快或慢的变化。我们不否认文化的发展与演进有其自发性的可能，但不同民族文化的发展与演进的速度之所以有快慢之分，性质上有先进与落后之别，显然不是自然性演进的必然结果，也不能仅仅从纯粹的历史必然性中得到合理解释。诚然，文化的发展与演进是有自身规律的，任何民族文化的发展都不能无视并超越历史必然性要求，但问题在于历史必然性需要通过在历史活动中的人去实现。不是所有的民族都能创造出领先于其他民族的先进文化，伟大的民族之所以能创造出伟大的文化，并不是神意的眷顾与命运的安排，而应归因于该民族的文化创新能力与创新精神。文化的创新既要有创新能力，更需要创新精神，缺乏创新精神的民族是不可能有创新能力的。一个民族的创新精神需要培养，要使一个民族具有创新精神，首先，无疑需要有正确的历史观与文化观的指导，没有正确的历史观与文化观的指导，文化创新就会缺乏正确的方向。其次，要树立科学的文化创新精神，还依赖于对自己民族传统文化的科学认识与理性自觉，即是说要对民族的传统文化有一个正确的态度。对民族的传统文化与文化传统既要历史地看，也应辩证地看。所谓历史地看，即是将民族的传统文化放在历史的时空条件下进行审视与评价，防止用今天的评价尺度去贬损与否定传统文化的合理性，避免一切形式的历史虚无主义与文化虚无主义的片面性。所谓辩证地看，即是要一分为二地对待民族的传统文化，既不应否定一切，也不应肯定一切，传统文化中存在着闪亮的珍珠，也存在着历史性的糟粕；有些文化形式与内容，在历史上可能是进步的，但随着历史条件的变化也可能会变成落后的。在对待自己民族的传统文化的问题上，我们既要讲文化自信，也要强调文化自觉，相对于文化自信而言，文化自觉更具有积极的意义，缺乏文化自觉的自信，通常会导致文化上的自发性盲从。在对待民族传统的问题上，历史虚无主义与文化虚无主义是错误的，文化的保守主义、复古主义则更是错误的，要推动民族文化的创新与进步，必须旗帜鲜明地批判与反对形形色色的文化恋旧主义、文化保守主义与文化复古主义。尤其需要指出的是，越是那些在人类历史上曾创造过文化辉煌的民族，越应自觉地克服文化的自恋与怀旧情结，越应对文化保守主义与文化复古主义保持警惕，因为文化一旦固化为一种文化传统，就会转变成一种保守性的力量，要克服这种保守性力量的束缚，通常是极为困难的。

民族文化的创新除了需要有创新理念与创新精神，还需要有宽松的文化环境与良好的社会氛围。在推动民族文化的创新过程中，科学与正确的历史观与文化观的指导无疑是必需的，但良好的文化环境与自由宽容的氛围同样重要。要促进文化的创新，应坚定不移地贯彻“百花齐放、百家争鸣”的方针，鼓励各种不同的文化形式与文化流派之间的对话、碰撞与竞争。文化创新也离不开文化开放，虽然开放本身不是创新，但它是文化创新的条件。文化创新，离不开文化的原料，文化的原料越丰富，文化创新的潜力愈大，至少从可能性上说应是如此。

总之，要建设社会主义文化强国，就必须走文化创新的道路，因为社会主义文化强国的文化不仅要为建设有中国特色的社会主义现代化强国服务，而且在性质上要“姓社”。社会主义文化既不可能奠基于中国传统儒家文化，也不可能奠基于西方自由主义，而只能奠基于建设有中国特色的社会主义现代化强国的理论与实践。在马克思主义科学的历史观与文化观的指导下，利用人类的一切优秀成果，加强有中国特色的社会主义的理论与实践的探索，通过文化创新，构建符合社会主义本质要求，满足建设现代化强国需要的社会主义新文化体系，是实现建设社会主义文化强国目标的唯一之路。

中国传统文化的历史性意蕴与当代审视*

自鸦片战争以后，中国社会尤其是中国知识界长期被文化“体用”问题困扰，并在当下新的历史时期仍继续延续。根据马克思的历史观和文化观所提供的理论逻辑，对文化发展的规律，以及如何正确对待以儒学与儒家文化为代表的中国传统文化，进行符合马克思历史观和文化观的阐释，进而创造一种社会主义文化的新形态，具有重要而深远的历史价值。

一、中西文化关系认知的历史轨迹

鸦片战争让西方列强轰开了中国这个具有5000年文明史的古老国度，自此明清以来长期处于闭关锁国状态的大门洞开，而涌进来的不仅有西方的鸦片和商品，同时还有西风与西学。伴随着西风的东袭与西学的东渐，中国人尤其是中国的知识分子也陷入了长达超过一个半世纪的思想与文化的困惑，这就是如何处理中学与西学，或者说西方文化与中国本土传统文化的关系。围绕着西学与中学的关系问题，中国知识界有过艰

* 本文原发表于《中原文化研究》2015年第3期。

难的反思，也有过痛苦的挣扎；有过激烈的论辩，甚至有过尖锐的对抗与冲突。这种对抗与冲突虽然有高潮与低潮，但却从未结束或终结，并且这种争论与冲突总会在新的历史条件下以新的历史形式、话题与话语形式顽强地持续着。如何正确处理西方文化与中国本土传统文化的关系，对于当下的中国来说，不仅仍是一个绕不开的话题，而且具有更加重要的意义，它不仅关乎文化发展的未来走向，同时也关乎中华民族能否在真正意义上崛起与振兴。

中国人的视野中，广义的西方文化既包括近代以来以西方资本主义生产方式与交换方式为基础的资本主义与工业文化，也包括产生于西方社会的马克思主义文化。狭义的西方文化，主要指向的是西方近代以来生成的以自由、平等、科学、民主、天赋人权等为代表的资本主义文化。“西方”无疑首先具有明显的地域性质，既属于地理性概念也不仅仅属于地理性概念，它同时含有社会历史性意蕴，具有鲜明的社会历史性。因为西方文化不仅意味着在西方土地上生成和从西方传进中国的文化，主要是指在西方近代资本主义生产方式与交换方式基础上生成与传播的文化。西方文化作为一种文化传统，在地域上既包括近现代的欧洲，也包括近现代的美国，同时还包括近现代与中国处于同一地域的日本。近现代的日本虽然在地理位置上并不属于西方，但由于先于中国步入资本主义发展阶段，因而其文化系统在其本质性特征上具有发源于以英、法为代表的西方文化的性质。西方的概念之所以不能诉诸一种地理性概念，还因为西方文化并不包括前资本主义时代的文化，而只限于西方近代以来的文化。真正对中国传统文化造成冲击与引发碰撞的是西方近代以来生成的以自由和平等为核心的反映商品经济与资本主义发展要求的文化。所谓中学与中国传统文化，从语义上看应包括中华民族在5000年文明史的发展过程中创造、生成、流传、存活下来的一切文化。若从中国传统文化系统的本质特征，以及从中西文化相互碰撞与冲突的维度看，人们通常所称的中国传统文化主要指向的是中国传统的儒学与儒家文化。不可否认，中国传统文化是一个复杂的文化系统，不仅存在儒、释、道的共存与伴生，而且由于中国幅员辽阔、民族众多，各地发展的不平衡性与各个民族之间的差别性存在，因而无论是就其内容上还是表现形式上，很难给予一个准确的描述与概括。但有一点是可以确认的，中国传统文化的指向无疑是儒学与儒家文化。儒学与儒家文化在中国传统文化中始终处于一学独尊的统治地位，渗透并影响着中国其他各种形式的传统文化，在中国传统文化系统中起着一种“普照的光”的作用，某种程度上成为中国传统文化的符号与代名词。这些可以从近现代中国围绕中西文化关系的冲突与论争中得到证明与阐释。

追溯与分析自1840年以降中西文化交流与碰撞的历史轨迹，大致可区分为相对独立的四个较为明显的阶段：

第一阶段从鸦片战争到甲午战争。鸦片战争前，以儒学为代表的中国文化与以英、法为代表的西方文化在总体上处于相互隔绝的状态，不存在彼此间的碰撞与冲突。鸦片战争的爆发以及清朝军队的惨败，使中国沦为半殖民地半封建社会。鸦片战争的结局，既改变了西方人对中国的认知，也在一定程度上改变了中国人对自己与对西方的认知。西方人眼中的中国不再是神秘可畏；中国人的认知中，中国不再具有妄自尊大的资格。鸦片战争之后，少数中国知识精英与洋务派官僚虽然也有初步反思，但并没有深入到制度与文化的核心层面，仅停留在器物表层，他们片面地认为中国的战败是由于缺乏坚船利炮，对待西方文化占主导地位的态度是“中学为体，西学为用”“师夷之长技以制夷”。

第二阶段从甲午战争到五四运动。中日甲午海战在中国近代发展史上是一个极其重要的历史节点，成为中国人走向真正觉醒的起点。在人口、幅员、经济总量远超日本，武器装备也大致与日本相当的情况下却遭惨败，终于使中国人认识到落伍并不仅仅是武器的落后，更重要的是社会制度与文化的落后。甲午战争之败及对其反思，直接与间接导致了中国近代史上两项重要历史事件的发生：辛亥革命与五四运动。如果说辛亥革命的爆发是对中国落后的封建制度进行反思与自觉的必然结果，那么五四运动在很大程度上则是对以儒家文化为代表的中国传统文化反思与自觉的必然结果。作为一场新文化运动，五四运动使中国人在对待中学与西学关系认知上发生了颠覆性或革命性改变，不再固守“中学为体，西学为用”的思维模式，而是对以儒家文化为代表的中国传统文化采取了激烈的批判与否定的态度。“打倒孔家店”口号既是对以儒家文化为主要代表的中国传统文化的否定，也是对鸦片战争以后形成的“中体西用”思维认知的否定与颠覆，使以儒学为代表的“中学”第一次受到了具有真正意义的“西学”的严重冲击，这种冲击既表现为来自以西方近代形成的资产阶级自由主义“西学”，也表现为来自以马克思主义为代表的西学。不可否认，“五四”新文化运动的先驱们对待中国传统文化采取的极端批判态度确有过激的历史与文化虚无主义之嫌与之误，至今仍受到一些批评与诟病也是不无根据和理由的。但同样不可否认，五四运动的基本方向是正确的，对中国文化在20世纪发展中的影响是正面而积极的。

第三阶段应为20世纪三四十年代。这一历史阶段曾发生过两个重要事件：一是蒋介石提出与发起的“新生活运动”；二是反抗日本帝国主义的侵略战争。蒋介石发起的所谓“新生活运动”，虽名其为“新”，实则是想通过恢复传统的儒家文化伦理规范，为其建立专制统治服务；而抗日战争关涉的不仅是保国、保土、保家、保种的问题，同时也关涉着保传统、保文化的问题。在这两个历史事件影响下，始于19世纪40年代中西文化相互冲突的关系发生了一次较为明显的逆转。如果说从鸦片战争到五四运动的阶段中，西学在态势上呈东渐或东进；那么在20世纪三四十年代，儒学似乎获得了一次短暂的中兴机遇，形成了以熊十力、梁漱溟、冯友兰为代表的所谓新儒学的崛起。同时，因长期激烈的对日战争与国内战争，儒学的这种中兴并未在普通民众中产生较大影响，而是伴随着中华人民共和国的建立而中断。

第四阶段应为中华人民共和国成立到时下中国走向崛起。该阶段又可区分为两个时期，从中华人民共和国成立至1978年召开的中国共产党第十一届三中全会为第一时期，这一时期在意识形态与文化领域中强调的是马克思主义的领导权与指导地位。这段时期一方面为防止西方势力的和平演变，在意识形态与文化领域对西方自由主义文化采取了严密防御与激烈批判的态度；另一方面，也对以“孔孟”为代表的儒家文化展开了规模空前的批判，这种批判在“文革”中达到了巅峰。这一时期，马克思主义已不被视为原有意义上的“西学”，而被视为一种先进、正确、科学的思想与理论；无论是代表中国传统文化的经典儒学，还是以复兴、改良中国传统文化为目的的“新儒学”都受到了一次严重的冲击与重创。1978 年中国共产党第十一届三中全会以后为第二时期，这一时期，一方面，随着对外开放与国门的敞开，以西方自由主义为代表的“西学”与“西风”又开始卷土重来；另一方面，随着对“文革”反思的深入与对历史和文化虚无主义的批判，加之海外“新儒学”思潮的传入，中国传统文化再次迎来了复兴，中国也似乎进入了一个中、西、马多元文化彼此并立与相互竞争的时代。尤其是进入 21 世纪，随着中国经济的快速崛起与经济、政治、军事硬实力的增强和提升，复兴中国传统文化以提升中国软实力的呼声日渐增高，“儒学”与“新儒学”似有再次成为“热学”与“显学”的趋势。然而，也使时下中国再一次陷入中学与西学关于“体用”问题的困扰与纷争。

二、文化的生成性与历史性意蕴

如何看待和评价以儒学为代表的中国传统文化，能否依凭“新儒学”家们的主张仍因袭“中学为体，西学为用”的固有思维理路，通过扬弃与复兴中国传统文化从而实现中华民族的伟大崛起呢？这是一个需要深入思考与回答的重要问题，因为它既关乎着中国软实力的提升，也关乎着中国硬实力的提升，归根结底更关乎着中华民族的真正崛起与复兴。在发生学的维度上，人在自己所创造的文化面前具有无可争辩的主体地位。文化作为一种属人的存在和为人的存在，决定着文化是一种有根的存在。文化有根性的意蕴在于，任何形式的文化生成并不是无缘无故的，更不是偶然性的产物，一切形式的文化都直接或间接来源于人们的现实生活，现实生活是文化扎根其中的土壤。文化的有根性表明，文化虽然是人创造的，是人自由的表现与确证，但并不是人随心所欲的创造物，人们在进行文化创造时要受到其现实生活条件及其需要的规定与规范，因此，一切文化都具有被规定与规范的性质，或者说具有被决定的性质。在文化生成与发展的过程中，虽然不能排除与否定偶然性因素的作用与影响的存在，但问题是，在偶然性作用的背后有着必然性的作用。世界上不存在两种完全相同的文化，这一事实与现象的存在非但不能成为某些文化是非决定论者否定文化是非决定论的根据，反而构成文化是被决定理论的重要根据，正是人们现实生活的不同条件与不同状况，才形成了不同的文化表现形态。影响与决定文化生成的原因是复杂与多样的，但概括来说不外乎有自然因素与社会历史因素。自然因素对一种文化形态的生成具有不可忽视的影响，任何一种文化形态都明显地呈现出地域性色彩，文化形态学上存在海洋文化与大陆文化、河流文化与山地文化、水乡文化与高原文化、城市文化与乡村文化的区分。相对于自然因素而言，一种文化的生成与存在，更主要的是受到社会历史因素的作用与影响。文化的生成与存在，要受到经济与政治因素及其所决定的各种社会关系的作用与影响，其中也包括受社会关系规定的阶级关系的作用与影响。一种文化的基本内容与内核，归根结底是由社会的生产方式和交换方式所决定，用唯物主义历史观的一个经典性表达应是："历史过程中的决定性因素归根到底是现实生活的生产和再生产。"①文化有多种多样的存在与表现形态，有物质的、实体的存在与表现形态，也有非物质的、非实体的存在与表现形态，但文化在本质上是一种观念性的产物，文化的物质与实体方式的存在不过是观念形态的对象化与现实化，用黑格尔的话来说，即是所谓的外化与异化。一切文化在本质

① 《马克思恩格斯文集》第10卷，人民出版社2009年版，第591页。

上都是社会存在的反映，“而人们的存在就是他们的现实生活过程”①。人们的“现实生活过程”即是人们的实践活动，因为人的“全部社会生活在本质上是实践的”②。正因为如此，在文化形态的区分上，除了地域性的区分之外，还应具有以生产方式与生产关系为参照坐标的区分，这种区分通常表达为农耕文化与工业文化以及不同形式的制度文化与阶级文化。

文化是生成的、有根的，也意味着文化是变化的、发展的，因而文化也是历史的。世界上不存在两种完全相同的文化，也不存在永恒不变的文化，纯粹原生态的文化其实是不存在的，不过是面对不同文化之间的差异，并在文化恋旧情结的作用下产生的一种认知错觉。不可否认，不同的文化因素在其历史演进的过程中，其变化的节奏并非是平衡与同步的，而是存在着快慢之分。一般来说，在自然条件与环境作用和影响的基础上生成的文化因素变化较慢，具有较明显的稳定性，这是因为自然条件与环境的变化相对较小。即便如此，人们对自然条件与环境的认知与理解也不是始终不变的，伴随着人们的认知和审美能力的提高及人与自然关系的变化，人们对自然条件与环境的文化认知也会发生不同程度的变化与深化。至于那些受制于社会历史因素作用与制约的文化因素，其生成与演进的历史性法则更是毋庸置疑的。不同的生产方式与交换方式，不可避免地会形成不同的生活方式，而不同的生活方式也会生成不同的文化，尤其是作为文化内核的价值观念。随着社会生产与交换方式的改进与进步，社会的文化也会发生改变与进步，这是社会历史与文化演进所显示出来的趋势与规律，也是一个人们无法否认的经验性现象与经验性事实。文化在其历史演进的过程中，会有相对停滞或发展缓慢的时期，也会有繁荣时期，但总趋势是向前的。作为文化生成的基础与推动文化发展动力的人类实践活动与能力是不断扩展和增强的，这种

① 《马克思恩格斯文集》第1卷，人民出版社2009年版，第525页。
② 《马克思恩格斯文集》第1卷，人民出版社2009年版，第501页。

扩展与增强的基本趋势具有不可逆的性质。

对待文化应进行历史性的把握与分析，诉诸历史性的评价，以历史性的眼光去看待具有历史性意蕴的文化，可进行如下合理性解读：

其一，任何文化的生成与存活都有其土壤与原因，对文化的审视与评价应与一定的社会历史条件相联系，在其生成与存在的特定历史条件和环境中进行分析，而不应对历史与文化采取历史与文化虚无主义的态度，用一种抽象的、完美性的标准与今人的眼光看待过去的文化，贬斥与否定在历史中生成与存在的文化。在今天看来是落后甚至消极、腐朽的文化，也许相对其历史生成与存在的条件来说却是适宜的、先进的，相反的情况也有可能。一些从事思想史研究的学者给予古希腊雅典民主制与民主思想积极的正面肯定与评价，这是一种非历史眼光的错觉，民主制与民主观念并不适合农耕社会生产与交换方式的需要。

其二，文化是生成的、历史的，即意味着文化是流动的、发展的。人类的实践活动能力与范围是不断拓展与提高的，因而以人的实践活动为基础的社会生产方式与交换方式也是发展与变动的。生产方式与交换方式会直接或间接地影响与作用社会文化的发展，因此，在不同的生产方式与交换方式的基础上必然需要与生成不同的文化。历史上属于必然产生的、合时宜的，并且曾经属于先进的文化，也有可能随着历史条件与环境的改变，丧失其必然性、适宜性与先进性，变成应当批判与扬弃的东西。因此，正如历史虚无主义与文化虚无主义是错误的一样，历史保守主义与文化保守主义、恋旧主义、复古主义同样是错误的。

三、中国传统文化资源与文化强国建设

马克思主义历史观的理论逻辑中，对于历史与文化的关系无疑是应将历史性的文化放在整体性的历史中进行考察与把握，相对于文化的生成与发展来说，历史拥有无可争辩的在先或在前的地位。应从人类社会

历史的生成与演进出发阐释人类文化的生成与发展，而不是相反。从文化生成与发展出发去阐释人类社会历史的生成与发展，对于马克思主义历史观来说，是必须坚持与因袭的理论原则。文化存活于历史中，被历史制约与决定。马克思主义历史观的理论逻辑中，历史相对于历史中文化的在先或在前，是一种逻辑上的而不是时间上的在先或在前。文化是历史的，同样历史也是文化的，历史与文化在社会中通常是相互依存的。历史是文化的，不仅在于文化是构成社会历史不可分离的内容，而且更在于任何形式的文化一旦生成，就会反过来影响和作用于历史。文化对一个民族与国家的作用与影响是不容置疑的，那些在世界历史上表现得强盛的民族、国家通常也伴随着文化的繁荣与强盛。一个民族与国家的文化不仅对历史发展起着重要的精神支撑作用，而且对其他民族与国家也具有一定影响力。文化对历史的作用与影响是双重的，不符合时代需要的文化对历史的发展也会起着阻碍或负面的作用。

中华民族的复兴与崛起，不仅需要经济、政治、军事的现代化，也需要文化的现代化；社会主义现代化强国必须是社会主义现代化的文化强国，建设社会主义文化强国是建设社会主义现代化强国的应有之义。文化发展的动力主要依赖于以时代实践为基础的创新，文化创新是推动文化发展与进步的强大动力与重要杠杆。文化的发展与创新通常是在继承基础上的发展，扬弃基础上的创新，因为“人们自己创造自己的历史，但是他们并不是随心所欲地创造，并不是在他们自己选定的条件下创造，而是在直接碰到的、既定的、从过去承继下来的条件下创造”①。文化的发展与创新“同任何新的学说一样，它必须首先从已有的思想材料出发，虽然它的根子深深扎在经济的事实中”②。文化的发展是一个连续性与革命性相统一、继承与创新相统一的过程，“已有的思想材料”是文化的历史成果，也是文化的历史基因，对“已有的思想材料”的继承

① 《马克思恩格斯文集》第2卷，人民出版社2009年版，第470、471页。
② 《马克思恩格斯文集》第9卷，人民出版社2009年版，第19页。

是进行文化创新的基础和前提。建设社会主义文化强国不应割断文化的历史联系，应重视科学地挖掘与利用“已有的思想材料”或文化的历史资源。需要指出的是，对“已有的思想材料”的把握与理解不应具有狭隘性与片面性，应摆脱“体用”关系的思维模式的局限与纠缠。无论是中国本土的历史文化还是西方的历史文化，都是人类实践创造与智慧凝聚的结晶，都应成为我们推进文化发展与创新的出发点，都应给予应有的重视与尊重。

文化的发展并不是一个简单相加与累积的过程，而是不断扬弃与吐故纳新的过程。文化有优劣之分，也有先进与落后之别，因为文化是生成的、流动的，是属于历史性的存在，所有属于历史性的存在物都是可以进行比较的，有比较就存在优劣之分。不能以文化平等为根据否定不同类型的文化之间，以及文化传统中不同文化因素之间存在着进行优劣比较的必要性与可能性。否则，不仅否定了文化的历史性与进步的可能性，而且还会导致文化评价与文化批判合法性的取消。应该说，大多数人不否认文化的先进与落后之间的可比较性与评价性，不然的话，也就不可能在中国近代史上产生所谓的“体用”之争。那么，何谓文化的精华与糟粕？有没有判定文化优与劣、先进与落后的参照坐标和合理标准？笔者认为，不能依据人们对某种文化是否喜欢或认同作为尺度，因为人们主观感受与其所持的历史观与文化观、感受能力与认知能力、社会地位和生活环境等有关。任何一种文化的存活与延续都以人们是否认同为其前提和基础，没有人喜爱与认同的文化是不可存活与延续的。但存在的并不都是合理的，能够存活的文化可能是优秀的，但也可能是落后的与应该清除掉的。文化的观念与形式一旦生成，就有可能演变成一种文化传统，而传统通常具有保守性的一面，优秀的文化传统如此，消极落后的传统也会如此。对文化的先进性与落后性的判别与确认不能诉诸一种抽象的道德性评价，这不仅在于道德观念本身属于文化观念的范畴，更为重要的是，道德也属于历史性范畴，其随着社会的生产方式与交换方式的变更而发生改变，不存在超越历史条件的抽象的道德，更不存在“永恒的、终极的”真理式的道德。深刻的原因在于：“人们自觉地或不自觉地，归根到底总是从他们阶级地位所依据的实际关系中——从他们进行生产和交换的经济关系中，获得自己的伦理观念。”① 当然，判定与确认一种文化是否具有优秀的品格与先进的性质，也不能根据其历史作用为参照坐标，时代的不同也导致社会历史条件与环境发生变更。一种文化的内容与形式是否具有优秀的品格与先进的性质，取决于是否适应时代发展的趋势与潮流，尤其是当下生产方式与交换方式发展的需要。文化的生成与演进不仅由人类的实践活动决定的，也是为人类实践服务的。文化在本质上是一种基于实践并服务于实践的存在，一切阻碍人类实践活动发展与进步的文化，都应给予历史性的扬弃。

文化是历史的，应以历史的态度对待文化。人们不仅应以历史的态度对待西方文化，也应以历史的态度对待中国传统文化，特别是儒家文化。历史地看，儒家文化无疑是中华民族文化宝库中最为绚烂的瑰宝，自汉武帝采纳大儒董仲舒的建议独尊儒术以降，直到中国最后一个封建王朝——清王朝灭亡的封建时代，儒家文化不仅连续不断而且始终处于主导性统治地位，这决不是偶然的、人为的历史现象，而是有其深刻的历史必然性。农耕生产方式与交换方式社会中，所生成的必然是以封建主或贵族为首的生产关系，所导致的必然是等级制的阶级结构，所生成的必然是以反映维护等级制需要的、以等级制为核心的文化观念，这不仅是中国封建社会历史发展过程中表现出的普遍性的历史现象，也是世界历史发展过程中表现出的普遍性的历史现象。中国封建社会更替后的王朝依然采用儒学作为自己的意识形态，合理性的解释只能是，唯有儒学是适合农耕社会与封建等级社会之需要的。在农耕与封建社会的文明中，儒学的生成与延续不仅具有必然性，而且具有先进性。这种先进性，可从中华文明在世界文明史上长时段居于领先地位的客观事实，获得无可争辩的证明。中华民族自秦统一以后之所以能长久保持统一与强

① 《马克思恩格斯文集》第 9 卷，人民出版社 2009 年版，第 99 页。

盛的地位，儒学的作用是功不可没的。进入19世纪以后，儒学在中国传统文化中占统治地位的动摇，儒学的日渐式微不是偶然的，有其深刻的历史必然性，以农耕生产方式与交换方式为基础的农耕文明已经走到了历史尽头。五四运动以后，中西文化的碰撞与竞争，从形式上看是两种不同地域文化的碰撞与竞争，而就其实质则是两种不同时代的文化之间的碰撞与竞争。

历史地看待中国的传统文化，对于我们今天的社会主义文化建设来说，具有极其重要的意义。中华民族要实现现代化与崛起，无疑需要文化的崛起与文化力量的增强。只有具备优秀与先进的文化，才能对内增强凝聚力、自信力，引导与激发人民群众奋斗与创造的激情与活力，对外形成积极的影响力、辐射力。但如何才能实现中华民族文化的现代化与崛起，能否依赖通过向中国传统文化的回归，或创造出一种新形式的所谓“新儒学”来达到这一目标呢？毋庸讳言，时下的中国有不少人持有这种认知，但从文化演进的历史规律看，这样的认知理路是大有疑问的。以儒学为代表的中国传统文化，在历史上曾经是合时宜的，也曾经是优秀的、先进的，对此我们应给予历史肯定与应有尊重，否则我们就是在重复历史虚无主义与文化虚无主义的错误。今天的中国已不同于历史上的中国，社会的生产方式与交换方式，以及由此产生的社会关系与生活方式都发生了革命性的变化，让今天的乡村去吟唱昨天的民谣，既不合适也不可能。试图通过创立所谓的“新儒学”的方式增强中华民族文化软实力，看起来似乎很美，实际上却不可能，因为“儒学”无论采取什么样的形式，其文化内核如果不变就仍然是儒学。不可否认，以儒学为代表的中国传统文化无疑具有不少的好东西，这些好东西也无疑需要我们以扬弃的态度加以继承与合理的利用，使之成为我们创造和构建社会主义文化新形态的有用资源。但我们也应清醒地认识到，儒学作为一个整体性的文化系统，尤其是这个系统中所蕴含的核心价值观，总体上已不适合今天时代的需要。试图通过回归与复兴儒学的方式来建设一个现代化的文化强国以增强我们的文化软实力的愿望，是难以实现的，这已被自鸦片战争以来的中国近现代史的经验事实证明。

文化是历史的，它应该沿着历史进步的轨迹向前流动。要真正建设一个社会主义现代化的文化强国，可能性的路径只能是以马克思的历史观与文化观为指导，充分尊重文化发展的规律，以扬弃的态度吸取人类的一切优秀文化成果，立足于文化创新，创造出一个既包容人类一切优秀文化成果，同时反映时代实践与社会主义本质要求的社会主义文化新形态。社会主义文化强国建设应反映与服务社会主义发展的需要，这不仅涉及到文化建设的方向问题，更重要的是涉及我们的目标能否达到的问题。因为无论中国古代的传统文化，还是近代西方的资本主义文化，它们反映与代表的是历史的过去，而社会主义文化代表的是历史的未来。人类社会的历史反复证明，没有哪一个民族与国家能够依赖于恢复自己的传统文化实现自己的经济与文化强国之梦，也没有哪一个民族与国家依赖于照抄照搬外来文化而实现自己的经济与文化强国之梦。只有那些勇于实践与创新，反映与代表历史发展必然性与未来方向的民族与国家，才能成为真正的经济强国与文化强国。

是三教并立，还是一学独尊？[*]

一

任何一个民族的历史在其演进的图谱上，既不是一条水平延伸的直线，也不是一条垂直纵深的直线，而是一条螺旋向上的曲线。在这条螺旋上升的曲线上，既有相对平滑的连续性，也有时间上的断点与拐点。历史的发展或演进是一个连续性与间断性相统一的辩证发展过程。这不仅仅是从马克思的历史观中引申出来的结论，更是从历史演进的经验性事实中必然得出的结论。正因为具有连续性与间断性相统一的特征，历史的演进与发展才形成明显的阶段性。这种阶段性既表现在生产方式与交换方式的演进上，也表现在文化的演进与发展上。正是由于历史演进的阶段性特征，人们才有必要也有可能在历史演进的时间坐标上，将一个民族的生产方式与交换方式，以及伴随着生产方式与交换方式演进的民族文化区分成传统的与当代的。然而，什么是传统文化？什么是当代文化？一个民族的传统文化是指在已经逝去的生产方式与交换方式基础上或土壤中生

* 本文原发表于《江汉论坛》2013 年第 12 期。

成的文化，而所谓当代文化是指在当下正在运行的生产方式与交换方式基础上或土壤中生成的文化。如果考虑到文化生成原因的复杂性，更宽泛一点说，传统文化应是指在过去的历史环境与条件下生成的文化，当代文化是指当代的历史环境与条件下生成的文化。当然，那些在历史上曾经存在，但随着历史的发展已经逝去或死亡的文化，它们既不能作为精神财富，也不能作为精神包袱保留在文化的传统中，继续对当代人的精神发生积极或消极的影响，因而是不能称之为传统文化的。

谈到中国的传统文化，人们便会立即想到中国的儒家文化、道家文化、佛教文化，无论是在学界还是民间，在这一点上似乎是有共识的，至少是无大的分歧。应该说人们对中国传统文化的这种指认与共识是不无道理的。其一，儒、道、释三种文化都是从农耕社会的生产方式与交换方式的土壤里生长出来的，其生成与发展一方面是适应于农耕社会生产方式与交换方式的必然，另一方面也是为农耕的生产方式与交换方式服务的。从意识形态的方面看，它们具有鲜明的封建意识形态的性质，较之于20世纪以来传入中国的西方自由主义文化与马克思主义文化来说，无疑具有传统的性质。其二，中国传统文化博大精深、内容丰富、表现复杂，儒、道、释三家尽管并不能涵盖中国传统文化的全部，但较之其他的传统文化而言，由于其生成与流传的历史渊远而流长，其作用与影响巨大且广泛，因而可以将它们视作是中国传统文化的代表符号。然而，儒、道、释三种文化在中国传统文化系统中各自处于什么样的地位？是“三教并立”或“三分天下”、相互竞争，还是有主有从，存在着主导与非主导、支配与被支配的界分？长期以来学术界对此是仁者见仁、智者见智，争讼不已。笔者依据马克思主义的历史观与文化观提供的思路认为，儒、道、释三种文化在中国封建社会两千余年的历史跨度中，虽然长期处于相互竞争的状态，各自有其特殊的信众，其各自的道统与文脉薪火相传，未见中断，但三者之间的关系并不是一种平等并立的关系，唯有儒学与儒家文化才是中国农耕文化与封建文化的主导性、主流性文化，它是中国传统文化的主要代表，因而也是表征中国传统文化的文化符号。自汉武帝采纳董仲舒“罢黜百家、独尊儒术”以降，在中国封建社会的悠久历史中，儒学独尊的地位从未被撼动过，儒学的香火是愈燃愈旺，愈烧愈烈，从未有过哪怕是偶尔的熄灭。

儒学与儒家文化在中国封建社会中的一家独大、一学独尊的地位，以及它作为中国传统文化的主导性、符号性的资格是无需争辩与毋庸置疑的。其一，儒学在中国封建社会两千余年的漫长历史中，始终处于官学的地位。诚然，在儒学初创时其地位并不显赫，只不过是百家争鸣中的一家、百花绽放中的一花。而且由于儒学的初始主旨是以恢复商、周旧制，崇尚等级伦常为己任，这种主张并不符合当时诸侯割据、群雄作乱的时势之需，因而它常常陷入遭遇冷眼、四处碰壁的惨景。但自汉武帝采纳董仲舒“罢黜百家、独尊儒术”的建议之后，儒家在中国封建社会的独尊地位便确立起来。在中国封建社会里，儒学即是官学，官学即是儒学。虽经过多次的朝代更替与无数的治、乱转换，但儒学与官学合流一体的局面，从未受到过威胁与改变。在中国旧式的官学中，以“四书五经”为代表的儒学经典始终是官学的基本教材。而相对于儒学来说，道学与佛学的地位却要逊色得多。历史上，尽管也有过扬道或扬佛的个别朝代，也有过某些信佛或信道的君王，但道学也好，佛学也好，从未有过染指官学，更不用说佛、道代儒。其二，儒学是科举考试的内容，也是科举取士的评价标准。封建时代的官学与科举是封建统治阶级维护其阶级统治、治理社会所实行的两个相互联系、相互支撑、贯通一体的重要举措。办官学的目的是为封建统治培养人才，而科举取士的目的是为封建统治选拔人才，二者最终都是为维护与巩固封建统治服务的。虽然中国封建时代科举取士的通行标准是“学而优则仕”，科场舞弊只是偶尔发生并被法律所禁止的，但由于官学所教与所学的是儒学经典，因而科举取士中，不仅考试的内容是儒学经典，而且其“优”的标准也是依据对儒学思想的理解与发挥加以评价的。在中国封建社会中，统治阶级眼中的“学”，不是科学，也不是道学、佛学或其他之学，而是儒学，因而能够致达仕途的士者，不是道士、佛士，通常是儒生或儒士，道士、佛士或其他饱识之士能够致达仕途的只是偶尔的特例，而不是普遍现象。其三，儒学与儒家文化是封建社会占统治地位的意识形态。在中国封建社会，道教与佛教虽然也拥有各自的信众，但二者从来没有在社会意识形态领域中占据统治地位，占据统治地位的始终是儒学与儒家文化。儒学与儒家文化的社会理想、价值观念、伦理规范不仅贯穿在封建社会的经济生活与政治生活中，也贯穿在社会的道德生活与精神生活中，可以说渗透到人们社会生活的方方面面。儒学与儒家文化既被统治阶级视之为一种“治国、齐家、平天下”的理念，也被视之为一种统治术；既被视之为一种社会规范，也被视之为评价是非曲直与行为善恶的尺度与标准；既被视之为一种文化，也被视之为一种世俗性的宗教与信仰。而道学与佛学很少进入到社会的经济、政治生活中，更鲜见于统治者的治国方略，虽然也有人将佛学与道学视之为一种文化保留在个人的精神生活领域，但更多的人则将其局限在信仰的层面，甚至有不少人信道与信佛是为了求得神灵的保佑，使信道与信佛涂上浓厚的迷信色彩。其四，在儒、道、释三种文化的相互关系中，儒学与儒家文化是一种“普照的光”。不可否认，儒、道、释三家在漫长的历史发展过程中，既存在着相互竞争的一面，也存在着相互作用的一面。但它们的相互作用与相互影响并不能简单地视之为一种三学融合与三教合流的过程。由于儒学与儒家文化得到了国家政权的支持与制度保障的优势，因而，在总体上，儒学对道学与佛学的作用与影响要远大于道、佛之学对儒学的作用与影响。一个强有力的证据是，佛教文化的本土化与中国化的过程，实质上即是佛教文化儒学化的过程。

二

前面申述的主旨在于指认如下一个基本的经验性事实：自汉武帝

"罢黜百家、独尊儒术"以降直至清王朝的倾覆，其间长达两千余年的历史跨度中，儒学与儒家文化是一学独尊的。而这同时也反证着另一个事实：儒学与儒家文化是代表封建统治阶级利益的文化。因为"统治阶级的思想在每一时代都是占统治地位的思想"①。

儒学与儒家文化的一学独尊的统治地位何以能延续如此长久的历史？个中原因无疑是与封建统治阶级政权的支持与制度上的保障分不开的。然而，封建统治阶级为何只对儒学与儒家文化情有独钟？无论是君王的改换，还是朝代的更迭，为什么都从未使儒学与儒家文化的血脉流传有过中断，甚至是那些因农民革命建立起来的朝代，一旦他们建立与确立了自己的统治地位后，便会迅速地由反孔变成尊孔了呢？而同样是在相同土壤中生长出来的道家、墨家以及先秦时代的诸子百家却没有儒学的幸运，不是消失，就是被边缘化了呢？合理的解释与回答只能是历史发展的必然性使然。

文化的生成是有根的，文化的发展是受历史必然性支配的。尽管文化生成的原因很复杂，影响文化发展的因素也多种多样，因而将文化的生成与发展归因于某种唯一性的因素，都是一种片面化与简单化的做法。但是，我们也不能以文化生成与发展的原因的复杂性与多样性为由，否定其生成与发展的必然性与规律性。"根据唯物史观，历史过程中的决定性因素归根到底是现实生活的生产和再生产。"②社会的文化是构成社会历史的一个不可分割的组成部分。不同的社会历史条件，会产生不同的社会文化，一定的社会文化的产生归根到底应从一定社会的生产方式与交换方式的性质上去获得理解与解释。正如世界上不存在着两片相同的树叶一样，世界历史中也不存在两种一模一样的文化，这是因为在文化生成的历史过程中，存在着各种各样的偶然性因素的作用与影响，不可避免地会使文化的外部形态呈现出不同的外部特征。但同

① 《马克思恩格斯文集》第1卷，人民出版社2009年版，第550页。
② 《马克思恩格斯文集》第10卷，人民出版社2009年版，第591页。

时，正如同一种树木的树叶是相似的一样，大致相同的生产方式与交换方式所派生出来的文化也具有相似的性质与特点。在农耕社会的生产方式与交换方式的基础上建立起来的必然是以封建地主为首的生产关系与社会关系，在工业社会的生产方式与交换方式的基础上建立起来的必然是以资本家为首的生产关系与社会关系。“手推磨产生的是封建主的社会、蒸汽磨产生的是工业资本家的社会。”①这既是马克思历史观的理论逻辑，更是社会的历史演进呈现在人们面前的客观事实。而“在贵族统治时期占统治地位的概念是荣誉、忠诚，等等，而在资产阶级统治时期占统治地位的概念则是自由、平等，等等”②。这即是说，不管各个具体的民族国家在其历史演进的过程中，存在着怎样的偶然性差别，但只要是社会的生产方式与交换方式，从而是社会的生产关系与社会关系处在相同的发展阶段上或性质相同的情况下，其核心的文化价值观念必应具有同质性与相似性。

其实，不论儒学与儒家文化在中国封建社会中长期是一学独尊也好，还是中国封建统治阶级对儒学与儒家文化始终不离不弃、厚爱有加也好，都有其历史的必然性。儒学在初创时，其原本的宗旨即是以恢复商、周旧时礼制、遵守社会伦常关系为己任。这种学说在长期的历史演进中逐步发展成为一种以“三纲五常”为核心的重礼治、倡伦常的文化学说，其核心精神是宣扬一种社会等级有序、尊卑界分的理念。而这一理念一方面反映了封建的生产关系与社会关系，另一方面也适应了封建统治阶级维护封建生产关系与封建统治的需要。因此，它才获得了封建统治政权的支持与制度保障的优势，从而也才获得了一学独尊的地位。封建的生产关系与社会关系的本质和特征是等级制，无论是在西方，还是在东方，只要它们处于封建社会的发展阶段上，社会就必然地分裂与划分成不同的等级，概莫能外，这是一种历史的必然性。这种历史的必

---

① 《马克思恩格斯文集》第1卷，人民出版社2009年版，第602页。

② 《马克思恩格斯文集》第1卷，人民出版社2009年版，第552页。

然性无论是在西方，还是在中国都获得了无可争辩的证明。在中国封建社会两千多年的历史跨度中，虽然导致王朝更替的原因，既有地主阶级内部的矛盾，也有完全对立阶级之间的矛盾，但无论是由何种原因与何种形式而导致的政权更替，不可改变与没有改变的事实是重建的政权仍然是一种封建政权。即使是那些以反抗封建统治为目标，打着均贫富的旗帜而取得政权的农民运动的领导人，一旦取得政权后，走的也仍然是一条封王称帝的路径，他们也依然不能改变封建生产关系的性质。在农耕社会生产方式与交换方式的基础上生成的只能是封建等级制的生产关系，在封建等级制生产关系的条件下，占统治地位的必然是反映与适应等级制生产关系需要的文化价值观念，这是马克思的历史观为我们揭示的一条历史发展的必然性逻辑，也是儒学与儒家文化在中国封建社会始终保持一学独尊的深刻原因。

儒学与儒家文化作为中国封建社会占统治地位的主导性的主流文化，在性质上是封建统治阶级的意识形态，这一点是无需争辩与无可争辩的。但需要澄清与追问的是，儒学与儒家文化作为一种封建文化的代表能否成为中华民族的传统文化的文化象征或文化符号？对它的历史地位与作用应给予什么样的历史性与合理性的评价？关于这一问题，人们看到的通常是两种相互对立的认知与态度：一种是否定性的，认为儒学与儒家文化作为封建统治阶级的文化，在本质上是一种吃人的文化，主张应予坚决否定与打倒，"五四"时期的"打倒孔家店"的口号，即是此种观点的典型代表；一种是肯定性的，认为儒学与儒家文化是中华民族的"国粹""瑰宝"，不能丢，丢了将族之无家，国之无魂，当代的新儒家们即是持此种观点的典型代表。其实，站在马克思主义历史观的维度上看，上述两种观点都有片面性，前者难避文化虚无主义的嫌疑，后者难避文化保守主义的嫌疑。以"三纲五常"为核心的儒学与儒家文化，的确是一种适应了封建统治阶级需要和为封建统治阶级服务的文化，但我们并不能因此对其全盘否定。封建的生产关系是以农耕社会的生产方式与交换方式为基础的，在今天来看，封建的生产关系无疑是落伍的，但相对于农耕社会的生产方式与交换方式来说，它不仅是必然的，而且曾经是适应当时生产力的发展水平的，对于促进中国农耕时代文明的发展曾经起过进步作用。中国封建社会虽经历多次的治乱转换而不衰，并形成一个又一个的繁荣高峰，儒学与儒家文化所起的积极作用是不容怀疑的。但另一方面，我们也应清醒地认识到，儒学与儒家文化的历史进步性是相对于它的历史条件而言的，它曾经是进步的与先进的，却并不意味着它永远是进步的与先进的，当我们强调应以历史性的态度去看待儒学与儒家文化时，不仅意味着应该避免文化虚无主义的片面性，同时也意味着应该避免文化保守主义的片面性。当社会的发展已从传统的农耕文明进入到今天的工业文明，从自然经济转变为商品经济时，人们还对儒学与儒家文化恋恋不舍，甚至大谈弘扬与振兴，就有些不合时宜了，难免具有文化保守主义的嫌疑。

三

确认儒学与儒家文化在中国传统文化中的一学独尊的地位，并不意味着否认如下的一个事实：道家文化与佛家文化同样是中国传统文化一个不可分割的组成部分。道教与佛教就其存在形态上看同儒学与儒家文化是有区别的，前者从严格的意义上说具有宗教的性质，后者充其量也只是属于一种准宗教。而且道教与佛教无论是作为宗教，还是作为文化，在中国封建社会的大多数时间里是被封建统治阶级所容许与容忍的，甚至在某些特殊的朝代中，也有得到支持与推广的情况，抑道或抑佛的情况虽然出现过，但不属于封建社会的常态。至于道教与佛教在民间的流传与对普通民众的影响似乎还要更广、更大些，道教与佛教作为宗教，其香火从未真正中断过。尽管如此，我们在分析比较儒、道、释三种文化的相互关系及其在历史上存在的境遇时，还是应该看到如下差异：其一，道学与佛学始终没有获得过接近或超过儒学与儒家文化的地位，即使是在出现“扬道”或“扬佛”的朝代里，道家文化与佛家文化也没有在社会的意识形态领域取得过统治地位，在社会的意识形态领域占据统治地位的始终是儒学与儒家文化。其二，无论是在统治阶级中，还是在底层的民众中，人们在信奉道教与佛教时，与其说是将道学与佛学视作一种文化，不如说视之为一种信仰，且迷信的成分可能更多一些。人们在信道与信佛时，通常是怀着对神灵敬畏的心境，要么是寻求长生不老，要么是寻求升官发财，要么是寻求消灾去祸，功利性的成分比信仰与道德的成分更为明显。总之，道学与佛学对人们生活方式的影响远没有儒学与儒家文化那样广泛与深入。那么，是什么原因使封建统治阶级在赋予儒学与儒家文化一学独尊的地位的同时，又对道学与佛学采取相对宽松的态度并给予相对适度的生存环境呢？又是什么原因使儒、道、释三种文化之间能够长久地维持一种既相互竞争，又相对地相安共处的状态呢？纵观道学与佛学的历史境遇，从一方面看，道、释之学似乎是可叹的，它们在中国封建社会两千多年的历史延续中，始终没有获得过儒学的那种得到官方支持与制度保障的显赫和独尊的地位；从另一方面看，道、释之学似乎又是有幸的，它们毕竟没有像先秦诸学中的许多其他学说一样消失于历史的长河之中，而是幸运地使庙堂的香火长久地闪亮着。这可叹且又有幸的历史之谜应作怎样的阐释才是合理的？

历史现象的存在，自有其原因与理由。我们首先应该承认，三种文化之所以能长期相对和平共处，是有其客观的共同性基础的，这个基础即是农耕社会的土壤与相同的历史条件。三种文化作为精神现象，都是对农耕社会及其发展的历史条件与环境的反映。正因为具有相同的土壤与相同的历史条件，三种文化在长期的相互竞争与共处中产生着千丝万缕的联系。笔者虽然不赞成学界流行的所谓“儒、道、释三教合流”的说法，但也并不否认儒、道、释三种文化在历史演进的过程中存在着相互渗透与相互影响的一面。事实上，儒、道、释三种文化在长期的历史演进过程中都曾不同程度地改变着各自的内容与存在形态。儒学在内容上进行过不断的调整，形成了一些影响很大的新儒学学派，这些新儒学与初始的儒学相比较，发生的变化是明显的，新儒学已不是一种“纯儒”，更大的程度上应视作是一种“杂儒”，这种“杂儒”不仅吸收了中国本土文化中的道家、法家、阴阳家的某些因素，而且还吸收了佛教中的某些因素，这使儒学在表现形态上也渐趋向着宗教化的方向发展，而被人们视之为一种准宗教。佛学作为一种外来的宗教与文化，在中原大地的生根与流传，无疑也受到中华本土文化的影响，这种影响最明显的表现就是：在中国土地上生根与传播的佛教也不具有印度佛教的那种纯佛的性质，同样是一种“杂佛”。中国佛教的这种“杂佛”性质，实际上是佛教中国化的结果与表现。佛教的中国化或本土化既受到道家文化的影响，更受到儒家文化影响，在某种程度上说，佛教的中国化即是佛学的儒学化。佛教文化的渐趋世俗化倾向不能说与受到儒家价值观的影响无关。然而，我们也应看到，儒、道、释作为三种相对独立的文化存在形态，它们在价值取向以及表现形态上还是有着明显差异的。从三种文化的表现形态上看，道、释之学准确地说是一种宗教文化，儒学则是一种世俗性文化，充其量也只能被视之为一种“准宗教”。从三种文化的价值取向上看，儒学作为一种世俗性文化，它强调的是“入世”态度，即是说它比道、释之学更强调世俗社会的治理与对现实生活的关注，儒学与儒家文化所强调的“三纲五常”，基本的价值取向就是要维护一种有序的社会生活秩序，为人们处理相互间的人际关系倡导一种态度与提供一种社会规范。道学与佛学作为一种宗教性文化，在总体上是持“出世”态度，对现实生活的关注远不及对虚幻来生的追求，讲求的是一种个体精神生活的虚灵空净与超凡脱俗。儒、道、释三种文化都有其生成与存在的历史必然性，所不同的是它们各自以不同的方式表达着农耕社会的生产方式与交换方式及其在此基础上生成的生产关系与社会关系的不同需要。儒学与儒家文化本质上是建立在农耕社会的生产方式与交换方式基础上的封建的宗法关系与等级制关系在观念上的表现，而道、释之学作为一种宗教也和其他宗教一样，在本质上不过是农耕社会的“世俗基础的自我分裂和自我矛盾”①在精神文化上的反映与表现。换句话讲，如果说，儒学与儒家文化适应的是封建统治阶级维护封建的宗法与等级制度的需要，那道学与佛学文化则适应的是处在“自我分裂与自我矛盾”中的人们面对分裂与矛盾祈求解脱与超越而不得，转而寻求心灵的虚灵空净以使苦闷的心灵获得精神性的慰藉的需要。“宗教里的苦难既是现实的苦难的表现，又是对这种现实的苦难的抗议。宗教是被压迫生灵的叹息，是无情世界的情感，正像它是无精神活力的制度的精神一样。”②马克思主义经典作家的这一论断是适合于所有宗教的，无疑也是适合于道教与佛教的。宗教存在的根据在于人们的心灵需要“精神抚慰”。当我们澄清了儒、道、释三种文化各自的表现形态、价值取向、存在根据，也就不难解释封建统治阶级在维护着儒学与儒家文化一学独尊的同时，并不反对甚至在一定程度上也扶持道学与佛学的存在与传播的现象，也可以揭示出道学与佛学在历史上的不幸与有幸的历史之谜。农耕社会的生产方式与交换方式必然产生的是封建的宗法关系与等级制关系，而在封建的宗法关系与等级制关系的基础上生成并占统治地位的必然是反映并为它服务的文化价值观念，这是历史演进的必然性逻辑，也是儒学与儒家文化一学独尊的历史根据。道学与佛学之所以始终没有在社会的意识形态领域中占据统治地位，原因很简单，二者在维护封建的宗法关系与等级制关系的作用上较之于儒学的“三纲五常”之说在学理上居于明显的劣势。封建统治阶级之所以并不反对道学与佛学的存在并在一定程度上加以扶持与鼓励，使道学与佛学能在儒学一学独尊的重压下保持其香火的延续，原因也并不复杂，道学与佛学的存在不但有其自身的基础与土壤，而且它的存在对于封建统治阶级来说也具有两面性，一方面它是对“现实的苦难的抗议”，另

① 《马克思恩格斯文集》第 1 卷，人民出版社 2009 年版，第 500 页。

② 《马克思恩格斯文集》第 1 卷，人民出版社 2009 年版，第 4 页。

一方面它又是“人民的鸦片”，有麻醉人民精神的作用。而将人们对世俗世界苦难的关注与不满引向对虚幻的来生世界或天国的向往，对维护封建的宗法关系与等级制关系是有利的[①]。

① 袁刚:《论隋唐政府的宗教事务管理》，《贵州社会科学》2013 年第 1 期。

我看儒学和“新儒学”*

一

儒学是以孔子思想为源头、为基础、为基因而形成、存活、传承的一种学说。儒者，读书人也。孔学冠以儒学的称谓，大概是由于孔子本人是读书人与教书人，孔学的信徒大多是以儒生自居的知识分子的缘故。儒学发端时，主张既简单又明了，主张礼治，强调传统的伦常关系，目的在于恢复商周的伦常旧制秩序。儒学初生时，其地位并不显赫，原本不过是诸子百家中的一个流派，充其量也不过是百雄中的一雄。但自汉武帝采纳董仲舒“罢黜百家，独尊儒术”的建议之后，百家变成了一家，百学变成了一学。自汉武帝以降的近两千年的中国封建社会，尽管其间经历了多次朝代更迭，甚至是外族政权入主中原，但儒学的香火不仅未曾中断，反而其地位逾变逾尊，势力逾变逾大，影响逾变逾深。这些变化，使得人们对儒学的看法与诠释有了“我注六经”的空间，在不同人群的视野里，儒学的色调不再是单一的，而是多彩的。有人视儒学为伦常之道，有

* 本文原发表于《江海学刊》2011年第6期。

人视儒学为治国之术；有人视儒学为文化，有人视儒学为政治；有人视儒学为封建统治阶级的意识形态，有人视儒学为一种世俗性的准宗教。人们对儒学的态度是有褒有贬，有爱有恨。面对儒学，不同的人有不同的诠释，不同的人有不同的态度与立场。儒学经过两千多年的发展嬗变，已不再是一种一般性的学术思想，它关涉着中国封建社会的方方面面，本身就是一个复杂的多面体。

儒学的历史源远流长，思想博大精深，人们在解读与评价时产生歧义是难免的，也是正常的。无论人们对儒学的解读与评价有多大的分歧，有一点似乎是人们普遍认同与确证的，即儒学作为中国封建社会的主流与主导性文化，具有代表中国传统文化的符号性与标识性特征。诚然，在儒学诞生时，它只是百学中的一学，百家中的一家，但自汉武帝之后，除墨、道、法、儒几家之外，百家中的绝大多数几乎都从普通民众的视野里消失了，至多只是保留在某些文化典籍中，或被少数研究相关领域的学者们偶尔提及，但在社会生活领域中的影响与作用近乎消失。在汉、唐至明、清的历史跨度中，墨、道、法几家学派仍保留着，并在民间有一定的传播，同时也有一些外族与外域文化汇入华夏文化，并对华夏文化有过较大的影响——其中尤以印度的佛教传入的影响最为突出与明显，但就其总体而言，本人以为中国文化流传的主脉始终是以儒学为代表的儒家文化，历史上并未存在过儒、佛、道三分天下的格局。自汉武帝之后的两千多年的历史中，有过扬儒抑道的情况，也有过扬儒抑佛甚至是灭佛的情况，却从没有出现过扬道、扬佛而抑儒的情况。儒学在一定程度与某些层面受到过道与释的影响，但在更大的程度上道与释是受到儒学的影响而存活与落地生根的。佛学中国化的过程，实质上就是一个儒学化的过程。儒家文化作为中国封建社会的主流文化，是中国传统文化的“普照之光”。在中国漫长的封建社会里，儒学经典文献始终是官办学堂中的教材，是科举考试的主要内容与评判标准；儒家的政治理念始终是统治阶级安邦治国的指导蓝本；儒家的伦理思想与价值体系一直是调节人们社会生活、约束人们行为举止的道德规范：儒学中的“礼”“仁”等核心信条，既是评价人们行为善恶的重要尺度，也是衡量是非曲直的基本坐标。

在汉、唐至明、清的两千多年的中国历史中，儒学虽经多次改朝换代与政权更迭，却其尊不改，虽经多次外族与外域文化的冲击，却其势不衰。那么，儒学何以能维持其一学独尊的地位呢？有人认为，儒学的独尊在于它获得了体制保障上的优势，这话也许有些道理。但这样的解读与阐释难说深刻。儒学何以能获得体制上的长久保障的优势？道、释之学偶尔获得的体制保障优势为何不能长久的保持？这显然是需要进一步回答的问题。笔者认为，要解答儒学何以成为一学独尊的“国学”之谜，应从中国封建社会的本质以及决定其本质的生产方式与交换方式的性质中去寻求答案。儒学独尊的历史起于汉，止于清，恰好与中国封建社会历史的主要时段重合或一致。二者之间的这种重合或一致，不能视之为一种偶然性的历史巧合，而是有着内在的必然联系。儒家文化的独尊地位离不开封建统治阶级的支持，封建统治阶级之所以赋予儒学一学独尊的地位，决定性的原因在于儒学所主张的“君君、臣臣、父父、子子”等一套重礼制、尊伦常的等级制的文化价值观念，是为建立在农耕社会生产方式与交换方式基础上的封建等级制的经济关系与政治关系所需要的。这是儒家文化与农耕社会相互关系的一个方面。另一方面，儒学也只有在适合农耕社会的生产方式与交换方式从而适合封建社会生产关系与交换关系需要的前提与基础上才能获得支持与发展。这是儒学成为“国学”，成为一学独尊的最深刻的基础与原因，因为“统治阶级的思想在每一时代都是占统治地位的思想”①。

对于儒学与儒家文化，我们不能诉诸历史虚无主义与文化虚无主义的态度进行全盘否定，而应进行历史主义的冷静分析并给予公允评价。第一，人们应给予儒学与儒家文化以应有的尊重。任何文化都不是无根的，文化是实践的产物，也是对实践的反映。儒学与儒家文化在本

① 《马克思恩格斯文集》第1卷，人民出版社2009年版，第550页。

质上是对中国农耕社会的生产实践与交往实践的反映与表达，是中国农耕文明的精神内核。尊重儒学与儒家文化内蕴着对中华民族实践历史的尊重。第二，对儒学与儒家文化在中华民族历史上的巨大贡献应给予符合实际的充分肯认。儒学与儒家文化作为中国封建社会的正统文化，由于它重礼治，尊伦常，为封建等级制度服务，因而确有“五四”时期的思想家们所宣称的“吃人”的一面，但它在促进中华民族的融合与统一，维系中华民族的历史传承，推动中国农业文明的发展方面却又功不可没。一个不争的事实是，世界上没有哪一个民族在农耕社会发展阶段上所达到的辉煌成就能与中华民族比肩，也没有哪一个民族能像中华民族一样，分后能合，乱后能治。第三，对于儒学与儒家文化，人们不能单纯用今天的眼光与价值尺度来看待与度量，而应用历史的眼光与尺度去审视与评判。站在今天的时代高度去看儒学与儒家文化，它确实是落伍、不合时宜的，但相对于儒学与儒家文化生成与存在的历史时代来说，则是符合历史必然性的，也是具有先进性与进步性的。

二

儒学与儒家文化作为中国传统文化的代表，其一学独尊的根基在于中国古老的农耕生产方式与交换方式以及与这种生产方式与交换方式相适应的封建制度，一旦它的根基发生了动摇与崩溃，儒学的独尊便不再可能了。儒学的兴盛与没落循着相同的轨迹，这是历史的必然。

在儒学与儒家文化历史式微的轨迹中，有几个历史性的节点具有标志性的意义。一是鸦片战争。这场战争是西方帝国主义向古老的中国发动的第一场侵略性的殖民战争，战争的失败一方面给中国人民带来了深重的灾难；但另一方面，也暴露了中国封建的生产方式与交换方式的腐朽与落伍，加深了封建统治的内在危机，动摇了人们对儒学与儒家文化的信念与信心。二是辛亥革命与清王朝的土崩瓦解。辛亥革命是一次具有伟大历史性意义的革命，它给予清王朝这条在大海中风雨飘摇的破船以致命一击，它终结的不仅仅是一个王朝，更是一种社会形态。伴随着清王朝瓦解的是封建官学的关闭、八股文章的废除、科举制度的取消。官学、八股、科举的取消与废除对儒学与儒家文化的打击无疑是巨大的，它意味着儒学一学独尊的制度保障下的优势地位的丧失。三是“五四”新文化运动。20世纪初的这场运动虽然主要是以当时的青年学生与先进的知识分子为主体所发动的，但它的影响并不限于这个狭小的群体。“五四”对当时的中国来说蕴涵着多重的价值倾向，它是一场反帝反封建的运动，是一场思想启蒙运动，也是一场新文化运动。关于“五四”新文化运动的评价，近年来产生了一些争论与分歧，出现了否定“五四”新文化运动的倾向。本人认为，站在今天的历史高度，“五四”运动先辈们的观点确有过激与过正之嫌，但它的基本方向应予肯定，它对20世纪中国社会历史的影响总体上是积极的。“五四”作为一种思想启蒙与解放运动，文化方面的积极意义在于破除了人们对传统儒学与儒家文化的崇拜与迷信，彻底改变了儒学一学独尊的局面，开启了儒学、自由主义与马克思主义相互竞争的新篇章。四是新中国的诞生。这是一个改变中国历史发展方向的大事件，也是一个改变中国文化发展方向的大事件。这个伟大的历史事件对以儒家文化为代表的传统文化的打击是伤筋动骨的。如果说辛亥革命推翻的是封建制度的政治统治，从而结束了儒学与儒家文化在制度层面的优势地位；那么新中国的诞生，则由于彻底废除了封建土地所有制的生产关系，从而动摇了儒学赖以生存的根基。五是20世纪80年代以来的改革开放与社会主义市场经济体制的建立与发展。改革开放与社会主义市场经济体制的建立与发展是一场深刻的革命性变革，它对中国社会的影响不仅是巨大的，而且是全面的。它改变了中国社会的生产方式与交换方式，从而也改变了人们的生活方式；它导致了社会结构的转型，也促进了社会文化结构的转型，使中国社会由传统的农业文明迅速进入到现代工业文明的发展轨道。这是一次更加深刻与广泛的思想解放，如果说“五四”新文化运动是一次思想解放运动，它影响的是中国社会中的精英阶层，市场经济对人的思想解放则影响的是绝大多数人，包括普通民众。

从上述中国近现代史的粗线条的描述中，我们似乎可以得出如下结论：鸦片战争以降的中国社会的历史，是一部从农业文明逐渐走向工业文明的历史，是中华民族从苏醒到站立再到崛起的历史，也是儒学与儒家文化从一学独尊到渐趋式微与夕阳西下的历史。

当然，儒学与儒家文化的衰落与式微并不是直线式的，而是有着曲折、反复的复杂过程。鸦片战争后的西风东进，西学东渐，引出了“西学”与“中学”之间的“体、用”之争与张之洞的“中学为体，西学为用”的以退为守的主张。辛亥革命与清王朝覆灭之后，上演过袁世凯复辟称帝，号令天下“尊孔读经”“祀孔祭孔”，恢复封建文化专制的闹剧。20 世纪 30 年代出笼了蒋介石的所谓“新生活运动”与陈立夫的“文化建设纲领”。一个主张要恢复和弘扬“中国固有道德”，用“礼义廉耻”“忠孝仁爱信义和平”等所谓的“四维”“八纲”去规范人们的言行，建设一种实质为旧却美曰为新的“新生活”；一个则呼应蒋氏的所谓“新生活运动”的精神，力倡建设中国的“本位文化”。20 世纪下半叶以后，随着生产方式与生产关系的改变，随着马克思主义在中国的国家意识形态领域主导地位的确立，儒学与儒家文化在社会的经济生活与政治生活的双重环境的重压下，反弹的力道相对较弱。然而，相对平静的湖面偶尔也会卷起几朵怀旧的浪花，这便是 20 世纪的“新儒学”以及时下的“国学”热。倘若我们对 19 世纪后半期以降的儒学与儒家文化运行的轨迹与历史大势做一个基本的评判的话，似乎可以说：儒学与儒家文化告别农耕社会的历史愈远，其影响力愈弱，即使是偶现所谓的“复兴”，那也不过是有如夕阳西下时的彩虹，人之将死前的“回光返照”。

对于 20 世纪的“新儒学”以及时下的“国学”热，我们也许能借用马克思在其名著《路易·波拿巴的雾月十八日》中讥讽路易·波拿巴的话来作比喻：“黑格尔在某个地方说过，一切伟大的世界历史事变和人物，可以说都出现两次，他忘记补充一点：第一次是作为伟大的悲剧出现，第二次是作为卑劣的笑剧出现。”[①]20世纪的“新儒学”与时下正热炒的“国学”，作为儒学与儒家文化即将走进历史的一次谢幕演出，的确具有笑剧的色彩与性质。

其实，在儒学发展史上，“新儒学”并不是新名词，儒学在其历史上并不是一成不变的，也曾有过从内容到形态不断改变的历史记录。无论是汉唐的经学、宋明的理学，还是乾嘉的汉学，甚至是张之洞的“中学为体，西学为用”之说，相对于儒学元典的孔孟之学来说，都可视之为一种儒学增变史上的“新儒学”。从这种意义上看,20世纪以来的“新儒学”只不过是儒学嬗变史上的众多“新儒学”学派中的一种。无论是历史上的“新儒学”，还是当代的“新儒学”，其母体都是“孔孟”的儒学。任何一种形式的“新儒学”只要与其母体之间保留着一根连接的脐带，在本质上就仍然是一种儒学。当代“新儒学”实质是将儒家文化的陈年老酒装进一只现代性的新瓶子，变化了的是儒学的包装，不变的是儒学老酒的味道。

三

公正地讲，20世纪的“新儒学”家们大多数不是平庸之辈，他们对中国传统的儒家文化确有精深的研究与学养，其中有些人还兼有西学与中学双重的学术背景，可称得上是学贯中西。这些“新儒学”家们也不是前朝的遗老遗少，更不是投机取巧的政客，他们对中国传统文化的迷恋与固守并不带自己的私利。从一定意义上看，他们比普通的中国人有着更为深沉的忧患意识，更为强烈的使命感与责任感。然而，在笔者看来，“新儒学”家们所持的历史观与文化观是错误的，因而对他们的历史性演出应给予否定性评价。

---

① 《马克思恩格斯文集》第2卷，人民出版社2009年版，第470页。

首先，20世纪的“新儒学”具有不争的文化保守主义性质。对待“新儒学”，我们不应只以一种单纯的学术眼光去审视，20世纪的“新儒学”既是一种学术，更是一种文化思潮。“新儒学”作为一种文化思潮，它的产生绝不是偶然的历史现象，而是有其深刻的时代原因。20世纪中国的“新儒学”既是中西文化碰撞冲突的产物，也是“新儒学”家们面对西风东吹、西学东渐的现实所做出的一种现实性价值判断与理性选择。对于20世纪的“新儒学”家们来说，他们所面对的一方面是人们对传统儒学与儒家文化怀疑的加深与信心的丧失，“五四”新文化运动后，传统的儒学与儒家文化就总的趋势而言是式微与衰落的；另一方面，随着国门的洞开，西方资本主义的自由主义思潮与马克思主义学说的传入，使西学与中学之间的矛盾与冲突更加尖锐与激烈。所谓“新儒学”实际上是“新儒学”家们面对这样的历史条件与环境所做出的一种选择与应对。诚然，“新儒学”家们面对西风与西学的冲击，既不像“五四”时期的新文化运动的倡导者们那样，对传统的儒家文化采取极端否定的态度，对西学表现出狂热的崇拜，也不像极端顽固的文化守旧主义者那样，对西学采取完全拒斥的态度，而是走了一条相对折中与中庸的路线，试图以现代西方学术为参照系，对传统的儒家文化进行重新诠释，并吸取西学的某些因素，实现西学与儒学的某种通达与整合，以达到儒学的与时俱进和起死回生。从现象上看，“新儒学”在对待中国传统文化与西方文化的关系上，给予人们的似乎是一种温和、理性，既不走极端又不失进步的印象。然而，就其实质上看，“新儒学”的文化保守主义性质是不容置疑的。“新儒学”对待中国传统儒家文化所取的不是一条革命性的路线，而是一条改良主义的路线，其基本的出发点是要通过对传统文化进行改良与重新包装，使日趋式微的儒学起死回生，并以儒学的改良去对抗、抵御来势汹汹的西方资本主义思想，尤其是马克思主义对中国传统文化的来袭与冲击。然而，“新儒学”仍然是儒学，充其量只是一种穿上了新外套的儒学，只要儒学所固有的基本要义与基本文化价值取向不变，“新儒学”所改变的就只能是儒学的外表或包装，儒学的本体是不会改变的。

其次，20世纪的“新儒学”具有明显的反现代化色彩。对待“新儒学”性质的判断与定位，我们不能诉诸抽象的学术思辨，而应将它置于20世纪中国社会的历史现实中，进行马克思主义历史观与文化观的科学审视与分析。20世纪是中国农耕社会的生产方式与交换方式逐渐瓦解的世纪，是封建的生产关系与政治统治崩溃与结束的世纪，也是中国从传统的农业文明向现代工业文明逐步转型的世纪。在这一世纪，虽然中国社会在总体上仍属于农业文明的性质，现代化的工业还刚刚起步，与工业现代化相适应的市场经济的生产方式与交换方式还没有形成与发展起来；但就其基本的历史发展趋势而言，一是传统的农耕社会生产方式与交换方式逐渐崩溃与瓦解的趋势具有不可逆性，一是走向现代化与工业化的发展方向具有不可逆性。那么，面对工业现代化的浪潮，我们究竟应建设一种什么样的文化以适应中国社会的变革与转型？

“五四”新文化运动的倡导者们，喊出了“打倒孔家店”的口号，主张向“德先生”与“赛先生”学习，走的是一条克隆与舶来的路，“新儒学”则是以西方文化不适合中国的历史与文化传统为由，主张对儒学与儒家文化进行新的诠释与改造，使传统的儒家文化适应现代化的需要，并为现代文明服务，走的是一条在固守传统文化的基础上达到儒学复兴的路。应该承认，“五四”新文化运动的倡导者或后来被人们称之为“西化论”者的观点，确有历史与文化虚无主义的倾向，不顾传统与现实的差异性照抄照搬的拿来主义的做法也不可取，这些都是值得反思的。但“新儒学”家们的文化主张与所走的路径则更是一条走不通的死路。深刻的原因在于，农耕文明与工业文明是两种不同性质的文明，农耕社会的生产方式与交换方式同商品经济的生产方式与交换方式也属于不同性质的生产方式与交换方式，不同的文明具有不同的文化内核，不同的生产方式与交换方式要求有不同的文化价值规范。试图在传统的农业文明与现代的工业文明之间架设一座由此达彼的“连续性的桥”，使农耕文化与工业文化之间达致没有冲突的圆融与契合，愿望是好的，实践上却是行不通的。“意识在任何时候都只能是被意识到了的存在，而人们的存在就是他们的现实生活过程。”①以“孔孟”之学为根发展起来的儒学与儒家文化在本质上是对传统农耕社会的生产方式与交换方式，以及以这种生产方式与交换方式为基础的生活方式的反映，儒学与儒家文化赖以生存的土壤是农耕社会，一旦它生存的土壤被铲除了，它的枯萎也就是必然的了。正如“在贵族统治时期占统治地位的概念是荣誉、忠诚……”一样，“在资产阶级统治时期占统治地位的概念则是自由、平等……”②不管“新儒学”家们用什么样的手法对传统儒学进行现代性的诠释，他们无论如何也难从传统儒学与儒家文化所坚持的“君君、臣臣、父父、子子”的等级制核心观念中寻找到现代性的“自由、平等”等适合市场经济的生产方式与交换方式所需要的现代价值观念；也不论“新儒学”对传统儒学与儒家文化进行怎样的改良，都不可能从儒学与儒家文化的思想体系中引申出现代意义上的民主与科学精神。因此，20世纪的“新儒学”家们试图通过改良传统儒家文化的方式去对抗现代西方资本主义的文化思潮与马克思主义，并以“新儒学”为基础去完成中国社会的现代化转型的设想，在思维的理路上是悖逆历史发展的客观逻辑的。不管“新儒学”家们的出发点与动机如何，其实际效果必然会阻碍现代化的发展进程。

再次，20世纪的“新儒学”还具有浓厚的文化浪漫主义气息。这是因为，“新儒学”试图通过对传统儒学进行改良与重新包装，来实现传统儒学的起死回生，实现所谓中华民族精神家园的重建，这不仅在理论上是天真的，在实践上则更是浪漫的。不错，传统的儒学与儒家文化作为中华民族历史实践的反映，曾经是中华民族的精神家园，但那是我们祖先的精神家园，不是当代人的精神家园。换句话说，那是中华民族精神的历史家园，不应是中华民族现实的精神家园。对祖先的精神家园，

① 《马克思恩格斯文集》第1卷，人民出版社2009年版，第525页。

② 《马克思恩格斯文集》第1卷，人民出版社2009年版，第552页。

作为一种历史，也许会长久地保留在我们的记忆中，但要让当代人的灵魂重新再回到祖先灵魂安歇的地方则是不可能的。这就如同我们怀念自己的父辈，却不愿再过父辈一样的生活；我们怀念自己的童年生活，却不愿也不可能再使自己变成儿童；我们住进了现代化的楼房，对祖先的草屋瓦房仍保留一份留恋，却不愿再搬回到草屋一样。当人们接受与习惯了自由平等、民主科学的价值观念，很难再接受尊卑有序、等级森严的观念了。人的灵魂需要安顿的场所，人的精神需要舒适的家园，精神家园在毁损破坏后是需要重建的，但重建后的精神家园应该是适合当代人生活的新家园，而不是对祖先居住过的家园的修补，甚至是重新搬回到千疮百孔、摇摇欲倒的祖屋。

当然，现代化的工业文明并非都是美的与善的，工业文明作为人类文明发展阶梯上的一个阶段也有它的局限性和问题，同样以工业文明为基础而建立起来的资本主义制度和形成的当代西方自由主义文化也具有两面性，既有进步的、积极的一面，也有消极的、卑劣的一面。但相对于农业文明而言，现代工业文明在总体上是进步与先进的；相对于封建制度与封建文化而言，资本主义制度与资本主义文化在总体上是具有进步性与先进性的。对工业文明与工业文化的消极方面与局限性无疑应采取批判与扬弃的态度。绝对的肯定与绝对的否定都是一种非历史的、非辩证的历史观与文化观。但问题的关键在于：不是对资本主义文化要不要进行批判与扬弃，而是如何批判与扬弃，是站在什么样的立场，使用什么样的武器进行批判与扬弃。并不是任何形式的批判与反思都具有积极性和肯定性的价值，只有站在正确的立场上，运用科学思想的批判与反思才具有积极性与肯定性。对资本主义制度及与之相适应的文化的批判与反思，可以是基于资本主义立场进行的，也可以是基于封建主义立场进行的，还可以是基于马克思主义立场进行的，不同的立场表达的是不同的价值取向，因而应给予不同的评价。资产阶级对资本主义制度与资本主义文化的反思与批判，目的是为了完善资本主义制度与资本主义文化，从而实现资本主义制度与资本主义文化长久的统治与主导。封建主义对资本主义制度与资本主义文化的反思与批判，目的是想开历史的倒车，复辟封建制度与封建文化的统治。马克思主义对资本主义制度与资本主义文化的反思与批判，目的是要扬弃与改造资本主义制度与资本主义文化，创造出一个更加进步与先进的社会制度与社会文化。因此，在对待资本主义制度与资本主义文化的问题上，我们的思维与眼光既不能是保守主义的，也不能是向后看的复古主义与怀旧主义的，而应是向前看的马克思主义的。唯有站在马克思主义的立场上，以马克思主义的历史观与文化观为指导，才能从根本上克服资本主义制度及其文化的历史局限性与存在的问题。那种试图以传统文化去克服资本主义制度及其文化的局限性与问题的立场与思路，是一种向后看的、开历史倒车的行为。

百年中国主流文化辩*

一

2019年适逢五四运动100周年，一个世纪的时间跨度，三到四代人的经历，说长不算长，说短不算短，作为一个历史性的事件，它无疑是渐渐地离我们远去，但“五四”的影响使人们感觉到它离我们仍然很近很近。近几年来，有关“五四”的历史研究、评价、反思、重估的热度不降反升，关注持续不断，这便是“五四”没有远离我们的重要证据。“五四”作为中国现代史的开端，它无疑是20世纪中国历史进程中所有重要时间节点中的最重要的时间节点之一，它不仅对20世纪中国历史的影响是巨大与深远的，而且它的意义是多重的。“五四”既是一场青年学生的爱国运动，也是一场反帝反封建的革命运动，同时也是一场文化革新与思想启蒙的新文化运动。不可否认，随着时间的流逝，“五四”的历史意义有些已渐渐地淡出了人们的视野，唯有起始于“五四”的新文化运动，仍是人们关注的焦点。为何“五四”新文化运动在经历了一个世

* 本文原发表于《华中师范大学学报（人文社会科学版）》2017年第7期。

纪的时间跨度后，仍没能消解掉人们对它的兴趣与魅力呢？一个合理性的解释可能是，“五四”新文化运动的精神仍然存活着，并在继续影响着当下中国的文化发展。因为一个已丧失了现实意义与时代价值的纯粹属于历史记忆的话题，是难以重新点燃人们对它的热情的。正如欧洲文艺复兴时期，人们对古代希腊、罗马时代的文化艺术的关注并不仅仅是表达对古代希腊、罗马时代文化艺术的迷恋，真实的意图与目的在于打着文艺复兴的旗号，表达着对封建文化与基督教神学的抗议与对新的文化精神的向往。时下，人们关于“五四”新文化运动的回望与反思、讨论与争辩、肯定与否定，当然不仅关涉的是“五四”新文化运动本身的历史定位与是非曲直，更大程度上关注的是当下中国文化发展的方向与路径。“五四”新文化运动是一场文化革新运动，在这一点上人们是有共识的，无论是对“五四”运动持肯定倾向，还是持否定倾向的都没有原则性的分歧，不同地方在于：二者对“五四”新文化运动有着不同甚至是对立的评价。对“五四”新文化运动持基本否定态度的人们认为，“五四”新文化运动有着极其浓厚的与严重的历史与文化虚无倾向，对中国传统文化有着不可忽视的颠覆与破坏作用，造成了中华民族文化血脉的断裂与精神家园的损毁。对“五四”新文化运动持肯定态度的人们则认为，“五四”新文化运动既是一场文化革新运动，也是一场文化启蒙与解放运动，“五四”新文化运动的方向是正确的。但即使对“五四”新文化运动持肯定态度的人们也认为，“五四”新文化运动的方向虽然是正确的，但它在20世纪中国文化发展的过程中并未成为主流文化。① 这是一个很有趣的现象，一个否定了“五四”新文化运动的方向，却从否定中肯定了“五四”新文化运动的历史影响，一个肯定了“五四”新文化运动的方向，但在肯定中又否定了“五四”新文化运动的历史作用。笔者认为，“五四”新文化运动不仅方向正确，而且对20世纪中国文化乃至历史发展的影响是巨大而深远的，在20世纪中国文化发展的趋势

① 《光明日报》2016年1月13日。

与潮流中，其主流性的地位应是不争的。

“五四”的文化革新是一场新文化运动，在这一点上，人们是有共识的，至少是争议不大的，无论是对“五四”所兴起的文化运动持肯定态度的，还是持否定态度的，二者皆源于一个“新”字，不同的只是在于各自对新文化之新采取了不同的立场与态度。那么，何谓新文化？新文化之“新”新在哪里？新文化是相对于旧文化而言的，因此，只有说清楚了旧文化，才能说清楚新文化。所谓旧文化，即是指中国固有的传统文化。一种文化的传统通常由两个方面构成，一是文化的表达方式，二是文化的内容，即文化的精神、价值观念。“五四”新文化运动作为一种文化革新运动，它的矛头或革新的对象，既指向中国传统文化的表达方式，更指向中国传统文化的精神与价值观念。就文化的表达方式而言，“五四”新文化运动反对的主要是科举中的八股文和文化表达与语言传递中的以“之、乎、者、也”为特征的文言文。就文化内容而言，“五四”新文化运动的矛头主要指向的是以孔、孟之道与程、朱理学为代表的儒学与儒家文化，其深刻的原因在于儒学与儒家文化不仅构成中国传统文化的主干与处于一学独尊的地位，而且在一定的意义上可以说儒学与儒家文化是代表中国传统文化的符号。而儒学与儒家文化的基本内容与价值观念取向的核心是以“三纲五常”为代表的宗法制度与礼教。“五四”新文化之“新”是因其所批判与革新的旧文化而得名的，所谓新文化之“新”也表现在两个方面，其一，表现在文化表达方式的革新与创新方面。“五四”新文化运动在文化表达形式上的革新与创新主要表现在提倡以白话文取代八股文与文言文。其二，在文化内容的革新上，既表现在破旧上，将文化批判的矛头与对象主要指向了儒学与儒家文化，提出了“打倒孔家店”的口号，对儒学与儒家文化的核心内容即礼教进行了彻底的否定；更表现在内容的立新上，“五四”新文化运动彻底抛弃了“中学为本，西学为用”“师夷长技以制夷”的文化改良主义思维理念，开启了文化开放、向西方文化学习的新时期。尽管“五四”新文化运动参与者的成分比较复杂，存在着多种不同文化价值取向之间的差异与竞争，其中有的属于西方自由派，有的属于温和派，还有集聚在《新青年》旗下的马克思主义派，但尽管如此，有一点却是鲜明与无疑的，即代表"五四"新文化的文化符号是清楚鲜明的。"五四"新文化运动的先驱者们尽管由于成分较为复杂，且受到时代的局限，犯有这样那样的错误，有些在思想方法与路径上还陷入了极端与完全不可取的片面。如对中国传统文化诉诸极端的历史虚无主义与文化虚无主义态度与做法；对西方近代以来的自由主义文化观念缺乏应有的分析与辨识，有着盲目崇拜的嫌疑。这些对20世纪中国文化的发展或多或少都产生过消极负面的影响，并且成为一个世纪中以儒学与"新儒学"为代表的旧文化反思与反攻新文化的理论根据与借口。尽管如此，"五四"新文化运动所产生的两个主要方面的成果是不容否定的：一方面，它为中国人民请来了所谓的"德先生"与"赛先生"，将民主与科学的精神与理念传入了中国；另一方面，它开始了马克思主义在中国传播的历史进程。

二

如果说在新文化运动以来的近百年文化发展过程中，占据主流文化或主导性地位的文化不是新文化，那么是什么文化？是仍旧以儒学与儒家文化为代表的中国传统文化或旧文化？抑或既不是新文化，也不是旧文化，甚至是没有主流文化的无序与混沌的杂乱性发展？如果说，"五四"新文化运动仍没有改变中国文化发展的固有轨迹，中国近百年的文化发展仍然表现为传统文化的顽强延伸，那又何有亦如一些对"五四"新文化运动的持否定态度的人们所说的新文化运动颠覆了中国传统文化，导致了中华民族文化血脉的断裂之说呢？今天不少人大声疾呼的复兴"国学"，振兴中国传统文化又有何意义呢？"五四"新文化运动在现代中国的文化发展史上，如果仅仅是一朵奔腾的文化之河中的小小浪花，或仅仅是流入文化之河中的一条小溪，时下的中国，对新文化运动的是非曲直、历史功过的反思、重估又何必如此的激烈与热闹非凡呢？也不能认为，以“五四”为开端的现代中国文化发展史是一页没有主流或主导性文化，仅是各种文化力量无序竞争的历史。这是有悖文化发展规律的。文化的存在与发展是有规律的。文化不仅有其存在的形式，更重要的是文化通常表达的是社会的一种思想与精神、一种价值取向，因而文化不能仅仅视作是一种知识，同时它也是社会的一种意识形态。任何社会的意识形态都不可能是单一的，但在多种意识形态的竞争中，必有一种是居于主流或主导性地位的思想或意识形态。“统治阶级的思想在每一个时代都是占统治地位的思想。”①

判断与评价一种文化在社会中是居于主导或主流地位，还是居于非主流地位或从属性的地位，不能只看现象，而应看实质，要把握文化发展与影响的实质，应将文化的存在与发展和社会的发展状态与发展要求联系起来，不能仅看它被多少人爱，更要看它被什么人与什么阶级接受，而接受这种文化的人们与阶级在社会中处于什么样的地位与发挥什么样的历史作用。因为文化是历史的，也是时代的，因此，把握文化发展与所起的历史作用应该和社会与时代的发展与要求结合起来进行分析与辨识，尤其是应结合一种文化对社会进步所起的推动作用进行评价。“五四”新文化运动所形成的有别于中国传统文化，即与旧文化或儒学与儒家文化为代表的旧文化不同的新文化，究竟是不是中国近百年来的主流文化或主导性文化？我们不妨从上面所述的维度进行概括性的分析。首先，从文化的表达形式上看，“五四”新文化运动倡导的文化革新运动的一个标志性成果是以白话文的形式取代中国传统的“之、乎、者、也”为特征的文言文表达方式。“五四”新文化运动以前，占据中国文化表达形式主导地位的是文言文的表达方式，现代意义上的白话文的表达方式不能说没有，但绝对不占主导地位，只是出现在某些小说类

① 《马克思恩格斯文集》第1卷，人民出版社2009年版，第550页。

的文学作品中。中国传统的文言文表达方式虽然具有文字洗练、言简意赅的特点，并给人以一种韵律的美感，但文言文的缺陷也是明显的。它过于强调文字的简练与文字表达的韵律，形式化的特征极为明显，具有贵族化的风格。文言文的表达方式虽然受到文化贵族们的喜爱，却不易为普遍的民众所掌握与接受，很难在普通民众日常生活中使用，不利于普通民众思想情感的自由表达。“五四”新文化运动的思想家们之所以主张以白话文取代传统的文言文的一个重要理由是，文言文不利于科学技术思想与观念的表达，因而不利于科学技术理论的传播与科学技术的发展。“五四”新文化运动在文化表达方式方面所带来的另一项重要成果是由简化字取代繁体字。虽然汉字的简化革新不是“五四”新文化运动的直接产物或成果，具体地说它应属于新中国诞生以后才实现的，但它与“五四”新文化运动之间具有不可否认的思想上的渊源，至少它应表现为“五四”新文化运动的间接性成果。不要小看汉字简化革新的意义，它有利于文化的普及与汉语言的国际化，有利于汉字的接受与书写效率的提高，尤其是简化汉字，对互联网应用的优势是极其明显的。以白话文与简化汉字等为代表的新的文化表达方式在现代中国的文化与教育中、文化传播与日常生活中占据着绝对性的主流地位，这应是无可争辩的历史事实，而且这种趋势随着以互联网为代表的现代科技的发展具有不可逆转的性质。近些年来，尽管偶尔也有一些有关白话文与简化字等新的文化表达形式的争论与非议，但这些争论与非议有如夜空中的流星，也就是一闪而过。不论文化恋旧主义者如何留恋文言文与繁体字等旧的文化表达方式，对于绝大多数人来说，人们已经回不去了，要让人们重新使用文言文与繁体字的表达方式，就有如劝导人们放弃计算机去使用算盘、放弃楼房返回到草房与山洞一样的困难或不可能。

当然，判断与评价一种文化在历史发展过程中究竟处于何种地位，重要的还不在于文化的表达形式方面，而在于文化所表达的内容方面。文化的内容是文化的精神与灵魂，它构成文明发展的内核。“五四”新文化运动所形成的新文化是否在近百年中国文化发展中居于主流或主导性地位呢？还是得看历史的事实，以事实作答吧。如前所述，判断与评价一种文化在历史过程的地位与作用，不能离开它的时代进行抽象的争论，不能被一些表面现象所迷惑。“五四”以降的中国近百年历史，是一段可歌可泣、风起云涌、天翻地覆的历史。在这一个世纪的历史中，革命是它的主旋律与主色调。在这一个世纪的前半叶主要从事的是新民主主义革命即反封建的革命，后半叶主要从事的是社会主义革命。而无论是新民主主义革命，还是社会主义革命，革命的领导核心都是中国共产党。“五四”以来的中国历史是与中国共产党的历史分不开的，没有中国共产党就没有中国现代史的天翻地覆，这应是无法否认的历史事实。民主革命“就其全体看来，无一不是带了资产阶级民主革命的性质。这种民主革命是为了建立一个在中国历史上没有过的社会制度，即民主主义的社会制度”①。新民主主义革命的思想文化旗帜无疑是民主，而民主恰恰是“五四”新文化运动所形成的新文化的核心内容。虽然，在中国民主革命的过程中，代表中国传统文化的儒学与儒家文化偶尔也有一些“逆袭”，例如，20世纪三四十年代蒋介石发起的以恢复传统礼教为内容的所谓“新生活运动”，但最后则以失败的结局而收场。近年来，有人认为，抗日战争本来为中国传统文化的复兴提供了一次难得的机遇，可惜人们没有抓住这个机遇，这种叹息其实是一些人的幻觉。没有抗日的民主政策与全国人民反对独裁专制的民主运动，中国人民是不可能取得抗日战争的胜利和解放战争的胜利的。至于20世纪后半叶中国进行的社会主义革命与中华民族的崛起，其功劳则更应归功于马克思主义的指导。在20世纪的后半叶，虽然我们在文化建设的指导思想上走过一段弯路，但这并没改变中国文化发展的基本趋势与总的方向。

文化是历史的与实践的。“五四”新文化运动及新文化的形成，“五四”新文化运动的先驱们虽然功不可没，但主要的功劳并不应归属于他们。文化是有根的存在，“五四”新文化的真正根据存在于它所处

① 《毛泽东选集》第2卷，人民出版社1991年版，第559页。

的时代中。实践也是文化的，一切实践活动都以特定的文化底蕴作为文化基础。革命的本质是对传统的改造与革新，因此，无论是新民主主义革命，还是社会主义革命，它的文化基础应是新文化，而不是传统的旧文化，这不仅是历史事实，而且也是能够自恰与圆融的理论逻辑。

三

正确与科学地评价“五四”新文化运动及其所形成的新文化成果在中国现代史上的地位与作用，具有极其重要的意义，它不仅关涉中国百年现代史中的是非曲直问题，而且关涉中国现代史的性质与中国共产党的历史在中国现代史中的历史地位问题。“五四”为始点的百年现代中国史是古老的中国苏醒过来，站立起来并走向崛起与富强起来的历史。在这个历史过程中，有三个具有重要历史意义的时间节点，“五四”新文化运动是中国人民苏醒过来的历史性标志，1949 年国民党政权的垮台与中华人民共和国的诞生是中国人民站起来的历史性标志，1978 年中国共产党十一届三中全会则是中国走向崛起与富强的历史性标志。三个不同的历史性的时间节点，虽然代表的是百年中国现代史的三个不同阶段，但它们又是不可分割的，是有着内在必然性联系的时间链条。其中，苏醒过来是基础，站立起来是关键，走向崛起与富强是历史的必然。所谓的苏醒是相对于什么的苏醒？当然是指对中国传统文化为代表的旧文化的苏醒。“五四”开始的新文化运动的意义首先在于它使中国人认识到，中国近代史的屈辱不仅仅在于我们的船不坚炮不利，技不如人，深层的原因在于我们文化的落后，在于自然经济玩不过商品经济，农耕文明玩不过工业文明，以“三纲”“五常”为代表的中国传统儒学与儒家文化玩不过以自由、平等、民主、科学为代表的西方先进文化。中国需要换先生，不仅应请来“德先生”与“赛先生”，更需要请来马克思主义这位先生，中国需要创立新的文化，改造传统的旧文化，这是“五四”新文化运动先驱者们的主张，也是“五四”新文化运动的历史意义之所在。“五四”新文化运动之所以应被视作是古老中国苏醒过来的标志，是因为它是一场深刻的思想解放运动与社会革新运动，使中国人实现了思想的启蒙与文化的自觉。“五四”新文化运动及其所形成的新文化是百年中国波澜壮阔历史画卷的思想基础与文化底色，没有“五四”新文化运动所做的思想和文化上的基础与准备，就没有两年后中国共产党的诞生，当然也就没有随后新中国的诞生与20世纪后半叶开始的中华民族的崛起。有人将中国当下的崛起归因于中国传统文化的深厚底蕴与力量，这样的见解与解释是难以成立的。试问一下，中国的崛起为什么不发生在18世纪、19世纪，而发生在当下？试想一下，中国传统文化曾经阻挡不了中国沦为半殖民地半封建社会半殖民地的溃败，它又如何引导当代中国的崛起与强大呢？“五四”新文化运动以降的历史进程中，中华民族虽历经千难万险却最终走向胜利，虽历经曲折却不改前进方向的基本正确，胜利与顺境时能保持清醒头脑，遭遇曲折与逆境时总能勇于反思并越过险滩，一个合理的解释可能甚至只能是，中国有马克思主义这位先生指导的中国共产党。在把握中华民族醒过来、站起来与强起来的历史进程时，人们不应忽视这一历史进程是与两个一百年的历史联系在一起的，即与中国共产党诞生一百年、中华人民共和国诞生一百年的历史联系在一起的。而在把握中国共产党历史的一百年与中华人民共和国历史的一百年时，人们更不应忽视，中国共产党是以什么样的思想与文化武装起来的，它代表的是新文化，还是旧文化？当然是新文化。

正确与科学地评价“五四”新文化运动及其新文化在中国近百年文化历史中的地位与作用，不仅仅是一个历史问题，更是一个极其重要的现实性问题。如前所述，如果仅仅是一个历史问题，它可能引起历史研究者的关注，而不会引起众多非历史研究者们的兴趣与关注。对“五四”新文化在中国一个世纪文化发展中的地位与作用的评价之所以是个现实性问题，深刻的原因在于，它关乎中国文化发展的道路与方向问题，具体来说关乎未来中国文化发展应沿着什么样的道路与什么样的方向前进的问题。如果认同在中国近百年的文化发展中新文化是占据主导地位的文化，并且认同这种新文化是中国取得新民主主义革命胜利与社会主义革命胜利的文化基础，那答案似乎也是明确的，中国未来的文化发展应继续沿着这条新文化发展的道路与方向前进。如果认为“五四”新文化运动所形成的新文化从未在中国近百年的文化发展中占据主流地位，那即意味着所谓的新文化并无新的前途，中国文化发展的道路与方向就应另辟蹊径，而不是走文化革新的道路与方向。这不是主观性的推论，而是隐含在新、旧文化历史地位与作用之争中的理论逻辑。对于某些以反思的名义，对“五四”新文化运动给予否定性评价的人们来说，其目的也正是在于否定“五四”新文化运动开辟的文化革新的道路与方向，使中国文化发展的道路与方向重回以会面学与儒家文化为代表的中国传统文化的旧轨道。文化对一个国家发展的重要意义是无需申辩的，有人将一个国家与民族的文化力量称作一个国家的软实力。其实，文化既是软实力，也是一种硬实力。一个国家与民族能否挺立在世界民族之林，既取决于它的经济、军事、科技发展的先进与否，也取决于它的文化发展的先进与否。因为民族文化是一个民族的精神支撑，一个有着落后的病态的文化的民族，有如一个缺乏精、气、神的软骨病人，这样的民族是无法自立于世界民族之林的。一个强大的中国无疑不仅需要经济、军事、科技的强大与先进，也需要制度与文化的先进。要实现中华民族的崛起，文化的崛起是必不可少的，甚至是首要条件，建立文化强国是建立现代化强国的重要内容之一。那么，如何建设文化强国，是在马克思主义科学理论指导下，继续沿着“五四”新文化运动开辟的文化革新与创新的道路与方向前进？还是否定“五四”新文化运动的道路与方向，重回中国传统文化惯性延伸的旧轨，抑或是接受某些学者的提议，实现马克思主义与孔夫子的牵手？这不仅仅是一个学术的问题或学术之争，而是关乎中华民族的前途与命运，或者说是关乎国运与族运的原则性的大问题。笔者不认为可以让马克思与孔夫子牵手，共同做我们的先生。

深刻的原因在于，孔夫子与马克思毕竟属于不同的思想体系。作为一个思想家，孔子是智慧的与伟大的，孔子与儒学为中国传统文化做出了重大贡献，对中国农耕文明的文化辉煌的影响与作用是功不可没的，他应当受到人们的尊敬。儒学与儒家文化作为农耕文化的产物，它曾经是适宜的，也是先进的。但由于时下的中国不能也不宜退回到农耕文化时代，因而孔子不宜也不能再当中国当下文化发展与建设的先生了。社会是发展的，历史是流动的，文化的演进也应与时俱进，在建设文化强国的道路与方向上，应取的路径是根据时代实践的需要走文化创新之路，而不应是回归传统的老路。当然，文化创新也不能是一切重新开始的另起炉灶，中国五千年文明积累的文化资源，仍是我们需要珍视与可资利用的有用材料。以马克思主义的理论与方法作为照妖镜与选矿镜，汲取传统文化中一切在今天仍然有积极意义的有用成分，扬弃那些相对于当代来说已不合时宜的落后成分，以时代现实的需要为参照坐标，从具体的国情出发，贯彻“古为今用”与“洋为中用”的原则，创新出一种符合时代实践需要，具有民族的、科学的、大众化特点的新文化。文化的生命力在于文化的革新与创新，革新与创新是一个民族的文化保持旺盛生命力的秘诀。在文化发展的路径选择上，正确的价值取向应该是引导人们向前看，而不是向后看，任何民族与国家，即使是那些曾创造辉煌文化的民族与国家，如果只是停留在对自己曾经的辉煌的记忆与守护上，其文化的辉煌就只有曾经，没有未来，世界历史上还没有出现过依靠文化传统的回归而实现文化振兴的先例。民族的传统文化对一个民族的文化发展的作用与影响通常是双重性的，既可以是精神财富，也可以是精神包袱，对传统文化如果仅是采取“信而好古，述而不作”的态度，甚至陷入迷恋与崇拜，传统文化就会成为阻碍文化革新与创新的精神包袱，而且越是曾经创造过辉煌历史的民族，其文化包袱越重。对传统文化既不能采取文化虚无主义态度，也不能采取搬运工的态度，而应该采取扬弃的态度，即使是传统文化中的优秀成分，也应以时代实践的需要或要求为参照尺度或坐标，进行创造性的改造与转化。当然，主张当代中国文化的发展应以马克思的历史观为指导，走文化革新与创新的道路与方向，并不否定中国文化应该有自己的民族形式，毛泽东同志在《新民主主义论》中谈到什么是新民主主义新文化时曾指出："中国文化应有自己的形式，这就是民族形式。民族的形式，新民主主义的内容，这就是今天的新文化。"① 站在我们今天的时间节点上，我们不妨将毛泽东同志的这段话作这样的改写：民族的形式，加上反映建设现代化社会主义强国要求的内容，这就是当下中国所要求的新文化。这种新文化即是有中国特色的社会主义文化；所谓中国特色，即是指它在形式上具有民族的书写形式，所谓新文化，即是说在内容上它表达的是社会主义本质的要求。我们当前所倡导的社会主义核心价值观，即是属于有中国特色的社会主义新文化，在社会主义核心价值观中虽然融进了某些中国传统文化的元素，但在总体上属于一种新形态的新文化，而不能视之为是一种改良版的"新儒学"。

① 《毛泽东选集》第 2 卷，人民出版社 1991 年版，第 559 页。

马克思主义究竟是在为谁代言 *

一

“意识在任何时候都只能是被意识到了的存在，而人们的存在就是他们的现实生活过程。”① 即是说，社会历史中生成与存在的一切意识、观念、思想，无论它是正确的还是错误的，都是人们社会“现实生活过程”的反映，不同的只是有的是客观科学的反映，有的则是歪曲颠倒的反映。意识、观念、思想是人们“现实生活过程”的反映，同样作为意识、观念、思想的理论化、系统化、逻辑化的思想体系也是人们现实生活过程的反映。马克思主义经典作家的这一原理适合于一切思想体系，无疑也适合于他们自己的思想体系。任何一种思想体系都是一定时代与特定历史条件的产物，因而具有时代性与历史性的特点。马克思主义作为一种思想体系存在，也不例外，具有时代性与历史性的特征，与他同时代的其他思想体系一样，都是对资本主义时代“现实生活过程”的观念反映与理论表达。然

* 本文原发表于《学术月刊》2013 年第 1 期。

① 《马克思恩格斯文集》第 1 卷，人民出版社 2009 年版，第 525 页。

而，同样是对资本主义社会“现实生活过程”的观念反映与理论表达，马克思主义作为一种思想体系与其他同时代的形形色色的思想体系之间却存在着巨大的差别甚至是本质的对立。那么，是什么原因导致了马克思主义与其他思想体系之间的差别与对立呢？合理性的解释是，马克思主义在分析、把握资本主义社会“现实生活过程”时与各种非马克思主义思想体系持有不同的立场、观点与方法。正是这种分野，形成了它们之间对资本主义社会“现实生活过程”不同的观念反映与理论表达。一个思想体系所持的立场、观点与方法虽然具有紧密联系与不可分割的性质，但相对于观点与方法而言，立场具有更为核心的性质。站在错误的立场上，即使是抱有科学的态度与运用正确的方法，也可能得出错误的结论与观点，英国古典经济学家们将资本主义制度永恒化的观点，黑格尔哲学所持的为普鲁士国家辩护的政治立场闷死了他的富有活力的辩证方法，就是两个最具典型性的例证。任何思想体系都贯彻与蕴涵着特定的立场，不持立场的思想体系是不存在的。对于各种不同的思想体系来说，区别不在于有没有立场，而在于持有什么样的立场，以及是否勇于承认与公开自己的立场。面对相同的“现实生活过程”，之所以会产生立场各异的思想体系，深刻的原因在于，社会的“现实生活过程”本身是丰富与复杂的，同一个社会中存在着多种不同的生产关系，存在着各个不同的阶级，这些不同的生产关系与不同的阶级代表着不同的历史发展趋向与不同的利益诉求，各种不同的“主义”或思想体系不过是这些不同的生产关系与阶级利益的不同的观念反映与理论表达。更明确些说，人们的“现实生活过程”的丰富性与复杂性是形成多元性的思想体系存在的原因，多元性的思想体系的存在不过是人们“现实生活过程”的反映与表现。

与任何同时代的思想体系一样，马克思主义作为一种思想体系也是有自己的特定立场的。但是，它与其他思想体系有一个明显的不同：它在表达自己的立场时，不像其他思想体系那样，或者对自己的立场竭力掩盖，或者是羞羞答答，而是理直气壮与旗帜鲜明地给予明确宣示。对于马克思个人来说，尽管人们可以给他各种各样的桂冠，但其中最重要的称呼首先应是革命家。因为“他毕生的真正使命，就是以这种或那种方式参加推翻资本主义社会及其所建立的国家设施的事业，参加现代无产阶级的解放事业，正是他第一次使现代无产阶级意识到自身的地位和需要，意识到自身解放的条件”[①]。马克思不仅是革命家，也是思想家。作为思想家的马克思，其思想体系在本质上是关于“无产阶级运动的条件、进程和一般结果”[②]的理论。其思想体系的立足点、出发点与归宿无疑是为无产阶级的利益与解放事业代言的。

然而，在不少人的著作与文章中，把马克思主义为无产阶级代言变换成了为被剥削、被压迫阶级代言，甚至有的人误读与误释为是为穷人代言。按照他们的思维逻辑，马克思主义之所以是为无产阶级代言，是因为无产阶级是资本主义社会中受压迫、受剥削最深重的阶级，“无产”阶级就是资本主义社会中的穷人。正是由于一些人将马克思主义误读成受剥削、受压迫阶级的代言人，误读成穷人的代言人，因而，我们在历史研究与历史评价中常常会看到如下一种普遍性现象：凡是在社会历史中处于统治地位的阶级，通常是给予一种批判性与否定性评价；凡是在社会历史中处于被压迫、被剥削地位的阶级，通常是给予一种同情与肯定性的评价，而不论这些阶级处于什么样的地位，起着什么样的作用。也正是由于相同的原因，我们在现实生活中通常会遇到如下的情况：那些经常以弱势群体、穷人的代言人自居，将自己的理论、学说包装打扮成所谓“穷人的理论”“穷人的哲学”与“穷人的经济学”的人，通常比其他人更能吸引人的眼球或更能获得社会的关注与人们的喝彩，而不论其理论与学说是否有利于推动社会的发展与历史的进步。正因为如此，科学地澄清马克思主义究竟是在为谁代言的问题，以及马克思主义为谁代言的逻辑与根据，不仅对于科学准确地把握与阐释马克思主义科

---

① 《马克思恩格斯文集》第 3 卷，人民出版社 2009 年版，第 602 页。

② 《马克思恩格斯文集》第 2 卷，人民出版社 2009 年版，第 44 页。

学思想体系具有重要意义，而且对于人们把握历史发展的正确方向，避免狭隘的民粹主义与伪善的道德主义的误导也具有重要意义。

二

将马克思主义视之为所有受压迫、受剥削阶级的代言人或穷人的代言人的观点，既缺少马克思主义经典文本的根据，更有悖于马克思历史观的思想逻辑。

诚然，在马克思主义历史观的视野里，原始社会以降的私有制社会里，社会历史在本质上是一部阶级斗争的历史，阶级斗争不仅贯穿于整个私有制社会的全过程，同时它也是推动阶级社会发展与演进的直接动力。正如《共产党宣言》中谈到资本主义之前的历史与资本主义社会的历史时所说："自由民和奴隶、贵族和平民、领主和农奴、行会师傅和帮工，一句话，压迫者和被压迫者，始终处于相互对立的地位，进行不断的、有时隐蔽有时公开的斗争，而每一次斗争的结局都是整个社会受到革命改造或者斗争的各阶级同归于尽。""从封建社会的灭亡中产生出来的现代资产阶级社会并没有消灭阶级对立。它只是用新的阶级、新的压迫条件……"① 然而，马克思主义经典作家既没有在自己的著作中明确地肯认过使"整个社会受到革命改造"的是所有受剥削、受压迫的阶级，也没有肯认过使"整个社会受到革命改造"的功劳应归功于那些与统治阶级对立，受压迫、受剥削最深，在社会中处于最贫穷状况的阶级。与此相一致的是，马克思主义的创始人从没有在自己的著作中表明他们是所有受压迫、受剥削阶级的代言人，也没有表明为资本主义社会中除无产阶级之外的其他受压迫、受剥削的阶级代过言，更没有为人们提供过诸如"穷人的理论""穷人的哲学""穷人的经济学"一类似是而

① 《马克思恩格斯文集》第2卷，人民出版社2009年版，第31、32页。

非的言论或说法的例证。相反，对于历史与现实社会中的某些被压迫、被剥削阶级来说，马克思主义历史观虽然也给予过深切的同情，但并没有对于他们的历史作用作积极与肯定性的评价。

在马克思主义历史观的视野里，在资本主义以前的阶级社会中，使“整个社会受到革命改造”的既不是当时占统治地位的压迫阶级，也不是那些作为统治阶级存在基础与前提的、与统治阶级处于直接对立的被压迫被剥削阶级，而是那些在旧社会瓦解与解体过程中生成的代表未来社会发展方向的，并在未来的新的社会形态中成为新的统治与压迫阶级的阶级。而那些直接对立的阶级通常是随着旧的生产关系的瓦解、旧的社会形态的灭亡，而使斗争的双方同归于尽。具体说来，使奴隶社会受到“革命改造”的既不是奴隶主阶级，也不是奴隶阶级，而是从奴隶主阶级与奴隶阶级中分离出来并逐渐生成的新兴地主阶级；使封建社会受到“革命改造”的不是封建地主阶级，也不是农民阶级，而是从破产的地主与破产的农民形成的市民阶层中产生的新兴资产阶级。

在马克思主义历史观的视野里，“阶级”是一个经济范畴，一定的阶级的产生与存在都是与一定生产力的性质和生产方式的性质相适应的。对于在历史上存在的阶级来说，相对于产生它们的生产力水平与生产方式，都具有自己的必然性与合理性，但随着社会生产力的发展与生产方式的改变，它们存在的必然性与合理性也会随之逐渐地丧失。随着生产力的发展与生产方式变更而丧失历史必然性与合理性的，并不仅仅是统治阶级，对于某些被压迫、被剥削阶级来说，也同样如此。因而，在马克思主义历史观的视野里，给予批判性与否定性评价的，既指向那些在历史上已丧失了历史必然性和合理性的统治阶级，也指向那些在历史上已丧失了历史必然性与合理性的被统治阶级。因为，无论是统治阶级也好，还是被统治阶级也好，一旦它们丧失了存在的历史必然性，也就丧失了存在的历史合理性，而当一个阶级丧失了存在的历史必然性与合理性时，不管他们所处的地位与生活状况如何，都不应给予辩护与肯定性的评价。正是因为如此，所以我们在马克思主义经典作家的著作中看到，当他们论及资本主义社会中的小资产阶级、农民阶级、流氓无产者阶级时，给予负面与否定性的评价通常是大于或多于正面与肯定性的评价的。

尽管马克思主义的历史观认为，在与资产阶级的对立与斗争的过程中，小资产阶级、农民阶级、流氓无产阶级，由于自身也存在着受压迫与剥削的缘故，他们有时也被卷入到无产阶级的斗争中来，成为无产阶级反对资产阶级的同盟军，但他们不过是无产阶级的同路人，从根本上看，他们不是革命的，而是保守的，甚至是带有反动作用的。正如马克思、恩格斯在《共产党宣言》中说到的那样："中间等级，即小工业家、小商人、手工业者、农民，他们同资产阶级作斗争，都是为了维护他们这种中间等级的生存，以免于灭亡。所以，他们不是革命的，而是保守的。不仅如此，他们甚至是反动的，因为他们力图使历史的车轮倒转。""流氓无产阶级是旧社会最下层中消极的腐化的部分，他们在一些地方也被无产阶级革命卷到运动里来，但是，由于他们的整个生活状况，他们更甘心于被人收买，去干反动的勾当。"① 不仅如此，马克思主义历史观不仅没有为资本主义社会中存在的除无产阶级之外的其他被统治阶级提供过辩护与代言，而且还对像西斯蒙第一类的小资产阶级代言人的立场给予坚决的反对与批判。在《共产党宣言》中，马克思、恩格斯曾把站在小资产阶级与小农的立场上，用小资产阶级与小农的尺度去对资产阶级制度进行批判的思潮称之为小资产阶级的社会主义，并认为法国的西斯蒙第即是这种小资产阶级社会主义的首领："这种社会主义按其实际内容来说，或者是企图恢复旧的生产资料和交换手段，从而恢复旧的所有制关系和旧的社会，或者是企图重新把现代的生产资料和交换手段硬塞到已被它们突破而且必然被突破的旧的所有制关系的框子里去。它在这两种场合都是反动的，同时又是空想的。"②

---

① 《马克思恩格斯文集》第 2 卷，人民出版社 2009 年版，第 42 页。

② 《马克思恩格斯文集》第 2 卷，人民出版社 2009 年版，第 57 页。

由上可以看出，马克思主义的确是为受压迫、受剥削的无产阶级辩护与代言的理论，但马克思主义经典作家并没有将这种辩护与代言推及至一切受剥削、受压迫阶级，既没有推及至历史上的受压迫、受剥削阶级，也没有推及至资本主义社会中无产阶级之外的其他受压迫、受剥削的阶级。这既可以在《共产党宣言》结尾中发出的号召中得到印证，在那里，马克思、恩格斯发出的号召是："全世界无产者，联合起来！"而不是全世界受压迫、受剥削阶级联合起来；也可以在恩格斯《在马克思墓前的讲话》中对马克思的评价中得到印证，在那里，恩格斯在谈到马克思的逝世时曾这样写道："这个人的逝世，对于欧美战斗的无产阶级，对于历史科学，都是不可估量的损失。"① 恩格斯既没有将马克思的逝世视之为资本主义社会所有阶级的损失，也没有视之为是所有被压迫、受剥削阶级的损失，而仅仅视之为是欧美无产阶级的巨大损失。很显然，恩格斯仅将马克思主义视之为替无产阶级辩护与代言的理论。

三

将马克思主义视之是为所有被统治、被压迫、被剥削阶级代言的理论，视之是为所有穷人代言的理论，之所以是一种误读与误释，除了这种解读与阐释缺乏经典文本的证据支撑外，还在于它不符合马克思主义思想体系的思想逻辑。

不可否认，在马克思主义历史观的视野里，无产阶级是资本主义社会里受压迫、受剥削最深的阶级，也是资本社会中最贫穷的阶级之一，但这些并不是马克思主义为之辩护与代言的唯一原因，甚至不是根本原因。因为在资本主义社会中处于被统治、被压迫、被剥削地位的阶级并不只是无产阶级，小资产阶级、农民阶级、流氓无产阶级的地位与境况

① 《马克思恩格斯文集》第3卷，人民出版社2009年版，第601页。

也并不比无产阶级好多少，它们也时时面对资本主义竞争的压力与挤压，并随时都有掉入无产阶级队伍的危险。在资本主义社会中，处于最贫困状况的阶级也并不唯有无产阶级，流氓无产阶级的贫困状况较之于无产阶级来说可谓是有过之而无不及。那么，在资本主义社会所有被压迫、被剥削阶级中，所有贫穷的阶级中，马克思主义为什么只是给予无产阶级以积极与肯定性的评价，并为之辩护与代言呢？原因在于，无产阶级不仅是资本主义社会中受压迫、受剥削最深，除了自身的劳动力之外一无所有的阶级，因而富有革命性，更为重要的是，现代无产阶级并不是一般的贫穷阶级，它们是作为资本主义与工业革命产物的现代工人阶级，它们是现代以机器为代表的先进生产力的代表，因而它们代表着社会历史发展的必然趋势与发展方向。对于资本主义社会中的其他受压迫、受剥削阶级，马克思主义历史观则认为，它们虽然也与资本主义制度存在着矛盾，与资产阶级存在着对立，但它们所代表的生产力与生产方式从根本上来说是属于落后与过时的；随着资本主义大工业的生产方式与以机器为代表的先进生产力的发展，它们作为一个阶级注定是要丧失历史的必然性与现实性，注定是要走向灭亡的；它们中的小部分人也可能挣扎着攀爬入资产阶级的行列，但绝大部分人会在资本的残酷竞争中归入破产与进入到无产阶级队伍中来。正如马克思、恩格斯在《共产党宣言》中所指出的：资本主义发展的必然性趋势是，“整个社会日益分裂为两大敌对的阵营，分裂为两大相互直接对立的阶级：资产阶级和无产阶级”。①

在马克思主义历史观的视野里，一个阶级究竟应受到什么样的历史评价，并不完全是由它们在社会中是否处于弱势地位决定的，而在于各个不同的阶级在社会历史发展中是否具有存在的必然性与合理性，在于它对社会历史的发展是起着进步的作用、保守的作用、反动的作用决定的。具体地说，资本主义社会中生存的小资产阶级、农民阶级、流氓无

① 《马克思恩格斯文集》第 2 卷，人民出版社 2009 年版，第 32 页。

产阶级之所以不能成为马克思主义为之辩护与肯定的对象，不在于它们的生活状况相对于无产阶级较为优越，而在于它们越是随着资本主义的发展便越是丧失其历史发展的必然性与合理性，在于它们对社会历史的发展不是起着进步作用，而是起着保守与阻碍的作用，甚至是起着开历史倒车的反动作用，因为它们对资本主义的批判、反对资产阶级的斗争，通常是为了维持它们落后的生产方式与落后的生产力不被消灭与淘汰。无产阶级之所以受到马克思主义辩护与肯定的评价，其原因主要不在于无产阶级是受压迫、受剥削的阶级，不在于它是社会中的弱势群体，而在于它是资本主义社会所有受压迫、受剥削阶级中具有革命性与远大发展前途的阶级，它是资本主义社会被新的共产主义社会取代的革命力量，它代表着社会发展的未来方向。因此，马克思主义在为无产阶级代言的同时，实质上也是在为社会发展的历史必然性代言，在为社会历史进步代言。

为社会发展的历史必然性代言，为社会历史进步代言，是我们把握马克思主义体系的根本基点与理论坐标。离开了这个根本基点与理论坐标，马克思主义思想体系就有可能被误读与误释，就有可能像人们通常所见到的那样，作为革命的、科学的马克思主义被误读与误释为具有浓厚色彩的民粹主义的马克思主义与道德主义的马克思主义。马克思主义是一种革命的理论与科学的理论，马克思主义创始人是革命家与科学家，而不是目光短浅的民粹主义者与多愁善感的道德主义者。对于马克思主义创始人来说，他们首先是革命家，革命既是马克思主义创始人的理论活动的本质，也是他们从事实际斗争活动的本质。马克思主义创始人首先是革命家，马克思主义首先是革命的理论，这应是不容误读与否认的，谁试图淡化或消解这一点，也就意味着谁在远离与放弃马克思主义。

不过，这里也需要指出的是，在现实生活中，人们对“革命”概念的认识是存在误读与误识的。在许多人看来，所谓革命，即是一个阶级推翻一个阶级的暴力革命，“革命”即是战争，即是流血，即是剧烈的社会动荡，即是社会稳定的破坏与政权的更替。正是基于这样的误读与误识，所以有的人提出了“要告别革命”的口号，有的人提出了要从革命的马克思转换到建设的马克思，有的人建议在共产党执政时代，应从革命政治转换为执政政治。人们对“革命”范畴的这种流行理解，是对马克思主义思想体系中的革命内涵的严重误读与片面理解。实际上，在马克思“新唯物主义”历史观的思想逻辑中，“革命”并不仅仅意味着政治革命一种形式。广义上说，人们反对与改变现存事物的一切活动都可以称之为“革命”，正如马克思所指出的：“哲学家们只是用不同的方式解释世界，而问题在于改变世界。”①“对实践的唯物主义者即共产主义者来说，全部问题都在于使现存世界革命化，实际地反对并改变现存的事物。”② 很显然，对于马克思主义思想体系来说，它的最高使命、“全部问题”都在于使现存世界革命化，而使现存世界革命化的确切含义是“实际地反对并改变现存的事物”。所谓“现存的事物”，应该是一个内容丰富而所指广泛的概念，既应指一切现存的自然事物，也应包括一切社会历史中存在的现象与事物。在马克思“新唯物主义”的视野里，人们对自然界、社会历史中的“现存事物”所采取的反对态度与改变活动，都具有“革命”的性质与意蕴。当然，在马克思历史观的维度上，对社会历史中的“现存事物”的反对与改变是其革命的重点，但即使在社会历史领域中，以政权更迭为目标的政治革命也只是社会革命的一个方面。政治革命只是社会历史变革的部分，而不是社会变革的全部。并且在政治革命中，暴力的方式、战争与流血的方式，也只是多种可能性方式中的一种，而不是唯一的一种方式。

正因为“革命”是一种“实际地反对并改变现存的事物”的活动，因而“革命”也是推动现存事物的扬弃与新事物产生的活动，是一种推动社会历史发展进步的活动。在马克思主义思想体系的逻辑中，革命与

① 《马克思恩格斯文集》第 1 卷，人民出版社 2009 年版，第 502 页。

② 《马克思恩格斯文集》第 1 卷，人民出版社 2009 年版，第 527 页。

进步是相互支撑的，具有不可分割的联系——革命是推动社会历史进步的强大动力与杠杆，进步则是革命的目的，并且也是衡量人们的活动是否具有革命性的尺度。并不是任何反对现存事物的态度与行动都具有无条件的革命性质，只有那些使社会历史不仅发生了实质性改变，而且使社会历史沿着向前或向上的方向改变，即推动了社会历史进步的活动才配称“革命”。

马克思主义思想体系不仅是一种革命理论，而且也是一种科学的理论，革命性与科学性在马克思主义思想体系的思想逻辑中是融为一体的。从本质上说，马克思主义思想体系的革命性是奠定在它的科学性上，并源于它的科学性。没有马克思主义思想体系的科学性，也就没有马克思主义思想体系的革命性。而马克思主义思想体系的科学性，则奠基于马克思主义经典作家们对社会历史发展与演进的必然性与规律性的深刻理解。在马克思历史观的视野里，社会历史的发展与演进有其自身的必然性逻辑或客观规律，社会历史中的这种必然性逻辑或规律并不像某些天命论者所断定的那样，是天定的，而是在人的历史实践中生成的。但在人的历史实践中生成的必然性与规律也像自然规律一样，具有一种客观性。与自然规律不同的只是在于，社会历史规律有着自己相对确定的方向性，即沿着向前或向上的方向发展与演进。因为人的实践活动的发展是有方向性的，人的实践活动的能力是不断增强的，人的实践活动的成果也是不断积累的。人在自己的实践活动中不断地追求与创造着适合自己生存与发展的社会形式与社会条件，也在推动着社会历史沿着向前或向上的方向发展。正是基于对社会历史发展的必然性与规律性的这种理解，在马克思主义思想体系的逻辑中，在社会历史中存在的所有阶级中，并不是所有的阶级都具有现实性与未来的。那些丧失了社会历史必然性，试图维持现状不变，阻碍社会发展与变革的统治阶级是没有现实性的，它们注定是要走向没落与被淘汰的；那些试图恢复旧有的社会形式的，想开历史倒车的阶级，即使是处于被统治、被压迫与被剥削的地位，也是没有未来的。

正是基于这样的逻辑，在马克思主义历史观的视野里，在历史发展的一定阶段中，具体地说是在私有制社会中，某些个人、某些阶级的牺牲是不可避免的，是社会发展与历史进步所必须付出的历史代价。在资本主义社会中，随着资本主义的不断发展，资本主义社会中除工业无产阶级之外的所有阶级最终都会因丧失自己的历史必然性与现实性而归于消灭与消亡。所不同的只在于，使资本主义社会中无产阶级之外的被压迫、被剥削阶级灭亡的并不是无产阶级的革命，而是资本主义的发展与竞争；无产阶级是资产阶级的掘墓人，而不是其他阶级的掘墓人。现代工业无产阶级是资本主义社会中唯一具有前途的阶级，其原因也在于，他们不仅是工业生产力的代表，而且他们的未来还依赖于私有财产的扬弃与消灭。这就是马克思主义为现代无产阶级辩护与代言的原因与理由。

论“五四”新文化运动的历史意义*

一、五四运动的多重历史意义

20世纪在中华民族近现代历史上具有特别意义。回溯20世纪的一百年，无疑具有许多值得人们珍视与记忆的历史事件与时间节点，但其中有三个历史性的时间节点尤其应该载入中华民族的近现代史史册：一是以1919年为节点的五四运动的爆发；二是以1949年为节点的中华人民共和国的成立；三是以1978年为节点的中国共产党十一届三中全会的召开。上述三个时间节点之所以具有特别意义，理由在于：五四运动的爆发是沉睡已久的中国真正醒过来的历史性标志；中华人民共和国的成立是中国人民真正站起来了的历史性标志；中国共产党十一届三中全会的召开，是中华民族开始重新崛起与强大的历史新起点。

对于20世纪中国的历史来说，五四运动具有多重历史意义。一方面，五四运动是中华民族从沉睡中苏醒，并实现真正苏醒过来的历史性标志。1840年的鸦片战争，是中国近代史的开端，

* 本文原发表于《中原文化研究》2016年第2期。

1840年前的中国，封建的生产方式，以及以封建生产方式为基础的封建经济统治与政治统治已处于风雨飘摇之中，陷入穷途末路的困境。1840年前的世界，经过18世纪的工业革命，以及北美殖民地的独立战争与法国资产阶级大革命，英、法、美等欧美大国相继进入了大工业时代，社会生产力与社会物质财富获得了前所未有的提高与增加。正如《共产党宣言》所指出的，资产阶级在它的不到一百年的阶级统治中所创造的生产力，比过去一切世代创造的全部生产力还要多，还要大①。伴随着资本主义统治地位的确立与资本主义经济的发展，资本主义列强便开始了“使未开化和半开化的国家从属于文明的国家，使农民的民族从属于资产阶级的民族，使东方从属于西方”②历史进程。1840年的中国处于内忧日深，外患将临的历史时刻。面对这样的历史境遇，除了像魏源、龚自珍等个别旧制度中的知识精英，对即将到来的危机有过敏锐的预感并发出过变革的呐喊。对于大多数的中国人而言，不仅对日趋严重的积贫积弱麻木不仁，对飞速发展的世界一无所知，也对即将降临的危险全然无感，甚至一些人仍热衷于对康乾盛世的记忆与回望，陶醉于泱泱大国与文明久远的自信与自豪。1840年的鸦片战争，轰开了由封疆海禁而成的闭关锁国的大门，由洞开的国门流入的不仅仅是鸦片与商品，还有东吹的西风与东渐的西学，中国人在饱尝屈辱的同时，也开始从沉睡中苏醒。这一苏醒经历了从片面到全面、从自发到自觉的历史过程。在这个逐步苏醒的过程中，中国人对来自于西方世界的坚船利炮、鸦片和商品的认识，对西风与西学的认知，以及对中国社会本身的认识是逐渐深化与演进的。从1840年的鸦片战争作为起点，到1895年中日甲午战争的时间段，可视为中国从沉睡中苏醒的第一个阶段。在这个阶段上，中国人对西方列强的入侵与强权感到屈辱与愤怒的同时，也开始了对自身与西方之间存在差距的认知与反思，并在此基础上不自觉

① 《马克思恩格斯文集》第2卷，人民出版社2009年版，第36页。

② 《马克思恩格斯文集》第2卷，人民出版社2009年版，第36页。

地萌发出追赶西方的意识。鸦片战争的失败，迫使一部分中国人将视野开始转向了西方，遗憾的是，人们的眼光只是聚焦在器物的层面，对于大多数中国人来说，直观性的感觉是，中国之所以在外国列强面前屡战屡败，根本原因在于技不如人，而对于自身制度与文化观念的问题则思之甚少，甚至根本不愿意思考。在这个阶段上，一些开始觉醒的中国人虽然感到有向西方学习与进行变革的必要，但在社会精英人群中，占主导地位的仍然是“中学为体，西学为用”“师夷之长技以制夷”的主张。1895 年甲午战争，使中国人进一步认识到，自己的失败并不仅仅在技不如人，更在于制度不如人、文化观念不如人。甲午战争的失败及其对失败的反思的两个成果：一是辛亥革命的爆发与封建帝制的倾覆；二是五四运动的爆发。五四运动既是一场反帝反封建运动，也是一场影响深远的新文化运动。辛亥革命与五四运动是 20 世纪中国两个具有标志性与节点性的历史事件，它们既是中国人民觉醒的历史发展必然，也是全面觉醒的标志。

另一方面，五四运动是 20 世纪中国历史发展的新起点。如果我们将中国 20 世纪的历史视作中华民族从醒过来到站起来，继而到开始走向崛起与复兴的世纪，那么，我们也有理由将五四运动确认为 20 世纪中国历史后 80 年的基础与起点。历史学家们将五四运动视作中国现代史的开端，其理由是充分的。五四运动是中国民主革命新与旧的交会点与转折点，此后，中国进入新民主主义革命与社会主义革命的新阶段。中国的旧民主主义革命先后经历了“鸦片战争、太平天国战争、甲午战争、戊戌维新、义和团运动、辛亥革命”① 等诸多历史阶段，对于中国近代史的发展虽然具有不可不论的意义与价值，然而，它也给人们留下了失败的记忆与惨痛的历史教训。在新民主主义革命与社会主义革命过程中，虽然也经历过不少危机与曲折，但最后都取得了成功与胜利。五四运动为何能成为中国民主主义革命新与旧的交会点，以及不断从失

---

① 《毛泽东选集》第 2 卷，人民出版社 1991 年版，第 558 页。

败走向胜利的历史转折点？其中最为重要的原因无疑与马克思主义的传入与中国共产党的领导密切相关。五四运动最重要的意义在于，它为中华民族在20世纪后80年的历史发展，奠定了思想与文化的基础。继五四运动之后，马克思主义传入中国，从中国共产党成立到中华人民共和国成立，继而到改革开放的开始，这一系列时间节点串联起来的历史链条，显然不能简单地视为时间上的巧合性排列，而是由其内在因果关系决定的历史必然。没有五四运动所形成的思想解放与文化启蒙的精神准备，就不会有马克思主义在中国的传播与生根、发芽，就不会有中国共产党的诞生，就不会有中国共产党领导的新民主主义革命与社会主义革命的胜利与发展。

二、五四运动对中华民族文化发展的影响

五四运动的发生并不是一种历史的偶然与巧合，而是有其深刻的必然性。五四运动既是一场反帝反封建的革命运动，也是一场思想解放与文化自觉的新文化运动，这两个运动之间有着不可分割的内在联系，正如毛泽东同志曾指出的，五四运动成为文化革新运动，不过是中国反帝反封建的资产阶级民主革命的一种表现形式①。即是说，五四运动作为一种新文化运动是中国资产阶级民主革命深入发展的必然结果与表现。五四运动是中国反帝反封建民主革命过程中的转折点，也是中国文化发展过程中带有方向性的转折点。作为一场伟大的文化革新运动，它对中华民族文化发展的影响是深远的，也是多方面的。

其一，起始于五四运动的白话文运动，推动了中国现代文化表达方式的转型与文化通俗化和大众化的革新。五四运动以前，中国文化的基本表达方式是被今人称为的文言文，也即是被五四运动白话文的倡导者

① 《毛泽东选集》第2卷，人民出版社1991年版，第558页。

嘲讽为“之、乎、者、也”的表达方式。文言文的表达方式虽然言简意赅，给人以韵律与形式的美感，但因其明显的格式化与形式化等特征，不仅不易为普通的民众所掌握，也不利于普通民众思想情感的表达交流。而且，文言文的格式化与形式化的特征，也有碍于科学理论和人们思想情感的准确与自由表达。五四运动所倡导与推动的从文言文向白话文转型的文化革新，虽然所实现的只是一种文化表达形式的革新，并且对此今天仍有人持有异议；但是，不可否认，这种文化表达方式的革新实现了去贵族化与去八股化，更贴近普通民众的生活，并有利于文化的对话与交流。可以说，其对促进现代科学与技术的发展与传播，对促进文化形式的创新与多样化，都有着不可忽视的重大意义与价值。毋庸讳言，文化表达的白话化、通俗化，尽管不时受到一些人的非议，但其基本趋势却从没有受到根本性的逆转，这一事实本身就是文化表达方式上的革新，具有强大的生命力。

其二，“五四”新文化运动标志着中华民族的文化反省与文化自觉达到了一个新的高度。“五四”新文化运动之“新”，其意义与价值不仅仅显示在文化表达形式的创新上，更重要的是表现在对中国传统文化认知的重大转变上。中国 5000 年的文明史源远流长、博大精深，但自汉武帝以降两千多年来的历史中，占据中国文化主导地位的是以孔孟之道为核心的儒学与儒家文化。儒学以及儒家文化，不仅是中国封建社会占主导地位的意识形态，甚至可以视作是中国传统文化的符号。儒学长期一学独尊，并不是人为意志的必然结果，而是历史发展的内在必然要求。儒学之所以在中国封建社会绵延不断，独尊的地位从未动摇，其根本原因在于，以“三纲五常”为代表的伦理价值观念，既是封建社会的必然产物，也是适合于封建社会经济基础生成与发展需要的。儒学与儒家文化曾经是一种具有历史必然性的文化，也是一种先进性文化，可以从其长期处于发展领先地位中得到无可争辩的证明。然而，正如农耕文明与封建制度具有历史的性质一样，儒学与儒家文化也具有历史的性质。当农耕文明走到了历史尽头，封建制度走向没落时，适合于农耕文明与封建制度需要的儒学与儒家文化，也就不再具有历史必然性与先进性了。文化对历史的作用具有双重性，既可以成为一种积极性的，对社会历史起推动作用，也可以成为一种保守性的，对社会历史起阻碍作用。不仅如此，那些在人类历史上越是曾经有过光辉历史的文化，在从旧的文明向新的文明、旧的社会制度向新的社会制度转变的过程中，所起的保守与阻碍的作用也越大。一个不争的事实是，那些曾经创造过文明与文化高峰的民族，却鲜见有第二座、第三座文化高峰的出现。一个民族的文化，尤其是那些曾创造过辉煌记忆的文化，当它溶进一个民族的血液中，并积淀成一种稳固的文化心理结构时，要实现一种文化上的自我扬弃与超越，通常是比较困难的事情。应该说，儒学与儒家文化对中国农耕文明阶段的辉煌功不可没，但对中国近代以来的沉睡与落后也责不可免。如前所述，鸦片战争后，沉睡的中国虽然开始苏醒，但其苏醒还只是初步的，因为“中体西用”的文化理念与认知仍然表明，大多数中国人的文化自觉还缺乏应有的高度。五四运动作为一种新文化运动，其重大意义在于：响亮地提出了“打倒孔家店”的口号，将批判的矛头直指儒学与儒家文化的核心——“三纲五常”以及以“三纲五常”为基础的礼法制度，使困扰中国人长达半个世纪的体用之争画上了一个休止符。“五四”新文化运动之“新”，首要地表现在它使中国人告别了儒学独尊与中体西用的旧时代，使中国人的文化自觉达到一个新的高度。

其三，“五四”新文化运动进一步敞开了向西方学习的大门，为中国文化的革新注入了鲜活的血液。五四运动以前，西方列强的坚船利炮虽已使中国紧锁的文化大门初步打开，但由于当时中国社会占主导地位的思维认知是中体西用，其文化开放的行为不是自觉的，而是被迫的；文化开放的目的不是为了革新与发展自己的文化，而是为了“师夷之长技以制夷”。因而，“五四”运动之前的文化开放不仅是片面与有限的，而且远未达到文化自觉的高度。五四新文化运动让中国文化有了开放的可能性，在“五四”新文化运动先驱们的视野里，西学与西风不再是洪水猛兽，向先进的西方文化学习，实现中华民族文化的改造与革新，渐成先进的中国人的文化共识。需要指出的是，“五四”运动不仅是中国人对中学与西学相互关系认识发生重大改变与转换的时间节点，同时也是中国人对西学与西风认识发生深刻变化与分化的重要时间节点。在五四新文化运动之前，中国人所认知的西学与西风指向的仅仅是以自由、平等、民主、科学、理性为内容的西方近代以来形成的资本主义或自由主义的文化，而对以马克思主义为代表的另一种西方文化，则知之甚少或全然不知。在俄国十月革命的影响下，以“五四”新文化运动为契机与载体，中国人对西学与西风的接触与了解发生了重大变化，中国人视野中的西学与西风已经不仅指向的是西方资本主义文化，同时也包括从俄国通道传入的同属西方文化范畴的马克思主义。

以五四运动为时间节点，中国人向西方文化的学习至少取得了两方面的进展：一方面，引进与吸收了西方近代代表西方资本主义文明发展重要成果的、具有进步意义的文化价值观念。“五四”新文化运动以前，中国人对西方文明与文化的了解，主要集中在以商品与坚船利炮为载体的器物的文明与文化。从“五四”运动开始，中国人更关注的是自由、平等、民主、科学、理性等更能体现资本主义文化实质与核心的文化价值观念。“五四”新文化运动的最重要成果，是使中国人知道了“德先生”与“赛先生”，将民主与科学的种子植入了中国的土地。另一方面，“五四”新文化运动为中国引入了马克思主义的新理论与新思想，至少是帮助与加速了马克思主义在中国土地上的传播。“五四”运动爆发后，1921 年 7 月诞生了以马克思主义科学理论作为指导思想与理论基础的中国共产党，时间上不能视之为是偶然与巧合，而是有着内在因果联系的历史必然事件。“五四”新文化运动对马克思主义在中国的传播与中国共产党的诞生的作用是明显的。某种意义而言，“五四”新文化运动为中国共产党的诞生，准备了必不可少的思想文化环境与条件。马克思主义在中国的传播与中国共产党的诞生，在中国现代史上具有非同小可的意义，它不仅成为中国资产阶级民主革命新、旧两个不同阶段的分水岭或转折点，更是中国革命从屡战屡败到胜利频传的转折点。“五四”新文化运动是中华民族真正达到文化自觉的标志，也是中华民族逐渐站立起来的起点。

三、正确认识与评价“五四”新文化运动

“五四”运动虽已过去将近100年，但却并没有淡出人们的记忆。“五四”运动的魅力仍存，“五四”运动的精神仍在，“五四”运动依旧存活在我们的现实生活中。“五四”运动是一场青年爱国运动，也是一场有着重要历史意义的文化革新运动。应该说，在20世纪中国历史中，对“五四”运动这一性质的基本判断，是获得过大多数中国人的广泛认同与共识的。然而，在最近几年，情况似乎发生了一些令人担忧并需加警惕的逆转，一些人打着恢复“国学”，捍卫中国传统文化，反对文化虚无主义的旗号，以文化反思与批判的名义，对“五四”新文化运动的方向与性质、作用与影响，发动了一波又一波所谓重评的逆袭。一些人认为，“五四”新文化运动提出打倒“孔家店”的口号，对儒学与儒家文化采取全面批判与全盘否定的态度，是一种历史虚无主义与文化虚无主义，其对中国传统文化的打击与破坏是毁灭性与灾难性的，导致了中国传统文化体系的崩溃，阻断了中华民族文化血脉传承的通道，使中华民族丧失了对自己文化的自信与文化身份的认同。

那么，究竟应该如何正确看待与科学评价“五四”新文化运动的历史地位与意义呢？它给中华民族文化的发展带来的究竟是一场破坏与灾难，还是一种振兴的契机与希望？它究竟是阻断了中华民族文化血脉的流通，还是给中华民族的发展增添了源头活水？它对20世纪中国历史的发展所起的作用与影响究竟是积极的，还是消极的？是起推动作用的正能量，还是起破坏作用的负效应？这是一个极其重大与重要的问题，因为它不仅仅关系到对历史事件评价的是非曲直问题，关系到对“五四”

新文化运动中人物的评价问题，关系到对20世纪中国历史的评价与判断问题，更关系到中国历史的未来发展道路与文化发展方向如何选择等问题。

不可否认，“五四”新文化运动作为一个历史性的事件或运动，也如人类历史上的其他历史运动一样，受其历史条件与环境的制约，不可避免地会具有一些历史的局限性与片面性。“五四”新文化运动的先驱们，无论是在对中国传统文化的反思与批判上，还是在对西方文化的态度上，都表达过一些过激的言辞，存有矫枉过正之嫌。然而，我们决不能以“五四”新文化运动有过这样或那样的缺点，存在着某些这样或那样的偏差，以所谓的再反思与再评价的名义，否定其革命性与进步性，改变其代表文化发展的正确方向。尤其需要指出的是，人们需要特别警惕某些人以反对历史虚无主义与文化虚无主义为由，行文化的复古、倒退与反对文化的革新和创新之实。“五四”新文化运动在某种程度上确有历史虚无主义与文化虚无主义的倾向与表现，但对其也不能绝对地诉诸否定性的评价，而应给予历史与辩证的把握与分析。

从人类社会历史发展的常态来看，历史虚无主义与文化虚无主义并不鲜见，但它通常发生在社会制度处于变革与社会文化处于转型的历史时期，而且在多数场合中，表现出历史虚无主义与文化虚无主义情绪或倾向的力量，大都属于要求社会与文化变革的一方。无论是历史虚无主义，还是文化虚无主义，一切形式的虚无主义的态度与立场，在理论上都是不可取的。其深刻原因不仅在于，任何历史性的存在都有其产生与存在的根据与理由，而且还在于社会历史的发展与演进都不是从零开始的，而是表现为间断性与连续性的统一。但也应看到，无论是历史虚无主义，还是文化虚无主义，在某些特定的历史条件下，它的发生不仅是难免的与可以理解的，而且不乏其积极的与进步的意义，因为它常以一种矫枉过正的、激进的、片面化的方式，表达着要求变革的革命性愿望。欧洲文艺复兴时期，人文主义者对封建制度与基督教文化批判时所表现出的虚无主义倾向，“五四”新文化运动的先驱们对儒学与儒家文化批判中所表现出的虚无主义倾向，即属这一类。当然，也不是所有形式的虚无主义中都蕴含有积极与合理的因素，在理论形态上同属于虚无主义阵营的人，由于所持的立场不同，所代表的利益不同，所否定的对象不同，因而存在着革命派、保守派、反动派的区分。在中国的当下，一些打着反对历史虚无主义与文化虚无主义旗号，抓住"五四"新文化运动的某些过激言行与激进观点，对其进行指责与否定，又何尝不是一种历史虚无主义与文化虚无主义的表现呢？只不过，这种历史虚无主义与文化虚无主义思潮，因其矛头指向对象性质的缘故，使其与"五四"新文化运动的先驱们的历史虚无主义与文化虚无主义倾向之间存在着一定的区别。"五四"新文化运动的否定者们所吟唱的，不过是一首对已逝去的旧文化表达哀思的挽歌。

正确评价"五四"新文化运动，对于评价 20 世纪中国的历史具有重要意义。对于"五四"新文化运动的评价，不能脱离 20 世纪中国历史的总体状况与基本趋势，不能仅是拘泥于某些个别的思想倾向与历史插曲，作抽象的争论与思辨。这不仅在于"五四"新文化运动是中国现代史的始点与开端，更为深刻的原因还在于"五四"新文化运动与它之后的一个世纪的中国历史发展之间有着剪不断、分不开的关系。不理解"五四"新文化运动，就不能正确地把握与阐释 20 世纪中国历史的发展。同样，离开了 20 世纪中国历史的发展，也无法正确认识与评价"五四"新文化运动的历史意义，这是一个问题两个相互依存、互为因果的方面。在"五四"新文化运动以降的近一个世纪中，中国的历史发展虽然也经历过不少的艰难与困苦、曲折与灾难，但就其历史发展的总体趋势而言，发展与进步是其主要的方面，前进与上升是其基本的趋势与轨迹。"五四"新文化运动以后的近一个世纪，是中华民族从醒过来到站起来、从站起来到走向崛起的历史，是可歌可泣、可圈可点的，是任何人也无法否认的闪耀光辉、总体向上与进步的历史。比较以"五四"新文化运动为时间节点的前后两个世纪的中国历史，可以说是天翻地覆，旧貌换新颜。那么，是什么原因推动与影响着 20 世纪中国历史发生如此重大的发展与进步呢？虽然，马克思主义者不是文化决定论者，历史发展有其自身的必然性，但一个不可否认的因素是，“五四”新文化运动所取得的文化成果，对20世纪中国历史的影响是不容否定与无可争辩的。20世纪中国的历史与马克思主义的影响及中国共产党的领导是分不开的，而马克思主义在中国的落地生根与中国共产党的历史又是分不开的，这不仅是一种简单的逻辑链接，而且也是有充分历史根据的。

正确地评价“五四”新文化运动，对于把握中国历史与文化发展的正确方向，也具有重要意义。对“五四”新文化运动是持积极肯定的评价，还是持批判否定的评价，不仅是一个学术性的争论，也不仅关系对20世纪中国历史的评价，同时也关系到中国文化未来发展的方向问题，具体地，说关系到建设文化强国的路径选择问题。从一定意义上看，有关“五四”新文化运动的性质与功过的评价之争，实质上涉及的是中国文化未来发展的方向与路线之争。要建设社会主义现代化强国，必须建设社会主义现代化的文化强国，文化强国不仅构成现代化强国的重要内容，更为重要的是它还为现代化强国的建设提供精神支撑。那么，实现建设文化强国的目标，是沿着“五四”新文化运动先驱们开辟的文化革新的道路，在马克思的历史观与文化观的指引下，坚持走文化开放、文化革新与文化创新之路？还是摒弃“五四”新文化运动所开辟的道路，走所谓的儒学回归与重新振兴新儒学之路？这显然不仅仅是一个学术性问题，而是关系到中华民族未来前途与命运的重要问题。文化在本质上是实践的，因而是历史的，文化是实践的与历史的，因而是需要不断革新与创新的。不管“五四”新文化运动的先驱们，曾经犯过什么样的错误与有过什么样的历史局限性，但他们开辟的文化革新的道路在方向上是正确的，这已被20世纪中国的历史所确证，只要我们沿着这条路线继续前进，其方向的正确性也将继续被确证。

关于普世价值问题的辨与思*

近年来，在国内学术界，尤其是在国内哲学界与伦理学界，一场有关普世价值有无的论争极为引人注目。参与论争的人数之多，论争程度之激烈，实属近年来少见。不仅如此，在普世价值有无的问题上，在参与论争的人群中，尽管人们的意见不一，但就其基本观点与主张来看，却鲜明地呈现出两军对垒的特点，一派对普世价值的存在持坚定的肯定态度，一派对普世价值持坚定的否定态度，极少见到有游走于二者之间或超出二者之外的观点。那么，在人类社会历史的发展过程中，究竟有没有普世价值的存在？什么是普世价值？哪些价值范畴属于普世价值范畴？虽然人们有关这些问题的讨论与争论持续了不短的时间，并表达了一些有启发性的、值得重视的见解，但仍有一些疑问需要进行进一步的分辨与澄清。

一

在人类社会历史发展的过程中，究竟存不存在一种普世性价值？这并不是近几年才凸现出来

* 本文原发表于《马克思主义研究》2019年第1期。

的新问题，在西方哲学史与思想史上，它其实是一个很老的问题，人们有关这一问题的争论与分歧，也不是始于当下。可以说，在西方哲学史与思想史上，几乎所有的理念论者、宗教信仰者、类似于斯多葛派一类的世界主义者以及西方近代的理性主义者，都是普世价值观念的倡导者与笃信者，不同的地方只是在于，他们对普世价值的诠释各有不同。尤其是对于西方近代以来的那些认为“应当建立理性的国家、理性的社会，应当无情地铲除一切同永恒理性相矛盾的东西”①与“一切都必须在理性的法庭面前为自己的存在作辩护或者放弃存在的权利。思维着的知性成了衡量一切的唯一尺度”②的资产阶级思想家们来说，对是否具有普世价值的任何追问都既是多余的，也是不合法的，任何存疑都是不可思议的事情。在资产阶级思想家们的认知逻辑中，既然理性是一切事物存在的根本依据，“思维着的知性”是衡量一切是否合理的唯一尺度，那么，符合理性要求的价值观念必然具有普世的性质。什么样的价值观念是符合理性的，从而具有普世性？合乎理性与具有普世性的观念必须具有“永恒真理”的性质。一切与永恒真理相矛盾的东西，都不应享有存在的权利，因而都应当被铲除。正是依据这样的思考逻辑，资产阶级思想家们认为，生成于资本主义制度与资产阶级国家基础上，并适合资本主义制度与资产阶级国家生存与发展需要的自由、平等、博爱、民主、天赋人权等价值观念具有无可争辩的普世价值的性质，因为只有资本主义私有制才最符合人的自然本性，而最符合人的自然本性的社会制度必然是最合乎人的理性的，因而资本主义制度也是一种永恒的存在。资本主义制度既然是一种合理与永恒的自然存在，生成于资本主义经济制度与政治制度基础上的，并符合资本主义经济制度与政治制度需要的诸如自由、平等、博爱、民主、人权等价值观念与价值范畴也就必然具有“永恒真理”与普世的性质。从人的所谓自然本性演绎出资本主义制度的合

---

① 《马克思恩格斯文集》第3卷，人民出版社2009年版，第526页。

② 《马克思恩格斯文集》第3卷，人民出版社2009年版，第523页。

理性与永恒性，再从资本主义制度的合理性与永恒性中演绎出生成于并适合于资本主义制度的自由、平等、博爱、民主、人权等价值观念具有“永恒真理”与普世价值性质的结论，并以这种结论为依据，为自己向外兜售与强推自由、平等、民主、人权等价值观念进行合法性与正当性的辩护，这几乎是西方近代以来绝大多数资产阶级思想家们的一个具有共同性的思维进路，这种思维进路说得好听点是他们的“共同智慧”，而实质上是他们的“共同合谋”。

当然，在将自由、平等、民主、人权等价值观念视作普世价值的人们中，也不都是试图为资本主义制度辩护的，在近年来国内学术界有关普世价值是否存在，自由、平等、民主、人权是否是一种普世价值的论争中，也有人试图以自由、平等、民主、人权等价值观念也是构成社会主义核心价值观的重要内容为根据，证明上述价值观念具有普世性。人们经常听到有这样一种发问，如果没有普世价值的存在，如果自由、平等、民主、人权不是一种普世价值，那为什么它们既是资本主义核心价值观的内容，也是社会主义核心价值观体系不可或缺的内容？或者问，虽然资本主义社会与社会主义社会属于两种不同性质的社会制度，但为什么无论是资本主义社会还是社会主义社会，都会将自由、平等、民主、人权作为社会价值体系的构成要素，而不愿将自由、平等、民主、人权的旗帜拱手让人呢？

自由、平等、民主、人权究竟是否是一种具有“永恒真理”性质的普世价值？如果站在马克思的历史观与价值观的维度上，答案不仅是否定的，而且是无可争辩的。在马克思的历史观的理论逻辑中：“人们按照自己的物质生产率建立相应的社会关系，正是这些人又按照自己的社会关系创造了相应的原理、观念和范畴。所以，这些观念、范畴也同它们所表现的关系一样，不是永恒的。它们是历史的、暂时的产物。”①虽然自由与平等作为规范性的价值范畴并不是西方近代才产生的范畴，其

① 《马克思恩格斯文集》第1卷，人民出版社2009年版，第603页。

早在古希腊的哲学与伦理学中就已出现了，但必须看到，在西方近代以前的社会历史中，自由与平等作为价值规范从未取得过支配地位。“自由人”的桂冠并未人人拥有，能够配称“自由人”的只是属于拥有公民权的雅典的奴隶主贵族。在长达数千年的奴隶社会与封建社会中，平等不仅不是一个肯定性的概念，反而是个否定性概念，正如恩格斯曾经指出的：“在希腊人和罗马人那里，人们的不平等的作用比任何平等要大得多。如果认为希腊人和野蛮人、自由民和奴隶、公民和被保护民、罗马的公民和罗马的臣民（该词是在广义上使用的），都可以要求平等的政治地位，那么这在古代人看来必定是发了疯。”①

民主也属于近代以来的历史范畴。民主的价值取向生成于民主制度的基础之上，民主制度并不是在任何历史条件下都具有历史的必然性与合理性的，民主制度只是“国家的最高形式，民主共和国，在我们现代的社会条件下正日益成为一种不可避免的必然性”②，即民主制只有对于现代的社会条件来说才是必然的与不可避免的，对于近代以前的社会条件来说并非是必然的。一个不容否认的历史事实是，民主制只是在希腊城邦中有过短暂的存在，而且雅典的民主制灭亡之后，在以后的近两千年的封建社会中，无论是在西方还是在东方，都没有再出现过与复制过。对这一历史现象的可能解释只能是，农耕文明的生产方式所产生的必然是以贵族为主的生产关系与社会关系，在以贵族为主的生产关系与社会关系中，社会的阶级结构与政治结构必然是等级制，而等级制占支配地位的政治制度必然是专制，而不是民主。

至于“天赋人权”问题，则更是资产阶级思想家们捏造出来的一个神话和谎话。人作为人存在，当然应当享有并且也真实地享有一定的权利，但人享有什么样的权利，既不是天赋的，也不是根据自然的原则确定的，人的权利是在社会历史中产生的，是由社会历史条件决定的，

---

① 《马克思恩格斯文集》第 9 卷，人民出版社 2009 年版，第 109 页。

② 《马克思恩格斯文集》第 4 卷，人民出版社 2009 年版，第 192 页。

人的任何权利都是一种历史权利，具有历史性，“权利决不能超出社会的经济结构以及由经济结构制约的社会的文化发展”①。自由、平等、民主、人权作为价值范畴虽然并不是西方近代才产生的，但是可以确认的一个事实是，只是在西方近代以来的社会历史条件下，它们才取得了支配人们价值取向的地位，成为社会核心价值体系的构成要素，并成为评价与度量社会是否正义的尺度与坐标。那么，是什么原因使自由、平等、民主、人权等范畴受到西方近代以来的人们的关注与看重，并成为社会占主导地位的核心价值观念呢？其答案只能是，它们适应了社会发展商品经济的需要。没有人的自由，无论是商品生产，还是商品交换，都是不可能进行的。要进行商品生产，资本家必须在商品市场上购买到进行生产的劳动力与原材料，这就要求工人在人身方面是自由的，以及原材料在市场上是可以自由买卖的。在商品经济社会中，人们的生产不是为了获取使用价值，而是为了获取交换价值，要使商品的价值得以实现，人们生产出来的产品必须卖出去，否则就会变成废物一堆，而要使商品的交换价值得以顺利实现，贸易必须是自由的。商品经济的存在与发展不仅要求贯彻自由的原则，同时也要求贯彻平等的原则。在西方近代社会中，自由的观念与平等的观念之所以犹如一对孪生兄弟，形影不离，根本原因在于它们都源于发展商品经济的需要。没有人的自由，也就不可能有人的平等，反之亦然，没有人的平等，也没有人的自由，二者相互支撑，互为对方存在的前提条件。平等的要求在本质上是商品经济的基本规律即价值规律在法律与观念上的反映与表达。在商品交换的过程中，买者与卖者的地位如果是不平等的，就有可能发生强买强卖的现象，倘若强买强卖现象被允许，等价交换的原则就不复存在，从而商品经济的存在与发展就会成为不可能。当人们在法律上要求并获得自由的身份以及与他人平等的地位，自由与平等的价值观念在社会中取得支配地位时，民主制主共和国也就变成了不可避免的要求。在商品经济社

① 《马克思恩格斯文集》第3卷，人民出版社2009年版，第435页。

会中，人们之所以要求民主，直接的原因在于人们是想通过民主制捍卫自己自由与平等的权利，根本的原因则在于发展商品经济的需要。同样，资产阶级思想家们宣扬的以生命权、自由权、私有财产权与幸福权为内容的所谓天赋人权，根本不是什么天赋的，而是历史的，是资产阶级维护资本主义制度、发展资本主义商品经济的要求在意识形态上的反映与表达。

自由、平等、民主、人权如果不是一种普世价值，那么自由、平等、民主、人权何以既是资产阶级的核心价值观念，也是社会主义核心价值观的构成要素呢？对于这一问题的回答其实并不困难，只要市场经济的存在仍然有必要，要发展市场经济，自由、平等、民主等就是必然的与必要的价值取向。

二

肯定自由、平等、民主、人权等范畴是一种历史性生成，因而属于历史范畴，这些范畴所表达的价值诉求也具有历史性，其存在的合理性与正当性或正义性只能在人类社会历史发展的过程中得到确认，这无异于否定了上述范畴及其所表达的价值诉求的普世性质。但这是否意味着一切具有普遍性意义的或具有普世性意义的范畴与价值都是一种不可能存在的存在？应对任何有关普世价值的诉求都应给予彻底的拒斥呢？当然不是，也不能。否认自由、平等、民主、人权等范畴及其所表达的价值诉求具有普遍性质，并不意味着具有普遍性质或普世性质的价值诉求在任何意义与维度上都不存在，也不意味着我们可以对任何肯定普世价值的主张都给予否定与拒斥。什么是普世价值？普世价值的“普世”应作何理解与诠释？对此，无论是从思想史的维度看，还是从现实的维度看，人们的理解与诠释并不相同。如果赋予“普世”概念以类似于杜林的“终极真理”“永恒真理”的理解，或作康德的实践理性中的“绝对命令”的界说，将普世价值视作超越一切历史、超越一切时代、超越国家与民族而“凌驾于历史和民族差别之上的不变的原则”，并且认为这种原则是普遍适用的，人人都能接受与同意的，在任何情况下都具有必然的有效性，那么，这样的价值原则确实是不存在的，即使存在也是极其稀少的。正如恩格斯在批判杜林有关道德的观点时所指出的，在道德领域中，也就是在属于人类历史的领域中，“在这里播下的最后的终极的真理也远比有些人所想的要稀少得多”①，“因此，我们拒绝想把任何道德教条当做永恒的、终极的、从此不变的伦理规律强加给我们的一切无理要求，这种要求的借口是，道德世界也有凌驾于历史和民族差别之上的不变的原则。相反，我们断定，一切以往的道德论归根到底都是当时的社会经济状况的产物”②。人们虽然不能绝对地否定不变道德原则的存在，但可以确认的是，那种类似于永恒真理的、具有永恒不变性质的道德原则即使有，也是极其稀少的。

在道德领域如此，一切关涉价值的领域也都如此。价值是与人的需求和利益密切相关的，一切与人的需求无关的利益的存在，对于人的存在来说都不构成现实的与真实的价值关系。人的需求的多方面性决定着价值体系的复杂性。具有“永恒真理”性质的与不变的价值原则的存在，需以永恒不变的需求与不变的利益的存在作为存在的客观基础与前提条件。我们不否认在人类社会历史发展的过程中，存在着人类共同的具有普遍性质的需求与共同的具有普遍性质的利益，但我们也必须确认这样一个事实，人们的需求也好，利益也好，都是一种历史性的生成。因而，即使是属于人类共同的普遍需求与普遍利益也是历史的与不断变化的，没有永恒不变的需求，也没有永恒不变的利益诉求，即使有，也是极其稀少的。也许人们会认为，人作为人存在，都必须吃、喝、住、穿，这难道不是一种不变的需求吗？但问题是，不同历史时代的人们对

① 《马克思恩格斯文集》第 9 卷，人民出版社 2009 年版，第 95 页。

② 《马克思恩格斯文集》第 9 卷，人民出版社 2009 年版，第 99 页。

吃、喝、住、穿的诉求与满足吃、喝、住、穿的生产方式与交换方式是不一样的，它们同样具有社会历史的性质。正因为如此，在社会历史领域中，那种适合一切时代、一切国家与民族、超越历史时空、具有“永恒真理”性质或永恒不变性质的价值观念与价值原则实际上是不存在的，即使存在，也是极其稀少的。人们看到的通常是恰恰相反的景象，随着人们满足自己需求的生产方式与交换方式的变革与改变，人们也改变着自己的价值诉求、价值观念和价值原则。

对社会历史过程中所表达出来的价值取向、价值观念、价值原则赋予一种历史的、非永恒真理的、非普适性的理解与诠释，并不意味着对人们通常所提及与强调的价值共识的否定与拒斥。应该承认，虽然在人类社会历史发展过程中，其价值取向与价值观念演进的总趋势是不断发生改变的，社会的价值取向也是多元竞争的，但这不等于说在社会历史中没有任何形式的价值共识存在。无论是从社会的运行维度上看，还是从社会中存在的各种类型的共同体维系上看，价值共识是社会及各种共同体得以生成与维系的必要条件。对于一个社会及社会共同体的存在来说，缺乏价值共识的基础，其存在的可能性是难以想象的。

所谓价值共识，是指价值认识上的一致性与相近性。价值共识有多种不同的类型。从主体的方面看，有社会性的价值共识、共同体的价值共识、少数人之间的价值共识与多数人之间的价值共识。实际上，任何一种文化、社会的意识形态、社会的历史文化传统的生成与延续，都蕴涵有价值共识的因素。没有价值共识的基础性支撑，社会文化、社会的意识形态、社会的文化传统既不能生成，也不可能延续。价值共识从生成的原因方面看，有基于相同或相似的文化及其文化传统的原因，有基于相同或相似的利益的原因，有基于相同或相似的社会历史条件与环境的原因，有基于相同或相似的生活方式的原因，也有基于相同或相似的历史观与价值观的原因，甚至自然条件与自然环境在价值共识的生成中也有不容忽视的作用。但归根到底，社会的生产方式与交换方式的性质通常在社会价值共识的生成中，尤其是在社会历史中起主导作用的价值共识的生成中起着主要的与决定性的作用。为何“在贵族统治时期占统治地位的概念是荣誉、忠诚，等等，而在资产阶级统治时期占统治地位的概念则是自由、平等，等等”①？唯一可能正确的解释只能是，贵族阶级、资产阶级及他们的价值观念都是一定的生产方式与交换方式的产物，资产阶级看重的价值观念之所以不同于贵族阶级看重的价值观念，根本原因在于它们赖以生成与代表的是不同的生产方式与交换方式。

价值共识既可以在同一个阶级、同一个共同体内部存在，也可以在不同阶级、不同共同体之间，甚至是相互对立的阶级与共同体之间存在。同样，价值共识既可以在单一的社会形态中存在，有些价值共识也可以在几个不同的社会形态之间存在。不同的阶级与共同体之间之所以可能存在着价值共识，或因某种文化的、传统的联结因素，或因某种程度的利益联结的因素。不同的社会形态之间之所以存在价值共识的可能，原因在于，不同的社会形态都是处于同一历史发展的过程中，存在着或多或少的相同或相似的历史联系。

价值共识也可以叫作共同价值，但无论是叫作价值共识，还是叫作共同价值，都不能简单地被视作一种类似于永恒真理的，或类似于康德的“绝对命令”的普适或普世价值，即使是那些反映与表达着人类社会一定阶段的普遍利益的价值，也仍然是一种历史性的价值，而不是也不应被视作一种具有普适性的普世价值。价值共识或共同价值的历史性质决定着它也会随着社会历史条件的变化与改变发生变化与改变，这种变化与改变或者表现为原有的价值共识与共同价值的瓦解与消失，或者表现为新的价值共识与共同价值取代旧的价值共识与共同价值。

原理是历史创造的，而历史不是原理创造的，应该“始终站在现实历史的基础上，不是从观念出发来解释实践，而是从物质实践出发来解释各种观念形态”②。任何观念，包括价值观念都是在人的实践中生成

① 《马克思恩格斯文集》第1卷，人民出版社2009年版，第552页。

② 《马克思恩格斯文集》第1卷，人民出版社2009年版，第544页。

的，在本质上是实践的，而人的实践具有鲜明的历史性质。遵循从实践出发去解释观念生成的原则，在思维的逻辑上就意味着超越历史的普世价值存在的不可能。然而，也需指出的是，任何观念都是通过范畴来表达的，而范畴都是抽象与具体、一般与个别、普遍与特殊的统一。所谓抽象的、一般的、普遍的方面，概括与反映的是事物与现象的“共性”“共同点”“共同规定”，所谓具体的、个别的、特殊的方面概括与反映的是事物的个性、特殊性、独特规定。有具体必有抽象，有个别必有一般，有特殊必有普遍，反之亦然。因此从具体的、个别的、特殊的东西中概括与归纳出抽象的、一般的、普遍的东西，即事物的共同点、共同规定，不仅是符合辩证思维要求的，也是可能的与必要的。正如马克思在论述生产一般与生产特殊的关系时所指出的：“生产的一切时代有某些共同标志，共同规定。生产一般是一个抽象，但是只要它真正把共同点提出来，定下来，免得我们重复，它就是一个合理的抽象。不过，这个一般，或者说，经过比较而抽出来的共同点，本身就是有许多组成部分的、分为不同规定的东西。其中有些属于一切时代，另一些是几个时代共有的。[有些]规定是最新时代和最古时代共有的。没有它们，任何生产都无从设想。”①但需强调的是，马克思上面所指的尽管是生产一般与生产特殊的关系问题，但作为一种思考的逻辑与方法，对于思考价值问题无疑是有参照意义的。价值观念也存在着价值一般与价值特殊的区分，价值一般由于表达的是价值诉求的共同点、共同规定，因此，对于那些属于几个时代共有并适用于几个时代，尤其是属于一切时代并适用于一切时代的共同规定，确有普世的性质，只是我们不应忽视这种共同规定是抽象掉了具体历史规定的产物，在社会历史中是不可能独立存在的。没有哪一个价值范畴所表达的价值诉求具有无条件的、绝对的普适或普世性质，充其量只是那些作为共同规定存在的因素具有价值共识与普世价值的性质。

① 《马克思恩格斯文集》第8卷，人民出版社2009年版，第9页。

三

如上所述，马克思的历史观与价值观作为唯物主义的、辩证的历史观与价值观，无论是对社会历史事实与历史现象的理解与把握，还是对历史观念与价值观念的理解与把握，都是既贯彻着历史唯物论的原则，同时也贯彻着历史辩证法的原则。在马克思的历史观与价值观的视野与认知逻辑中，抽象与具体、一般与个别、普遍与特殊是辩证统一的，它们相互依存，各以对方的存在为条件，但它们的统一又是具体的、历史的统一。抽象是对具体的抽象、抽象的可能性是以具体的存在为前提条件的，没有具体也没有抽象；一般是相对个别而言的，是对个别的归纳与抽象，没有个别也就没有一般；普遍相对特殊而言，普遍性寓于特殊性之中，没有游离于特殊性之外的普遍性，但抽象的、一般的、普遍的东西也不同于具体的、个别的、特殊的东西，它通常所指的是从事物与现象中抽象、概括、归纳出来的事物与现象的共同点与共同规定。马克思的历史观并不拒斥任何抽象，实际上，一切概念与范畴都是思维抽象的结果与产物，没有思维的抽象，就没有概念与范畴的生成。马克思在谈到经济范畴的产生时，就曾明确指出："经济范畴只不过是生产的社会关系的理论表现，即其抽象。"①实际上，所谓的生产一般、劳动一般都是一种抽象的产物，但抽象存在着科学与否、合理与否的区分。马克思的历史观拒斥的是那些非科学性与非合理性的抽象，以及对社会历史现象仅仅或单纯地诉诸一种抽象理解的历史观与方法论。马克思之前的思想家对社会历史中的存在与现象，大多要么诉诸一种感性直观式的抽象，要么像黑格尔哲学那样诉诸一种纯概念运动的思辨式的抽象，他们对社会历史的理解通常只是片面地抓住与强调社会历史发展过程中的抽象的、一般的、普遍性的因素或方面，并加以夸大。近代西方人道主义

① 《马克思恩格斯文集》第1卷，人民出版社2009年版，第602页。

关于人性与人的本质观即是这种历史观与方法论的典型代表。持抽象的人道主义历史观的思想家们大多或者像费尔巴哈那样，不是将人性与人的本质放在具体的历史条件与“社会关系的总和”中去理解，或者像普鲁东那样不知道“整个历史也无非是人类本性的不断改变而已”。仅仅对单个的人诉诸单纯性的抽象直观，其结果就是人的“本质只能被理解为‘类’，理解为一种内在的、无声的、把许多个人自然地联系起来的普遍性”①。西方近代以来的这种抽象的人性与人的本质观曾受到马克思主义创始人的批判，这是人尽皆知的，遗憾的是不少人对马克思主义经典作家批判的诠释却是错误的。在不少人的认知中，似乎马克思的历史观对一切形式的抽象，无论是像费尔巴哈那样的直观的抽象，还是像黑格尔那样的思辨的抽象，抑或是其他形式的抽象都是诉诸否定与拒斥的。其实，这是一种误读，马克思主义历史观并不是反对任何形式的抽象，它否定与拒斥的是对社会历史现象仅仅诉诸单纯的抽象。具体些说，是否定那些游离于具体的抽象、游离于个别的一般、游离于特殊的普遍的存在。

如上所述，马克思的历史观并不是反对任何形式的抽象，并不否认有别于个别性的一般性、有别于特殊性的普遍性的存在，而是对抽象与具体、一般与个别、普遍与特殊之间的关系赋予一种历史的、辩证的理解。但需强调的是，首先，在把握抽象与具体、一般与个别、普遍与特殊之间的关系时，一方面，应对抽象与具体、一般与个别、普遍与特殊进行正确的区分，防止将历史的存在永恒化、个别的存在一般化、特殊的存在普遍化。另一方面，对社会历史发展过程中的某些共同体、集团、阶级，尤其是对社会中处于统治地位的阶级，以自己的特殊利益、特殊价值观念冒充社会的普遍利益，以特殊的、历史性的价值观念冒充“永恒真理”与“普世价值”的情况保持警惕。在社会历史发展的过程中，那些处于统治地位的阶级与集团，为了使自己的阶级统治永恒化

① 《马克思恩格斯文集》第1卷，人民出版社2009年版，第501页。

与合法化，将自己的阶级私利赋予普遍性的形式，将自己的价值观念涂上普世价值的色彩，将自己的阶级统治的历史暂时性永恒化，是他们的惯常做法。其次，在马克思历史观的理论逻辑中，虽然从具体的、个别的、特殊的历史事物与现象中抽象与概括出来的共同点或共同规定，对于人们把握与解释历史事物与现象具有不可忽视的意义，但马克思的历史观更强调的是对历史事物与现象的具体的、个别的、特殊的特点与规定的考察与把握。原因在于，历史事物与现象的共同点与共同规定作为一种思维抽象的产物，撇开了历史事物与现象生成与存在的历史环境与条件，舍弃了历史事物与现象的个性与差异。然而，正如马克思在谈到语言问题时所指出的："如果说最发达的语言和最不发达的语言共同具有一些规律和规定，那么，构成语言发展的恰恰是有别于这个一般和共同点的差别。"① 即不分辨出最发达的语言与最不发达的语言之间的差别性，仅仅看到二者之间所具有的一般的、普遍的"一些规律和规定"，这既不可能了解与掌握语言的历史发展，也不可能懂得最发达的语言与最不发达的语言本身。因为将最发达的语言与最不发达的语言相互区别开来的是二者之间的差异性与不同点，而不是二者之间的共同点与共同规定。生产也是这样，历史上的各个时代的生产之间也有些共同点与共同规定，这种共同点与共同规定通常构成生产一般。但任何生产"总是指在一定社会发展阶段上的生产——社会个人的生产"②。将一个时代的生产与另一个时代的生产相互区别开来的、决定各种不同生产特质的不是各种不同生产所共有的共同点与共同规定，而是它们各自具有的个性与特性。

上述的马克思主义历史观对历史事物与现象考察与分析的方法论，也适用于对价值观念的考察与分析，因为价值观念也是一种历史性的存在。我们不妨仍以自由、平等、民主等被一些人视为具有普世性的价值

① 《马克思恩格斯文集》第 8 卷，人民出版社 2009 年版，第 9 页。

② 《马克思恩格斯文集》第 8 卷，人民出版社 2009 年版，第 6—9 页。

观念为例加以说明，前面本文已就自由、平等、民主等观念究竟是一种历史性的价值观念，还是适于一切历史时代的普世性价值观念进行了澄清，此外则想进一步阐明，自由、平等、民主等价值要求即使是作为近代以来的一种历史必然性，也还是不能诉诸一种仅仅是抽象的理解与诠释，而应赋予其一种历史性的理解与诠释。自由、平等、民主作为一种观念性的价值范畴，是对各种形式的自由、平等、民主共同要求的抽象，因而，它无疑包含着各种形式的自由、平等、民主的共同点与共同规定。但我们对自由、平等、民主的历史诠释虽然不能忽视这些共同点与共同规定，但更应重视社会中具有不同的自由观、平等观、民主观的阶级对自由、平等、民主的各自不同的具体要求。资产阶级有自己的自由观、平等观、民主观，无产阶级也有自己的自由观、平等观、民主观，而将二者区别开来的不是有关对自由、平等、民主范畴所包含的共同点与共同规定的认同，而是二者之间的差异性的要求。

还需指出的是，在抽象与具体、一般与个别、普遍和特殊的关系的理解上，马克思的历史观之所以一方面反对对历史中的事物与现象仅仅诉诸抽象的理解与诠释；另一方面又肯定对历史中的事物与现象进行抽象的可能性与必要性，其中的一个重要原因即如马克思在论及生产一般时所指出的，“对生产一般适用的种种规定所以要抽出来，也正是为了不致因为有了统一（主体是人，客体是自然，这总是一样的，这里已经出现了统一）而忘记本质的差别。那些证明现存社会关系永存与和谐的现代经济学家的全部智慧，就在于忘记这种差别”①。

① 《马克思恩格斯文集》第8卷，人民出版社2009年版，第9页。

论真、善、美在马克思主义哲学中的统一 *

一

哲学是“关于自然界、人类社会和人类思维的运动的最一般规律的科学”，是知识体系中的“最高的智慧”。在所有的传统的马克思主义哲学教科书中，这似乎是一个无可怀疑的共同见解。在传统的马克思主义哲学教科书的视野里，哲学的唯一目的和任务就是对外部世界的发展及其总的图景进行解释与描述，哲学活动就是要达到对客观存在的外部世界与思维的本质及其发展规律的正确认识与理解，即达到“求真”的目的。而“善”则只是一种道德的价值，不属于知识与智慧的范围，它应当是道德研究的对象；“美”则是一种艺术的价值，它应当是美学和艺术研究的对象。正是基于这样的思路，传统的马克思主义哲学教科书体系一般都分为两大块：一块为辩证唯物主义，一块为历史唯物主义。在辩证唯物主义中，主要是论述物质世界发展的一般规律与人的思维和认识发展的一般规律，在历史唯物主义中主要是论述社会历史发展的一般规律。而“善”

* 本文原发表于《华中师范大学学报（人文社会科学版）》1991 年第 1 期。

的问题，“美”的问题，则长期视为非哲学的研究对象被排斥在马克思主义哲学教科书之外。

笔者认为，传统马克思主义哲学教科书对哲学功能的这种理解是片面的，把哲学活动仅仅看成是一种“求真”的活动，是自古希腊以来至马克思主义哲学诞生以前的一切旧哲学的共同特点。然而，在马克思的“新唯物主义”的视野里，哲学的功能与使命不仅仅限于对外部世界的直观解释与描述，而更重要的在于改造世界。循着马克思主义哲学的这一有别于一切旧哲学的全新思路，哲学显然不仅应关心“真”的问题，而且应关心“善”的问题，还应关心“美”的问题。在马克思主义哲学中，真、善、美应是不可分割地被统括在自身之内。

二

在《关于费尔巴哈的提纲》中，马克思把自己的哲学称为“新唯物主义”。在《在德意志意识形态》中，马克思、恩格斯又把自己的哲学称为“实践的唯物主义”“新唯物主义”“实践的唯物主义”的提出，标志着一种新的唯物主义哲学形态的诞生。

那么，“新唯物主义”新在何处呢？马克思在谈到旧唯物主义的主要缺点时曾经写道：“从前的一切唯物主义——包括费尔巴哈的唯物主义——的主要缺点是：对对象、现实、感性，只是从客体的或者直观的形式去理解，而不是把它们当做人的感性活动，当做实践去理解，不是从主体方面去理解。”[①]显然，在马克思看来，新、旧唯物主义的根本分歧与区别在于对“事物、现实、感性”的不同理解上，或者说在于对唯物主义的“物”的不同理解上。旧唯物主义的根本缺陷在于：它不是把人理解为感性的活动即实践，而至多是把人理解为感性的对象；它对

① 《马克思恩格斯文集》第1卷，人民出版社2009年版，第503页。

"事物、现实、感性"不是从主体的方面即从人的实践活动方面去理解，而只是从客体的方面诉诸一种简单的直观。与旧唯物主义的直观性的思维方式不同，"新唯物主义"或"实践的唯物主义"不再把人仅仅理解为"感性的对象"，而是把人理解为感性的活动，即实践；对"事物、现实、感性"不再诉诸单纯的感性直观，而是把"事物、现实、感性"与人的感性活动即人的历史实践联系起来，从人的历史实践的角度去揭示"事物、现实、感性"的本质。在"新唯物主义"或实践唯物主义者的眼里，我们所面对的自然物质，已经不是原始的自然物质，而是经过了人类劳动或实践改造过的，打上了人的本质力量印迹的人化自然物，表现为人的历史实践的结果和产物；而且也表现在，人类社会的历史也不过是人通过自己的劳动或实践诞生的历史，没有人类的历史实践就没有"历史的自然和自然的历史"，没有人类的实践也同样没有人类社会和人类社会的历史。正如马克思曾经指出的："这种活动、这种连续不断的感性劳动和创造、这种生产，正是整个现存的感性世界的基础。"① 要"始终必须把'人类的历史'同工业和交换的历史联系起来研究和探讨"②。正因为"新唯物主义"或"实践的唯物主义"是从人的感性活动出发去理解人的自然、人的社会与历史乃至人类自身，把人的劳动、实践或感性活动看成是整个现存感性世界的非常深刻的基础，人类的劳动发展史是理解整个人类历史奥秘的一把钥匙。所以按照事物的本来面貌及其产生情况来理解事物的马克思主义哲学才把实践范畴作为自己的逻辑出发点与思维辐射的轴心。

实践的唯物主义不仅把实践范畴置于自己哲学的核心地位，而且赋予实践范畴以唯物主义的理解。与形形色色的实践唯心主义对实践的理解不同，实践唯物主义既不把实践看作是一种思想或精神性的活动，也不把实践看作是一种任意的自由活动，而是把实践看作是一种感性的物

---

① 《马克思恩格斯文集》第 1 卷，人民出版社 2009 年版，第 529 页。

② 《马克思恩格斯文集》第 1 卷，人民出版社 2009 年版，第 533 页。

质活动。而实践作为一种感性的物质活动既是能动的，又是受动的，是能动与受动的辩证统一。人的实践活动之所以具有受动性的特点，深刻的原因在于：对于从事实践活动的人来说，首先，他是一种自然存在物。作为从自然界分化出来的作为主体而存在的人，必然以客观自然界为自己存在的对象，要受自然界的特点与规律的制约。其次，从事实践的主体也是一种社会存在物。人的存在决定了人必然同自然界进行物质、能量和信息的交换，这种交换活动就是劳动。在劳动中，人不仅以自然界为自己存在的对象，而且也以他人为自己的存在对象，从而以社会为自己的存在对象。再次，从事实践的人还是一种历史存在物。任何一个时代的人的活动条件，包括生产力、生产关系以及社会的精神文化环境都是从先前时代继承下来的。人的实践受动性的特点，决定了人的实践活动首先必须遵循外部世界的尺度，即是说人们的实践活动必须以客观对象的存在为前提，并受到客观对象本身所固有的规律的制约，实践首先是一种合规律性的活动。人们对客观对象把握的程度直接决定着人的实践结果，而人们在实践所取得的结果中则体现着人们对客观对象的把握程度与对科学理性精神的遵从。

既然，人的实践活动首先是一种合规律性的活动，这种合规律性的活动必须以客观对象的存在为前提。并受到客观对象本身规律的制约。那么，人们在实践活动中要想使自己的活动取得预期的效果，就必须以对外部世界客观规律的正确认识为前提。显然。实践在“实践的唯物主义”中的核心地位的确立，也即意味着“真”的问题毫无疑问地应被马克思主义哲学所关注；对真理的探求理所当然地成为马克思主义哲学的一项重要使命。因为主体关于客体的真理性认识是作为关系到主体的实践活动成败的一个重要环节而包括在实践过程中。

实际上，任何哲学都必须对外部世界总的图景进行描述，对外部世界的本质做出自己的解释，“求真”是所有哲学的一项重要使命，在这一点上，马克思主义哲学也不例外。诚然，在《关于费尔巴哈的提纲》

中，马克思确曾对先前的旧“哲学家们只是用不同的方式解释世界”①这一点提出过批评，但对于马克思的这一批评我们不应理解为他反对对外部世界确切描述与解释。马克思与旧哲学家们的分野在于：首先，旧哲学家们只是把对外部世界的描述与解释作为哲学的唯一功能与目的，马克思主义哲学不仅强调需要对现存的感性世界做正确的描述与解释，更强调对现存世界进行改造的意义；其次，马克思主义哲学坚决地反对像旧哲学家们那样，只是对现存世界及其本质做直观的抽象的理解。

三

然而，马克思主义哲学不仅关心“真”的问题，而且更关心“善”的问题。深刻的原因在于：人们改造世界的活动是一种合目的性的活动。当实践唯物主义把实践看作是一种合目的性的活动时，实际上是把实践看成是一种“求善”与实现善的活动。

在实践唯物主义的理解中，实践之所以是一种“求善”与实现善的活动，这不仅在于人们对外部世界的认识与理解并不是目的，“求真”不过是手段，主体获得了关于客观对象的真理性认识只不过是整个实践过程中的一个环节，“求真”的目的是为了实现真。更为重要的是，实践唯物主义认为，人的实践活动与动物的单纯适应外部环境的本能活动具有根本不同的性质。对于动物来说，外部世界给予它的生存条件与环境是它无法逾越的障碍与限制，动物的活动是纯粹受动的。人则不同，人既是一种受动的存在物，同时也是一种能动的存在物。人作为一种能动的存在物，他的活动还具有一个显著的特征，即他的活动的合目的性。人的实践一般都抱有一定的目的，这种目的性也可看作或称为从事实践的主体意图。人的实践目的或实践的主体意图的产生与建构，一

① 《马克思恩格斯文集》第1卷，人民出版社2009年版，第502页。

方面固然要以对外部的客观对象的认识为基础，要受到客观对象的内在规律的制约，但同时也熔铸了实践主体自身的价值理想与要求。实践的主体又总是力图按照自身内在的尺度进行活动，把内在的尺度运用到对象上去。即是说，人在实践活动中并不满足于对现存的外部世界给予的客观环境与社会历史条件进行简单的再复制，而总是力图根据自己的需要，按照自己所达到的认识水平和能力，既按照客观事物的外在尺度，更按照人自身的内在尺度，即人的价值要求，趋利避害，对外部世界给予的环境与条件进行有利于自己生存和发展的重新安排和创造。人类正是在这种对外部世界的重新安排与创造中实现对外部世界的超越，不断地使外在于人的自在世界转化为属人世界，并使属人的感性世界也不断地革命化或趋善，愈来愈符合人的生存与发展，愈来愈符合人性的要求。因此，一部人类的劳动发展史，本质上不过是一部人类“求善”与实现善的历史；是外在于人的自在自然向属人世界转化与演进的历史；也是属人的感性世界无止境地趋善的历史。

更需强调的是人的实践过程也是人本身发展的趋善过程。这不仅在于，从归根到底的意义上讲，人对外部世界的改造，其目的是为了人自身。人是以自身的需要为价值坐标去改造外部世界，使外部世界的演进对人来说具有善的意义。更为重要的是，人类在改造客观外部世界的同时，也使人自身的世界得到了改造。在实践唯物主义中，人与外部世界的关系既是唯物的，又是辩证的。人在实践中，一方面，人力图改变外部世界的环境，使外部世界或环境对于人类来说具有善的意义；另一方面，改变了的环境反转来成为影响人的本质力量发展的强大杠杆，对人的形象与本质进行重塑。在人的历史实践中，人不仅使自身的自然器官不断地得到锤炼与进化，使自身的各种自然潜能不断地得到唤醒，并不断地得到丰富，而且还塑造出各种各样的、日益丰富的社会器官与社会潜能。之所以原始人的智慧与当代人的智慧存在着巨大的差别，原始人的能力不可与当代人的能力同日而语，是因为对于原始人来说，他的耳朵只能听懂几个简单的单音节词，他的眼睛至多只能识别几种极为简单的几何线条或图案，而对于现代人来说他的眼睛则能观赏达·芬奇的画，耳朵能聆听贝多芬的音乐，这个神秘之谜的谜底只能从人类的连续不断的历史实践活动的发展中去获得解释。在实践唯物主义者看来，环境的改变与人的活动的性质与水平是一致的，这种一致性的原因，“只能被看做是并合理地理解为革命的实践”①。人的劳动发展史或社会实践的发展史，既是一部自然界与人类社会对于人来说的趋善的历史，同时也是人的本质力量的发展史或趋善史，在自然与社会的进化中，反映与确证着人本身的智慧与能力的发展与改善。

正因为人类的实践活动本质上是一种“求善”的活动，“求善”是人的实践活动的首要目的，所以，对于“实践的唯物主义”来说，全部的问题都在于使现存世界革命化，实际地改变现存的事物。那么，对于把实践放在自己体系的核心地位的实践唯物主义哲学来说，它的使命显然并不是仅仅为了达到“求真”的目的，而是要使现存事物得到改造或革命化，即达到善化的目的。人们的哲学活动既是一种“求真”的活动，同时更是一种“求善”的活动。

四

在实践唯物主义的视野里，人们改造世界的实践活动，不仅是一种“求真”与“求善”的活动，同时还是一种富有美学意义的活动，是一种求“美”与创造“美”的活动。

人们在改造客观外部世界的实践活动中，不仅要以对外部世界的客观规律的认识与把握为前提和基础，并根据善的原则对外部世界给予的既定的环境与条件做有利于自身生存和发展的选择与重塑，而且还根据美的原则进行活动，力图使外部的对象世界相对于人来说具有一种美的

① 《马克思恩格斯文集》第1卷，人民出版社2009年版，第500页。

意义。马克思认为，是否根据美的原则进行活动，是人的实践活动与动物的本能活动的又一重大区别，诚然，“动物也生产。动物为自己营造巢穴或住所，如蜜蜂、海狸、蚂蚁等”①。并且动物营造巢穴或住所的本领有时还会使一些高明的建筑师相形见绌。但动物营造巢穴或住所的目的纯粹是为了抵御外部自然环境的侵害，满足自己及其后代生存与延续的直接需要。而建筑师在建造房子时不仅要考虑到建筑物本身是否稳固与安全及不同用途，同时还要力图使建筑物建造得美观、漂亮以及与周围环境和谐，用以满足人们的审美需要。正如马克思所指出的：“动物只是在直接的肉体需要的支配下生产，而人甚至不受肉体需要的影响也进行生产，并且只有不受这种需要的影响才进行真正的生产；动物只生产自身，而人再生产整个自然界；动物的产品直接属于它的肉体，而人则自由地面对自己的产品。动物只是按照它所属的那个种的尺度和需要来构造，而人却懂得按照任何一个种的尺度来进行生产，并且懂得处处都把固有的尺度运用于对象；因此，人也按照美的规律来构造。”②

人的实践活动不仅是一种追求美与创造美的活动，而且还是一种发展人的审美情趣与意识，提高人的审美能力的活动。在人自身的世界的改变的含义中，实际上就内在地包含着人的审美情趣与审美能力的发展与改变。人的实践活动之所以是人的审美情趣与审美能力发展的强有力杠杆，是因为人的发展与人所创造的对象世界的发展不仅是一致的，而且也是辩证的。在人的实践活动中，一方面人是力图根据自己对美的理解与追求去构建对象世界，使对象世界的改变具有审美与美感的价值；另一方面人又在自己所创造的感性世界中反思到自己的智意和能力的发展，从而体验到一种愉悦、快乐、幸福的感情，获得一种美的享受，达到一种美的境界。而这种美的享受与美的境界又反转来陶冶人们的美感，激发人们的审美情趣，诱使人们对更高层次的美的追求，锤炼与熏

① 《马克思恩格斯文集》第1卷，人民出版社2009年版，第162页。

② 《马克思恩格斯文集》第1卷，人民出版社2009年版，第162、163页。

陶着人们的审美与创造美的能力。

在实践唯物主义看来，人类的劳动发展史或实践活动发展史，既是人类追求美、创造美的历史，也是一部分人的审美情趣与人的审美能力的发展史。人类通过自己的历史实践活动所创造的对象或作品，不仅是对人们认识的真理性的确证，而且也是对人们智慧发展程度与审美能力发展程度的确证。既然，人类的实践活动具有明显的“求美”与创造美的特征，在人的实践活动所创造的结果和作品中，既具有真的价值和善的价值，同时也闪烁着美的价值之光。那么，实践范畴在马克思主义哲学体系中核心地位的确立，也就意味着“美”作为一个重要的哲学问题被统括在马克思的“新唯物主义”或“实践的唯物主义”体系之中。

五

综上所述，真、善、美在马克思主义哲学体系中并不是互相排斥的，而是辩证统一的，这种统一的基础即是人的实践活动。真、善、美的辩证统一，显示着人类的实践活动的自由性质；标志着从事实践活动的人不仅是一种对象性的存在物，而且是一种自由的存在物；从事实践活动的人的生活与人的存在不仅是一种对象性的存在，更是一种自由的存在。在传统的马克思主义哲学教科书中，“自由”问题仅仅属于一个认识论问题，这显然是片面的。实际上，在马克思的“实践的唯物主义”哲学体系中，自由的问题并不仅仅是一个纯粹的认识论问题，而是与实践问题一起构成马克思主义哲学的核心与灵魂。在实践唯物主义中，实践问题是与自由问题不可分割地联系在一起的。一方面人类的实践活动是人争得自由的手段、走向自由的唯一途径；另一方面自由表现为人的实践活动的目的与结果。人的任何一种实践活动过程都不过是自由从观念形态向实在形态或从意志自由向行动自由的转化。人的历史实践活动本质上是人的一种从自然界、社会与历史中争取解放与自由的活动。人在实践活动中追求真、善、美的统一并逐步达到三者和谐统一的境界才是自由的真谛。

人的实践活动之所以是一种自由的活动，人在实践活动中所达到的真、善、美的统一的境界之所以是一种自由的境界，深刻的原因在于："自由不在于幻想中摆脱自然规律而独立，而在于认识这些规律，从而能够有计划地使自然规律为一定的目的服务。这无论对外部自然的规律，或对支配人本身的肉体存在和精神存在的规律来说，都是一样的……自由就在于根据对自然界的必然性的认识来支配我们自己和外部自然。"① 即是说自由的实质是作为主体的人对身外的世界和自身的世界的规律的认识和支配。一旦从事实践活动的主体达到了对外部客体的比较透彻的理解与把握，即达到了真的境界，就标志着主体在观念中扬弃了客体的外在性、异己性；而客体的外在性、异己性在人的观念中的扬弃，则是人的意志自由的前提条件。达到了善的境界，则标志着主体不仅在观念形态上扬弃了外部客体的外在性、自发性与异己性，而且在现实形态上实现了对外部客体的外在性、自发性与异己性的扬弃；标志着外在世界向属人世界的转化，纯粹自然向人化自然或文化自然的转化；标志着客体主体化，人在客体面前的主体性地位的确立。达到了美的境界，则标志着主体与客体不仅在观念形态、实在形态上实现了统一，而且在审美形态上也实现了统一。

当然，在马克思的实践唯物主义哲学中，真、善、美的统一，是一种具体的历史的统一而不是抽象的统一。从整个人类的角度看，人们追求的真、善、美的统一当然是一种完美、和谐的统一状态，但相对于每一特定的时代的人来说，他所能达到的真、善、美统一的"实然"状态又具有具体的、历史的相对的性质。而正是由于每一特定历史时代的人们所达到的真、善、美的"实然"状态具有这种历史的、相对的性质，也就决定了每一特定的历史时代的人们所达到的自由的"实然"状态也具有"定在"的性质。

---

① 《马克思恩格斯文集》第1卷，人民出版社2009年版，第120页。

马克思历史观下的“人心不古”与“世风日下”*

一

在人们日常的、现实的社会生活中，常常会对社会的道德、风气、时尚、潮流见之不惯、听之不顺，许多人会自觉与不自觉地，甚至是习惯性地诉诸以“人心不古”“世风日下”的抱怨与批评。在人文社会科学研究的领域，尤其是在伦理学的研究领域中，“人心不古”“世风日下”的用语更是人们评价与批评社会道德与社会风气变化与状况时耳顺常见的话语。特别是在社会处于转型，历史处于转折的环境与条件下，人们使用“人心不古”“世风日下”的频率便越高，发音的分贝便愈强。而无论是在人们日常生活的话语系统中，还是在学术性的话语系统中，“人心不古”“世风日下”喻意的都是对社会道德的式微与“世风”的变化，诉诸的都是一种负面的否定性评价，表达的也是一种无奈、惆怅及忧虑的情感。很少见到，甚至是几乎难以见到人们对“人心不古”“世风日下”诉诸一种积极的、正面的、

* 本文原发表于《湖南社会科学》2018年第6期。

肯定性的评价与合理性的诠释。

那么，是什么原因使人们对社会道德与社会风气的评价仅仅诉诸一种“人心不古”与“世风日下”的评价，并对“人心不古”与“世风日下”的话语赋予一种消极的与悲观性的意蕴。一个可能与有说服力的诠释是它与中国传统文化的价值取向不无相关。什么是中国传统文化？从一般的或广义的方面来说，即是指中华民族在长期的历史实践中生成、积淀并流传下来的各种文化的总和。但从严格的或狭义的方面来说，中国传统文化主要是以儒学和儒家文化为符号与表征的文化。其理由在于构成中华民族传统文化的源头与构成要素虽然是复杂与多元的，但一个不容否认的历史事实是儒学与儒家文化不仅始终处于一学独尊的地位，更为重要的是儒学与儒家文化始终是构成中国传统文化的基础与内核。在中国传统文化的价值系统中，儒学与儒家文化虽不是中国传统文化的全部，但它犹如一种“普照的光”，不仅赋予其他文化因素或成分以儒学与儒家文化的底色与颜色，而且也决定着其他文化因素在整个传统文化系统中的地位与比重。因此，不理解儒学与儒家文化也就不可能读懂中国的传统文化，反之只有读懂了儒学与儒家文化才能真正把握中国传统文化的精神及其实质。然而，以儒学与儒家文化为核心与表现符号的中国传统文化在价值取向上具有极其浓厚的保守主义倾向与色彩。儒学与儒家文化的保守性倾向与色彩最突出的表现在于它对待历史与传统的态度与评价上。虽然在儒学与儒家文化的典籍中，也能寻找到类似于“周虽旧邦，其命维新”一类的表现变革的话语，但就其历史观与价值观的总体性质与基本的价值取向的向度而言，其保守的性质是确定不疑的。崇古、尚古，“信而好古”、以朴为美、以古为善是儒学与儒家文化的主旋律与主色调。“信而好古，述而不作”既是儒学与儒家文化所确立的一种为学之道与治学精神，同时也是儒学与儒家文化所遵从的一种对待道德与社会风气传承与评价的精神与评价尺度。在儒学与儒家文化的认知逻辑中，古的即美的、好的与善的，因而对待古风、古俗；古训、古言；古道、古德；人们只需信，不容疑；只需传、无需寻，只需述；无需作。因此，一切疑古、遵古、悖古的行为即属于“人心不古”的行为都应给予否定性评价与拒斥，因为“人心不古”的必然结果是“世风日下”，即是说人心越是不古，离古愈远，社会道德与风气便变得越坏。既然古的即是好的或善的，因此维持好的、善的“世风”只需“信而好古”，“信而好古”是好的或善的东西得以保存的基础与前提条件，自然，“人心不古”是应当拒斥的，因为“人心不古”的结果是“世风日下”，即道德的式微与社会风气的变坏。

以儒学与儒家文化为代表的中国传统文化在道德价值取向上为何关注与强调的是传统而不是现实，是古而不是今，只是对“人心不古”“世风”的改变诉诸一种否定性的评价？这种历史观与价值观在中国封建时代长达两千多年的历史跨度中为何能够广获认同并长期地占据主流价值观的地位呢？任何一种观念、一种文化、一种价值取向的生成都是有其深刻的原因，因而都是有根的存在，不是无根的或偶然性的存在。以儒学与儒家文化为代表的中国传统文化中的价值观与道德观之所以具有保守的性质，并且这种具有保守性质的价值观与道德观不仅能获得广泛的认同，而且还能长期地占据着支配性地位，成为社会判断美丑、评价善恶的衡量尺度与参照坐标，一个可能与合理性的解释是，以儒学与儒家文化为代表的中国传统文化作为农耕文明的生产方式与交换方式的必然产物具有历史的必然性与历史的合理性。中国传统文化之所以具有保守的性质深刻的原因在于它赖以生成与生存的社会的生产方式与交换方式的性质是保守的，因为儒学与儒家文化赖以生成的土壤并为之服务的基础与对象是以手工劳动为基础的农耕文明的生产方式与交换方式。农耕文明时代的农耕的生产方式与交换方式就其本质与特点而言，必然地具有保守的本质与特点，更为深刻的原因在于以手工工具为基础的生产方式与交换方式中，经验与手艺起着极其重要的作用，经验与手艺直接地决定着社会生产效率的高低，而且也决定着人们在社会生产中的地位，谁拥有经验与手艺，谁就拥有较高的地位，因而那些在社会生产方式与交换方式中占据有利地位的人们当然最不希望社会生产方式与交换方式发生变革，因为任何一种变革都有可能使他们所拥有的经验与手艺发生贬值，甚至变得一钱不值。马克思、恩格斯在《共产党宣言》中在谈到资产阶级的革命性时，曾如此的谈道：“资产阶级除非对生产工具，从而对生产关系，从而对全部社会关系不断地进行革命，否则就不能生存下去。反之，原封不动地保持旧的生产方式，却是过去的一切工业阶级生存的首要条件。”① 即是说，儒学与儒家文化之所以在中国的农耕文明时代能长期地处于一学独尊的地位，并成为中国传统文化的符号，根本的原因在于，较之其他的文化因素，儒学与儒家文化更符合农耕文明时代生产方式与交换方式的要求与需要，也正是由于这个原因，以儒学与儒家文化为代表的中国传统文化在价值取向上不可避免地具有信古、好古、崇古、遵古的保守性质。

二

何谓“世风”？在汉语的语义上，“世”似既可作世界解，也可以作社会解，在人们日常的语境中，二者大致同义，可相互诠释与替代使用。例如，当人们说现在的世界让人看不懂，这让人看不懂的世界不是指的自然的世界，而是指的是社会，或曰社会的世界。“风”在语义上，具体所指的是社会的风气与风尚，其中主要所指的是社会的道德态势。简要地说，所谓“世风”即是指以社会风气与风尚为表征的社会道德的态势或样态。“日下”的语义是明确的，所指的是存在状况的恶化，每况愈下，通俗地说就是一天不如一天，不是一天比一天更好，而是一天比一天更糟糕。“世风日下”的基本意蕴指的是以社会风气与风尚为表现样态的社会道德状况的日益恶化。仅从语义上看，人们对“世风日下”，即社会风气与风尚一天天的恶化与变坏表现出忧虑与担心，并给

① 《马克思恩格斯文集》第2卷，人民出版社2009年版，第34页。

予一种否定性的价值评价，既是难免的，也是合理的，更是值得肯定的。因为忧虑与忧患意识中表达的不仅仅是一种消极厌世的悲观主义的倾向，在更多的时候，它表达的是一种不满现状，要求变革，具有积极的、值得肯定的意义。倘若一个社会的人们，对社会风气的日益变坏，社会道德的不断滑坡，麻木不仁，没有丝毫的忧虑与忧患，听之任之，这样的社会便是一个没有希望，没有未来，无可救药的社会。

人人都想生活在一种风清气正、道德良好的社会中，没有人愿意生活在风不清，气不正，道德缺失与败坏的社会中。然而，什么样的风是清风？什么样的气是正气？什么样的道德具有良好的属性与品质？面对这样的询问，人们的分歧与竞争便会立即凸现。因为，持有不同的历史观、不同的价值观与道德观的人们，通常对社会“世风”的清与浊、气的正与邪、道德的善与恶的看法，不仅是有别的，甚至是对立的。在社会风气的评价上，核心的问题是确立一个科学性的标准，更确切说要有一个科学与合理的历史观与价值观。虽然，如上所述，仅就“世风日下”本身而言，人们对它给予否定性评价，也许是无可指疑的。然而，如果将“人心不古”与“世风日下”相关联，将“人心不古”作为“世风日下”的原因，并且以是否崇古、遵古、循古作为评价“世风”的好与坏、向上还是向下的尺度与标准，在历史观的向度上，显然是一种守旧的，因而也属于一种保守性质的历史观。

一个社会的社会风气与风尚是生成的，因而不是无缘无故或无根的存在，而社会风气与风尚或曰“世风”无疑与一个社会的人心的走向之间存在着密切关系，这种关系既有相互作用与相互影响的关系。一方面人心的走向影响与作用于社会的“世风”，另一方面社会的风气与风尚或世风也影响与作用于社会的“世风”，但从更根本的方面看，社会的人心是社会的“世风”的基础，社会的风气与风尚或“世风”的状况表达与表现的不过是社会中的人心的状况。那么，社会中的人心状况是否是一个恒久不变的存在？无论是从历史性的经验事实方面看，还是从人们对人心状态的认知方面看，结论无疑是否定的。可以说，没有任何人会认为人心状况是一个恒久不变的存在。即使在儒学与儒家文化的认知逻辑中，实际上，在对“人心不古，世风日下”的指斥中，本身就蕴含着对人心状况变化的肯认。因为，没有“人心不古”的变化，也就不会有“世风日下”的发生。在马克思历史观的理论逻辑中，首先，否认有永恒不变的人性与人的本质的存在。人心状况作为社会中人的人性与人的本质的表现，也与人的本质一样，是一种社会性与历史性的存在，只要社会与历史不是一种保持固定不变的状况，社会与历史中的人心状况就不可能具有永恒不变的性质。人的本质“在其现实性上，它是一切社会关系的总和”。①随着社会与历史的变化与改变，在社会与历史中生成的人的本质，以及作为人的本质表现的社会中的人心状况也必然地会发生变化与改变。“整个历史也无非是人类本性的不断改变而已。”②从马克思的上述论断中，我们也有理由做如下的推论，社会的变化、历史的变化也无非是社会人心状况的变化与改变而已。在马克思历史观的理论逻辑中，人的社会也好，历史也好，都是在人的实践活动的基础上生成的。而人的实践活动的能力与范围是不断提高与扩展的，随着人的实践活动能力的提高与活动范围的扩大，人的社会与历史也会必然性地改变它存在的结构、形态与性质，而随着社会历史存在的结构、形态与性质的变化与改变，人也会改变自己的认知与价值取向。社会历史的存在状况与人的存在状况之间具有密切的关联性、一致性。之所以如此，深刻的原因在于，二者都以人的实践活动为基础。人的实践活动的不断发展既决定着社会历史的不断发展，也决定着社会人心的不断变化与改变，这不仅是一个符合逻辑规则的简单推论，更是无可争辩的经验事实。如果我们对社会中人心存在状况的考察，不是停留在历史的片刻或瞬间，而是放眼于基本性的走向与趋势，下述的推论与结论或许更具说服力与更符历史的经验事实，即人心的尊古、守古、思古、怀古只可

① 《马克思恩格斯文集》第 1 卷，人民出版社 2009 年版，第 501 页。

② 《马克思恩格斯文集》第 1 卷，人民出版社 2009 年版，第 632 页。

能是偶然性的特例，而人心的“不古”倒是人类社会历史发展过程中的具有必然性与趋势性的常态。“每一历史时代的经济生产以及必然由此产生的社会结构，是该时代政治的和精神的历史的基础。”①“物质生活的生产方式制约着整个社会生活、政治生活和精神生活的过程。”②即是说，“人心不古”之所以是社会历史的演进进程中的常态，根本性的原因在于，人的精神生活，以及作为人的精神生活反映的人的人心存在状况，从归根到底的意义上说，是受制于每一历史时代的经济生产的生产方式与交换方式。有什么样的生产方式与交换方式，不仅会有什么样的社会结构与社会关系，而且也会有什么样的精神生活，以及什么样的人心与“世风”；相同或相似的生产方式与交换方式也会生成相同或相似的精神生活，以及相同与相似的人心与“世风”；生产方式与交换方式的改变与变更，也会或早或迟、或快或慢地使社会的精神生活以及社会的人心与“世风”发生改变与转向。手推磨或以手工劳动为基础的社会里，必然产生的是以贵族为主的生产关系与社会关系，而在以贵族为主的生产关系与社会关系中，占统治地位的道德价值观念必然是“忠诚”与“荣誉”的观念。以贵族为主的生产关系与社会关系被以资本家为主的生产关系与社会关系所代替时，“忠诚”与“荣誉”的观念在社会中所占据的统治地位也必然会被“自由”与“平等”的观念所取代。上述情况一方面经验性地证明了，人们的观念也好，社会的“世风”也好，并不是不变的，而是随着社会的生产方式与交换方式，以及在此基础上生成的生产关系与社会关系的改变而改变；另一方面也表明，社会的价值观念与社会“世风”的生成与改变为之旋转的轴心从归根到底的意义上看是社会的生产方式与交换方式，而与东方还是西方没有太多与太大的关系。

① 《马克思恩格斯文集》第2卷，人民出版社2009年版，第9页。
② 《马克思恩格斯文集》第2卷，人民出版社2009年版，第591页。

三

社会是发展的，历史是流动的，原生态的社会与原生态的历史，虽然对于历史的浪漫主义者们很有吸引力，但作为一种经验性的存在，即使有，也是极其少见的稀有特例，就其普遍性与趋势性而言，是难以可能的。社会与历史的发展与社会历史中人的发展间存在着一种分不开、剪不断的关系。一方面，人作为社会、历史的主体，是社会、历史的"剧作者"或创造者，社会、历史的发展及其程度，表现的不过是人的发展及其发展程度。每一个历史时代的人们都可以并且只有通过社会、历史的发展去确认与直观自身的发展及其发展程度。另一方面，人也是社会、历史的"剧中人"。而人作为社会、历史的"剧中人"，经验性存在的社会与历史，既是他的活动得以展开与实现的舞台与条件，也使得他的活动受到约束与限制。每一个时代的人们必须根据社会、历史确定的剧情进行演出。正因为，人是社会、历史的"剧中人"，人心"不古"既是必然的，也是必须的。所谓必然的，是人心不可避免地要随着社会、历史的变化而变化；所谓必须的，人心如果不跟随时代的脉搏跳动，人作为"剧中人"的角色，就会因与时代的节奏不合拍而无法演出。试图维持人心不变的根本性目的在于维持社会、历史的现状，从历史观的维度看，这样的历史观无疑具有如前所说的保守性质，而且还不仅仅如此，它还会导致历史的悲观主义。因为，社会历史中人心不可能是不变的，如果将人心的改变与"不古"视之为是社会"世风"的必然日下，其合乎逻辑的结论必然是，社会、历史的存在与延续也将是一年不如一年，一代不如一代。

社会与历史的状况是不断改变的，社会的人心也是不断改变的；随着社会人心的不断改变，社会的"世风"也必然不断改变。首先，社会的风气与风尚变化的幅度有快有慢，有时变化得令人眼花缭乱、急速且剧烈，有时变化得极缓慢，以至于人们难以觉察。其次，社会"世风"

变化的方向也并不是单向度的，有时确有变坏的可能。在人类社会历史发展的长河中，社会“世风”由好变坏，出现暂时的“日下”或衰败的例证并非难觅。但正如人类社会历史运行的趋势性轨迹在总体上是向前或向上的，停滞不动与倒退只是暂时的现象一样，社会“世风”的运行趋势在基本的方向上是向前或向上的，寒流与逆风虽属难免，但决不是主流与趋势。深刻的原因在于，决定社会“世风”走向的社会的生产方式与交换方式不仅是不断变更的，而且在总体上是与人类的实践能力的提高相适应的，具有向前与向上的性质。

虽然，不是所有的“人心不古”都具有积极与肯定的意义与价值，但有一点却是应该确认的，相对于人心的怀古、恋古、“向古而言”，“人心不古”具有更多值得肯定的积极性意义。因为，“人心不古”不仅是人类社会历史发展过程中的必然现象与趋势，更为重要的是，“人心不古”以及社会“世风”的改变，既是人类社会从野蛮走向文明的条件，也是人类文明不断进步的条件。倘若没有人心的“不古”与改变，人类社会或许仍然停留在野蛮的自然状态中，既不会有文明的产生，也不会有文明的发展与进步。实际上，人类文明的任何发展与进步，都是以“人心不古”作为前提条件的，从另一个维度上看，人类文明的任何发展与进步也都是对社会“世风”的游离与悖逆的表现。

社会“世风”的变化有快有慢，人类社会历史演进的经验性事实表明，一般说来，人类社会的历史越往前追溯，人心的凝固度与稳定性程度越高，社会“世风”的状况相对稳定；人类社会越往后发展，人心变化的活跃度越高，“人心不古”的可能性越大，社会“世风”变化的频率也会相对加快。当然这是就其基本趋势而言的，不能一概而论，将其绝对化。深刻的原因在于，人类实践能力的提高过程并不是一种匀速的运动，通常呈现出一种加速度的表现形态。社会“世风”的变化虽然表现为社会、历史发展的结果，但它同时也是反映社会历史变化的晴雨表与测量器。社会“世风”的表现形态，实际上表达的是社会、历史的存在形态；社会“世风”的变化节奏与风向，表达的也即是社会、历史变化的节奏与方向。

站在马克思历史观的维度上，人们对“人心不古”需要的不是拒斥，而应是肯定与欢迎。新时代我们应鼓励人们面向现实，面向未来，与时俱进，或者说应将人们的目光聚焦在向前看，而不是不断地向后看。对“人心不古”究竟是持否定的态度，还是持肯定的态度，无疑与人们对待传统的态度密切相关。社会的“世风”在一定的意义上代表的是一种传统，试图维持社会“世风”的不变，在底蕴上表达的是一种对传统保持性的希冀。马克思主义历史观不是历史的虚无主义，而是对任何传统的生成与延续的必然性与合理性的充分尊重与肯定。反对一切形式的虚无主义的历史观与价值观，坚定地认为一切传统的生成，相对于它的时代来说不仅是必然的，也是合理的，都有它存在的理由与合理性价值，反对用今人的眼光去看待传统，甚至是否定传统。马克思主义的历史观也不是历史的保守主义。传统也是一种历史性与流动性的存在，或者说传统也是一种不断生成、不断扬弃的存在，没有不成一变的传统。对传统采取一种形而上学的态度，死抱住过去的传统不放，不敢越雷池半步，传统也会成为人们背负的巨大精神包袱，阻碍社会历史的发展与进步。对于一个民族与国家来说，只有既尊重传统，但不固守传统，敢于并善于扬弃不合时宜的传统，不为传统所累，让社会的“世风”与社会的变化跟上社会变化的节奏，与历史变化同向，不断吐故纳新，才能使一个民族与国家永葆生气与朝气，不断发展与进步。

论代沟的实质、产生原因及其意义*

一

在汉语的词典里是没有“代沟”这一词汇的，在20世纪80年代前的中国人的观念中也很少有“代沟”的概念，只是到了20世纪90年代以降的时间跨度中，先是在社会学界与文化人类学界，后来在民间，代沟的概念才逐渐地流行起来。时至今日，“代沟”一词不仅早已越出社会学与文化人类学领域，已在哲学、伦理学、文化学、文学等其他领域中频现，在民间也几乎变成了一个广泛使用的日常话语。然而，什么是“代沟”，“代沟”一词的指义是什么？从表象上看，代沟的含义并不复杂，甚至有些直白，但从人们对代沟一词的具体使用方式上看，并非没有歧见与无需分辨。作为一个外来词汇，“代沟”一词是从英文直译过来的，“代沟”英文的原型表达是generation gap。据学者们的考证，最先创造和使用这一概念的是著名女性人类学家玛格丽特·米德。玛格丽特·米德作为一个人类学家，她所使用的generation的指意并不复杂，甚至是

* 本文原发表于《人文杂志》2014年第7期。

非常明确的，是特指世系传承意义上的同一代人。在人类学世系的意义上，一代人的时间间隔大约是25到30年之间。gap的英文含义含有缺口、裂缝、鸿沟的意蕴，将英文的gap直译为汉语的沟，其义大致相近或相似。代沟的本义是指在世系的意义上的上一代人与下一代人或在世系延续上的前后相继的不同代人之间在个性、观念、行为方式上所表现出来的差异、分歧与疏离。但从时下人们对“代沟”一词的具体使用情况看，似乎已大大超出了文化人类学的范围，“代沟”一词中的“代”既有世系的指意，也有时代的指意，同时也有年代的指意，而不仅意指文化人类学维度的世系上的代差。不可否认，人们通常所说的“代沟”，主要指向的是世系上不同年龄段的人们间的矛盾与差异，例如，父代与子代、祖代与孙代之间的矛盾与差异。但当人们用“代沟”去指称民国前后、“五四”前后、新中国成立前后、“文革”前后、改革开放前后出生的人们之间的矛盾与差异时，“代沟”所蕴含的就不仅仅是世系的意蕴，更蕴含有时代的意蕴。而当人们使用“代沟”去指称“50后”“60后”与“80后”“90后”出生的人们之间的矛盾与差异时，“代沟”的代所指的通常是“年代”。因此，从“代沟”概念的具体所指或具体使用的情况看，“代沟”的衍生义较之它的本义又要复杂很多。但不论“代沟”的具体指义多么复杂，有一点却是明确的，无论是时代维度的“代”，还是世系维度的“代”，抑或是年代维度的“代”，“代”既是一种时间的间隔或长度的标识，也是一种历史性的标识。即是说，“代沟”所表达的不仅仅是一种时间上的间隔与距离，它更表达的是一种历史性差异。

“代沟”的代无疑包含着世系辈分差异的含义，但“代沟”的代与世系辈分并不具有完全相同的含义。一个显而易见的事实是，一个人的子女相对于自己的弟弟、妹妹来说，从世系辈分上看是属于不同辈分的，有着上一辈与下一辈的区分，而从年龄上看，也许并无差别，属于同一代人。不仅如此，在非直系性血缘的辈分关系中，甚至祖辈与孙辈属于同一代人的情况也不少见。一般来说，只有在存在着直系性血缘关系的父辈与子辈、祖辈与孙辈之间的辈分关系中才有可能产生“代沟”的情况，因为，在存在着直系性血缘关系的父辈与子辈、祖辈与孙辈之间的差异，既存在着辈分的差异，也存在着年龄的差异。在通常的情况下，一个人如果活到60岁的情况下，有可能见到自己的第3代，活到80岁有可能见到自己的第4代，活到90岁有可能见到自己的第5代。

“代沟”的代也有年代的含义，通常的情况是，年代的时间间隔为十年，例如“50后”“60后”与“80后”“90后”等等。然而，相对于“代沟”而言，年代的区分并不总是有意义的，有的有意义，有的没什么意义。因为有的年代富有独特性特质，有的年代并不具有独特性特质，有时上一个十年与下一个十年之间差别极为明显，有时上一个十年与下一个十年之间没什么变化。一个有趣的现象是，当人们谈到“代沟”时，通常是以“80后”“90后”与“50后”“60后”进行比较，很少见到有人拿“80后”“90后”与“70后”进行比较，更难见到有人拿“80后”“90后”与“30后”“40后”进行比较。

一个可能的合理性解释是，“50后”“60后”出生的人所处的社会条件与环境具有相似的同质性，因而他们的价值观念与文化观念也具有相似性，而“80后”“90后”出生的人所处的社会条件与环境相对于“50后”“60后”所处的社会条件与环境来说，发生了很大的改变，“80后”“90后”具有大致相似的价值观念与文化观念，但他们的价值观念与文化观念较之与“50后”“60后”的价值观念与文化观念则具有较为明显的异质性。而“70后”在价值观念与文化观念上则较为缺乏典型性与特色，具有过渡性特征，他们既有“50后”“60后”的某些特点，也具有“80后”“90后”的某些特点。

“代沟”的代也有时代的意蕴。时代的含义更为复杂，时代不仅有大时代与小时代之分，而且时代有时也与年代重合。大时代的时间长度有几百年，甚至上千年；小时代或许只有几十年，乃至数年。封建社会与资本主义社会可视为不同的历史时代；明代与清代也可视为不同的时代；民国前后、“五四”前后、中华人民共和国成立前后，甚至“文革”前后也可视作是不同的时代。无论是就大时代而言，还是就小时代而言，在前后相继的两个时代之间，通常有一个关键性的时间节点将两个时代区分开来，而这个关键性的时间节点常常也是一个重大的历史性的事件爆发的时间点。生活在封建时代的人们与生活在资本主义时代的人们，其价值观念与文化观念的差别是完全不同的，生活在民国前后，“五四”前后，新中国诞生前后的人们的思想观念与文化观念的差别也是极为明显的，深刻的原因在于，社会历史条件与环境发生了变化或改变，人们的思想观念，包括人们的价值观念、文化观念、行为方式也会发生不同程度的变化或改变。

“代沟”意味的是人群中存在的一种观念、文化上的差异、裂缝与矛盾，但不是社会人群中存在的任何意义上观念、文化差异、裂缝与矛盾都可以称之为“代沟”。实际上，即使是在同一社会中的同一代人之间，因各人所处的社会地位的不同、所受到的生活条件与环境的影响不同，也会在思想、文化观念上表现出这样、那样的差异性与矛盾性，甚至极明显的差异性与矛盾性，但这种因社会地位、条件、环境所导致的人们思想、文化观念的差异与矛盾，不是因历史的代差所导致的差异与矛盾，不属于“代沟”。“代沟”是因历史的时间间距所导致的差异与矛盾，而不是因社会现实因素所导致的差异与矛盾。另一方面，“代沟”虽然是一种常见的历史与文化现象，但“代沟”的产生与出现并不是一种普遍性现象，而是历史发展中表现出来的一种特殊现象。所谓不是一种普遍性的历史现象，即是说，不是在历史上的任何时代、任何时期，父代与子代、祖代与孙代之间必然性地产生“代沟”现象，也不是出生在任何前后相继的年代的人群之间必然产生“代沟”现象，不可否认上一代人与下一代人之间，上一个年代的人与下一个年代的人之间，在思想、文化观念上不可能完全一模一样，或多或少总会表现出某些差异，但这种差异还算不上“代沟”，或不应称之为“代沟”。说“代沟”只是社会历史发展过程中表现出来的一种特殊现象，是指“代沟”现象只是在某些特定的历史阶段或历史时期表现得较为明显。从时代的维度看，民国前出生的人们与民国后出生的人们之间，“五四”前出生的人们与“五四”后出生的人们之间，新中国诞生前出生的人们与新中国诞生后出生的人们之间的“代沟”现象比较明显；而在民国前出生的人们之间与民国后出生的人们之间，“五四”前出生的人们之间与“五四”后出生的人们之间，新中国诞生前出生的人们之间与新中国诞生后出生的人们之间虽然也存在一定程度的差异性，但这种差异性很少被人们称之为“代沟”。从世系的维度看，“代沟”也不是一种普遍存在的现象。在农耕社会中，世系意义上的“代沟”并不明显，只是在现代化的都市生活中，“代沟”现象才趋显突出，这一情况可以在家庭结构的变化中得到证明。农耕社会中“四世同堂”“五世同堂”的大家庭比比皆是，而在现代化的都市社会中，不要说“四世同堂”“五世同堂”的家庭几乎不存在，即使是“三代同堂”的家庭也很难见到。家庭结构状况之所以能成为判别世系上不同代际间的差异程度的参照坐标，这是因为，“多代同堂”的大家庭结构的存在是以各代之间的思想、文化的相互认同为基础与前提的，而在世系代际间在思想、文化上缺乏相互认同，且彼此冲突的情况下，“多代同堂”的大家庭几乎是不可能存在的。从年代的维度看也一样，年代意义上的“代沟”现象也只是在某些特定的历史时期才表现得较为突出与明显，在大多数的历史时期中，上一个十年出生的人与下一个十年中出生的人们之间，在思想与文化观念上并不存在明显的裂缝与鸿沟。

综上所述，“代沟”现象的存在是一种包含着多种语境意义上的存在，各种不同语境意义上的“代沟”现象在表现形式上也不尽相同。但不同语境意义上的“代沟”，就其实质上看也存在着一致的方面：“代沟”表意的是一种由于时间的间隔所产生的代际差异与冲突，这种差异与冲突既表现在思维方式上，也表现在行为方式上，最为突出的表现在思想与文化观念上。

二

“代沟”的产生无疑与时间的延续与流逝，与社会不同人群间存在的时间的间隔距离有着一定的联系或关系，不是社会人群中的任何差异、分歧、冲突都能称之为“代沟”，“代沟”之所以谓之“代沟”，无疑在于它与时代、世系、年代等时间性概念有着一定的关联，这是一个无需多加申述的原因与事实。但时间只是历史现象的存在方式，历史的内容并不完全由它的存在方式所决定。因此，对“代沟”现象生成原因的阐释既不能撇开时间的向度，也不能局限于时间的向度。并不是所有在历史中流逝的时间都会必然地导致“代沟”现象的产生，更不是“代沟”的深浅一定与历史流逝的时间距离形成比例性关系，“代沟”的生成与出现只是社会历史演进过程中的某些特殊时期所呈现出来的特殊现象，并非具有普遍性。在中世纪的欧洲与封建时代的中国，若干代人生活在同一个家庭而能够和谐共处的现象，也曾是一个不争的经验性事实。

那么，在人类社会历史演进的历史长河中，为什么在某些历史时代“代沟”问题会显得异常突出？真正导致“代沟”产生的主要与决定性的原因是什么呢？如下的历史现象也许能给我们提供一个合理性的解释或答案。首先，在人类社会历史演进的过程中，当社会历史的运行属于同质状态，社会结构处于相对稳定，社会变化节奏处于停滞或相对缓慢的情况下，人们也相应较少地感受到“代沟”问题的困扰。而在社会变化节奏较快、社会结构变动较为剧烈的情况下，人们相应地对“代沟”问题的感受与反映也较为敏感与强烈。其次，当社会结构发生重大转型，社会历史发生重大转折，尤其是在一些重大历史事件发生的关键性的时间节点的前后，“代沟”问题也愈显突出。“辛亥革命”“五四运动”“中华人民共和国成立”“中共十一届三中全会召开”，这些重要的历史事件及其时间节点，之所以受到人们的特别关注与强调，不仅在于它们是社会历史发展过程中的不同历史阶段的区分节点与界碑，同时也是人们的思想文化观念形成新旧“代差”的节点与界碑。一般来说，社会历史发展过程中的每一次重大历史事件的出现，都会对人们的思想观念与文化观念产生冲击，并使人们在思想文化观念上获得一定程度上的解放。上述情况表明，“代沟”作为一种社会历史现象，其生成的原因与根据是深藏于社会历史本身之中的，“代沟”的存在是一种有根的存在。具体地说，“代沟”的生成与存在是由社会历史发展过程中的经济、政治的发展与变动引起与生发出的，“其中经济的前提和条件归根到底是决定性的”①。没有社会经济与政治生活的发展与变动，从归根到底的意义上看，就没有“现实生活的生产和再生产”的发展与变化，② 也就没有人们在思想与文化上的“代沟”在生成与存在，思想与文化观念上的“代沟”现象不过是社会经济、政治，尤其是人们的生产方式与交换方式发展与变动的反映。

“代沟”的生成与存在不仅与人们的社会生活条件和环境的发展与变动，同社会历史演进的阶段性有着极其重要的因果关系，也与外部世界思想文化观念的作用与影响有着不可忽视的关系。当人们的生活还受限于相对封闭的地域与相对独立的共同体的束缚，缺乏与外部世界的普遍联系与交往，没有或较少受到外部世界思想文化观念的影响与冲击的情况下，“代沟”现象通常是不明显与不突出的，人们遭受因“代沟”所引起的文化与情感上的撕裂痛苦于创伤相对较轻。相反，当人们的生活与外部世界联系程度不断加深时，随着人们的社会交往范围的扩大与普遍化，人们的思想文化观念受外部的思想文化观念的影响与冲击的程度也在增大，不同年龄段的人们之间，在思想文化观念上的“代沟”现象也愈明显与突出。越是处于孤立和封闭的地域与共同体内的不同年龄段的人们之间，所遭受的文化“代沟”的情感撕裂与创伤愈小；越是与外部世界联系密切与交往普遍的共同体的不同年龄段的人们之间，“代沟”问题也愈显严重与突出。在孤立与封闭的社会条件与环境中生活的

① 《马克思恩格斯文集》第 10 卷，人民出版社 2009 年版，第 592 页。

② 《马克思恩格斯文集》第 10 卷，人民出版社 2009 年版，第 591 页。

人们，由于社会生活条件与环境的相对固化，较少地受到外部世界的思想文化观念的作用与影响，不仅上一代与下一代之间能够保持着相似的思想文化观念认同，甚至在若干代人之间也较少显现思想文化观念上的相互冲突与阻隔。某些处于封闭与孤立状态的民族与部落，之所以能在历史上长久性地保持着风俗习惯和文化观念上的“原生态”，没有因文化“代沟”的冲击而致使文化传统断裂与破坏，其中的一个重要因素是他们处于封闭与独立的条件和环境下。从人类社会的历史上看，一个国家与民族在文化“代沟”问题突出的时代，既是社会开放与交往普遍化程度提高的时代，也是受外部思想文化影响与作用增强的时代，在一个高度开放与普遍交往的条件与环境中，“代沟”不仅以“时代”“世系”“年代”的形式表现出来，甚至还以“年沟”的形式表现出来。社会开放与社会交往的程度对“代沟”的生成与存在的影响和作用是不容置疑的，“代沟”的深浅与人们的社会联系与交往的密切程度成正比关系，这几乎是一种不争的、能够重复显现的经验性事实。

“代沟”的生成与存在不仅与社会客体性因素密切相关，同时也与社会成员自身的主体性因素密切相关。如前所述，“代沟”指意的通常是年龄较大的人群群体与年龄较轻的人群群体在思想文化观念上的差异、分歧、冲突。然而，从时代与年代的方面看，两类不同的人群群体所经历的时间区段有其重合的部分，年轻一代所经历的时代与年代，以及这些时代与年代中所发生的一些重大历史事件，年龄较大的一代也同样经历过。例如，辛亥革命后、五四运动后中华人民共和国诞生后、改革开放后出生的一代人所经历的生活，辛亥革命前、五四运动前、中华人民共和国诞生前、改革开放前出生的一代人也同样经历过。从世系的方面看，祖代与父代也经历过子代和孙代的生活。更明确些说，存在“代沟”隔离的两部分人群中，他们在现实生活中并不是彼此完全分离的，在较老一代人的生活阅历中，通常也涵盖着较后一代人的生活阅历。那么，对于生活在相同时代与年代中的老一代人群与较为年轻一代的人群之间，在思维方式与行为方式以及思想文化观念上会不会存在明显的“代沟”呢？面对这样的追问，仅仅诉诸社会历史的发展变化等客体原因的解释，其理由显然还不够充分。因为，年轻一代所经历过的社会历史发展变化，年龄较老的一代也同样经历过。因此，对“代沟”生成与存在的原因，除了应作客体因素的阐释外，还需作主体因素的阐释。谈到“代沟”生成与存在的原因时，人们偶尔也对主体方面的因素有所涉及，但大多将其归因于老年群体与青年群体之间思维特点与心理特点方面的差异。人们通常认为，相对于年龄较大的人群群体而言，年龄较轻的人群群体的思维较活跃，思想受束缚较少，对新事物的认知敏感度较高；而相对于年龄较轻的人群群体而言，年龄较老的人群群体，思想较保守，对新事物的认知敏感度较差，受传统习惯的束缚较明显。一般说来，对新老人群群体在思维特点与心理特点的上述认知与评价确有一定的合理性，也较为符合经验事实。但问题是，导致上述两种不同的人群群体在思维特点和心理特点存在差异的原因又是什么呢？是生理上的原因，还是社会历史的原因？合理性的解释应该是后者，而不是前者。生理上的原因并不会导致人的认知与心理上的固化与退化，人的年龄越大，人的认知素质与心理素质越退化的结论是缺乏可靠根据的。相对于较为年轻的一代来说，年龄较长的一代在认知与心理上之所以表现得较为保守，对新的事物与社会现象表现得较为迟钝，唯一可能的有说服力的解释应是：年龄较长的一代比年龄较轻的一代有着更丰富的阅历与生活经验积累形成的相对固化的思想文化观念，以及以这种思想文化观念为基础的思维模式与行为模式，而人的思想文化观念一旦形成，思维认知与活动行为一旦固化为模式，便容易变成一种类似于传统的思维上与心理上的遗传结构而被长久性的保留。正如“在一切意识形态领域内传统都是一种巨大的保守力量”一样①，人的历史阅历、生活经验、思想文化观念，以及在此基础上形成的思维模式与行为模式一旦转化为一种传统时，也会具有保守性。

① 《马克思恩格斯文集》第1卷，人民出版社2009年版，第312页。

三

“代沟”作为社会历史发展过程中的某些特定历史时期所凸显出来的特殊历史现象，虽然不是在社会历史发展的一切时段内都成为人们关注的热点与焦点，“代沟”对社会历史发展进程的影响与对人们社会生活的影响与冲击，也远没有人们在经济利益上的鸿沟与社会阶级间的鸿沟那样显著与巨大。但我们并不能因此无视“代沟”的存在与影响。正确地认识与合理的评价“代沟”现象的作用与影响，无论是对于人们树立正确的历史观，还是对于和谐社会的建设来说，都有不可忽视的价值与意义。

在对待“代沟”的问题上，不少人通常对“代沟”现象诉诸消极、负面性评价，有时甚至表现出深深的担忧与恐惧。尤其是对于社会中年龄较大的人群群体来说，“代沟”问题常常使他们陷入困惑、苦恼与心理上的纠结，有时还会表现为一种心灵上的无奈与无助、情感上的矛盾与撕裂。有人为自己的子女或子孙的不听话极为苦恼，把对自己意愿的悖逆视之为不孝与不肖。也有人对青年一代的不尊传统，不守规矩，不依旧俗，不循常理，喜欢标新立异，追逐时尚、时髦的新潮思想与新派做法，常常表现出不习惯与不适应、不理解与不认同。在有的人的思维认知中，对已有传统的背离，意味的是世风日下，对旧的道德观念的叛逆，意味的是道德的滑坡。有的人甚至将年轻一代的新潮思想视之为思想上的荒诞不经，新派的做法视之为行为上的放荡不羁。不少人在心灵与情感上常常陷入一种深深的困惑与矛盾之中，一方面，他们在情感上喜欢自己的子女与子孙，希望彼此之间建立一种亲密的关系；另一方面，又常常为自己与子女、与子孙之间的思想分歧、观念冲突，为子女与子孙的逆反心理和叛逆行为所苦恼与失望。一方面，他们喜爱年轻一代的朝气与活力，希望自己被年轻一代所理解与接受；另一方面，又对年轻一代的离经叛道的思想与行为感到不习惯与不适应。尽管社会中的大多数人都认可长江后浪推前浪，一浪更比一浪高的道理，相信自己的后代会胜过或超过自己，持一代不如一代，将年轻一代称之为所谓“垮掉的一代”；“堕落的一代”的观点的人只是少数，但对“代沟”现象赋予积极与肯定性评价的却不多见。

不可否认，“代沟”的生成与存在作为一种社会历史现象，也和其他一切社会历史现象的生成与存在一样，它带给人们的并不全是礼物，它的作用与影响同样具有矛盾性或两面性，既有积极的意义，也有不可忽视的消极意义。首先，“代沟”的生成与存在，不可避免地会因不同社会人群群体之间存在思想文化观念的分歧与差异，而影响甚至阻碍人们之间的交往与交流，导致不同代的人群之间形成一定程度的距离感与疏离感，增加不同人群之间在认知沟通与情感交流上的障碍与困难。而不同人群之间在心理与情感上的距离感与疏离感、交流与沟通的障碍与困难的生成与存在，无论是对年长的群体来说，还是对年轻的群体来说，都是一种不幸与痛苦。其次，“代沟”的生成与存在，有时还会引起人们在文化、道德、价值观念选择上的茫然与阵痛，这种茫然与阵痛甚至还有可能表现为文化与道德危机。尤其是在社会历史发生剧烈变化与出现重大转折的年代里，当“代沟”的裂缝日益扩大时，不同代的人群之间在精神与情感上相互撕扯也愈加剧烈，人们对文化、道德、价值的判断坐标与评价尺度也愈加混乱与模糊。最后，“代沟”的生成与存在，也会引起社会中不同代的人群之间的矛盾与冲突，使社会矛盾与冲突更加复杂化。这种因“代沟”引起的矛盾与冲突虽然不是社会矛盾与冲突的主线，对人们的社会生活秩序不会造成根本性的威胁，但它对人们社会生活的和谐性造成的影响却是不应忽视与低估的。一个不争的事实是，社会中许多家庭的不和，人们社会交往中某些纠纷与冲突，其实是由“代沟”引起的思想文化观念的分歧、差异所导致的。

然而，在“代沟”现象的认识与评价的问题上，一个更不应否认与需要强调的方面是：“代沟”的生成与存在具有极其重大的正面性与肯定性的价值和意义。其一，“代沟”现象的生成与存在。一方面，它是社会历史发展变化的必然结果，如上所述，没有社会历史本身的矛盾与冲突、发展与变化，也就不可能有“代沟”的生成与存在；另一方面，“代沟”现象作为社会历史的矛盾与冲突、发展与变化在思想文化上的表现，为我们考察社会历史，把握社会历史变化的脉搏提供了一条重要的锁钥与一个参照坐标。“代沟”的实际状况在一定程度上可视作是社会历史本身发展变化的晴雨表，反映与折射的是社会历史变化的节奏与幅度。一个没有“代沟”的社会，一定是发展缓慢，甚至是停滞的社会，一种没有文化裂缝的历史不能称之为真正的历史，充其量只能视作是纯粹的物理时间的均匀流逝。从一定的意义上看，“代沟”反映的是一种社会历史的变化，表征的是社会历史的变化与进步。因此，对“代沟”的考察，也为人们去把握与审视社会历史的变化与发展，提供了一个逆向性的衡量尺度与参照坐标。其二，“代沟”的生成与更替也为社会历史的发展与进步提供了活力与动力。“代沟”的生成虽然是社会历史发展与变化在人们思想观念上的反映，“代沟”生成的基础是人们的实践与人们的现实生活的变化与发展，归根到底看是社会的生产方式与交换方式变化与发展的结果。一方面应从人们的社会实践与人们的现实生活的发展，从社会的生产方式与交换方式的历史演进去解释“代沟”的生成，这是唯物主义历史观应坚持与强调的一条基本原则。但在另一方面，人们思想文化观念的变化与发展对人们的社会实践与现实生活也具有不可忽视的反作用。社会中不同代的人群之间的思想文化观念之间的冲突与碰撞，或直接或间接地促进着社会的思想文化观念的扬弃与新的思想文化观念的生成。而新的思想文化观念的生成反转过来也会为社会历史的变化发展提供新的活力。人类社会的历史在矛盾与冲突中为自己开辟前进与进步方向，没有新、旧思想文化观念之间的冲突与碰撞就不可能有传统的思想文化观念的扬弃，也不可能有新思想文化观念的生成。当然，“代沟”的“代”作为一个社会历史时间概念，“代沟”的“沟”作为一种社会历史现象，它的存在不是一次性的，而是不断更替与重复出现的，只要社会历史的发展不停下自己的脚步，不同年代出生的人之间在思想文化观念上的代差在逻辑上就是永远存在的。在社会历史发展的总趋势上，老的一代的思想文化观念终将要被新的一代的思想文化观念所取代，这是必然的，但这不意味着“代沟”历史的终结与消失，因为新一代人的思想文化观念一旦在社会思想文化体系中占据主导地位，也会逐渐转化与固化为一种新的思想文化观念传统，随着社会历史的变化与发展，又会与更新的一代之间生成新的思想文化观念上的“代沟”，这是一个形式上不断重复出现、内容上却在不断更新的永无止境的历史过程。“代沟”是社会历史的“年轮”、社会历史的“地层”，正是随着这种“年轮”的增加与“地层”的堆积，社会历史实现着自己螺旋式的“长江后浪推前浪，一浪更比一浪高”的上升与发展。

辩证地看待历史的“代沟”问题，正确地认识与评价历史中的“代沟”现象，具有重要的价值与意义。

首先，它有助于我们在分析与评价具体社会历史现象时避免出现价值错位与颠倒的误评与误判。例如，人们对时下的“80后”“90后”所表现出来的观念与行为上的追求个性自我、喜欢标新立异、爱时尚、赶时髦的思维方式与行为方式，是应给予肯定，还是给予否定；是应给予鼓励，还是进行指责？许多人给予的是后者，而不是前者。然而应该看到，追求个性自我、喜欢标新立异、爱时尚、赶时髦，从主要方面看，不仅是有利于市场经济发展的，也是有利于促进思想文化观念的更新与进步的。倘若一个社会缺乏标新立异、追逐时尚与时髦的风气，社会就会陷入墨守成规，失去创新的活力与活水。再例如，时下的人们对中国传统社会中的“四世同堂”“五世同堂”的家庭结构与生活很是留恋与向往，对当下的城市生活中的三口之家与“丁克一族”很是担忧；对艺术上的所谓“原生态”很是着迷，甚至是如醉如痴。然而，人们似乎忽视了一个根本性的事实，“四世同堂”“五世同堂”也好，艺术的“原生态”也好，只有在一种农耕社会中，在一种封闭、孤立、发展缓慢与停滞的条件与环境中才能存在。应该真正感到担心与忧伤的，不是“四世同堂”“五世同堂”家庭的解体与消失，而是今天的人们仍然是唱着“原生态”的古老民谣。古老的“四世同堂”“五世同堂”的家庭结构，天籁之音的“原生态”艺术或许具有某种审美价值，但不具有历史进步的意韵。

其次，它也有助于人们思想文化观念的交流与沟通，有助于和谐社会的建构。“代沟”的生成与存在，不仅有其必然性，也具有进步的价值与意义，正确地认识与把握到这种必然性与价值，既能弱化与消除老一代对年轻一代的担忧，避免其思想文化观念上的固化与僵化，也有助于年轻一代对长辈的思想文化观念的理解与包容，从而最大限度地化解不同代的人群之间因思想文化观念上的差异而形成的矛盾与冲突，达致不同代的人群之间的和谐共处。我们不能企望消除因“代沟”引起的情感撕裂与阵痛，但主动、自觉地引导不同人群之间的相互理解与包容，是可以减轻阵痛的。

也谈乡愁：记住抑或化解*

一

近年来，一部以反映与赞美乡愁为主题的电视剧《记住乡愁》在中央到地方的多家电视台反复播出，而收视率并没有随播出次数的增加发生递减，相反，收看的人群不断扩大，尤其是在中老年人的群体中，不少人看了一遍又一遍，仍如醉如痴，欲罢不能。一首表达乡愁主题的乡愁曲，以其空灵、悠扬的旋律，增人愁绪的歌词，使人百听不烦、百吟不厌。记住乡愁，这不仅仅是当下中国人精神生活中不可忽视的一种情感表达，而且是一种不可忽视的文化现象。赞美乡愁，也不仅仅是某些社会成员个体情感的偶发性宣泄，而是一种悄然成势的社会思潮。然而，面对乡愁思潮的来袭，人们究竟应如何看待与评价乡愁思潮？对于乡愁，人们在面对一边倒的单向度的肯定与赞美的情况下，是否也应多一份理智、多一份冷静、多一份思考？乡愁属于审美的范畴，但它同时也是一种历史与文化的现象，它不仅具有审美的价值，也具有历史的与文化的价

* 本文原发表于《人文杂志》2014 年第 7 期。

值。因此，对乡愁现象的分析与评价，不仅是情感的与审美的，也是历史的与文化的，应将它置于人类社会历史发展与演进的维度中进行审视与思考。

何谓乡愁？顾名思义，乡愁之愁是因乡而生之愁。具体来说，乡愁之愁是这样一种愁，它或是对故乡之忆、故乡之思、故乡之念而生之愁，或是对故乡之衰、故乡之变、故乡之逝而生之愁，当然也有可能是因故乡的依然旧态而生之愁。乡愁之乡是一个地理的概念，但它又不仅仅是一个地理概念，更是一个历史的与文化的概念。因此，乡愁之乡并不特指或等同于乡村之乡。作为引发人们乡愁的客体，可能是人们曾经生活的一个山村，也可能是人们曾经生活或正在生活的一座城市。在更广义的维度上，乡愁之乡还可作祖国、故国解，甚至还可指向人类社会发展历史的过去时代或某一时代。更合理些说，乡愁之乡应作故乡解。在更深层的意义上，乡愁之乡代表的是一种环境、一种氛围、一种情感、一种生活、一种文化、一段历史。有一点是可以确认的，引发人们的乡愁之乡一定是人们过去之乡、历史之乡或曾经之乡，是故乡而不是当下之乡，更不是未来之乡。引发乡愁的对象，可以是故乡村前的小河、屋后的小丘、一首村姑吟唱的小曲、一出纯朴的乡村社戏、亲切的乡音、熟悉的俚语、浓浓的乡情、记忆中的民风村俗……也可以是城中逐渐消失的四合院、步行街、六尺巷或水码头……当然也可以是故国的文化与故国的河山，甚至是历史长河中的某一时代。同为乡愁，因其生发的原因不同，使乡愁表现为不同的类型或形式。卢梭式的憎恶现代文明、对原始状态表达赞美的态度是一种乡愁，李后主、于右任、余光中等人的乡愁诗表达的是另一种乡愁，现代都市的农民工对故乡故土的留恋是一种乡愁，老北京人对古老的四合院建筑的消失所表露出的无奈与惆怅也是一种乡愁。乡愁之愁是一种情感、一种心境，只不过这种情感与心境中通常浸透着一种苦涩、一种哀伤、一种无奈与惆怅，当然也表达着人们的希冀与愿望。乡愁作为人的一种情感的表达，其产生的原因既与引发乡愁的对象存在状况不无关系，也与产生乡愁情感的主体存在的境况和价值取向密切相关。具体地说，生活在不同历史环境与社会环境中的人可能有不同的乡愁观，具有不同历史观的人具有不同的乡愁观，而不同的人因其历史观与乡愁观的不同，在面对相同的历史境遇时，通常会生发出不同的乡愁情感。有人在离乡多年后返回到故地、故城、故乡后，看到故地、故城、故乡原貌依旧，乡风依旧，会倍感亲切，仿佛又回到了自己的童年时代；看到故乡的小桥不见了，小道不在了，水码头消失了，三尺巷被大马路代替了，便会产生乡不在了、家不在了的哀伤与惆怅。但也会有人在离乡多年后，返回到故地、故城、故乡，看到景致依原如昨日，今日的村姑依原唱着旧日的民谣，同样会生发出莫名的哀伤与惆怅。乡愁作为一种情感，它既有可能因故乡之变而生发，也有可能因故乡的凝固而生发。

乡愁之愁不是无缘之愁，而是有根之愁。乡愁是一种情感，也是一种意识，而“意识在任何时候都只能是被意识到了的存在，而人们的存在就是他们的现实生活过程”。① 乡愁在本质上是人对故乡的情感与故乡现实状况之间关系的一种矛盾与冲突的表现。这种矛盾与冲突既有可能是人对故乡的依恋而生，也有可能是人对故乡的希冀而生。无论是依恋还是希冀，都是一种爱。二者之间的区别在于，当人们的爱乡情感受制于依恋的情绪控制时，通常会因故乡之变而伤感生愁；当人们的爱乡情感受制于希冀的情绪控制时，通常会因故乡的旧貌依然而伤感生愁。同样的热爱故乡的情感，之所以会因不同的心理机制而发出不一样的乡愁之愁，深刻的原因在于，不同的历史观与价值观影响并决定着人们具有不同的乡愁观，不同的乡愁观使人们在面对自己的故乡时，生发出不同的情感。

人人都有乡愁，因为人人都有故乡。乡愁的底色是对故乡的热爱，无爱亦无愁，爱是愁之根、愁之源。不同的愁，存在着强烈的程度之别、价值取向上的积极与消极之分。乡愁在通常的情况下表现为个体性

① 《马克思恩格斯文集》第 1 卷，人民出版社 2009 年版，第 525 页。

的，这不仅是因为诱发乡愁的对象是特殊的，还因为不同的个体与故乡的关系并不相同。然而，乡愁在某些特殊的历史时段上也会表现为一种社会性情感与社会性思潮。乡愁并不是在任何时候都表现为一种社会性情感或社会性思潮。一般来说，当社会处于封闭状态下运行、社会发展相对滞缓、社会人员流动相对较少、人们的生活状况相对稳定的情况下，乡愁大都表现为个体性的，并不表现为一种普遍性的社会性情感或社会性思潮。乡愁表现为一种普遍性的社会性情感或社会性思潮，通常发生在社会形态出现明显转型、社会结构发生重大变革、人们的社会生活出现重大变化、人口流动明显加快、思想观念冲突加剧的历史阶段。18 世纪的欧洲是属于这样的历史时段，今天的中国也是属于这样的历史时段。正如 18 世纪的欧洲乡愁思潮的出现不是偶然的一样，乡愁思潮出现在当下的中国也绝非偶然的。在人类社会历史演进的过程中，虽然不存在完全相同的历史事件，却会再现相似的历史现象，在大致相似的历史环境与条件下，不可避免地会重复着大致相似的观念与思潮。

二

如上所述，乡愁之愁是一种情感，是一种因乡而生或由乡而起的情感。就愁之本身而言，它的基本蕴意是忧，是哀，是苦，是痛；无忧，无哀，无苦，无痛也即无愁。相对于人的生存状况而言，愁具有不可否认的否定性意义，因为它带给人们的是忧，是哀，是苦，是痛，而所有人都不希望自己生活在悲绪之中。然而，从审美方面看，乡愁之愁带给人们的并不完全是忧伤与痛苦，在乡愁的表达与书写中，通常也给人一种悲剧式的美感。要不那些表达乡愁的诗歌作品何以能千古流传？乡愁是苦的，但却给人以美感，正是由于它能产生悲剧式的美感，所以它易于引起人们的情感共鸣，受到不少人的赞美。一种使人忧伤与痛苦的乡愁何以会使人产生犹似美酒的感觉，愈饮愈喜，愈品愈醉？一种可能性的解释是，人的情感的心理结构中天生存在着不易解构的恋旧怀故的情感基因。每一个人的乡愁之乡是自己的故乡，但这故乡并非是祖先的故乡，而是自己曾经生活的故乡，是自己记忆中的故乡。乡愁的前提与基础是对故乡的记忆，没有对故乡的记忆也就没有乡愁，当一个人对故乡的记忆消失时，乡愁也随之消失。人是环境的产物，故乡是每个人经历的第一个环境，对这种环境记忆的沉淀便形成人的情感的心理结构。人是喜欢恋旧怀故的，尽管从故乡出走的人很难再真正回到故乡，正如人长大之后不可能再变成儿童，但每个人都怀念自己的儿童时代，因为对儿童时代的回忆，仍然能给人们以艺术的享受。正如马克思在阐释人们何以仍然喜爱荷马史诗的原因时所指出的："但是，儿童的天真不使成人感到愉快吗？他自己不该努力在一个更高的阶梯上把儿童的真实再现出来吗？在每一个时代，它固有的性格不是以其纯真性又活跃在儿童的天性中吗？"①

乡愁不仅具有给人以艺术享受的审美价值，同时也具有历史的与文化的意义。故乡代表的不仅仅是人们曾经居住过的祖屋，它更代表的是一种文化、一种传统，或者说是一种人文环境。人们对故乡的眷恋，眷恋的不仅仅是他出生时的老屋，更眷恋的是熏陶其成长的故乡的文化、故乡的传统。乡愁之愁，愁的不是老屋的损毁与消失，在更深的层次上愁的是文化的断裂与传统的丢失。乡愁之愁的积极意义在于，在愁绪与惆怅中表达着一种希冀与期盼，即文化与传统的血脉能延续不断。乡愁之愁虽然是建立在对故乡之爱的基础上的，但这种对故乡之爱如果引导得当，通常是可以转化为一种积极性的家国情怀，增强人们对民族与国家的认同感与凝聚力。大量的事实表明，具有乡愁感的人，大都具有民族认同感与祖国认同感。其深刻的原因在于，个人与家、与乡、与族、与国之间联系的纽带不仅仅是，或主要不是血缘的，而是文化的与传统的。

---

① 《马克思恩格斯文集》第 8 卷，人民出版社 2009 年版，第 35 页。

但是，从历史发展的维度看，乡愁的意义与价值也并不完全是积极的与应该肯定的，尽管乡愁作为一种情感，是善的或美的，能给人以一种艺术的享受与愉悦，然而，并不是所有的乡愁之愁都有益于社会的发展与历史的进步。不同的人有不同的乡愁之愁，这不仅在于不同的个人所处的社会环境与历史位置存在着不同，更为重要的是，人们的历史观、乡愁观的不同，也会形成乡愁之愁的不同，甚至形成截然相反与对立的乡愁之愁。人们的历史观与乡愁观存在着正确与错误之分，表现在乡愁之愁上也就存在着积极与消极之别。历史的经验事实一再表明，当人们习惯与满足于现实的生活时，乡愁之愁通常处于一种隐性或潜伏的状态，当人们不满意与不习惯于现实生活时，乡愁之愁通常表现为一种显性的或凸显的状态。而在乡愁之愁处于隐性或潜伏的状态时，社会历史的发展通常也表现为缓慢甚至是停滞的状态，在乡愁之愁表现为显性或凸显的状态时，社会历史的发展通常表现为剧烈动荡与急剧变化的状态。从上述的历史现象中，我们可做出如下的推论，就乡愁之愁产生的根据与原因而言，乡愁本身不是坏事；相反，一个缺少乡愁的时代倒是可悲与可怕的时代，因为只有当人们习惯于既有的生活轨迹，在现实生活中感受不到情感的冲击时，才不会产生乡愁之愁。而在这样的时代，要么是社会历史处于停止的状态，要么是人们的情感处于麻木不仁的状态。乡愁之愁是一种对待历史的情感，这种情感也是由对历史的态度决定的，有的人会因故乡老屋的消失，儿时熟悉的民谣的消失而生愁，而惆怅；也有的人会因故乡的小路依旧、小桥依旧、老屋依旧、村姑依旧吟唱着昨日的民谣而生愁，而惆怅。因此，同为乡愁，存在着积极的与消极的乡愁之分。有留恋过去而生的乡愁，也有面向未来而生的乡愁。当人们的情感只是单向度地沉湎于对故乡旧物旧景的记忆与回味时，乡愁多半表现为一首催人泪下的悲歌与挽歌；只有当人们面向未来时，乡愁才有可能成为一首催人警醒的序曲。

故乡是一个历史性的概念，乡愁也是一个历史性的概念。没有绝对不变的故乡。故乡既包括故乡的自然环境，也包括故乡的文化传统，同时还包括故乡的乡亲、乡情、乡音，这些无不打上历史的印迹，涂有时代的底色。故乡不可能是原生态的，也不应是原生态的。一个城市的形成，意味的是千万个乡村的消失，一条铁路、一条公路的开通，意味的是无数河上小桥的废弃。这不应视为是一种悲凉的代价，而应视为是一种社会的进步、历史的发展。故乡的不断改变与转型，是人类社会过程中不可避免的现象，没有这种改变与转型，人们记忆中的老屋就应依然是山洞与茅屋。从洞穴到茅屋，从茅屋到瓦房，再从瓦房到楼房，这是故乡老屋变化的不可逆转的必然性轨迹，也是人类从落后走向进步、从封闭走向开放、从愚昧走向文明的缩影。山野中的茅屋，对于具有浪漫主义情怀的人们来说也许是美的，但对于茅屋的居住者来说却是一种无奈与艰辛。要不，为何住进楼房的人们很少有人再愿意回到茅屋中去的？时下的中国，不断有人热衷于对所谓的原生态文化的挖掘与赞美，也不断有人惊呼在推土机的轰鸣声中有多少村落归于消失，留住村落、留住乡愁的声音不绝于耳。这究竟是一种什么样的情绪与声音？是积极的，还是消极的，值得我们深思。我们不否认保留某些具有代表性或典型性村落的价值与意义，因为这种保留对于人们的历史与文化记忆是必要的与有益的；我们也不否认对某些代表一定历史时代的具有典型性的传统给予应有的尊重的意义，因为传统代表的是一种历史、一种文化，它有助于我们明白，我们从何处来，又应走向何处。但我们不应使自己的理智在悠扬动听的乡愁挽歌中昏昏然，或对推土机的轰鸣声横加指责。我们应该明白，没有真正意义上的原生态的故乡，如果有，那是一种悲哀，那意味着人依然生活在具有野蛮性质的自然状态中。如果城市化是现代化的必由之路与现代化的标志，那么，就不应视推土机的轰鸣声为一种故乡消失的悲歌，而应视为故乡新生的动人序曲。

三

乡愁之愁的基本意蕴在于愁。虽然不同的人具有不同的乡愁，不同的乡愁之间存在着积极意义与消极意义的乡愁之分，但在社会历史处于急剧变革，社会形态发生重大转型时期，乡愁大都表现为一曲怀故恋旧的悲歌与挽歌，或者说更多表现为一种消极的情绪。因为这种特殊时期爆发出来的乡愁思潮，大多表现为人们对故乡的消失、故乡的损毁、故乡的衰落、故乡的改变的一种不舍与惆怅、一种苦闷与抗争。乡愁之愁也是一种愁。任何一种愁，都蕴含着苦闷、惆怅、无助、茫然。在时下的中国，在推土机的巨大轰鸣声中，成百、成千、成万的乡村走向消失，取而代之的是巨大的城市与城市圈的诞生与崛起，这是中国社会从农业文明向工业文明转型的必由之路，也是现代化的必然产物与重要标志。而伴随着这种以城市化为标志的现代化，出现的是数以亿计的农村回不去、城市难进去的农民工，或是游离于农村与城市之间的庞大群体。我们是该强化人们的乡愁意识，让人们记住乡愁，促使人们始终生活在对回不去的过去的记忆中，还是应该努力去化解人们的乡愁意识，帮助人们尽可能快地融入到现代城市文明的生活中去？肯定性的答案应该是后者，而不应是前者。即是说，越是当乡愁成为一种思潮的时候，越是需要人们的理智保持清醒，不应试图引导人们回到已经回不去的、也不愿回去的日渐逝去的故乡，而应引导人们以积极的、面向未来的态度努力去化解乡愁，减轻因现代化进程与社会转型所引起的情感撕裂与心灵阵痛。在当下的中国，真正需要的也许不应是记住乡愁的劝导，而应是淡化乡愁、化解乡愁的倡导。乡村的不断消失，城市的不断崛起，农业与农村人口的趋势性减少，城市人口的趋势性增加，这是世界各国现代文明崛起过程中所表现出来的普遍性规律，中国向现代化文明的迈进与转型的过程中，无疑不能偏离这一规律。没有农业的工业化、农村的城市化、农业人口的市民化，就不可能有社会的现代化与文明的转型与进步。一个国家的城市化的程度，既是衡量一个国家经济与产业现代化的尺度，也是衡量一个国家文明现代化水平的尺度。以城市化为其重要表征之一的现代化不仅仅是一种历史的必然性，更为重要的是在价值的向度上，对于人们的物质生活与精神生活来说，它在总体上具有积极性与肯定性的意义，或者说它带给人们正面的价值远远超出它的负面价值。不然的话，乡村何以变成城市？农民何以会愿意转变成市民？以城市化为重要内容的现代化何以会成为世界各民族努力追求的重要目标？农村人口向城市的转移，绝不是人为推动的结果，根本性的原因在于，城市生活相对于乡村生活具有优越性与吸引力。一个简单的道理与逻辑：只有在极其特别的情况下，人们才能够忍受生活环境的恶化，以及生活条件的变坏与变差。城市化与现代化对于一个国家与民族来说，意味的不仅是生产方式与交换方式的变革，也意味的是人们生活方式的变革，它改变的不仅是社会的经济结构，而且是社会的整体结构。城市化所带来的也不仅仅是社会的生产效率的提高、生活成本的节约与社会财富的增加，同时也为绝大多数个人生活条件与发展环境的改善提供着可能性空间。在总体上，城市的富裕程度高于农村，城市人群的物质生活与精神文化生活的状况与质量要优越于乡村生活，城市较之乡村更开放、更文明，更有利于人们之间的交往，更有利于人们的能力的发展与实现，这是一个无法否认的经验性事实，也是城市的魅力或吸引力之所在。当然，要实现农业的工业化、农村的城市化、农民的市民化，并非是一件简单与容易的事情。尤其是在农民的市民化方面，城市对于农民来说要能进得去、留得住、立稳足、扎下根，是更不容易与更加困难的事情，农民市民化的轨迹是无法与推土机履带的轨迹平行的。农民的市民化之所以是一件困难的事情，通常会经历一个渐进与相对漫长的过程，其中的原因固然是多方面的，有各种制度与政策性的障碍，也有农民自身的能力与素质的问题，不可忽视的一个原因还在于潜藏于农民自身的心理情感因素。当下的中国存在着一个以亿计数的农民工群体，他们的社会角色身份是模糊的，他们对自身身份的认同也是模糊的。他们既不是传统意义上的农民，也不是真正意义上的城市市民，他们游走于传统农民与现代市民之间，乡村回不去，也不想回去，城市是想进去，但进不去或难于进去。他们很想过一种富裕的、充满活力的都市生活，却又不习惯于都市生活的节奏以及人和人之间的彼此陌生。这是一群在城市与乡村之间游走不定的人，也是一群在传统与现代之间痛苦挣扎的人，更是一群在情感上陷入矛盾与分裂的人。如果说以城市化为内容的现代化是时下中国必须完成的任务，那么正确的选择应是帮助这个暂时还游弋于农村与城市的群体尽可能快地进入城市，并实现落地生根，让城市成为这些人新的故乡，完成从农民到市民的全新性角色的重塑与转换。而不应抱有这样的想法，一方面既希望完成城市化与现代化的进程，实现中国社会结构的转型；另一方面又试图让人们记住乡愁，使人们保留住对故乡或对过去的传统与文化的记忆与眷恋，留住传统的根。这是一种不切实际的想法，更是一种有害的想法，现代化的城市需要的是完全意义上的市民，而不是一半是农民、一半是市民的不完全的市民。强化人们的乡愁意识，是农耕社会的人们落叶归根旧观念的顽强表现，这种观念不仅会阻滞人们进入城市的步伐，更会增大与延长在社会转型期情感的折磨与痛苦。人们不能期望免除乡愁之愁与苦，但应努力减轻与缩短这种愁与苦，尽量地让它只是一种暂时的阵痛，不应让其固化为一种难以根除的长久之痛。

有人认为，记住乡愁的价值在于维护传统与文化的连续性，保持其文化的香火不变，传统的血脉不断，而不仅仅是保留住故乡老屋的记忆。即便如此，记住乡愁口号的价值取向的合理性也是令人存疑的，文化与传统不应是凝固与不变的，而应是变化与流动的，因而乡愁应该不是记住的。人们应该不断扬弃与更新文化与传统，否则就不会有社会的发展、历史的进步、文明的刷新。

文化与文明之辨*

一

什么是文化？什么是文明？二者之间究竟是相同、相近抑或是相异的概念？可以说，人们几乎每天都在和文化与文明这两个概念打交道，不少人也曾试图对文化与文明的概念及其二者之间的关系进行界定与界分。据有人做过统计，历史上对文化的界定曾有 161 种之多，而有关文明的定义至少也有 20 多种，而且对文化与文明的新定义还有不断增长的趋势。然而，对于绝大多数人来说，有关什么是文化，什么是文明，二者究竟是什么样的关系，依然是一个似乎很明白却又感到难以言说清楚的问题。不少人将文化与文明视作同一的概念，认为广义的文化即是文明，根据在于它们都是人创造的，是人化的产物。也有人试图对文化与文明进行界分，但其界分通常只停留在抽象的陈述或表层上，至于文化与文明的真正区别在哪里，鲜有具体的澄清。

尽管在历史上与现实生活中，许多人都将文化与文明视作相同或相近的概念，但文化与文明

* 本文原发表于《学习研究》2012 第第 3 期。

作为两个流传已久的概念，它们在历史中长久存活的客观事实本身，在证明着它们各自有着自身存在不可替代的独立价值的同时，也证明与表达着二者之间的差别。在一般的情况下，两个相同或同类的概念，是可以相互解释与互换使用的，然而，在历史上与现实生活中，人们在使用文化与文明概念时，要实现文化与文明概念间的互译与互换并不是毫无障碍的。从词源学的维度看，文化（culture）与文明（civilization）在拉丁文中，前者的原意为对土地的耕耘和对植物的栽培，后者的意思是“公民的，国家的，用以表示人、社会和国家的进步状态”。① 单从文化与文明的拉丁文的原始意蕴上看，我们似乎可作这样的解读，文化的意蕴表达是文明对事物的养治与育化，而文明的意蕴表达是文化的彰显与外示。从发生学的历史维度看，文化生成的历史远比文明生成的历史要久远得多。根据摩尔根的《古代社会》与恩格斯在《家庭、私有制和国家的起源》中所提供的资料与观点看，人类在其蒙昧时代与野蛮时代就存在着文化。一个强有力的证据是，摩尔根与恩格斯都曾在上面所提到的两部著作中，明确地将人类历史的史前时期划分为不同的文化生成与演进的三个阶段：蒙昧时代、野蛮时代、文明时代。我们从摩尔根与恩格斯有关人类史前时期的文化分期中，可以毫不困难地得出一个无可争辩的结论：当人类开始从动物界分离与提升出来，以人的身份存在时，人类就开始创造着自己的文化，并生存于有文化的环境中了，文明则属于人类文化发展的一个较高阶段。在人类处于蒙昧时代时，语言的形成、火的使用、弓箭的发明，是人类开始创造了自己文化的几个具有典型性的明证，而对制陶术的掌握，对动物的驯养、繁殖和植物的种植，尤其是对铁矿石的冶炼与拼音文字的发明，是人类在野蛮时代中在文化上取得进展的特有的标志性事件。在摩尔根与恩格斯的视野里，推动人类社会从野蛮时代向文明时代过渡的强大杠杆或推动力的是铁矿石的冶炼与拼音文字的发明，人类社会正是“从铁矿石的冶炼开始，并由

---

① 《中国大百科全书》第 23 卷，中国大百科全书出版社 2011 年版，第 296 页。

于拼音文字的发明及其应用于文献记录而过渡到文明时代”①。正因为文明是文化发展的较高阶段才出现的，因此，在西方文化史与文明史的研究中，有过“原始文化”的说法，却从未见过有原始文明的说法。当然，从思考的逻辑上看，我们还不能仅仅从文化在发生学上相对于文明的先在性，否认文明时代的文化与文明的一致性与趋同性。但我们留心人们日常生活中使用的具体话语语境，文化与文明的各自独立性应是明显的。我们可以说一个受过高等教育的人为文化人，却在将文化人称为文明人时需要谨慎，一个受过高等教育的文化人有可能是一个有高超智力的罪犯。我们可以说一个没有受过教育的农民为非文化人，却不可以轻易地将他排斥在文明人的范围之外。一种粗野的行为，人们通常可斥为野蛮的、非文明的行为，却不可以简单地斥为没文化的行为，因为粗野行为的底蕴中也存在着文化，只不过是一种粗野的文化。再如，人们可以提出文化产业化的口号，却没有人提出文明产业化的口号，因为文化是可以产业化的，而文明则不能产业化，产业本身即代表着文明。在一个相对确定的社会单元里，文化的存在是多元的，但我们却不可以认同文明的表现也是多元的。文明是相对于野蛮而言的，它代表的是一种开化与进步。文化虽然有先进与落后之分，但无论是先进文化与落后文化，都是一种文化，文明则不同，过时的、落后的事物与现象不能称之为文明，文明在时间上通常与现代的概念有着密切的联系。过了时的、落后的文化，我们仍应称之为文化，但过了时的文明，在人们当下的生活中则不能称之为文明。在文化与文明概念的具体运用上，我们可以说科学是文化，技术是文化，知识是文化，价值观念是文化，社会意识形态是文化，却鲜见有人将上述所指的种种对象冠以文明的称谓。儒学是文化，佛学是文化，道学是文化，这应是没有争议的，却没有见过有人称儒学、佛学、道学为文明，人们只能将根据儒学、道学、佛学衍生出来的礼乐形式与庙堂建筑称之为文明。

---

① 《马克思恩格斯文集》第4卷，人民出版社2009年版，第37页。

在人们日常的生活话语中，文化与文明在使用上的差别是明显的。但问题是，要真正厘清文化与文明概念的区分，不能仅仅依据人们在话语使用上的感性差异，而应揭示出导致这种差异形式的深层原因。而要揭示出这种原因，摩尔根与恩格斯有关蒙昧时代、野蛮时代、文明时代的划分及其标准的论述，也许能给我们有益的启发与指导。在摩尔根与恩格斯的视野里："蒙昧时代是以获取现成的天然产物为主的时期；人工产品主要是用做获取天然产物的辅助工具。野蛮时代是学会畜牧和农耕的时期，是学会靠人的活动来增加天然产物生产的方法的时期。文明时代是学会对天然产物进一步加工的时期，是真正的工业和艺术的时期。"①很显然，在摩尔根与恩格斯的思维理路中，蒙昧时代、野蛮时代与文明时代的区别，不在于人们是否开始创造出了自己的文化，而在于人们是否将自己创造出来的文化转化为现实的产品或成果。在蒙昧时代与野蛮时代，人类虽然已创造出并拥有了自己的文化，但这还不足以将人与动物彻底地分离开来，因为人类虽然已使天然产物有所增加，但人类依然是靠天然产物维持自己的肉体生活，因而人还没有真正地告别动物世界。只有人类创造出了自己的工业与艺术，开始对天然产物进行工业与艺术的进一步加工，创造出有别于天然产物的人创产物时，人类才真正进入到文明时代。摩尔根与恩格斯为何以工业与艺术作为我们时代的标志性特征？合理性的解释可能是，工业创造出了物质产品或物质文明，艺术创造出了精神产品或精神文明。如果对摩尔根与恩格斯的上述观点的思维理路的阐释具有合理性的话，我们似乎可以做如下的推论：人类在蒙昧时代与野蛮时代之所以有文化没文明，深刻的原因在于，当文化还是以一种知识、价值观念、意识等精神性的东西存在时，它还不显现为文明，只有当文化通过人的实践对象化或转化为物质产品与精神产品时，才现实地表现为文明。

---

① 《马克思恩格斯文集》第4卷，人民出版社2009年版，第38页。

二

文化与文明也有相互联系的一面。从生成论上看，文化与文明具有同根性的特点。文化也好，文明也好，都是历史性生成的，文化是人创造的文化，文明是人创造的文明，因而，文化与文明不是漂游的浮萍，它们是有根的。文化与文明的根都生长在人们社会生活的土壤中，离开了人的社会生活，文化与文明既不能生成，更不能生存。而人的“全部社会生活在本质上是实践的”①，因而文化与文明在本质上都是实践的，人类的劳动、生产、实践是人类文化与文明诞生的母体，是文化与文明之流的源头。人类是依靠自己的劳动、生产、实践创造了自己的文化与文明，文化与文明不过是人类实践以不同的方式显现出来的成果。诚然，在历史发生的维度上，文化的生成曾早于文明的生成，人类社会的历史上曾有过有文化无文明的时代，但这只能说明文化转化为文明是需要一定条件的，只有在文化发展的较高阶段上，文化才有可能转化与表现为文明，但却不能否定文化与文明都是人类的物质生产与物质交往、精神生产与精神交往的反映与产物。

从文化与文明的发展方面看，推动文化与文明发展与进步的动力和杠杆具有同源性的特点。文化与文明既不是预成的，也不是凝固不变的，而是生成的，因而也是流动的与发展的。对文化与文明的审视，如果我们不是停留在对它们某些外部特征的直观上，而是从其内容与实质上去看；不是将视线凝滞在某些特定的历史时代上，而是放眼全部历史的跨度，那么，呈现在人们面前的就是如下的一个经验性的必然性：文化与文明在总的趋势上是向上的，即是发展与进步的。推动文化与文明发展与进步的动力又是什么呢？不可否认，影响人类文化与文明的生成和发展的因素是多样与复杂的，而且越是在社会历史演进的较高阶

① 《马克思恩格斯文集》第1卷，人民出版社2009年版，第501页。

段上，影响文化与文明发展的因素也越呈增加的趋势，决不能用某种单纯的因素去解释文化与文明的生成与发展。一个显而易见的经验事实是，内陆地区民族的文化与文明同靠近河流和沼泽地区民族的文化与文明在表现样式上明显不同，地处热带地区的民族与地处寒带地区的民族在文化与文明的外部特征上也彼此有别。山脉与河流、高原与水乡可能在文化与文明生成中留下直观而明显的印迹。自然条件与环境对文化与文明的影响，有时还存在如下的情况：一座山脉有如一座文化与文明的界碑，一条河流有如一条文化与文明的分界线，山的两边、河的两岸风不同、俗相异。然而，归根到底，推动人类社会文化与文明发展的根本性动力与杠杆是人们的生产方式与交往方式，也即人们的生产实践与交往实践。因为，同样是一个不争的事实，如果我们不是从文化与文明的外部特征上看，而是从文化与文明的内容与实质上看，大致相同的生产方式与交换方式产生的是大致相同的文化与文明，而且随着人们的生产方式与交换方式的变革与转换，文化与文明的性质也会或慢或快地发生相应的变化。从历史的宏观维度上看，人类文化与文明的发展轨迹，是大致沿着人们生产方式与交换方式发展的轨迹方向平行演进的。自然条件与环境或许能够解释黄土高原的信天游与江南水乡小调在艺术风格上为何不同，并使两种艺术风格得以长期地保持相对稳定；但却解释不了在手推磨的生产方式下产生的必然是以封建主为首的生产关系，在以封建主为首的生产关系中，必然产生的是为维护封建等级制所需的“忠诚”“荣誉”等价值观念，而在蒸汽磨的生产方式下产生的必然是以资本家为首的生产关系，在以资本家为首的生产关系中必然是反映资产阶级发展商品经济要求的“自由”“平等”等价值观念这一现象。推动人类社会文化与文明发展的是人类的实践活动，而不是自然条件与环境，因为自然条件与环境是相对凝固的，唯有人类社会实践的发展才能为人类文化与文明的发展提供永不衰竭的动力。

正因为文化与文明在生成与发展上具有同根性与同源性，因而文化与文明之间存在着相互渗透、相互作用、相互促进的关系。文化与文明在其结构上具有鲜明的类构性特征。之所以称之为类构，而不是同构，表明的是二者之间还是有差别的。并不是所有的文化最终都能转化为或对象化为文明，文明记录与代表的是社会在一定发展阶段上的主流或主导性文化。文化与文明的结构具有类构型的特征还表明二者之间存在着密切的关联性。文化相对于文明而言，其功能在于它的“化”；文明相对于文化而言，其功能在于它的“明”。文化的“化”通常表达的是“文”对人和物的培养与化育功能，文明的“明”通常表达的是物对“文”的彰显功能。一定的文明以一定的文化的存在为基础，文化是文明的精神灵魂与精神内核，而一定的文明则表现一定的文化，文明是文化的表现方式、记录与传承方式。一个民族的文化发展的程度虽然不能与一个民族的文明发展程度绝对地画上等号，但一个民族的文明发展程度可以大致地成为判定该民族文化发展性质和水平的标尺。文明是文化对象化的成果，因而文明内蕴着相应的文化。

正因为文化与文明之间在结构上存在着一种类构性的特征及其内蕴与外显的关系，从而导致了人们在日常生活的话语中对文化与文明的区分并不那么严格，存在着物质文明与物质文化、精神文明与非物质文化或精神文化的对应关系，存在着将二者替换使用的情况。例如，人们通常既称长城是一种文明，也称长城是一种物质文化；既称制度是一种文明，也称制度是一种文化；既称社会中通行的礼仪、风俗、习惯与人们的行为方式为一种精神文明，也称是一种精神文化；等等。应该说在一定程度上这种情况的产生与存在是有一定的合理性的，理由在于长城中是有文化的，制度中是有文化的，社会通行的礼仪、风俗、习惯中也是有文化的。但在严格的意义上，物质文明与物质文化、精神文明与精神文化之间并不能画上等号。长城是一种文明的存在物，并不是文化，只有建造长城的知识、技术、目的、意图及其所蕴含的军事思想才是文化。一种制度可视为是一种文明的符号，但制度本身并不是文化，只有建立制度背后的理念才是文化。同样，社会的礼仪形式、风俗、习惯与人们的行为方式本身不是文化，蕴含在这些礼仪形式、风俗、习惯与人们的行为方式背后的价值观念与道德观念才是文化。

三

将文明视作文化的对象及其现实性的显明，将文化视作文明的内核，对文化与文明之间的既相互联系又相互区别的关系进行上述的分辨与厘正，这样做有无必要或有无意义？它是否是一种经院哲学或概念游戏？抑或是书斋学者的故弄玄虚？当然不是。文化与文明之辨既有理论意义，也有实践意义。

文明表征着人类自身的开化与进化，人类文明程度的提高，度量着人类远离动物界的距离。在一定意义上说，人类所取得的文明成就越大，所达到的文明程度越高，人就越成其为人，人与动物界的距离也就愈远。文明也表征着社会的发展与进步，尽管文明给人类社会带来的并不全是礼物，它也给人类社会造成了诸如卢梭、摩尔根、马克思、恩格斯等人曾经指出的负效应，但文明带给人类的正面资产与价值要远远高于它的负面资产与价值。社会发展状况与性质的先进与落后，文明程度是其判别与评价的基本坐标。追求社会文明的进步，是任何一个社会不变的价值向度，也是一个民族与国家走向未来的路标。然而，一个民族与国家如何才能使自己在文明的道路上持续前行，不迷失方向？前提与基础必须是保持自己文化的先进性，并使自己文化的先进性始终保持在进步的状态。深刻的原因在于，文化是文明的精神灵魂与精神内核。如果我们将文明比作雄伟的大厦的话，文化就是支撑起文明大厦的钢筋，文明建设若要健其身，必先壮其骨。如果我们将文明视作一条奔腾不息的江河的话，文化就犹如是江河中流动的活水，只有活水的不断注入，文明的江河才能奔腾不息。因此，要建设先进的文明社会，必须首先建设好先进的文化。先进的科学与技术、先进的价值观念、先进的社会意识形态，是建设社会先进的物质文明、精神文明、政治文明、生态文明的精神保障。文化建设是文明建设的基础工程，同时也是文明建设的先导工程。正确地把握文化与文明的区别，对于社会的文明建设来说，有助于人们突出重点，把握好着力点。强调文化建设与文化发展对文明建设与文明发展的意义，并不意味着文化与文明的相互关系是一种单向度的因果链条。文化与文明在其历史演进的过程中存在着相互渗透、相互作用、相互促进、互为因果的双向互动关系。先进文化的发展有益于文明的延伸，同样文明的进展也影响着文化的生存、延续与传播。不是任何文化都能转化为文明成果的，文化转化为文明是需要一定条件件的。文化作为一种精神性、观念性的存在，如果不能对象化或转化为现实的文明成果，文化中蕴含的价值就不能现实性地实现。文明是文化价值实现的载体，也是文化价值实现与显明的一种方式。文明也是文化保存、记忆与传递承继的一种主要的载体与桥梁。文明的成果是对文化的刻印与记录，文化通过文明成果的刻印与记录，才能在历史流逝与变迁中得以长久地保存、记忆与传承，不至于因某些自然的原因与历史的原因而遭到湮灭与遗忘。任何一种没有文明化的文化，是很难在历史中存活的，至少是不能在历史中长久存活的。相反，一个部落、一个民族、一个国家，不管它今天是否还存在，只要它们曾经创造的文明的器物仍然保存着，它们的文化也就依然存活着。考古的意义与价值就在于，它能够通过人类遗留下来的遗迹与器物去再现或复活已被遗忘与消失了的文化。文明相对于文化的另一个功能或作用是，它充当着文化传播的工具与手段，并在文化传播的过程中，扩大文化影响的范围，使文化价值增值。文化的影响力与价值的大小，在一定的意义上制约了文化传播的范围，文化的影响力与价值与它的传播范围通常是保持着正比关系的。即使是先进的文化，如果只局限于一个狭小的范围内，它不仅是一种地域性文化，而且它的影响力与价值也是相对有限的。而文化的传播一方面依赖于人与人之间的直接性的对话与交往，另一方面不可忽视的是以商品即文明的器物为媒介的交往。商品的交换，不仅仅是商品中的物质价值的交换，也是商品中内涵的文化价值的交换，商品的消费也是商品中内含的文化价值的消费，因此，商品行走的距离，也即是文化传播的距离。而文化传播的广度与深度，直接与间接地影响着文化价值的增值与减值。

总之，文明是有灵魂的存在，文明的灵魂即是文化。一个民族的文明是由其民族精神之魂支撑起的，离开了民族精神与文化的内核的支撑，民族的文明就会形同虚壳。文化也要借助于文明的器物与载体，才能发挥其影响力与辐射力，才能成为一种软实力。在文明社会中，文明是文化的存在方式，是文化的载体，也是文化传播的使者。文化与文明之辨既有其学术的价值，也有其现实性的实践价值。在建设现代化强国与实现中华民族崛起的伟大实践中，既要重视增强经济、政治、外交、军事等硬实力，也要重视文化与文明等软实力的增强。而在软实力的建设与打造方面，既要抓文化建设，提高文化的先进性与竞争力；也要抓文明建设，提高文明的程度与文明的感染力。在文化与文明的建设上，一方面应避免将文化建设与文明建设混为一谈，另一方面也应避免将二者的关系隔离或割裂，使二者之间保持适度的张力，达成有机的互动与共振。在推进文化发展与建设方面，应加强文化的创新，摒弃落后的、不合时代要求的文化，发展先进文化，尤其是应使文化体系中的核心价值观与社会的主流意识形态保持其先进性，但同时也应注重大力推进文化的产业化与产品的文化战略，促进文化向文明的转化，使文化发展为促进社会文明服务。而在文明建设上，应避免文明建设脱离文化发展的基础，使文明尽可能多地吸纳先进的文化元素，使中华民族的文明展现出中华民族优秀文化的光芒。

文明问题三思*

一、文明意味的是什么？

人类文明的历史虽不及人类的历史那样悠久，但至少存在了五千年。而文明的概念产生与传播的历史则要短暂许多，充其量也不足三百年。自 18 世纪中叶以来，文明的概念才逐渐地从以欧洲为中心与代表的西方走向了世界，被世界各民族所广泛接受，并演变成了一个世界性的概念与词汇。在当代世界各民族的生活与交往中，文明既是很难避谈的话题，也是各个国家与民族在历史发展过程中不能不经常面对的问题，追求文明的发展与进步是各个民族与国家的共同目标，同时也是人们衡量与评价一个民族与国家乃至个人的发展程度及其合理性的历史尺度与价值尺度。在当代中国，推进社会主义文明的发展，加强现代文明的全面建设，既是建设有中国特色的社会主义现代化强国、实现中华民族伟大复兴与崛起的奋斗目标，也是学术界关注与不衰的焦点性话题。然而，什么是文明？文明的本质究竟应作怎样的把握与诠释？无论是从学术史的

* 本文原发表于《学习与探索》2015 年第 2 期。

维度看，还是从人们对文明概念的诠释与具体使用上看，文明都并不是一个普遍认同一致、不存在纷争与无须分辨的概念。一个不争的事实与有说服力的证据是，文明的概念自18世纪中叶产生以后，人们有关文明的界定尽管已经多达几十种，但人们试图对文明概念进行再定义、再诠释的各种努力并未显示出停止的迹象。

对文明本质的把握与诠释之所以是困难与多元竞争的，深刻的原因不仅在于影响文明的因素是复杂的，文明所包含的内容及其表现形式也是复杂的；而且还在于对文明本质的把握与诠释是受制于文明观与历史观的，不同的历史观与文明观对文明本质的把握与诠释不可避免地会形成本质性的差别。文明是一种重要的社会历史现象，文明史是构成人类社会历史的一个不可分割的重要组成部分，马克思的历史观无疑是包括自己的文明观的，甚至可以认定，马克思历史观研究的主要对象是人类文明史。在马克思历史观与文明观的视野里，文明是一种社会现象，也是一种历史现象，文明是在人类的历史实践发展到一定阶段上才出现的。文明是在人类的实践活动基础上生成的，因此，作为人类历史实践的产物与成果，文明在本质上是实践的。如同马克思的唯物主义历史观始终坚持从人类的劳动发展史为基础与锁钥去揭示与阐释人类全部社会史的发展的本质与规律一样，马克思的文明观同样是以人类的劳动发展史为锁钥去解答人类文明史的奥秘的，对文明的本质及其文明史的发展规律诉诸劳动、实践的把握与理解是马克思历史观与文明观的基本理论逻辑。深刻的原因在于：人类社会历史生产的最原初性的基础是人类为满足自身存在需要的生活资料的生产，人类社会历史的一切方面的发展与进步，从归根到底的意义上看，都是由生活资料的生产的进步引起的。因此，在马克思历史观与文明观的理论逻辑中，人类社会生活资料的生产的不同性质与进步状况既是衡量人类劳动与实践发展程度的尺度，也是区分人类文明史与人类社会史前史的历史坐标。文明史即是文明时代的历史，文明时代是以文明的生成与存在作为标志的。文明时代的文明尽管体现在社会状况与人们社会生活的方方面面，既体现在社会的物质发展状况方面，也体现在社会精神状况方面；既体现在社会的结构与关系的方面，也体现在人们的生活方式与行为方式上面，但真正将人类文明史与人类史前史、文明状态与蒙昧状态和野蛮状态区别开来的还是生活资料的生产方式。更为具体地说，文明首先表现在人类的生活来源的扩充方式上。“蒙昧时代是以获取现成的天然产物为主的时期；人工产品主要是用做获取天然产物的辅助工具。野蛮时代是学会畜牧和农耕的时期，是学会靠人的活动来增加天然产物生产的方法的时期。文明时代是学会对天然产物进一步加工的时期，是真正的工业和艺术的时期。”①

在马克思历史观与文明观的视野里，真正的人类社会的历史是以人类文明时代的到来作为开端的，而这个开端又是以工业与艺术的产生作为标志的。在文明时代之前的蒙昧时代与野蛮时代并不是真正意义上的人类社会史，而只能属于人类社会的史前史。蒙昧时代与野蛮时代的历史之所以是属于人类社会的史前史而不具有属人的性质，根本性的原因在于，无论是处于蒙昧时代的人类还是处于野蛮时代的人类，虽然在生活资料来源的扩充上也取得了一定的进步，尤其是在野蛮时代的高级阶段人类还学会了畜牧与农耕，学会了一些依靠自己的活动增加天然产物的方法，但在总体上人类仍然没有改变依靠自然界所提供的天然产物作为自己生活资料来源的性质。只要人类还没有改变自己的生活资料来源的性质，或者说在人类还不得不以大自然提供的天然产物来维持自己的肉体生存时，人类就没有在根本上将自己从自然界中分离与提升出来，因而人类的存在就仍然是作为自然界的一部分的存在，仍然是一种自然性的存在。当人类的存在仍然是一种自然性的存在时，其历史充其量只是一种自然史的延伸，或者说是人类历史的史前史，而不是真正的人类史。只有当人类不是依靠纯粹的天然产品来维持与满足自己的肉体生存与生活，而是学会了对天然产物进行加工，将天然产物转变成属人性的

---

① 《马克思恩格斯文集》第 4 卷，人民出版社 2009 年版，第 38 页。

人工产品，并主要将人工产品作为自己的生活资料来源时，人类才开始了自己的历史创造。因为人工产品与天然产物具有全然不同的性质，天然产物是大自然造化的存在物，人工产品是人的作品。当人类不再依赖天然存在物作为自己的生活资料而是以自己创造的生活资料来解决自己的生计时，人便在真正的意义上从自然界中分离与提升出来了，人的存在便不再是与动物没有区别的存在了，而是作为真正的人的存在。当人类开始了对天然存在物进行加工，创造出属人性的人工产品时，人类也就进入了以工业与艺术作为前提与标志的文明时代。工业与艺术的产生与出现既标志着人类史前史的结束，也标志着人类文明史的开启。

文明时代之所以以工业与艺术的产生作为自己的标志，根本性的原因在于，对天然产品进行加工的工业活动与艺术活动既不是一种对自然事物的模仿活动，也不是单纯的对自然环境与条件的适应活动，而是对自然界的改造与超越，是一种具有自由性质、创造性质、智慧性质的活动。正因为如此，我们有充足的理由认定，文明的本质是对自然状态的一种改造、一种超越、一种游离，这种游离既表现为人类对外部自然界状态的游离，也表现为人类对自身自然状态的游离，同时也表现为人类对各种原始性自然关系的游离。在一定的意义上说，人类对原始性自然状态与自然关系游离的距离，同时也是人类脱离蒙昧、告别野蛮状态而走向文明的距离。这里需要指出的是，在有关生态文明问题的讨论中，不少人将保护自然环境、自然生态纳入到生态文明建设的范畴，笔者认为，这样的观点是大有疑问的。我们不能片面地反对对自然环境与自然生态的保护，一味地强调对自然环境与自然生态的改造与开发，但也不应将生态文明建设视之为对自然环境与自然生态的保护。单纯的生态保护不具有生态文明的底蕴，文明的本义不是保护，而是改造与建设，不是维持自然状态的原封不动，而是对自然状态的游离。神农架里的原始森林再美也不具有文明的意义，因为它与人的活动无关，是自然界的杰作，不是人的杰作。

二、文明有无先进与落后之分

在文明的认知问题上，有一个长期困扰人们的问题，就是文明是否存在着先进与落后之分。对文明的认知，常常与对文化的认知纠缠在一起。在对文明与文化关系的认知上通常存在两种看似相互对立的观点：一种是将文化等同于文明或文明等同于文化的观点，认为文化与文明都是人化的结果，因而两者之间是同义的，至少是相近与相似的。文化与文明的生成与发展由于受到多种因素的作用与影响，文化与文明在其具体的表现形态上呈现出多样性的特征，文化与文明不仅呈现出时代性的特征，也呈现出地域性的特征，正如世界上不存在两片相同的树叶一样，世界上也不存在两种完全相同的文化与文明。但这种观点同时认为，不管各种文化与文明之间存在着什么样的差别，它们之间并不存在优与劣、先进与落后的区分。另一种观点认为，文化不同于文明，文明不同于文化。文明表达的是一种社会进步状态，通常指向的是人类改造自然、社会以及人类自身的过程中所取得的积极的、肯定意义的成果，因而是没有先进与落后之分的。文化则不然，文化有进步与先进的文化，也有落后与腐朽的文化，因而文化是有先进与落后之分的。很显然，尽管人们在文化与文明是否相同的认知上是存在分歧的，但人们在文明没有先进与落后之分的认知上则是一致的。这样的一致也反映在人们对文化与文明概念具体使用的差别上，即一个显而易见的事实是，人们经常有代表先进文化的说法，却不见有代表先进文明的说法。为什么会出现有代表先进文化的说法，却没有代表先进文明的说法？原因很简单，因为文明是没有先进与落后之分的，人类所取得的一切文明成果都应予以珍视与保留，没有落后的文明需要批判与扬弃，自然也就没有代表先进文明的问题。

笔者不赞同将文化与文明相等同的观点。从历史性的维度看，文化与文明虽然具有同源性，两者都是在人类实践、劳动的基础上生成的，都表现为人化的产物与结果，但作为一种以经验、知识、观念、精神等方式存在的文化，相对于作为一种以对象化、外化等看得见、摸得着的实体性方式存在的文明来说，文化的历史显然要比文明的历史长久得多。人类在蒙昧时代与野蛮时代即产生了文化，但蒙昧时代与野蛮时代是没有文明的。从现实的维度看，任何文明都蕴含有文化的底蕴，但文化通常只是构成文明的内核，文明则表现为文化的外显与外示，并不是任何文化都能转化为文明，只有当文化被人们对象化、外化为一种实体性成果时，文化才外化或外显为文明。人们可以视长城为文明，金字塔为文明，却不能称长城是文化，金字塔是文化，而只能说长城、金字塔中蕴含有文化。文化作为一种观念性、精神性的存在，表现的是人们对客观存在的把握与反映，这种存在既包括社会历史的存在，也包括自然的存在。文明是一种实体性存在，表现的是人们对客观存在的超越与改造，如前所述，文明的实质是对自然状态的一种游离与超越。然而，笔者却不同意文明没有优与劣、先进与落后之分的观点。不仅文化有先进与落后之分，文明也同样有先进与落后之分。

文明之所以有先进与落后之分，深刻的原因在于，文明生成的基础是人的实践，文明在本质上是实践的。而人的实践是发展的，因而实践也是历史的。任何反映与表达人的实践发展的概念都具有历史的性质，文明的概念也一样，也要反映人的实践的变化与性质。而一切属于历史性存在的事物与现象都存在着进行比较的可能与必要。有比较就应有优与劣、先进与落后的区分，在理论分析的逻辑上这应是无须争辩的。任何形式与性质的文明都有其生成的实践根据，都反映与表现一定时代的人的实践水平。而人的实践能力与水平在总趋势上是不断增长与积累的，因此，作为人类实践活动对象化结果的文明状态也必然是不断改变与进步的。如果不是纠缠于个别性的历史例外，而是就其社会历史发展的总趋势而言，人类文明的发展与文明史也是一个从低级到高级拾级而升的过程。较后的发展阶段上的文明较之于较早阶段的文明要优越与先进，不仅仅是一种逻辑的合理性推论，更是经验性的历史事实。工业文明高于农业文明，奴隶制度、封建制度、资本主义制度虽然都是文明制度的不同类型，但它们之间的优与劣之分、先进与落后之别是无须辩说的。即使是从器物文明的方面看也是如此，因为社会的物质文明也是发展的。物质文明的发展不仅表现在社会财富增长的数量上，也表现在它的性质上。中国古代的长城、埃及古代的金字塔、欧洲中世纪的哥特式教堂，虽然曾经是人类器物文明的伟大象征，代表着古时人类文明发展的最高水平与发展成就，但相对于今天的现代化建筑来说，无论是就其科技水平来说，还是就其所蕴含的文化价值观念来说，都不可能再属于先进的了。

文化也好，文明也好，都是人类实践的产物，而作为人类实践产物的文化与文明都要随着人类实践的发展而发展。而发展也即意味着是一种扬弃、意味着是一种创新与超越。从历史的纵向维度上看，一切民族与国家在较高发展阶段上的文明在总体上要高于较低阶段上的文明；从现实发展的横向维度上看，由于社会历史发展的不平衡性，不同的民族与国家由于处于不同的发展阶段，其文明的发展水平不可避免地存在着不同程度的差别。处于较高发展阶段上的民族与国家的文明在总体上要高于处于较低发展阶段上的民族与国家的文明发展水平，这既是经验性的客观事实，也属正常的历史现象。然而，对于许多人来说，为什么不愿意或不敢承认文明的优与劣、先进与落后的比较与区分呢？其中的原因恐怕是与人们的下述担心有关：其一，是担心承认文明的先进与落后的比较与区分，容易导致历史观上的虚无主义，不利于文明的保护与传承；其二，也是更为重要的，担心承认文明的先进与落后的比较与区分的可能性与必要性，会为某些在文明发展上处于先进水平的民族与国家推行霸权主义与扩张主义提供根据与借口，不利于不同文明间的和平共处与不同民族间的平等关系的维持。其实，对文明的先进与落后的区分与比较，不会导致文明观上的历史虚无主义，因为在马克思历史观与文明观的视野里，文明是发展的，任何文明相对于它存在的历史条件来说不仅都有它存在的根据与理由，而且任何文明，即使是在今天的人们看来是属于落后的文明，也是构成文明发展链条上的一个不可或缺的节点。文明的先进与落后的比较与区分是相对的，不是绝对的，对落后文明的否定应是辩证的，不应是形而上学的，即应是一种扬弃，而不是一种否弃。马克思的历史观与文明观在对待落后文明的问题上虽然反对一切形式的保守主义、复古主义与怀旧倾向，但同时也反对历史虚无主义的文明观，强调应历史地、辩证地看待一切文明的事物与现象，对一切人类文明的果实，哪怕是已经落后或已逝去的文明也应给予历史的尊重，因为一切文明的成果都是构成文明史的一部分，对文明成果的尊重即是对人类自己历史的尊重。对文明的先进与落后的比较与区分也不会为某些民族与国家推行殖民主义与霸权主义、扩张主义提供理论借口与理由。应该承认，世界历史是存在发展不平衡性的，这既是常态性存在的客观事实，也符合辩证法所揭示的一般规律。历史发展的不平衡性不可避免地会导致即使处在同一时代的各民族与国家间的文明发展的水平与状态也存在着先进与落后的比较与区分的可能。但任何民族与国家的文明发展的水平与程度都是由该民族与国家所处的历史条件与环境所决定的。处于文明发展领先水平的民族与国家并没有任何根据要求那些在文明的发展上暂时处于落后状态的民族与国家接受自己的文明，更没有任何理由以强权或霸权的方式推销自己的文明模式，这里的深刻的原因在于，一切文明都是有根的存在。那些在文明发展上处于领先地位的民族与国家向别的民族与国家推销与强加自己的文明时，并不能将自己的文明适于生长的土壤或历史条件与环境同时移植过去。一个民族与国家的文明不论它如何落后，只要它赖以存在的历史条件与环境没有消失，它就仍有存在的理由，并不会马上消失。

三、文明的适度与过度

在对待文明的问题上，由于人们习惯上将文明视之为一种具有积极的、向上的、肯定性的进步状态与成果，因而在许多人的思维认知中，似乎文明程度愈高愈好，而鲜见有人关注与提及文明的过度问题。其实，在文明发展的问题上，并不是文明程度愈高愈好，文明的发展有时也存在着过度的问题，过度文明不但不能给社会的进步与人们的生活带来积极性的正效应，反而会产生消极性的负效应。

过度文明的概念并不是一个新概念，在160年前诞生的《共产党宣言》中，马克思、恩格斯就提出过过度文明的概念，并对资本主义过度文明的现象表达过关注与批判。在《共产党宣言》中，马克思、恩格斯在谈到资本主义周期性的经济危机的后果时，曾如此写道："在危机期间，发生一种在过去一切时代看来都好像是荒唐现象的社会瘟疫，即生产过剩的瘟疫……这是什么缘故呢？因为社会上文明过度，生活资料太多，工业和商业太发达。社会所拥有的生产力已经不能再促进资产阶级文明和资产阶级所有制关系的发展；相反，生产力已经强大到这种关系所不能适应的地步，它已经受到这种关系的阻碍……"① 在上面的论述中，马克思、恩格斯不仅首次明确地提出了"文明过度"的概念，而且还深入地分析了资本主义社会产生文明过度的根本原因，以及资本主义文明过度发展对资本主义文明与资本主义生产关系的危害。在马克思、恩格斯的视野里，当资本主义社会生产力的发展、生活资料的增长超过了资本主义生产关系所能容纳的能力时，就会产生文明过度的危机，这种危机不仅会使社会退回到社会的"野蛮状态"，更为重要的是它会危及资产阶级生产方式的存在。不可否认，马克思、恩格斯在《共产党宣言》所提出的"文明过度"的概念具有一种特指的性质，它指向的仅仅是资本主义社会范围内的生产力、生活资料、工业和商业的过度发展与过度发达的问题，而不是对生产力本身的任何发展、生活资料的任何增加、工业和商业的发达诉诸过度文明的评价，更不含有为生产力、生活资料、工业和商业的发展设置一种限度的意蕴。然而，在这种特指性的

① 《马克思恩格斯文集》第2卷，人民出版社2009年版，第37页。

概念与评价中都蕴含有值得人们不应忽视的普遍性的意蕴与意义。文明是在历史中生成与发展的，因而文明具有历史的性质。文明在历史中的发展应当是一种正常的发展，所谓正常的发展即是一种适度的发展。何谓适度的发展？判断与评价适度的坐标与尺度是什么？这个坐标与尺度只能是具体的历史条件与人的历史性需求。具体地说，文明的任何方面的发展必须适应具体历史条件的要求与人的实际需求，或者说必须适应于具体客观条件与人的实际需求所具有的承载或容纳能力。超越了客观历史条件与人的历史性需求所具有的承载与容纳能力，文明的发展即会导致一种过度的问题。在文明的发展过程中，文明的过度在绝大多数情况下是属于一种相对性的过度，具有相对性的性质。所谓相对性的过度，不是说文明的发展绝对地超越了人类需要的限度，而是说它超越了社会历史条件与人的历史性需要所能承载与容纳的能力和空间的限度。以资本主义社会的生产力、生活资料、工业和商业的发展为例，当马克思和恩格斯在《共产党宣言》中批评资本主义社会在上述方面的发展是一种文明过度时并不是意指上述方面的发展已经超越了人类需要的绝对界限，而是说它超越了资本主义生产关系承载与容纳的能力与空间的限度。

实际上，文明的过度问题并不局限于文明发展的个别方面，文明发展的一切方面都存在着文明过度的可能。这种可能既存在于人与社会的关系中，也存在于人与自然的关系中；既存在于人的社会需求的满足上，也存在于人的自然需求的满足上。因而对文明过度问题的重视与关注具有普遍现实的意义与价值。一切超越现实历史条件许可的限度、超出自然条件与社会条件所能承载和容纳的能力与空间、超出人的自然与社会所实际要求的需求即属于不适度的需求与现象都属于文明过度的范围。不仅超越一定的生产关系可能承载与容纳的能力与空间的生产力、消费资料、工业和商业属于文明过度的范围，自然环境的过度开发与利用、过度改造与人工化也属于文明过度范围。住宅的过度豪华、消费的过度侈靡；饮食的过度精细，食品的过度创新；身体的过度保养，疾病的过度医疗；产品的过度花哨，商品的过度包装等，都有文明过度的属性。甚至礼仪的过度排场，礼节的过度烦琐；自由的过度膨胀，民主的过度极端等，也都属于文明过度的范围。

文明的发展应是符合客观历史发展规律的发展，一切超越社会历史条件所允许的限度的文明都应被视为是一种过度的文明，过度的文明是一种畸形的文明。过度与畸形的文明相对于社会历史的发展与进步来说不仅不具有积极性的正面意义，反而具有极其明显的负面效应。正如生产力过度的发展、消费资料的过度增长、工业和商业的过度发达以至于超出了资本主义生产关系所能承载与容纳的能力时会导致生产力的破坏、会使社会向野蛮状态倒退一样，文明在其他方面的过度发展也会导致人们不希望看到与承受的结果。自然环境的过度开发与利用，不仅会破坏自然生态的平衡，而且还会受到自然力量的报复；生活方式与消费方式的过度文明不仅会浪费社会物质财富，还会引发与产生精神与道德方面的负效应；饮食的过度精细、食品的过度创新不仅不利于人们的身体健康，反而会导致一些现代性的所谓文明病、富贵病的产生。身体的过度保养、疾病的过度治疗既浪费金钱也有损身体健康；产品的过度花哨、商品的过度包装既不经济还会毒化社会风气。总之，文明的发展应与社会历史环境与条件相适应，要与人的真实需要相适应。文明的发展一旦脱离了社会历史环境与条件的要求，脱离了人的真实需要的要求，就会表现为一种过度文明。过度文明，既是一种畸形的文明，更是一种病态的文明，并有可能表现为文明的异化。

在社会文明的研究上，在推进社会文明发展的过程中，人们不仅应重视文明的合理性问题的研究，树立文明的合理性、适度性理念，同时也应重视文明的过度性研究，努力避免文明的过度发展与畸形发展，避免文明的异化。

马克思文明观研究中的若干问题之思*

一

文明作为一种历史性的存在，要比文明概念生成的历史早得多。一个几乎不被人们怀疑的事实是，自铁矿石的冶炼与铁器的使用，文字的发明与用文字记录的历史的开始，人类的历史便开始了向人类文明史的过渡。但文明概念的诞生则相对滞后许多，直到18世纪中叶，文明一词才出现在西方的印刷品中。文明的概念作为对文明存在的理解与表达，滞后于文明存在的生成，在认识论的维度上，应属于自然而然的现象。但文明的概念诞生之后，不仅获得了迅速传播，也引起了不断增多的阐释与争议。18世纪中叶以降，伴随着西方文明的不断扩张，文明一词已经不再是一种地域性的词汇，而是演变成一个具有世界性意义的词汇了，文明的概念也不再仅仅是一种学术性语言存活在学者与思想家们的著作中，而是早已越出了学术的边界，成为普通人广泛使用的语言。如果就一种词汇传播的广度与所使用的频率上看，恐怕很少有一个词汇能与文明一词进

* 本文原发表于《学习界》2014年第11期。

行竞争与比肩的。然而，究竟什么是文明？换句话说，文明概念的确切指意是什么？每当人们直面这样的追问时，便会发现，要对文明的概念给予一个类似于教科书式的界定，或给予一个类似于考试试卷所要求的答案，并不是一件容易的事。有人做过粗略的统计，自 18 世纪中叶以来，有关文明概念的界定有代表性的观点就有二十余种，而且还有不断增加的趋势。不仅在不同民族的语言系统中对文明概念的解读存在着差异，而且各个不同的人文学科也对文明概念做出了不同的阐释，更为重要的是，对文明的解读还受到了不同的文明观的制约与影响。笔者在此不想对众说纷纭的文明概念一一评说，只是试图循着马克思主义历史观与文明观的思维理路，对文明的本质及其本真意蕴，试作符合马克思主义历史观与文明观精神的探讨与阐释。

在概念的使用与对待概念的态度上，作为思想家与革命家的马克思与恩格斯，较之于书斋里的学者们与学院派的思想家们来说，有一个极其鲜明的并保持一贯的特点与风格，即从不过分纠缠概念的含义，很少试图对概念进行学究式的分析与教科书式的界定。在他们的视野里，任何概念都不是僵死的、一经产生便会是亘古不变的，一切语言中的概念都具有历史的性质，是随着人们实践活动与社会生活的变化而变化的，因而概念的使用应是历史的与灵活的。正因为如此，在对待文明概念的态度上，马克思、恩格斯显然也是遵循了他们一贯的做法与风格，虽然对人类文明问题极为关注与关切，为人们留下了有关文明问题的不少经典性的论述与富有启发性的思想，却没有为人们留下过有关文明概念的教科书式的定义。尽管如此，只要我们循着马克思的历史观与文明观的思维理路，对经典作家们留下的有关人类文明问题的经典性论述进行逻辑的梳理与合理的抽象，是不难把握到他们视野中的文明概念的指向与意蕴的。

那么，在马克思历史观与文明观中的文明概念究竟意指什么？经典作家的有关论断也许能为我们把握文明的意蕴及其实质提供一条指导性线索。在马克思主义经典作家的著作中，文明时代是一个历史时代，文明时代既不同于在它之前的蒙昧时代与野蛮时代，也不同于在它之后的共产主义社会或人类的自由王国时代，而是属于人类史前时期的最高阶段。应该承认，将人类历史的演进划分成人类的史前时期与真正的人类时期，以及将人类的史前历史时期划分成蒙昧时代、野蛮时代、文明时代，并不是马克思、恩格斯的首创，这个功劳首先应归属于摩尔根。摩尔根在他的具有划时代意义的伟大著作《古代社会》一书中，不仅以“生活资料生产的进步”①为尺度，将人类社会的史前时期，划分为蒙昧时代、野蛮时代、文明时代，认为：“蒙昧时代是以获取现成的天然产物为主的时期；人工产品主要是用做获取天然产物的辅助工具。野蛮时代是学会畜牧和农耕的时期，是学会靠人的活动来增加天然产物生产的方法的时期。文明时代是学会对天然产物进一步加工的时期，是真正的工业和艺术的时期。”②而且，摩尔根还天才性地认为：“自从文明时代开始以来所经过的时间，只是人类已经经历过的生存时间的一小部分，只是人类将要经历的生存时间的一小部分。社会的瓦解，即将成为以财富为唯一的最终目的的那个历程的终结，因为这一历程包含着自我消灭的因素。管理上的民主，社会中的博爱，权利的平等，教育的普及，将揭开社会的下一个更高的阶段，经验、理智和科学正在不断向这个阶段努力。这将是古代氏族的自由、平等和博爱的复活，但却是在更高级形式上的复活。”③很显然，摩尔根虽然没有将文明时代后的时代指称是共产主义社会，但他已明确地认为，这是一个不同于人类史前时代的新时代。马克思主义经典作家有关人类史前社会与共产主义社会的区分，以及对人类史前史的历史分期的理论，无疑受到了摩尔根思想的影响与启发，在马克思、恩格斯的视野里，“文明时代是社会发展的这样一个阶段，在这个阶段上，分工，由分工而产生的个人之间的交换，以及把这两者结合起来的商品生产，得到了充分的发展，完全改变了先前的整个

① 《马克思恩格斯文集》第 4 卷，人民出版社 2009 年版，第 32 页。
② 《马克思恩格斯文集》第 4 卷，人民出版社 2009 年版，第 38 页。
③ 《马克思恩格斯文集》第 4 卷，人民出版社 2009 年版，第 198 页。

社会”①。

根据摩尔根的《古代社会》与恩格斯的《家庭、私有制和国家的起源》以及马克思有关文明时代的论述所提供的思想线索，文明时代是以野蛮时代为基础发展起来的，并且也是相对于野蛮时代而言的。因此，文明也是相对于野蛮而言的。文明时代相对于野蛮时代而言，它是一个巨大的历史进步。

第一，这个进步表现在生产技术与生产力的进步上。在摩尔根的视野里“生产上的技能，对于人类的优越程度和支配自然的程度具有决定的意义……人类进步的一切大的时代，是跟生活来源扩充的各时代多少直接相符合的。”②在摩尔根看来，生产上的技能的进步，即生产力的进步，具有决定性的意义，这个不仅在于它既是衡量人类相对于动物的优越性程度的尺度，也是测度人对自然支配能力的尺度。当人类只是单纯地依靠大自然的天然供给来解决自己的生活资料的来源或是单纯的依靠自己的活动增加天然产物的生产时，也即意味着人与动物并没有实质性的区别，大自然的天然供给与自然必然性仍然是他的生活资料的来源与生活资料性质的天然界限，因而，人类仍然处于蒙昧阶段与野蛮阶段。只有当人类的生产技术进步到利用自己制造的生产工具，学会对天然产物做进一步的加工时，人类才进入到自己的文明时代。这个文明时代是以工业的产生作为标志。工业之所以成为人类进入文明时代的标志，深刻的原因在于，工业的产生不仅标志着生产技术或生产力的一种进步，也不仅仅因为它意味着人类的物质生活资料数量的增加，更重要的它显示着人类物质生活资料性质的改变与人与自然关系的改变。人类的文明时代意味着人与自然间关系的根本性变化，在蒙昧时代与野蛮时代，人类虽然也有某种程度的进步，但其技术发展的程度远没有达到改变自然性质的水平，人们仍主要受自然的限制与支配，而在人类的文明时代，

① 《马克思恩格斯文集》第4卷，人民出版社2009年版，第193页。

② 《马克思恩格斯文集》第4卷，人民出版社2009年版，第32页。

伴随工业为代表的生产技术或生产力的诞生，人类才在真正的意义上开始了对自然的改造与支配。

第二，文明时代相对于野蛮时代而言，进步不仅仅表现在生产技术或生产力的进步上，同时也表现在生产方式的变革上。在文明时代之前的蒙昧时代与野蛮时代的发展阶段上，由于生产技术与生产工具的不发达，劳动本身不可能发生分裂，人们的“生产在本质上是共同的生产”，并且这种共同性的生产被限制在狭小的范围内或是在“狭小的范围内实现的”，生产的目的是直接地为满足共同体内部的需要与在共同体内部进行分配，交换只是少见地发生在不同部落共同体间的边界处，而不是发生在部落共同体内部。① 而在文明时代，由于生产技术与生产力的进步，社会的生产方式与交换方式也随之发生了革命性的变化，取代先前时代的共同生产方式的是分工的产生与劳动的分化，以及以分工为基础的商品生产与商品交换的产生。在以工业的产生为标志的文明时代，“商品生产逐渐地成了占统治地位的形式”。②

第三，文明时代较之于蒙昧时代与野蛮时代，社会生产关系也发生了深刻的变革。伴随着生产技术的进步，生产工具的改进，生产方式的变革，社会的占有关系与分配关系也随之发生了改变。文明时代不同于先前时代的一个显著性标志是原始的共同占有与平均分配方式的瓦解，私有制与社会不平等的产生。“文明时代所由以开始的商品生产阶段，在经济上有下列特征：(1) 出现了金属货币，从而出现了货币资本、利息和高利贷；(2) 出现了作为生产者之间的中间阶级的商人；(3) 出现了土地私有制和抵押；(4) 出现了作为占统治地位的生产形式的奴隶劳动。”③ 可以说，私有制的产生、社会分裂的形成，人们在财产占有、社会生产中的地位以及分配上的不平等的出现与加剧，是文明时代所凸现出来的一些基本性特征。

---

① 《马克思恩格斯文集》第 4 卷，人民出版社 2009 年版，第 193 页。

② 《马克思恩格斯文集》第 4 卷，人民出版社 2009 年版，第 194 页。

③ 《马克思恩格斯文集》第 4 卷，人民出版社 2009 年版，第 195 页。

第四，文明时代较之于蒙昧时代与野蛮时代的另一个显著性变化是国家的产生与社会治理模式的转变。人类在蒙昧时代与野蛮时代，由于生产技术与生产力的极其原始与不发达，社会结构与组织既是自然生成的，也是极其简单的，氏族构成社会结构与社会组成的基本单位。在氏族制度中，没有统治与奴役，也没有权利与义务的区分，人们参与共同事务并采取民主的方式处理氏族事务与解决人们之间的纠纷，“实行血族复仇或为此接受赎罪”。① 这种没有贫富分化与阶级的划分，没有统治与奴役，人们平等地参与氏族事物的特点，既是“氏族制度的伟大，但同时也是它的局限”。② 深刻的原因在于，以血缘为纽带而自然形成的氏族社会结构能够有效地处理氏族内部“一切可能发生的冲突”，避免冲突延伸至内部的对抗与奴役。但另一方面，这种氏族社会的组织结构与治理模式，也阻隔着与氏族外部的联系，使人们的社会生活处于极度的封闭状态，局限在一个极其狭小的地域。随着生产技术的进步与生产工具的改进，生产效率的提高与物质财富的增多，导致了私有制与人们之间的不平等的产生，从而导致了阶级的产生与阶级冲突的加剧。而正是由于奴役与被奴役、阶级分化与阶级冲突的原因，国家的产生就成为必要与必然。“国家是文明社会的概括。” ③ 之所以如此，一方面它言表了一切文明社会都是以阶级对立与冲突的存在为基础的，另一方面也表明了国家的产生与存在是文明社会的重要表征。国家产生的直接原因与目的虽然是“社会陷入了不可解决的自我矛盾，分裂为不可调和的对立面而又无力摆脱这些对立面。而为了使这些对立面，这些经济利益互相冲突的阶级，不致在无谓的斗争中把自己和社会消灭，就需要有一种表面上凌驾于社会之上的力量，这种力量应当缓和冲突，把冲突保持在‘秩序’的范围以内……” ④ 的产物；但国家的产生对人类社会历史的价

① 《马克思恩格斯文集》第 4 卷，人民出版社 2009 年版，第 178 页。

② 《马克思恩格斯文集》第 4 卷，人民出版社 2009 年版，第 178 页。

③ 《马克思恩格斯文集》第 4 卷，人民出版社 2009 年版，第 195 页。

④ 《马克思恩格斯文集》第 4 卷，人民出版社 2009 年版，第 189 页。

值并不仅限于此。因为，国家不同于氏族，它不是按血缘关系来划分它的居民，而是以地区来划分它的国民。这种划分国民的新方式，不仅改变了社会的组织结构，也改变了社会的生产关系与生活关系的结构，打破了人们居住的固定化模式，促进了社会成员的流动与交往扩大化，从而促进了民族间的交流与融合。国家作为文明社会的概括，集中地体现了文明社会的本质。

第五，文明时代是人类史前文化发展的最高阶段。谈到文明问题，不能不涉及到文化问题。任何一种文明都是以一定的文化作为基础，并表征着一种文化。正因为如此，在许多人的视野里，文化即是文明，文明也即是文化，二者在本质上是属于一个东西。然而，从历史的维度看，在文化与文明之间用一个等号连接起来的认识是错误的。一个强有力的证据是，在人类史前文化发展的蒙昧阶段与野蛮阶段上，人类已经形成了自己的文化。人类在蒙昧时代开始的火的使用，弓箭的发明；在野蛮时代中，制陶术的发明，动物的驯养、繁殖和植物的种植，直到铁矿石的冶炼，无疑都是以“长期积累的经验和较发达的智力”为基础的。这种“长期积累的经验和较发达的智力”在本质上即是文化，因为文化的原始性含义即是指向知识的。人类在蒙昧时代、野蛮时代的文化并不表现为文明，在史前文化的这两个阶段上，可以说是有文化，没文明，这是摩尔根《古代社会》一书中的论断，它也得到了马克思、恩格斯的认同。从摩尔根与马克思、恩格斯有关人类史前时代文化发展阶段的分期中，可以得出一个明确无疑的结论，文化并不直接地等同于文明。在学术界广为流传的那种将文化与文明等同起来的所谓“广义文化论”的观点是不成立的，至少在马克思主义历史观的视野中是不成立的。在摩尔根的视野里，“真正的工业和艺术”才是文明时代的重要标志，即是说，从文化的维度看，文明并不是以简单的经验积累与智力为基础的，而是以艺术为代表的较高文化形态的形成为基础的。一个民族只有在其文化发展到具有艺术特征的文化时，才进入到文明时代。

从摩尔根与马克思、恩格斯有关史前文化的论述，尤其是文明时代的论述看，人类从蒙昧时代、野蛮时代到文明时代的发展过程，在本质上表现为人类远离自然的过程。这一过程是人们的生产力不断进步与社会财富增加的过程，也是人们的联系从纯粹的或主要以自然为主的联系，走向以社会联系为主的过程，同时也是人类的文化从经验性知识与简单的智力向以艺术为代表的文化转变的过程。因此，在一定的意义上说，文明意味的是一种进化与进步，是一种开放与开化；文明是对愚昧和野蛮的游离与超越，也是人对人的自然性的扬弃与人的社会性的生成与提升。文明是一种过程，这过程的轨迹在总体上是向上的，并具有总体上不可逆的性质；文明是一种状态，这状态具有积极的、清新的，也是规范的特征；文明也是一种成果，这成果是肯定性的、正面的，展现的是人的智慧、能力与创造性的提升。

二

人类的文明是人类的社会实践发展到一定阶段上的产物，文明在本质上是实践的。人类实践能力的发展与水平决定着人类文明的性质与面貌，人类实践能力的发展与水平的提升也是推动人类文明发展与演进的强大杠杆。而人类的实践活动又受到各种复杂的、不断变化的条件和因素的制约和影响，既要受到社会历史条件的制约与影响，又要受到自然条件与因素的制约与影响；既要受到物质性的条件与因素的制约与影响，又要受到精神文化方面的条件与因素的制约与影响。一般说来，影响与制约人们实践活动的条件与因素，也会必然性地通过人类实践活动的传导与中介，最终要影响与作用于人类文明的形成与发展上，使实体文明呈现出不同的性质与面貌。一切对人类的实践活动产生制约作用的条件与因素都会对文明实体的形成发挥其影响与作用，区别只存在于各种不同的社会的、自然的条件与因素因其自身的性质与特点，以及它们与人类实践活动之间在时间和空间上的距离关系或联系程度的大小，其制约与影响或多或少、或大或小、或主或次、或直接或间接。而一切文明实体也会在不同程度上以不同的形式反映与表现这些条件与因素的作用与影响，留下这些条件与因素作用的痕迹。这是一个问题的两个方面，是一种因果关系的必然表现。正因为如此，文明在其存在的实体形态上，既具有鲜明的历史性、时代性的性质与特征，也具有明显的地域性、民族性的性质与特征；既反映与表现着人们物质活动的成果，也反映与表现着人们精神活动的成果。文明的生成与演进有其普遍性的规律，但各个具体的文明实体也具有独特的风采，正如不存在完全相同的两片树叶一样，在人类社会的历史中也不存在完全相同的文明的实体类型。

正因为人类文明的生成与发展要受到各种不同的条件与因素的制约与影响，因此，人们在研究文明的生成与发展时，就可以根据不同的条件与因素对文明实体的影响力为坐标，对文明的性质与形式进行各种不同维度的分类或划分。人们可以根据生产方式的不同，将社会的文明区分成农业文明与工业文明，农业文明的生产力基础是手工工具生产，工业文明的生产力基础是机器生产。可以根据社会生产关系的性质的不同，将社会文明区分成奴隶制文明、封建制文明、资本主义文明。可以根据宗教信仰的不同，将社会文明区分成基督教文明、伊斯兰文明、佛教文明。可以根据不同地区的不同文明特质将社会文明区分成以自由主义文化为代表的西方文明与以儒家文化为代表的东亚文明。也可以以生产力的性质与水平、社会制度、文化价值观念的相似性等综合性因素为尺度，将世界文明从区域上大致地区分成以欧美发达国家为代表的西方文明与以亚洲为代表的东方文明。也可以根据地理、气候等因素的不同为坐标，将各种不同的文明实体区分成诸如海洋文明与内陆文明、河流文明与山地文明。

根据不同的参考坐标，从不同的观察维度，对文明的实体形态进行考察与区分，对于文明的研究来说具有不可忽视的价值与意义，它既有助于人们把握文明生成与演进的规律，也有助于人们正确地评价各种不同的条件与因素在文明生成和演进中的作用。然而，我们也应看到各不同的条件与因素虽然都会对文明的生成和发展产生作用，但它们的作用的程度是不同的，有大与小、轻与重、主和次、直接与间接、暂时与长久方面的区别。不可否认，海洋对商业民族文明的形成与发展具有重大意义，气候对某些民族的性格形成具有长久性的影响，封闭的自然环境与不便的交通条件与内陆山地的落后愚昧存在着不可忽视的关联。然而，一个同样不可否认的事实是，以地理、气候条件为代表的自然环境虽然在解释文明的外部特征上有着不可遗忘的价值，但却不可用来说明文明的发展与文明的性质。一般来说，自然环境条件是相对固定的，即使是从一个大跨度的历史之维的方面看，其变化的程度也是极其微小的，是可以忽略不计的。正因为如此，自然环境条件对社会文明发展的作用与影响也是相对确定的。而正是这种作用与影响的相对确定性，使处于不同自然环境条件下的地区，保留着文明发展上的某些相对固定性的外部特征，呈现出相对明显的独特风采。在对文明的实体形态进行考察与区分时，也不可像某些非马克思主义的西方思想家与历史学家们那样，片面夸大文化因素与宗教因素在文明发展与演进中的作用，用文化的差异或宗教的差异作为唯一的或主要的参考坐标或评价尺度，去阐释文明的发展与演进。深刻的原因在于，世俗性的文化也好，宗教的文化也好，它们本身是在历史中生成的，并且不是一旦生成便亘古不变，也随着社会历史环境的变化而在改变着自身的内容与形态。文化不是无根的存在，而是有根的存在，文化现象的形成与宗教形态的生成本身是需要解释与说明的。而这种解释与说明是不能局限于文化与宗教的范围内，而需做一种归根到底的思考与追问。文化是流动的，在文化的流动中，不可否认人的自由创造的作用，否则文化就不会有五光十色的灿烂多姿。然而，文化的流动也不是波涛汹涌的大海上漂流的小舟，随风而行、推浪而进，漂到哪里算哪里。从一个大的历史跨度上看，文化的流动是有方向的，而且其方向是相对确定的。一个强有力的证据是，处于大体相同发展阶段上的地区、民族和国家，有着大体相同的文化价值观，且不分东方与西方、内陆与沿海，正如马克思所曾经指出的："在贵族统治时期占统治地位的概念是荣誉、忠诚，等等，而在资产阶级统治时期占统治地位的概念则是自由、平等，等等。"①马克思主义经典作家所强调的这一现象与事实，一方面说明，文化的发展是有方向的，从尊崇忠诚、荣誉观念到尊崇自由、平等观念的历史嬗变，是一种历史方向性趋势；另一方面也说明，文化的发展与流动的背后是有其更深刻的根据与基础的，文化的发展与流动是被决定的。"忠诚"与"荣誉"等观念反映的是维护封建等级制的需要，"自由""平等"观念反映的是资产阶级渴望发展商品经济的需要，而从看重"忠诚""荣誉"到看重"自由"与"平等"的历史嬗变，反映的不过是从自然经济到商品经济、从封建等级制生产关系到资本主义生产关系历史嬗变的历史必然。宗教也一样，虽然在其形式上，不同的宗教有不同的外部表现形态，且这种外部的表现形态保持着相对的独立性与相对的固化状态，但就其各种宗教所表达的以价值观取向为核心的内容上看，宗教也是流动的，且流动的方向是相对确定的。世界上三大具有世界性影响的宗教：基督教、佛教、伊斯兰教演变的历史轨迹无不证明，宗教观念所表达的内容也是随着社会生产方式、生产关系的性质的改变而或早或迟、或快或慢地发生改变，在相同的历史条件下，相同的历史阶段上，各种不同的宗教所表达的核心价值取向大体上具有近似的性质。宗教在外观上似乎是超越世俗的，但宗教无论是就其生成的基础，还是宗教内容的历史演变都不可能是游离于世俗世界及其变化的。一个不可否认的基本事实是，一切宗教所虚构的天国世界与世俗世界的二重化分裂，不过是现实世界本身分裂与对抗在观念上的反映；宗教所表达的对天国的向往与对来世的希冀，不过表达的是人们对现实世界的无奈与试图寻求解脱的精神麻醉；宗教所表达的价值观也不过是特定的生产方式与特定的生产关系的必然性要求。在封建的生产关系中，所有的世界性宗教无论是就其所表达的

① 《马克思恩格斯文集》第1卷，人民出版社2009年版，第552页。

价值诉求，还是就其自身的组织结构，无不反映着封建等级制的要求与特点，当社会的生产关系发生着从封建的生产关系向资本主义生产关系的嬗变与转型，所有的宗教也无不发生着不同程度的改变。路德的宗教改革与新教的崛起，在本质上反映的是基督教适应商品经济生产方式与资本主义生产关系崛起的需要。

总之，在马克思的历史观与文明观的视野里，自然条件也好，文化也好，宗教也好，它们虽然都会对社会文明的生成与演进有着不可忽视的作用与影响，任何试图用某种单一的因素去解释文明的生成与演进的做法，都不免失之于片面化与简单化；但马克思的历史观与文明观也坚决地认为，从决定性与归根到底的意义上看，决定文明的性质，以及将一种文明与另一种文明区别开来的是社会的生产方式与交换方式以及由社会的生产方式与交换方式所决定的社会生产关系。不管各个地区、民族、国家处于什么样的自然环境中，也不管它们各自信奉的是什么样的宗教，在文化上有着怎样的特点与表现形态，其文明的性质都可以根据生产方式与交换方式的性质不同区分成农耕文明与工业文明，或古代文明与现代文明，也可以根据生产关系的性质不同将其区分为奴隶制文明、封建制文明、资本主义文明。不能片面夸大文化与宗教在文明发展中的作用，更不能以文化与宗教作为判别与区分文明类型的坐标与尺度，深刻的原因在于文化也好，宗教也好，它们并不具有归根到底的性质，它们本身是派生的，因而它们的生成与历史嬗变也需要从社会的生产方式与交换方式、从社会的生产关系的性质与历史变化中去加以说明与解释。马克思主义的文明观是以马克思的历史观为基础的，用文化或宗教去解释文明的生成与演进，是一种典型的马克斯·韦伯式的文化史观与宗教史观。文化史观与宗教史观在性质上是从历史中派生的，而不是原生的，是从附带的因素，而不是从起决定性的因素出发去说明与阐释历史的历史观，这样的历史观具有极为明显的历史唯心主义倾向。也不能用气候、地理条件去解释文明的演进与划分文明的类型，那是一种地理环境决定论。

三

文明标示的是人类社会开化与进步的一种总体性状态，文明的发展代表的是一种历史在特定发展阶段上的趋势性方向。但人类社会文明的生成与发展，也同其他事物的发展一样，同样遵循事物发展的普遍性的辩证性法则，它带给人类的作用与影响不是单向度的，而是双重的，既有积极肯定性的效应，也具有消极否定性的负效应。文明无疑是人类在自己的劳动实践活动中收获到的一份珍贵的财富礼品，是对人类付出努力的一种奖赏，人类应该，也有理由为自己所取得的每一个文明的成果而欣喜，而自豪。然而，人们在为文明的发展欣喜、自豪的同时，也应清醒地认识到，文明带给人类的并不全是值得欢迎的礼物，它在送给人类礼物的同时，也附带着给人类夹带着某些令人类不那么欢迎，甚至是令人生厌的有毒产品或负效应。人类文明时代是一个包含着矛盾的时代，人类文明的历史也是一部包含着矛盾的历史，人类所取得的文明成果，既以积极的方式肯定着人，也以消极的方式否定着人，文明在以消极的方式否定人的同时，也以积极的方式肯定着人。文明对于创造它的主体来说，也是一把双刃剑，一方面，它以锋利的剑刃，消除着人类游离自然界的历史过程中的众多束缚，开辟着人类不断地远离自然界的历史，向着人之为人的历史生成与前进；另一方面，它也使人类在向着人之为人的历史前进的过程中付出沉重的成本与代价，这种成本与代价对于文明时代中的某些个人、某些阶级来说，不仅是巨大的，而且是灾难性的。应该说，人类的文明是在以一种矛盾的方式为自己开辟着前进道路的。

对于人类文明史发展过程中的矛盾性与文明发展所产生的负效应，马克思主义文明观诞生之前的不少思想家们曾做过深入地探讨与思考，留下过一些富有启发性的思想资源，其中具有代表性的思想家就有卢梭、黑格尔、摩尔根等人。所需指出与强调的是，在对待文明的矛盾性与负效应的问题上，不同的思想家因其所持的历史观与文明观存在着差异，因而所持的观点也显示出较大的分歧。有的思想家是站在肯定文明的立场上去看待文明的消极作用与负效应的，有的思想家则是站在否定文明的立场上去看文明的消极作用与负效应的。

在对文明持否定性立场的思想家们中，卢梭的思想最有代表性。卢梭作为一个代表资本主义社会中小资产阶级的利益，且具有浪漫主义情怀的思想家，所持的对待文明的立场是反文明的。卢梭在狄戎学院悬赏征求“关于艺术和科学是否给予了人类恩泽”的征文中，旗帜鲜明地持有否定文明的主张。卢梭认为，科学、文学和艺术给人类带来的并不是福音，而是不幸，这种不幸不仅在于那些素常裸体的蛮人原本是无拘无束、自由自在的，文明的发展却让他们身上加上了锁链，科学、文学、艺术是使人们遭受奴役的根源；而且科学、文学、艺术还让人们产生种种卑劣的欲望，这欲望导致了人们道德的堕落与退化。在他的视野里，科学、文学、艺术是道德最恶的敌人，“科学与美德势不两立”。①在卢梭的另一篇否定文明的著作《论人间不平等的起源与基础》中，他的反文明观点更是表露得鲜明而又淋漓尽致。卢梭认为，人类在原始的自然状态下原本是平等的，只是由于文明的产生与科技的进步导致了冶金术与农耕的革命，这个革命一方面导致了以谷物为代表的财富的增多，但也导致了私有制的产生，私有制是市民社会不平等产生的最深刻根源。在卢梭的视野里，冶金术与农耕的革命是可悲的，它打破了自然状态下“野蛮人在吃过饭以后与自然万物和平相处，跟所有族类友好不争”②的美好状态，使社会陷于对立、竞争的灾难之中。卢梭认为，要改变市民社会的不平等状态，恢复野蛮人的本善性质，唯有否弃文明。不可否认，当资本主义文明处在高歌猛进、开疆拓土的时代，卢梭能够看到并揭示出文明的诸多弊端，证明他是不乏冷静的，在当时的思想家们大多

① ［英］罗素：《西方哲学史》下卷，商务印书馆2008年版，第228页。

② ［英］罗素：《西方哲学史》下卷，商务印书馆2008年版，第229页。

沉浸在资本主义文明繁荣的喜悦之中，为资本主义文明而高歌赞颂时，他能够反弹琵琶，直陈时弊，说明他是有胆识的。但卢梭虽然冷静却并不深刻，值得尊敬却并不值得肯定，作为一个代表小资产阶级的浪漫主义思想家，他对社会历史发展的理解在较大的程度上诉诸的是一种“善感性”，而缺乏历史发展必然性与辩证性的深刻把握。卢梭的反文明的主张既是与历史进步的方向背道而驰的，也是浪漫主义的空想，正因为如此，在思想发展史上，他注定是一个孤独的少数。

与作为浪漫主义思想家的卢梭不同，黑格尔作为一个辩证法的大师与一个以巨大历史感作为基础的思想家，对人类文明的发展是持积极肯定态度的。同卢梭一样，黑格尔也看到了自从阶级对立产生以后，人的贪欲与权势欲得到了膨胀，人性中恶的一方面得到了扩张，历史上被视为“神圣的事物”遭受到了亵渎，“为习惯所崇奉的秩序”为人们所叛逆。① 然而，在对待人们的贪欲与权势欲在文明社会中膨胀的问题上，黑格尔所诉诸的并不是一种浪漫主义的道德上的“善感性”，将其视作是纯粹消极性的邪恶，而是诉诸的历史必然性的把握与辩证思维的智慧分析。黑格尔不像卢梭那样，先验性地设定人性本善的前提，然后将人性恶的产生与发展归因于文明的生成与发展，而是认为人性既有善的一面，也有恶的一面，认为“有人以为，当他说人本性是善的这句话时，是说出了一种很伟大的思想；但是他忘记了，当人们说人本性是恶的这句话时，是说出了一种更伟大得多的思想”②。在黑格尔的视野里，人们在阶级对立的社会中膨胀起来的贪欲与权势欲无疑也是人性恶的一种表现，在这一点上他与卢梭并无不同。黑格尔与卢梭的不同主要在于，在卢梭的思维理路中，人性中的恶是纯粹消极的东西，是应该否弃的，而在黑格尔的思维理路中，人本性中恶的东西不仅是历史发展的必然性产物，更重要的是，“恶是历史发展的动力的

① 《马克思恩格斯文集》第 4 卷，人民出版社 2009 年版，第 291 页。

② 《马克思恩格斯文集》第 4 卷，人民出版社 2009 年版，第 291 页。

表现形式”。[1] 在黑格尔的视野里，正是由于人类在文明社会生发与膨胀起来的对财富与权势的贪欲与占有欲等，才推动着人们对旧的事物的亵渎与否定，对旧的社会习惯与社会秩序的叛逆与变革，从而推动着社会历史的进步。

以积极的眼光与历史的态度去看待文明负效应的思想家中，摩尔根无疑也是一位应受到重视与尊敬的思想家与学者。就其思想史中的影响与地位上看，摩尔根也许不能与卢梭、黑格尔等人比肩，但如果从人类学与文明史研究的维度看，摩尔根的贡献与影响不仅毫不逊色，而且是卢梭、黑格尔与其他的思想家们所不能比拟的。在人类学与文明史的研究上，卢梭与黑格尔只能算是思想家，而不能说是历史学家，而摩尔根可以说既是一位思想家，也是一位文明史研究的历史学家。在摩尔根之前，契约论的思想家们虽然提出过自然状态的学说，而且自 18 世纪中叶以后，文明的概念也在西方学术界开始流传，但自然状态不过是契约论思想家们为建构自己的国家理论而虚构出来的一种逻辑假设，文明的概念也不过是思想家们朦胧臆测的产物。摩尔根之前的思想家们并没有提供一个有关原始社会史与文明社会史的具有历史学意义上的真实图景。摩尔根无疑是使人类原始社会史与人类文明史的历史图景真正清晰显现的思想家与历史学家。在文明观上，摩尔根一方面深刻地认识到了科学与艺术对于人类游离自然束缚，摆脱野蛮状态，使人的历史向着文明方向迈进的必然性与作用；另一方面，也清醒地认识到，人类在收获文明的成果时，所付出的巨大成本与沉重代价。摩尔根对人类文明史的评价是冷静的，且不乏辩证的向度，他既对文明表示出积极肯定的立场与态度，但对文明也不是无理性的一味赞颂与褒扬，在他的视野里，文明是历史的进步，但也是一种不完美或有缺陷的进步。因为“自从进入文明时代以来，财富的增长是如此巨大，它的形式是如此繁多，它的用途是如此广泛，为了所有者的利益而

① 《马克思恩格斯文集》第 4 卷，人民出版社 2009 年版，第 291 页。

对它进行的管理又是如此巧妙，以致这种财富对人民说来已经变成了一种无法控制的力量。人类的智慧在自己的创造物面前感到迷惘而不知所措了"①。在摩尔根的思想中，文明社会的最大问题在于文明创造了巨大的财富，却使财富归所有者所有，人类的智慧在自己的创造物面前不仅茫然与不知所措，而且变成了一种强大的不被控制的奴役人的力量。

在对文明的影响与作用的看法上，先前的思想家们的思想无疑是构成马克思主义历史观与文明观重要的思想资源，尤其是摩尔根的《古代社会》一书，不仅受到了马克思主义经典作家的重视，而且受到过极其明显的影响。在马克思主义思想发展史上，摩尔根应属于享受到被马克思、恩格斯给予肯定多于批评的极少数思想家与学者之一。然而，需要强调的是，马克思主义经典作家对文明的发展所付出的代价与负效应的关注，并不是先前的思想家们提供的思想资源的简单利用，更不是对先前思想家们的观点的简单继承与重复，而是站在马克思历史观的高度上，进行了辩证性的扬弃。在马克思历史观与文明观的视野里，文明时代的发展表现出明显的矛盾形式。在文明时代，人类在摆脱自然的束缚方面取得了越来越多的胜利，这种胜利将人从自然界中分离与提升出来，使人类开始逐渐地告别着封闭的原始状态，逐渐地告别着愚昧与野蛮，也逐渐地从自然的奴役中获得自由与解放，它"完成了古代氏族社会完全做不到的事情"。②然而，在文明时代，由于私有制与阶级对抗的原因，"它是用激起人们的最卑劣的冲动和情欲，并且以损害人们的其他一切禀赋为代价而使之变本加厉的办法来完成这些事情的"③。在文明时代，"鄙俗的贪欲是文明时代从它存在的第一日起直至今日的起推动作用的灵魂；财富，财富，第三还是财富——不是社会的财富，而是这个微不足道的单个的个人的财富，这就是文明时代唯一的、具有决定

① 《马克思恩格斯文集》第4卷，人民出版社2009年版，第197、198页。

② 《马克思恩格斯文集》第4卷，人民出版社2009年版，第196页。

③ 《马克思恩格斯文集》第4卷，人民出版社2009年版，第196页。

意义的目的”[①]。正是由于这种“鄙俗的贪欲”推动着社会生产力的发展与社会物质财富的日益增多，然而，由于私有制与分工的原故，这种日益提高的生产力与日益增长的物质财富，并不受到人们自觉地控制，相反地成为一种自发性的力量控制着人。在马克思主义经典作家的视野里，文明的生成与发展是导致人对人的依赖关系与人对物的依赖关系生成，是财富异化与劳动异化生成的最深刻的根源，从而也是人对人的统治与物对人的统治发生的最深刻的根源。在文明时代，人的种族能力的发展，是以社会中的一些人，甚至是某些阶级的牺牲作为代价的，因为“生产的每一进步，同时也就是被压迫阶级即大多数人的生活状况的一个退步。对一些人是好事，对另一些人必然是坏事，一个阶级的任何新的解放，必然是对另一个阶级的新的压迫”[②]。因为在文明时代里，“几乎把一切权利赋予一个阶级，另一方面却几乎把一切义务推给另一个阶级”[③]。在马克思主义经典作家的视野里，文明的异化与负效应并不仅仅发生在人们的物质关系的领域中，同样也发生在社会的精神生产与精神关系的领域中。科学与艺术既是文明时代形成的标志，也是测度文明演进的重要尺度。在文明时代，人类在推动着物质生产进步与物质财富增长的同时，也会必然性地推动着与以科学和艺术为代表的精神生产的发展。然而，在文明时代，科学与艺术的繁荣与发展被沦为私有财富的附庸，充当的不过是有产阶级增殖财富的工具，正如恩格斯所曾经指出的：“在文明时代的怀抱中科学曾经日益发展，艺术高度繁荣的时期一再出现，那也不过是因为现代的一切积聚财富的成就不这样就不可能获得罢了。”[④]文明时代的“全部发展都是在经常的矛盾中进行的”[⑤]。这是马克思主义历史观与文明观对文明时代的基本判断与评价，这一基本

① 《马克思恩格斯文集》第4卷，人民出版社2009年版，第196页。
② 《马克思恩格斯文集》第4卷，人民出版社2009年版，第197页。
③ 《马克思恩格斯文集》第4卷，人民出版社2009年版，第197页。
④ 《马克思恩格斯文集》第4卷，人民出版社2009年版，第196页。
⑤ 《马克思恩格斯文集》第4卷，人民出版社2009年版，第197页。

判断与评价，既是对文明发展的历史进程所呈现出来的经验事实的总结与归纳，也是对文明发展规律的深刻把握与辩证分析。在这种总结与归纳、把握与分析中充分地体现着马克思主义历史观与文明观的深刻性，既表达着它对先前思想家们有关思想的扬弃，也表现着对先前思想家们思想的超越。马克思主义的经典作家既不像历史上的绝大多数思想家们那样，对文明的成果进行绝对性的肯定与一味的赞扬，也不像卢梭那样对文明的成果进行绝对的否定与诉诸道德上的愤慨，而是诉诸深刻的历史与辩证性的理性分析。在马克思主义历史观与文明观的视野里，文明的历史是充满矛盾的，但这是文明时代的历史不可避免的必然性，矛盾是文明时代的历史表现形式，同时也是推动文明时代的历史向前或向上发展的实现形式。对文明时代的被压迫的人群与被压迫的阶级的不幸与牺牲，马克思主义经典作家虽然也表达着深切的同情，但他们不是浪漫主义者，更不是庸俗的民粹主义者，在他们的理论逻辑中，这种牺牲与代价既是不可避免的，也是有价值的，它为扬弃文明历史中的矛盾实现超越文明时代创造着前提与条件。

四

文明在本质上是实践的，文明的生成与发展的基础与推动的力量是人的实践活动，因而文明也是一个历史范畴，具有鲜明的历史性质。而当我们认定文明具有鲜明的历史性质时，也即意味着文明所表征与代表的社会进步价值也只具有相对的、暂时的、历史的性质，任何文明成果，不管是物质性的成果，还是精神性的成果，都不具有一经产生，就拥有恒久不变的进步属性。从马克思主义历史观与文明观的思维逻辑看，文明是人的实践活动的产物，而人的实践活动具有历史的性质，具有历史性质的实践活动中产生的文明成果，其表征与代表的历史进步价值也具有历史的性质，这应是一个无可争辩的合理性的推论与结论。

然而，在文明问题的研究中以及关于文明的进步性的著述中，人们会经常看到如下的观点：一种观点认为，文化即文明，文明即文化，文化与文明二者同义，它们都是人化的产物；另一种观点则认为，文化不同于文明，二者之间不能画上等号。反对将文化等同于文明者的理由是，其一，文化与文明虽然有共同的生成基础与相同的动力源泉，二者之间也存在着不可分割的内在联系，但文化与文明首先存在着存在形态不同的区别，文化是以观念的形态存在着，文明则是以实体的形态存在着；其二，文化是有先进与落后、进步与反动之分的，文明则代表的是一种进步，文明是相对于愚昧与野蛮而言的，因此，文明是没有优劣之分的。笔者不同意将文化与文明相等的观点，尽管文化与文明具有不可分割的内在联系，但其差异是不可抹杀的，因为，文化的原本语义指向的是知识与观念性的东西，知识与观念的存在主要是通过人的思维去把握，而不是依赖于人的感觉器官去把握，文明的存在是一种具有一定载体的存在，因而是一种有形的实体性存在，即使是精神文明成果也是如此。对文明的认识与把握，既依赖于人的思维，也需依赖于人的感觉器官。文化是可以转化为文明，但这种转化并不具有必然性，可以只是一种可能性，文化只有在人的实践活动中加以对象化、现实化与外在化时才表现为文明。文明的成果中蕴含着文化，但文化并不是文明成果的全部，充其量也只是构成文明成果的内核。但笔者也不同意文化有优劣，文明标示的只是进步，而没有优劣的观点。根据马克思主义历史观与文明观提供的思想逻辑，认为不仅文化有优劣之分，文明也是有先进与落后之分的。

文明是一个历史性概念，也即意味着文明也是一个比较性概念，有比较就有优劣之分。一个民族、一个国家、一种社会制度，甚至是一种技术、一种艺术，并不是一经产生就凝固不变的，而是始终处在历史性的运动与变化之中，任何文明成果代表的只是人类社会实践发展的一个特定历史阶段的水平，其蕴含与代表的进步价值也只是相对于特定的历史条件与历史阶段而言的。文明的先进与落后，首先可以在历时态的维度上进行比较，机器所代表的生产力较之于手工工具所代表的生产力要先进，工业文明高于农业文明，封建制文明高于奴隶制文明，资本主义文明高于封建制文明，对于熟悉马克思主义历史观的人们来说，这应该是一种常识；文明也可以在共时态的维度上进行比较，文明是发展的，但前进的步伐并不完全一致，有快有慢，当有些民族、国家、地区处于突飞猛进时，有些可能还在缓慢地爬行，甚至是处于相对性的停滞。因此，在文明的演进中，齐头并进是极为少见的历史现象，不平衡的发展倒是历史的常态。正是由于文明发展的这种不平衡性，提供着在共时态上对文明进行比较的必要性与可能性。在一个相同的年代中，存在着多种不同性质的文明形态，在这多种的文明形态中，它们的排列并不是杂乱无章、无序可循的，实际上是各自代表着人类文明发展的总体历史的某个阶段，其中有的代表的是人类历史中已经逝去的某个阶段，有些则与人类的总体历史保持同步，个别的则显示着人类历史演进的未来方向。因此，无论是从历时态的维度看，还是从共时态的维度看，文明的发展或演进的状态，都是可以在进行比较的基础上，分别出优与劣、先进与落后的。

在文明问题的研究中，许多人通常强调，文明是相对于野蛮而言，而野蛮与文明的界限应当是确定的。但问题是，文明也好，野蛮也好，它们本身都是一种历史概念。而作为一种历史性概念，它们的内涵及其判断的尺度都是由历史的发展所提供与确定的。因此，文明与野蛮的含义、界限，既是确定的，又是不确定的，既是相对的，又是绝对的，是确定性与不确定性的统一、相对性与绝对性的统一。在一个相对确定的范围内，文明与野蛮的界限与评价尺度是确定的，而这种确定性界限与评价尺度反映的是历史发展的必然性的要求。例如：在当代社会中，使用奴隶劳动；使用童工；以不人道的方式对待战俘；实行血汗工资制度；商品交换中的强买强卖；社会交往中的语言粗鲁，举止粗野；日常生活中的随地吐痰，随地大小便，乱扔废弃物……通常是被社会中的大多数人认定为不文明的野蛮现象与行为，很少有人为这些现象与行为进行肯定性辩护。然而，从一个更长的历史跨度来看，文明与野蛮的界限与评价尺度又是不确定的与相对的。奴隶制与封建制在今天的人们看来是野蛮落后的，但奴隶制与封建制也曾是人类社会历史发展过程中具有历史必然性的两种文明的社会形态。相对于当时的历史条件来说，奴隶制与封建制文明不仅是必然的，也是合理的，它们同样是构成人类文明史的不可分离与不可或缺的有机部分。在今天，无论在什么地方，以什么样的形式使用奴隶劳动，都会绝对地被认定为是一种野蛮性的行为，但人们也不应忘记，相对于古代氏族社会将战俘杀掉来说，将战俘保留下来并使之成为奴隶，是文明获得的一个巨大进展，它也促进了奴隶社会相对于氏族社会的繁荣与进步。在历史的维度上，文明与野蛮的评价是存在着易位现象的，曾经是被视为文明的东西，今天可能被视为是野蛮的；今天被视之为是文明的东西，未来社会的人们也许认为是野蛮的。需要指出的是，文明与野蛮的历史易位在向度上具有不可逆的性质，即那些已失去历史必然性与现实性的现象与行为，不大可能再被人们认定为是文明的东西，即使有，也只是偶尔与短暂的。文明的先进与落后、优与劣的界分，不仅表现在社会制度与人们的行为修为的方面，同样也表现在器物与技术的方面。在许多人的心目中，古埃及的金字塔、中国的古长城仍然被视为是人类智慧的结晶与人类文明的瑰宝，然而，一个无可争辩的事实是，不仅金字塔与古长城中所蕴含的文化价值观念在今天已经不会再有了，即使是从建筑的技术层面看，也同现代的建筑技术有着不同的性质。每一个时代的器物，虽然都表征着一个特定时代的文明的发展水平，但同时也打上了该时代的历史烙印。因而，在人类历史长河中先后出现的器物系列，实际上展现的是人类物质文明从低到高发展的历史阶梯，在人类社会历史中保存的一些器物残片，既是人类追溯自身智慧发展的需要，也是人类判断文明演进的历史脉络的标尺。

文明作为一种历史性的存在，无论是从思维的逻辑上看，还是从客观的事实上看，存在着先进与落后、高与低的界分，这本不应成为问题。但为何在许多人的视野里，只承认文化中存在着落后与腐朽的文化，而文明则始终是进步的代表者呢？究其原因，其一，是由于一些人的形而上学的思维方式所致。应该说人类所取得的每一个文明的成果，都是人类在摆脱自然束缚上的一个胜利，是人朝着人的历史迈进过程中的一个进步。然而，这样的进步只具有相对性的、历史性的性质，即是说只是相对于对过去的历史实践的超越，相对于所处的历史环境与条件来说是进步的，因而并不具有代表进步的永恒性质。那些将文明的进步性固定化、永恒化的人，实际上是将文明的进步性的绝对性的一面无限夸大了，从而在文明问题上陷入了一种历史绝对主义的原故。其二，有些人之所以否认文明的先进与落后、优与劣的区分，无疑也与人们普遍存在的一个担忧有关。在有些人看来，如果承认文明有先进与落后、优与劣的区分，就有可能为殖民主义、霸权与强权国家侵略、奴役落后的民族与国家提供理论上的借口，并不利于落后与弱势民族文明的生存与发展。这样的担忧是不无道理的，因为在历史上与现实中确有一些推行强权与霸权主义的民族和国家正是打着推广先进文明的旗号对贫穷与落后的国家与民族进行殖民统治与奴役的。然而，这种担忧的理由并不充分，对文明发展水平的先进与落后、或优或劣进行评价与区分，并不必然地导致有利与有益于殖民主义与霸权主义的辩护。因为，文明具有历史的性质，一个民族与国家的文明发展的水平是由该民族与国家所处的社会历史环境与条件决定的，尽管相对于其他民族与国家的文明发展水平来说，可能是落后的，但相对它们自身的历史环境与条件来说，又可能是具有必然性、现实性与合理性的。先进文明对落后文明具有不可否认的范导与标示的作用，但任何民族与国家都无权将自己的文明强加到其他民族与国家身上，也无法在别的民族与国家中去推广与复制自己的文明。深刻的原因在于，各个不同的民族与国家不仅享有选择自己文明发展道路的平等权利，而且各个具体的民族与国家只能根据自己所处的客观历史条件进行选择，它们不可能超越于社会历史条件的限制之外。不顾文明生长的土壤的特点，强行推广一种文明，或盲目地模仿或克隆一种文明，其结果是一样的，只能是“淮南为桔，淮北为枳”。

五

文明是在人类实践基础上生成的，也是在人类实践基础上发展的，而人类实践的发展就其必然性与可能性方面看应该是永无止境地向前或向上延伸的，那么，这是否意味着人类的文明时代也会随着人类实践活动的不断扩展，必然性地向前延伸，不存在中止与被扬弃和超越的可能呢？对于绝大多数的人们，甚至是从事文明史研究的人们来说，这似乎是一个无可争辩的逻辑。对于那些认定资本主义制度最符合人性的要求和具有永恒性，与认定资本主义文明是人类社会历史终结的自由主义思想家们来说，更是一种自然而然的必然性推论。然而，无论是在摩尔根的视野里，还是在马克思主义历史观与文明观的视野里，文明时代并不是一个无限延伸的时代，而是人类社会历史演进过程中的一个特定阶段，它是随着人类实践能力的一定提高，或者说是随着人类社会生产力的一定发展而生成，也必将随着人类的实践能力或生产力的高度发达而被扬弃与超越。

如前所述，在摩尔根的视野里，文明时代是以工业与艺术作为自己的时代标识的，文明时代的最大特点是不断地促进着财富的巨大增长。而工业、艺术、财富的发展与增长的程度，通常是一个社会文明发展程度的显示器。然而，工业、艺术、财富的发展与增长也导致了私有财产与私有制的产生，导致了阶级的产生与阶级的对立，导致了人与人之间的不平等。在摩尔根的视野里，文明时代是一个包含巨大矛盾的时代，一方面是物质财富的不断增长，另一方面却又使这种不断增长的财富变成一种人们“无法控制的力量”。然而“自从文明时代开始以来所经过的时间，只是人类已经经历过的生存时间的一小部分，只是人类将要经历的生存时间的一小部分。社会的瓦解，即将成为以财富为唯一的最终目的的那个历程的终结，因为这一历程包含着自我消灭的因素。管理上的民主，社会中的博爱，权利的平等，教育的普及，将揭开社会的下一个更高的阶段，经验、理智和科学正在不断向这个阶段努力。这将是古代氏族的自由、平等和博爱的复活，但却是在更高级形式上的复活”①。应该说，作为历史学家，摩尔根是伟大的，因为，当人类文明的史前史还处在一片黑暗之中时，他以令人信服的根据，向人们证明了人类原始共产主义社会的存在。作为思想家，摩尔根的思想中是闪烁着天才的，当西方文明正以前所未有的速度取得巨大发展，人们对文明发展的前景普遍抱有一种乐观与憧憬时，摩尔根却预测到文明时代被扬弃与超越的可能性与必然性。诚然，摩尔根的这一思想不可否认地曾受到法国启蒙思想家与空想社会主义思想家们的启发与影响，但同样不可否认的是，作为集历史学家与思想家于一身的摩尔根，其对未来社会的预测与展望远比法国启蒙思想家与空想社会主义思想家们要深刻。摩尔根无论是对文明时代的批评，还是对未来社会的预测与展望，诉诸的已经不仅仅是人类的理性与理智的迷失与健全，而是诉诸于对历史的内在必然性的深刻理解。当摩尔根将文明时代的被扬弃与被超越视作是文明时代发展历程中“包含着自我消灭的因素”发展的必然结果时，他实际上已经进入了历史唯物主义的门槛了。

摩尔根关于文明史前史的研究，以及关于扬弃与超越文明时代的思想，无疑是受到过马克思、恩格斯的重视，尤其是前者，它对于马克思主义经典作家彻底弄清人类社会历史的起源与演进，曾起过极其重要的作用。但需指出的是，马克思、恩格斯的扬弃与超越文明的思想并不是来源于摩尔根，而是来源于对社会历史发展的必然性与辩证本质的深刻理解。熟悉马克思、恩格斯经典著作的人都清楚，有关人类文明的问题，无论是马克思，还是恩格斯，他们都留下过丰富的论述，但有一个人们不应忽视的事实是，在他们的著作中从没有出现过有关共产主义文明的说法。在马克思主义经典作家的著作中为何没有出现过共产主义文明的提法？难道说，共产主义社会即是意味着人类文明时代的终结？对

① 《马克思恩格斯文集》第4卷，人民出版社2009年版，第198页。

于马克思的历史观与文明观的内在逻辑来说，结论的确如此。在马克思历史观与文明观的视野里，文明是一个历史性概念，它一方面是人类社会发展到一定阶段上的必然产物，另一方面也必将随着人类社会实践的发展而被扬弃与超越。深刻的原因在于，人类的文明时代，虽然是人类从自然界提升与分离出来，向着人作为人存在的历史迈进过程中的一个必经阶段，但这也是一个充满矛盾与对抗的阶段。在文明的时代里，呈现在人们面前的通常是这样一幅讽刺画，一方面人们在自己的劳动实践中创造着日益增长的生产力与物质财富，另一方面却又生产出贫困与奴役；一方面，人的种族能力表现为不断地增强与提高的趋势，但另一方面人的种族能力的增强与提高是以人类社会中的某些个体甚至是某些阶级的牺牲作为代价的；一方面，随着文明的发展，人类不断地从自然的束缚中挣脱出来，但另一方面商品经济的生产方式与交换方式又将所有的人类个体拖入到更加残酷的生存竞争之中。正是由于文明时代的这种矛盾性与对抗性的存在，因而在马克思主义经典作家们的视野里，人类文明时代并不是真正的人类历史的时代，而是人类社会历史的史前时代。马克思在《〈政治经济学批判〉序言》中就曾明确地写道："大体说来，亚细亚的、古希腊罗马的、封建的和现代资产阶级的生产方式可以看做是经济的社会形态演进的几个时代。资产阶级的生产关系是社会生产过程的最后一个对抗形式，这里所说的对抗，不是指个人的对抗，而是指从个人的社会生活条件中生长出来的对抗；但是，在资产阶级社会的胎胞里发展的生产力，同时又创造着解决这种对抗的物质条件。因此，人类社会的史前时期就以这种社会形态而告终。"①马克思之所以将以对抗性为特征的社会称之为人类社会的"史前时期"，充分的理由与根据在于：在对抗性的社会形态中，不管生产力的发展与物质财富的增长有多么快、多么大，社会通行的仍然是生存竞争的法则，人们的劳动仍然是维持自己的肉体生存的手段，以获取物质财富为主要目的，而不是为了

---

① 《马克思恩格斯文集》第2卷，人民出版社2009年版，第592页。

实现自己的本质。而在人的劳动只是表现为维持自己肉体生存的手段，而不是表现为实现自己本质为目的的情况下，人也就仍然没有从自然必然性的束缚与奴役中挣脱与解放出来，这样的历史也就不是真正的人类史，而是仍然属于带有动物史或自然史特征的人类史的史前史。在马克思的视野里，只有当人类社会彻底地告别动物界或自然界，从自然必然性王国进入到自由王国时，真正的人类社会的历史或真正属于人的历史才会开始。而人类扬弃自然必然性，告别自然王国状态，也即意味着以不平等与对抗为特征的，以商品生产与商品交换为基础的文明时代的终结。在共产主义社会中，人类将生活在自由王国状态中。而在自由王国的状态中，由于生产力的高度发达与社会物质财富的充分涌流，私有财产与私有制将不再成为可能，因而，“从个人的社会生活条件中生长出来的对抗”也将彻底消失，高度发达的生产力与充分涌流的物质财富不再是控制与奴役人们的手段，而是受联合起来的个人控制并用以实现个人自由而全面发展的条件与力量。在共产主义的自由王国状态中，人们的劳动仍然是必然的，但共产主义社会中的劳动不仅将彻底失去其对抗与异化的性质，更加重要的是，人们的劳动将不再主要表现为谋生的手段，而主要表现为人的自由自觉活动本质的全面实现。

总之，根据马克思的历史观的内在逻辑，文明时代并不是一根向上或向前无限延伸的直线，文明时代的历史仍然是一种自然王国的历史，按照生产力发展与生产方式演进的必然性逻辑，伴随着人类自然王国状态被自由王国状态所取代，以人类文明史为基础的人类史前史也会必然被真正的属于人的历史时代所取代。当人类从自然必然性王国中彻底解放出来，封闭、愚昧、野蛮的现象从人们的现实生活中消失时，文明的概念也将不再有存在的根据与理由了。文明时代的中止与文明史的终结，并不是人类历史的终结，更不是人类历史进步的终结，相反，它是真正属于人的历史的开始，一种属于更高形态的进步。

论规范与文明*

一、文明是对自然状态的游离

人原本是自然界的一部分。当人类原始祖先还处在古猿阶段时，只是众多的有生命的存在物的一种，较之于其他动物种群，也不享有更多的优越性。只是由于自然环境的变化，古猿从树上走到了地上，开始依靠自己的劳动养活自己，并由于劳动的需要，生成了意识、语言、文化等新的要素时，人才从自然界分离与提升出来，成为自然界的骄子和万物中的精灵。然而，人猿揖别的过程经历了一个艰难而漫长的时间跨度，其间大致经历蒙昧时代、野蛮时代，最后才进入到文明时代。对于人及其历史来说，文明具有极其重大的意义。它不仅意味着人的历史演进迈上了一个新的台阶，更意味着人的存在形态与身份的重大改变。当人作为文明人存在时，他的生活和生命活动已与动物的生活和生命活动具有全然不同的性质，不再属于类人猿的范畴，而是作为真正的人而存在。在一定意义上，真正意义上的人类社会史应从人类跨入文明的门槛时算起。

* 本文原发表于《马克思主义与现实》2016 年第 2 期。

什么是文明？文明区别于蒙昧和野蛮的标志是什么？文明时代与野蛮时代的历史断点应如何确认？尽管对诸如此类的问题，不同的历史观与文明观之间存在着仁者见仁、智者见智、讼争不断、彼此竞争的情况，但在摩尔根与马克思、恩格斯的著作中，却给我们留下了清晰可判、不容有争的论述。“蒙昧时代是以获取现成的天然产物为主的时期；人工产品主要是用做获取天然产物的辅助工具。野蛮时代是学会畜牧和农耕的时期，是学会靠人的活动来增加天然产物生产的方法的时期。文明时代是学会对天然产物进一步加工的时期，是真正的工业和艺术的时期。”[①] 上述论断表明，在摩尔根与马克思、恩格斯的视野里，人类文明的生成，是与人类相对于动物的优越程度与支配自然的程度密切相关的，而人类支配自然的程度首要地表现在他对自己维持其肉体生存的食物的控制上。当人类还完全或主要依赖于大自然的天然供给时，他还不能说完全地完成了从动物到人的蜕变，“人类进步的一切大的时代，是跟生活来源扩充的各时代多少直接相符合的”[②]。摩尔根提出并得到马克思、恩格斯摘要、引用与充分肯定的上述观点，为我们把握文明的本质和确认文明时代的始点，提供了一条科学的方法论思路与合理的参照坐标。文明的即是非自然的。文明的本质不在于人与自然融为一体，而在于人类对自然状态的疏远与游离。当人类还处于蒙昧时代与野蛮时代时，人类的食物来源主要依赖于大自然的天然供给。即使是在人们学会畜牧和农耕的时期，人们所能做到的也只是依靠自己的活动增加天然产物的数量，而没有改变天然产物的性质。当人类学会对天然产物进行加工，生产出自然界所没有的产品时，人类不仅改变了产品的天然性质，同时也改变自己活动的性质，而这一步是以工业的出现与艺术的产生作为标志的。当人类赋予了自己所需的生活资料以工业与艺术的属性时，人类也就为自己签发了一张确认自己为文明人的身份证。

① 《马克思恩格斯文集》第 4 卷，人民出版社 2009 年版，第 38 页。

② 《马克思恩格斯文集》第 4 卷，人民出版社 2009 年版，第 32 页。

区分蒙昧时代、野蛮时代与文明时代的参照坐标是人们用以维持自己肉体存在的生活资料的性质，而生活资料的性质的区别是由生产生活资料的方式决定的。在马克思历史观的理论逻辑中，物质资料的生产方式既是区分蒙昧时代、野蛮时代与文明时代间历史节点的主要参照坐标，也是区分文明时代各个不同历史阶段的主要参照坐标。对于马克思的历史观来说，物质生活资料的生产方式是推动人类历史从自然史向着属人的社会历史生成的根本性的动力与杠杆，也是马克思的历史观分析、考察社会历史的主要参照坐标。社会的物质生活资料的生产方式的性质，既表征着人类的“生产上的技能”的发展程度或水平，也表征着社会关系及其结构的类型。因为社会物质生活资料的生产不是单个人的个体性行为，而是一种群体性与社会性的行为。社会生产以什么样的方式进行，既取决于人们“生产上的技能”，也取决于社会的组织结构。在马克思历史观的视野里，任何“生产本身”都“是以个人彼此之间的交往为前提的”。当然，人们的“交往的形式又是由生产决定的”①。即是说，社会的物质生活资料的生产方式的性质是由人的“生产上的技能”与人们的社会“交往的形式”共同构成的，表现为二者之间的有机统一。

因此，文明不仅意味着人类在“生产上的技能”的进步，同时也意味着人们之间的社会关系的进步。社会关系的进步首要表现在，人们之间的相互联系或关系由蒙昧时代、野蛮时代以血缘为纽带的自然性质的联系或关系，过渡与发展到主要以社会交往为媒介的社会性联系与关系。如果说，在“生产的技能”上，文明的形成是以工业与艺术的出现为标志的，那么在社会关系与社会结构的方面，文明的形成则是以私有制、阶级、国家的产生作为标志的。尤其是国家，可以说是文明时代与文明社会形成的最重要的标志之一，以至于恩格斯认为“国家是文明社会的概括”②。即是说区别于蒙昧时代、野蛮时代和文明时代的一切性质

① 《马克思恩格斯文集》第1卷，人民出版社2009年版，第520页。

② 《马克思恩格斯文集》第4卷，人民出版社2009年版，第195页。

与特征，都通过国家这一实体性的存在获得集中与概括的反映与表达。文明社会的一切优缺点，都与国家的产生与存在有直接与间接的关系。虽然国家是私有制与阶级矛盾不可调和的产物，但国家的产生不仅改变了人们之间相互联系的方式与性质，扩大了人们交往的范畴，推动了社会生产力的发展与科学技术与艺术的繁荣，导致了城市的形成，更为重要的是，它也通过制定不同形式的社会规范，对人们的社会生活及其秩序进行协调、管理，从而促进人从蒙昧人、野蛮人向着社会性的文明人的转变与生成。

综上所述，文明时代是相对于蒙昧时代、野蛮时代而言的，文明社会是相对于以血缘为纽带的氏族社会而言的，文明人是相对于蒙昧人、野蛮人而言的。文明的生成与演进大致可以从三个不同的维度进行考察。一是从人们生产的产品的维度进行考察，看人们生产的是什么。产品的人化程度通常表现的是器物文明的程度。二是从人们的社会关系与社会结构维度方面进行考察，看人们的生产与生活是以什么样的方式进行的。人们的生产与生活方式的性质通常标示的是社会文明的发展程度。三是从人们的主体素质维度进行考察。人们自身的素质有先天的赋予，也有后天的习得。一般来说，人们素质的自然赋予成分越多，人越具有蒙昧与野蛮的属性；相反，主体的文明素质不是天赋的，而是具有社会的与习得的属性。概括地讲，文明的生成与发展可以从三个不同的维度区分为器物文明、社会文明、人的文明。需要强调的是，上述三个方面，并不是彼此分离的，无论是从文明的生成看，还是从文明演进看，二者之间是相互联系与统一的。文明是生成的，因而在本质上是实践的。器物文明、社会文明的基础是作为实践主体的人的文明，它们不过是人的文明的对象化与确证。马克思、恩格斯指出："个人怎样表现自己的生命，他们自己就是怎样。因此，他们是什么样的，这同他们的生产是一致的——既和他们生产什么一致，又和他们怎样生产一致。"①

① 《马克思恩格斯文集》第1卷，人民出版社2009年版，第520页。

无论从什么样的维度去把握文明，文明都有疏远与游离自然性质的意蕴。文明是生成的，也是发展的，因而文明是可比较并有先进与落后之分的，而对文明进行比较的一个重要的参照坐标即是与自然状态疏远与游离的距离。与自然状态距离越远的文明显然比与自然状态距离较近的文明要先进。人们有时之所以将有些相对落后的文明民族仍称为野蛮民族，将人们的某些行为举止加以申斥，其评价的尺度显然也是依照与自然状态的距离。文明的基本底蕴是对自然状态的扬弃与超越，没有对自然状态的扬弃与超越便没有文明。文明对自然状态中的扬弃不是一次性完成的，而是经历了一个持续不断的历史过程。正是在这个过程中，人类实现着文明程度的提升。

二、文明是因规范而生成的

文明是生成的，也是发展的，推动人类文明生成与发展的动力和杠杆是人类的实践活动，因而文明在本质上是实践的。首先是人类改变满足自己肉体生存需要的生活资料的生产，以及使物质生产得以进行的物质交往的实践，然后以物质生产活动与物质交往活动为基础的精神生产活动与精神交往活动，是构成人类一切形式文明的深刻基础。文明在本质上是实践的产物，因而文明也是被规范的产物。人的实践活动是一种有意识、有目的的活动。人的实践活动的产物，不过是人的活动目的对象化、现实化的表现，同时也是人对活动对象的一种规范。广义地说，一切具有文明性质与属性的存在，都具有被规范的性质。即使是人们称之为物质文明的器物文明，也具有被规范的性质与意蕴。文明在本质上是实践的产物，也意味着文明是被规范的产物，二者具有相互贯通的意蕴。正如没有人的劳动、实践活动就没有文明的生成一样，没有规范同样没有文明的生成。这里需要特别指出的是，对于社会文明与人的文明的生成与发展来说，规范的作用更为重要。无论人们的社会生活及其条件，还是个人文明素质的生成，都离不开社会规范的范导与约束。我们不妨将实践活动目的对活动对象的规范称为广义的规范，将以社会风俗、社会制度、法律、道德、文化等方式对社会生活与个人行为的规范称为狭义的规范。广义的规范普适于一切人的实践活动的对象，而狭义的规范主要指向的是对个人活动行为与人们的社会生活的规范。本文所论及的规范主要指狭义的规范，主旨在于阐明，社会生活秩序的文明也好，人的素质的文明也好，都不是自发生成的，而是通过人的自觉规范与自我约束而生成的。

规范是催生文明的助产士，是推动文明发展的不可缺少的手段与形式，规范对文明社会与文明人的生成与发展具有无可争辩的作用。从发生学的维度看，人原本就是自然界的一部分与动物界的一分子，当人以古猿的身份存在时，他也与自然界的动物种群一样，纯粹的自然性是其唯一的规定，他并不比其他的动物种群有何优越与特别的地方。只是随着人开始使自己的肉体存在摆脱对天然产物的绝对依赖，开始依靠自己的劳动逐渐地解决自己的物质生活资料的来源时，人才将自己从自然界中逐渐地分离与提升出来，逐渐地揖别自然界，开始形成人对其他动物种群的独立性与优越性，其间还经历过漫长的蒙昧时代与野蛮时代。这两个时代也属于人的时代，社会与社会中生活的人都具有极其鲜明的属人性质，人不仅具有意识，而且还创造了自己的文化。但同样不可否认的是，无论从社会发展状况还是从人的发展状态来看，蒙昧时代和野蛮时代与文明时代之间的边界划分是不容模糊的。蒙昧时代与野蛮时代是从纯粹自然状态向文明状态转变的过渡形态。在蒙昧时代与野蛮时代，社会与人都具有极其鲜明的自然性特征。从蒙昧时代与野蛮时代到文明时代的过渡是一个极其漫长的历史过程，人类通过自己实践能力的提高以及与实践能力相适应的规范的共同作用，才逐渐远离自然状态，走向开化与文明。任何种群的生活，都存在着一定的规范，一些高等动物种群生活中也存在着一定的规范，这是不难证明的经验事实。但规范的形成，却存在着形成方式与性质上的区别。动物种群的规范完全受制于动物种群的自然本能，具有自发性或自然必然性特征。人类社会生活中的规范的形成则是一个从自发到自觉、从本能到自我约束的过程。人类社会最原始、最基本的社会规范是风俗与习惯，它不仅存在于人类的蒙昧时代与野蛮时代中，也普遍存在于人类的文明时代中。随着社会生产力的提高、社会物质财富的增加以及私有制与阶级的产生，以血缘为基础的部落与氏族社会结构瓦解和崩溃，人类走进文明时代。在文明时代中，人们的交往关系日益扩大，人们之间的利益分化与矛盾也日益加大。由于维持社会生活秩序与控制社会矛盾和冲突的需要，社会规范也随之增加与复杂化。在文明社会中，风俗与习惯仍然在一定范围与程度上保留和存在着，并仍然对人们的社会生活起着一定程度的规范作用，但它在文明社会中的作用与地位显然大大削弱。在文明社会中，制度、法律、道德、宗教、礼仪、文化是比风俗、习惯更加重要的社会规范，较之于以风俗与习惯为形式的规范、制度、法律、道德、宗教、礼仪、文化等社会规范具有明显不同的性质与特点。风俗与习惯受自然条件的影响较大，具有明显的地域性。人们常说，五里不同俗，十里不同风，即是风俗与习惯的真实反映。并且，风俗与习惯的形成具有自发的性质。社会规范通常不受血缘因素、自然环境等自然条件的限制，其生成通常表现为从自发到自觉的过程。它是人自己创造的产物，是人为社会并为自己立法。

规范与文明是相互作用的。一方面，社会规范的生成是适应文明进步的需要，并表现文明发展的成果；另一方面，社会规范也是使文明成果得以保存的保障条件，并是推动人与社会向着文明生成的重要推动力。文明也是被规范出来的。社会规范对文明的作用首要表现在对人的自然本能的限制。人类的祖先都是蒙昧与野蛮的，因为他们都是从动物界分离出来的，其行为主要受制于自然本能的控制与驱使。正是在规范的作用下，人类才逐渐游离自然与动物性的蒙昧与野蛮。诚然，人类作为从自然界中分离出来的存在物，不可能完全摆脱自然界的束缚，也不可能彻底消除掉自然界遗传给自己的野性基因，但在社会规范的作用下，可以逐渐使自己的野性得到抑制与扬弃。以人的性行为与性关系为例，在蒙昧时代与野蛮时代，人类初民的性行为与性关系与动物种群的性行为与性关系并无实质性区别。性关系不仅存在于兄弟姐妹之间，而且也存在于父母与子女之间。只是通过一定规范的强制与约束，人类才从原始的群婚制逐渐过渡到文明时代的一夫一妻制。社会规范对文明的作用还体现在对人的行为的范导上。社会规范对人的行为既有约束的功能，也有范导的功能，是约束与范导的统一。约束是一种禁止，范导是一种教化。社会规范既以禁止的方式规定人们不可以干什么，也以范导的方式引导人们应该如何行为。在一定的意义上，任何形式的社会规范的生成与确立，意味着为人类的活动提供着一种方向性的行为坐标。概括地说，社会规范既以约束、禁止等否定性方式，也以范导、教化等肯定性方式引导人类从自然状态向着社会文明状态生成与进步。文明的生成与发展的历史是人类以各种形式的社会规范为中介与作用逐渐去自然性、向着社会性生成的过程。

三、社会规范应符合社会发展水平的要求

如上所述，文明是被规范出来的，任何一种文明的样态无不表现为社会规范约束与范导的结果。那么，社会规范是如何形成的？换句话问，一切形式的社会规范赖以生成的基础是什么？社会规范对于文明的生成与发展的关系来说，是否意味着类似于康德所说的人为自然、社会、历史或是为文明立法呢？不可否认，一切社会规范都是由人制定或确定的，在表象上似有人的自我立法的特点，但问题是，人们制定与确立社会规范的活动并不是随心所欲的任意。文明是因规范的作用而生成的，但文明在本质上是实践的，任何形式的社会规范的形成与确立归根到底都来自于人们生活实践的推动并服务于人们的社会实践与社会生活的现实需要。因此，虽然社会规范的制定在表面上是人为自然、社

会、历史以及人本身立法，但在更深的层次上，推动与决定社会规范生成的决定性动因是社会的生产方式与交换方式。社会的生产方式与交换方式不同，社会规范所表达的要求也不同。随着社会生产方式与交换方式的改变，社会规范也不可避免地要发生改变。虽然社会规范是由人制定的，但也存在是否合理的问题。不是任何社会规范都具有合理性，不是任何社会规范都能被社会历史的发展所确认，确认社会规范合理与否的最重要的尺度与坐标是社会生产方式与交换方式。虽然影响文明发展的因素是多方面的、复杂的，社会规范既要对人与自然间的关系进行规范，也要对人与人之间的社会关系进行规范，但社会的生产方式与交换方式并不是影响与决定规范生成与演变的唯一因素。因此，任何试图对不同时代、不同社会形态、不同民族、不同国家、不同地区的社会规范之间的差异，都诉诸于生产方式与交换方式的唯一解释，既是困难的，也难以避免简单化的嫌疑。然而，社会的生产方式与交换方式既是人的社会实践方式中最基础性的，也是最重要的实践方式。它既决定着人与自然间的关系样态与性质，更决定着人与社会、历史间的关系样态与性质。任何一个社会的社会规范体系的基本内核与基本精神无不反映或表达着社会生产方式与交换方式的发展水平的要求。人类的实践能力的发展程度决定着社会生产方式与交换方式的生成与发展，而后者又决定着社会规范体系的建构与演变。随着旧的生产方式与交换方式被新的生产方式与交换方式所代替，旧的社会规范体系也会或快或慢地被新的社会规范体系所代替，新的社会规范体系也会必然塑造出新的文明的样态与类型。人类实践能力的不断发展与提高，从而也使社会的生产方式与交换方式、规范体系以及文明也表现为一个不断进步、拾级而升的历史过程。

当然，谈到社会规范的合理性与正当性的问题时，除了应强调社会规范应符合历史发展的必然要求，也应在一定的意义上关注社会的公平与正义问题。一切社会规范都具有双重性。一方面，社会规范为人们提供行为规则；另一方面意味着强制与禁止。即是说，社会规范既以肯定的方式引导人们应该如何行为，也以否定的方式禁止人们不可以任意行为。因此，一切社会规范的确立都伴随着相应的惩罚机制。不可否认，不同社会规范的约束力是不同的，有的要诉诸严厉的刑罚，有的或是给予经济的、舆论的制裁与惩罚。但我们也应注意，社会规范的制定必须具有合理性，制裁与惩罚的措施应是适度的，同时应考虑社会成员文明素质的实际情况与社会的公平正义问题，应考虑到不同社会成员文明素质发展的不同情况，避免使某些社会成员的利益因社会规范的强制贯彻而受到伤害，应在应该与可能、合必然性与合公平性之间达到一定程度的协调与平衡。在社会规范的制定与贯彻落实上，应尽量从具体的国情、民情出发，学习外国经验是需要的，但不可简单地模仿与照搬。以治理公共场所吸烟、乱扔烟头、废弃物、不排队、乱插队、在公共场合大声喧哗为例，有人主张应向发达国家学习，尤其应向新加坡学习，采取重罚的措施，才能使人们克服各种不文明的习惯与行为。但当人们强调国外尤其是新加坡的经验时，似乎也忽略了一个问题：新加坡是一个高度工业化的国家，而中国是一个正在工业化与城市化的国家，二者在文明发展程度上显然存在着差别。试想一下，如果照搬新加坡的经验，那么最有可能受到制裁与重罚的是哪一类人群？毫无疑问，是那些进入城市不久的农民工，而他们是中国社会的底层或弱势群体。这就涉及社会的公平问题。因为，文明的发展与进步是一个渐进的历史过程，从落后的农民转变为文明的市民需要一定的时间。不顾历史条件与社会的具体现实，片面地强调严法重罚，对于社会的某些群体来说，是有可能产生公平问题的。这是我们必须要加以注意的。

论社会规范的价值取向及其合理性 *

一、社会规范是社会生活得以可能的基础与前提

人作为人存在，并不仅仅是一种自然性的存在，更是一种社会性的存在。而人作为社会存在物存在时，意味着他的全部生活是社会性的。所谓社会性的生活，不仅意味着社会的生成与存在是人的现实生活得以可能的方式与条件，同时也意味着人的现实生活是一种受到规范与约束的生活。深刻的原因在于，社会虽然是因人而存在并由人构成的，但社会的生成与存在并不意味着它是纯粹个人的偶然相聚与简单相加，社会是因人们之间的各种各样的联系或关系联系起来的有机体。人们之间的相互联系或关系是社会有机体得以生成与存在的纽带。然而，人们之间的联系或关系并不是天然和谐的，而是包含着各种各样的矛盾与冲突，这不仅在于人是一种自由的、有欲望与激情的存在物，而且还在于欲望与激情常常表现出差别与冲突。正因为如此，一方面，人们的社会关系的生成，首先产生于人们现实生活的

---

* 本文原发表于《教学与研究》2017 年第 11 期。

需要，尤其是人的物质生产实践活动的需要；另一方面也是人的自我约束与自觉规范的结果与产物。规范是社会有机体得以形成与存在的不可或缺的因素与条件。规范之所以必须与必要，原因在于人们之间的相互关系需要人的自我协调，不同个人之间的矛盾与冲突需要得到有效的控制。社会规范既是一种以肯定方式存在的价值范导，也是一种以否定方式存在的约束与禁止，其基本的功能或价值是确保社会有机体保持正常的运行状态，使人们的社会生活处于一种有序、正常、可能的状态。人的一种有序与可能的社会生活不仅应是一种受到规范与约束的生活，而且必须是受到规范与约束的生活，规范的范导与约束使人们的社会生活具有有机与有序、可能与持续的前提与基础（保障和条件）。在人类社会发展的不同阶段上，在不同形态的社会中，在大致相同的历史阶段与相同社会形态的国家与民族中，其社会规范在表现形式与内容上可能不尽相同。但有一点却是可以确认的，不存在不需要与没有社会规范的社会；没有社会规范的存在，就没有社会生活的可能。

社会规范有不同的存在形式，风俗的、制度的、法律的、道德的、文化的通常是社会规范的几种基本的或主要的表现形式。为何人们的社会生活需要不同形式的社会规范，而不能将多种形式的社会规范简化归一为一种统一性的社会规范？一个合理性的诠释应是所有的社会规范所指向的对象是个人的活动与行为，其功能是通过对人们的活动与行为进行规范使人们的社会关系得到协调，从而使人们的社会生活得以可能。而人们的社会生活本身是复杂的，人们的活动与行为对人们的社会关系与社会生活的作用方式与影响后果存在着直接与间接之分，有大与小、显性与隐性之别。因此，人们不同类型的活动与不同性质的行为需要不同形式的社会规范进行约束。

社会规范作为社会规范本身存在，表现为人为社会或为自己的立法，因此，所有类型或形式的社会规范之间在性质、功能、使命上都有着相互间的共同性或相似性，这种共同性主要表现在对人们的活动与行为的范导性与约束性。规范既以肯定的方式倡导与允许人们应当如何做与能做什么，也以否定的方式禁止人们不应做什么与不能做什么，一个规范即是一个规定，任何规定既是肯定，也是否定，既是允许，也是禁止，规范是肯定与否定、允许与禁止的统一。这是各种社会规范形式之间的一致性与相似性。但不同的社会规范类型与形式之间无疑也存在着差异，其差异不仅表现在历史的起源上，同时也表现在它们对社会生活的作用方式与约束力的不同上。从历史的维度看，人类最初的社会规范是风俗，在人类原始社会的共同体中，人们社会生活的秩序主要依赖于自然或自发性形成的风俗与习惯，风俗构成了维系原始共同体生活主要的、甚至是唯一的社会性规范。只是随着人类文明的发展、私有制与阶级的产生，原始共同体被国家所取代，才在风俗的基础上衍生出制度、法律、道德、文化等社会性的规范。从历史的维度或发生学的视角上看，风俗是所有社会规范孕育的母体。在现代社会中，风俗的规范性作用仍然存在，然而，它的地位与作用已发生了根本性的变化，已从原始时代的主要的与唯一的社会规范演变成一种从属性或非主要性的社会规范。从历史的维度看，越往前追溯，风俗所起的规范作用越大；越往后看，风俗在社会规范体系的结构中的从属性地位越明显。在人类社会的文明时代，随着私有制、阶级和国家的产生，社会不仅在风俗的基础上衍生出诸如制度、法律、道德等社会规范形式，而且后者对人们的社会生活的影响作用越来越大。以各种不同的方式存在的社会规范之间的差异不仅在于它们的历史运行轨迹的不同，更重要的还在于它们与社会的生产方式和交换方式的关系、对社会经济基础的反作用，以及对人们的活动约束力的大小不同。

一般来说，与社会经济基础的关系越直接，对人们的社会生活的可能性越具有底线意义的社会规范，其约束力越具有刚性的性质；而与社会经济基础的关系相对间接，对人们的社会生活的可能性并不具有底线意义的社会规范，其约束力则相对地具有弹性。或者说对人们社会生活的可能性威胁越大的行为越需要刚性的、硬约束的社会规范；对人们的社会生活的可能性并不构成重大或直接性威胁的行为则不应采用刚性与硬性的约束方式，而应采用较有柔性与弹性的软约束的方式。具体地说，社会的制度性规范与法律性规范，由于它们有的本身就是社会经济基础的体现或表现，有的属于政治上层建筑，直接地反映经济基础的要求，因而这些类型的社会规范属于具有刚性的或硬约束性的社会规范。而道德的与文化的社会规范则属于社会的意识形态或思想的上层建筑，虽然它们也受社会的生产方式与交换方式所决定，并反映社会生产方式与交换方式的要求，但由于它们与社会经济基础的关系相对间接，因而道德与文化对人们活动与行为的规范与约束则相对地富有柔性与弹性，通常表现为一种软约束。一个社会之所以需要多种不同类型和形式的社会规范，不能将所有的社会规范简化归一。其深刻的原因在于，一种可能与健全有序的社会生活既不能完全地依赖于过于富有柔性与弹性的社会规范而得到保障，也不能为了人们社会生活的可能性而牺牲掉人们自由选择的可能性与空间。一个没有规范或约束过软的社会，通常会是放任与无序的社会，一个约束过于刚性与强硬的社会，虽然为人们的社会生活的可能性提供着保障，但会使人们产生压抑感与严酷感。

二、社会规范生成的历史性与根据

社会规范是在人类社会历史的发展与延续中生成的，任何形式的社会规范都表现为历史的产物，因而任何社会规范的生成都具有历史的性质。不仅如此，社会规范也不具有永恒不变的性质，它是随着社会历史的发展与变化，在不断地改变着它的形式与内容；不同的社会、不同的历史时代具有不同的社会规范。社会规范是历史性的存在，既不具有先验的性质，也不具有永恒不变的性质。这不仅在马克思历史观的理论逻辑中是无可争辩的，更重要的是它具有充分的历史事实的根据与证明。社会规范作为一种社会历史性的存在，也即意味着它是一种属人的存在与为人的存在，或如前所述，它在本质上是人为社会从而也是为人自己的立法。那么，社会规范作为人为人自己的立法，其立法的根据是什么？其立法的目的或价值取向又是什么？无论是从思想史的维度看，还是从人们对这一问题的当下认知看，都不能确认为是一个普获共识与无需言说的话题。

从思想史的维度看，马克思以前的思想家们在谈到人何以需要为自己立法时，通常是以如下的一个人性假说作为前提与出发点的：人作为人存在，他具有双重的特性，既是一种理性的存在物，也是一种自然的，具有自发性与自私性的存在物。人作为一种理性的存在物，具有求善至美的倾向与能力，但人作为一种自然的，具有自发性与自私性的存在物，也具有贪恋、自私的一面。因而，人作为人存在，他一半是天使，一半是野兽或魔鬼。正因为如此，人的社会生活需要多种不同形式的立法，用以对人们的活动与行为进行规范。

社会规范的作用在于，它为人们的活动与行为提供一种参照坐标与尺度，或是一种范导、指导，或引导人们正确地选择自己的活动或行为，其目的与价值取向是使人们扬善除恶，过一种符合理性或善性的生活。在许多人的思维认知中，社会规范的价值取向是使人向善，因而，人们在日常生活中不仅给予遵守社会规范的人们以肯定性的评价，将其称之为好人，甚至赋予社会规范以完善、崇高性的意蕴。以人们对道德的认知为例，一种似乎得到普遍认同的观点是，真理是认识的价值，善是道德的价值，美是艺术的价值。在人们对道德的认知中，道德代表的善，是完美，是崇高与神圣；一个有道德的人通常会被人们评价与认定为是一个好人，甚至是崇高与完善的人。然而，对道德以及其他社会规范价值取向的上述认知是不全面或片面的，甚至是一种误读与误释，社会规范的价值取向与主要作用并不仅仅在于使每一个人变得崇高与圣洁。

人从具有理性与自然性或自私性的所谓人性假说出发，去论证社会规范，尤其是道德规范的必要性，以及社会规范价值取向的求善性与崇高性，在抽象的意义上似乎是有道理的。然而，这种抽象性的所谓人性假设却不能合理解释如下的一个历史事实，人的理性也好、非理性也好，人的向善性也好、自私性也好，并不是不变的，而是变化与不断变化的，社会规范并不具有永恒固定的性质，不仅不同的历史时代，社会规范在形式与内容上存在着明显的差异，即使在相同的历史时代，不同的民族与国家在社会规范的形式与内容上也不完全相同。从历史发展与演进的事实与发展的规律来看，社会规范的生成与演进并不能从人的本性及其假设中得到合理性的解释，因为人性本身是变化的，而且人性为何是变化的？只有从社会历史发展的维度才能获得解释。人作为人存在，他有自身的需要，人的需要本身是没有善恶与否、合理与否的问题，只有在人们的相互关系中才生发或产生出善恶与否、合理与否的问题。假设一个人独处荒岛时，他穿衣服或裸体，他是喃喃自语或是高声嚎叫，他抽烟或是不抽烟，概而言之，他愿意干什么或不愿干什么，有没有善恶与否、合理与否的问题或是否应加以规范的问题？显然没有也不应具有。一切社会规范都产生于协调人们相互间社会关系的需要，尤其是协调人们经济关系的需要，并且只能存在于人们的社会关系之中，这是社会规范为何要随着社会生产方式与交换方式的不断变化而发生改变的深刻原因。正如恩格斯在谈到道德的生成与演进时所指出的："人们自觉地或不自觉地，归根到底总是从他们阶级地位所依据的实际关系中——从他们进行生产和交换的经济关系中，获得自己的伦理观念。""我们拒绝想把任何道德教条当做永恒的、终极的、从此不变的伦理规律强加给我们的一切无理要求，这种要求的借口是，道德世界也有凌驾于历史和民族差别之上的不变的原则。相反，我们断定，一切以往的道德论归根到底都是当时的社会经济状况的产物。"[①]恩格斯虽然所指的是关于伦理观念与道德规范生成的问题，但在理论思考的逻辑上无疑也适用于其他社会规范的生成问题的解释。一切社会规范都不具有永恒不变的性质，其深刻的原因在于从归根到底的意义上看，它们都是一定

① 《马克思恩格斯文集》第 9 卷，人民出版社 2009 年版，第 99 页。

的社会经济状况的产物。如前所述，社会规范虽然具有人为自己立法的性质，并且人作为人存在，他是有理想的存在物，但“历史同认识一样，永远不会在人类的一种完美的理想状态中最终结束；完美的社会、完美的‘国家’是只有在幻想中才能存在的东西；相反，一切依次更替的历史状态都只是人类社会由低级到高级的无穷发展进程中的暂时阶段”①。社会规范生成的根据是一定社会与一定历史阶段的社会经济状况，而不是人们“完美的理想”，“完美的理想”可以作为一种倡导的东西存在，却不可以作为一种人们必须遵循并付诸实践的规范而存在。因为一种只有在幻想中存在，而在现实中不可能存在的东西是无法成为人们实践的原则的。社会规范是用来规范人们的行为选择的，并通过对人们行为的规范，协调与理顺人们的社会关系，使人们过一种相对有序与可能的生活。更确切地说，社会规范价值取向的积极意义在于引导人们过一种可能性的生活，而不是要求人们去追求一种只有在幻想中才存在的“完美的”“理想状态的”生活。社会规范相对于规范的对象或接受者来说，意味着一种允许与权利，也意味着一种应该与义务，但这种允许与应该、权利与义务都具有历史的性质，既是一种有限的权利与义务，也是一种可能的权利与义务，而不是也不应视为是一种无限的、不可能的权利与义务。

社会规范相对于规范对象来说既是一种范导与允许，同时也是一种防范与禁止，是范导与防范、允许与禁止的统一。不仅如此，就社会规范的基本价值取向看，与其说它主要是引导人们向善的，不如说它主要是防止人们作恶的，防恶、抑恶、避恶、惩恶是社会规范生成与存在的首要价值取向。那么，什么是恶的，人的行为在什么意义上应被判定为恶的？一个似有共识的认知通常是，无私利他是善的，自私自利是恶的。然而，这样的认知是大有疑问的，一个不争的理由是，在私有制的社会中，它将使几乎所有人与人的绝大多数行为都应判定为恶的，没有

---

① 《马克思恩格斯文集》第4卷，人民出版社2009年版，第270页。

人、也不可能有人纯粹的是无私的。实际上，人的行为的善与恶不能抽象地看，只能在人们的相互关系中才能加以确定。在私有社会中，法律的规范也好，道德的规范也好，几乎所有的社会规范都不否定人们对私有财产占有的合法性与正当性。只是将“切勿偷盗”一类的戒律视作是不可违反的绝对命令，原因在于，假如偷盗一类的行为是被允许的，私有制的存在就会成为不可能。实际上，在私有制的社会中，社会规范不仅不否定人们对私有财产占有与个人利益诉求的合法性和正当性，反而是为了保护私有财产的，它否定的是人们对他人的私人财产和利益的侵犯和侵害。因此，在私有制社会中，只有那些破坏私有财产关系，使他人的财产权利与正当利益受到侵害或侵犯的行为才能被视作是恶的。当私有财产关系不可能存在与不存在时，那些为保障私有制关系不受侵害的，防恶、避恶、抑恶与惩恶的社会规范都将失去它的价值与意义。

三、社会规范的合理性及其评价尺度

人们的行为是否正当，是否合理与合法，是善的还是恶的，在通常的情况下，社会是以它确定的各种不同形式的规范为根据与尺度进行评价与判断的，对符合社会规范的行为给予肯定性与认同性评价，对背离社会规范的行为给予否定性与拒斥性评价。那么，这种认知与评价的方式本身是否是正当的与合理的？在理论分析的逻辑上，只有当社会规范本身是具有正当性与合理性时，以社会规范为参照坐标与尺度做出的评价与判断才具有正当性与合理性，或是正确性，否则它的正当性与合理性便是成疑的。一个特定的社会规范体系本身也有一个是否正当与合理的问题，这是无需争辩的。如果一种社会规范具有无条件的正当性与合理性，那就不会产生人们之间围绕着社会规范的斗争，也不会产生社会规范的历史变更，出现在不同的社会制度中有着不同的社会规范，甚至是完全不同的社会规范的情况。但问题是，人们又应以什么样的坐标与尺度去衡量与判别社会规范本身的正当性与合理性？

有一种观点认为，要使社会规范能够充当评价人们的活动与行为正当与否、善恶与否的坐标与尺度，社会规范本身需符合善的要求。一个本身是不善具恶的社会规范是不能充当评价人的行为的善与恶、好与坏的坐标与尺度的。这种只有当社会规范本身符合善的标准，人们遵照社会规范行事，其活动与行为才具有正当性与善的价值的观点，在逻辑的推论上似乎是无懈可击的。然而，这种观点的逻辑并不能使人们的疑问归入消失。人们还需继续追问什么是善的或好的、什么是恶的或坏的。假如在人类社会历史中存在着一个类似于天赋性质的善恶观念，并且人们对这种善恶观念的认知不存分歧与争议，问题似乎是能比较容易地加以解决。但问题是，在人类社会的历史中，并未存在过一个普获共识的善恶观念，相反地，在善恶观念的认知上始终是讼争不断、竞争不止的。正如恩格斯曾经指出的："善恶观念从一个民族到另一个民族、从一个时代到另一个时代变更得这样厉害，以致它们常常是互相直接矛盾的。"①不可否认，社会规范所指向的规范对象并不是指向社会中的某些个人，而是指向全体社会成员的，即社会规范对社会中的所有成员都是具有范导力与约束力的。社会规范通常也以维护社会成员的普遍利益而非个别成员利益的面目存在于社会历史中。然而，一个不争的事实是，在私有制与阶级存在的社会，社会规范体现的并不是全体社会成员的意志，代表的也不是社会整体与全体社会成员的利益，更不会获得全体社会成员的一致认同，社会规范所体现的通常是在社会中处于统治地位的阶级的意志，代表的是统治阶级的利益，从归根到底的意义上看，是为占统治地位的生产方式与交换方式服务的。

在马克思历史观的理论逻辑中，社会规范是随着历史不断的变化与发展的，它不具有固定不变的性质，而是历史的；人们对社会规范的善恶认同也是多元的，同一种社会规范，不同的个人与阶级通常会有不同

① 《马克思恩格斯文集》第9卷，人民出版社2009年版，第98页。

的认知，表现出不同的态度。社会规范是历史的，人们对社会规范的认知与评价也是历史的、多元的。深刻的原因在于，社会规范生成与演进的基础是社会的生产方式与交换方式，社会规范是为一定的生产方式与交换方式服务的；而社会的生产方式与交换方式是随着人们的实践能力或社会的生产力的发展而不断改变的，随着社会生产方式与交换方式的改变，服务于生产方式与交换方式的社会规范也会发生改变，人们对社会规范的认知与评价也会发生改变。任何一种社会都不能没有规范，因为没有社会规范的社会生活是一种不可能的生活，但不同的社会中具有不同的社会规范。

在社会历史的发展进程中，社会规范在不断地改变着它的存在形态与内容。在阶级社会中，人们对社会规范的认知与评价，不仅是历史的，同时也是多元的；不同的个人、不同的阶级，由于在社会关系中处于不同的地位，有着不同的利益诉求，通常会使人们对社会规范的认知与评价打上阶级的印记。那么，在其不断变化的、历史性的社会规范中，是否存在合理的问题？在对社会规范的认知与评价的多元竞争中，是否每一种认知与评价都存在着获得辩护的理由？如果是的话，那是否意味着在社会规范的评价上完全是一个你说是它便是、你说非它便非的领域？如果不是的话，衡量与判别社会规范合理与否、区分人们在社会规范问题上的多元竞争的认知与评价的对与错的参照坐标又是什么？马克思的历史观在对待社会规范的问题上虽然拒斥一切类似于“永恒真理”的论调，拒绝承认有所谓的体现“普世价值”的社会规范的存在，但同时也反对一切形式的历史观上的相对主义，拒绝承认历史相对主义的正当性。因为，尽管在人类社会发展的历史过程中，不同的历史时代存在着不同的社会规范，在同一个历史时代，社会存在的不同个人、不同阶级对社会规范的态度通常是多元竞争，甚至是相互矛盾与冲突的，但并不能由此否定在特定的历史时代的社会规范的合理性以及社会中不同个人与阶级对社会规范所持态度进行评价的可能性与必要性。在社会规范的问题上，如果持一种相对主义，或者说相对主义的立场与观点是被认可的，那么人们围绕社会规范的任何竞争都会变得毫无意义，一切对社会规范的肯定与否定都会失去正当性的理由与根据，并且最终会导致社会规范的解构与取消。

在社会历史中经常发生变化的社会规范，在私有制与阶级社会中，人们面对社会规范的善恶与否时所表现出来的多元竞争的状况，应以什么样的根据与坐标去确认社会规范的合理与否、正当与否、或善恶与否？应如何判别多元竞争的善恶观念的是与非？能否像近代西方理性主义者所主张的那样，以是否符合人的理性要求作为衡量社会规范是否合理或善恶与否的尺度与标准？当然不能。因为在社会历史发展过程中既不存在着一个不变的理性，也不存在着一个普获认同的理性。能否像近代西方功利主义者所主张的那样，以是否推进个人与大多数人的幸福的增长与福祉的增加作为衡量社会规范的善恶标准？显然也不能。这不仅在于，社会规范的作用与价值取向并不是要人们追求过一种幸福的生活，而是追求过一种可能性的生活。更为重要的是，在私有制社会中，社会规范体现与保障的不是大多数人的最大利益与最大幸福，而是在一定社会历史阶段上占统治地位的阶级利益与意志。当然，也不能以完美、完善、神圣、崇高一类的概念作为衡量社会规范合理与否、善恶与否的坐标与尺度。因为，一切社会规范都是历史性的存在，而一切历史性的存在都不具有发展与完美的性质，完美性的社会规范既不存在也是不可能存在的。在马克思历史观的理论逻辑中，思考衡量与判别社会规范合理与否、善恶与否的坐标与尺度，不能离开社会规范生成的基础与社会规范的作用与功能。那么，社会规范生成与演进的基础和规律是什么？一个不争且易于确认的历史现象与事实是，一切社会规范的生成从归根到底的意义上看是由社会的生产方式与交换方式决定的，有什么样的生产方式与交换方式最终也必然要产生出与它相适应的社会规范，随着社会生产方式与交换方式的改变，社会规范也不可避免地要发生改变，这是历史发展的必然性与规律性。社会规范的作用，从肯定的方面看，其功能是范导人们的活动与行为适合于社会生产方式与交换方式的要求；从否定的方面看，是防止人们的活动与行为背离生产方式与交换方式的要求，避免使社会的生产方式与交换方式的存在与运行受到威胁和破坏。正因为如此，在马克思历史观的视野里，衡量社会规范合理与否、善恶与否的最根本的参照坐标或尺度是社会的生产方式与交换方式。当然，社会的生产方式与交换方式的存在也有一个是否合理的问题，社会的生产方式与交换方式也是历史性生成的；同样具有历史的性质，不是一切生产方式与交换方式都具有无条件的合理性与正当性，只有当生产方式与交换方式相对于它的存在来说具有必然性与不可避免性的情况下，具体地说，只有当它的存在与人的实践、劳动能力发展水平相一致的情况下，才是合理的与正当的。当一种生产方式与交换方式丧失了它的历史必然性，成为了一种不合时宜的存在时，就会成为非合理性与非正当性的存在。因此，当一种生产方式与交换方式丧失了自己存在的必然性与合理性时，生成于这种生产方式与交换方式基础上的，并为其服务的社会规范也就丧失了必然性与合理性，或者说丧失了善的性质。不是所有的社会规范都是合理的，因而也不是所有符合社会规范要求的行为都具有合理性或具有善的性质，只有当社会规范符合那些在历史上具有必然性的生产方式与交换方式的要求时，人们与社会规范要求相一致的行为才具有合理性或善的性质。同样，在社会存在的多元竞争的善恶观念中，不是所有类型的善恶观都应给予肯定，只有那些符合历史发展必然性、对历史起着推动作用的阶级与个人所持的善恶观才值得肯定，反之则应给予否定。

论社会规范的类型、功能及其历史变更*

一

人原本与自然界的其他存在物一样，只是自然界的一分子，或曰是自然界的一部分。当人作为自然界的一分子或一部分存在时，它是一种纯粹的自然存在物。当人作为一种纯粹的自然存在时，其生活与自然界的其他存在物一样，完全受制于自然必然性的本能驱使。当人开始以自己的活动或劳动自己解决自己肉体存在的生活资料的来源时，人便使自己从自然界中分离与提升出来，成为真正属人的存在物。当人作为人存在时，他已不仅仅是一种自然存在物，更是一种社会性存在物，因而也是一种历史存在物。人的社会与社会的历史，一方面是人的存在的对象，另一方面也是人的存在的空间与时间。这种空间与时间既为人的生活提供可能性的基础与条件，也为人的生活设置着边界与限制。人是一种社会的与历史的存在物，其基本的含义是指他的生活既是社会性的，也是历史性的，游离于社会与历史之外的存在与生活只可能存在于文学作品的想象

* 本文原发表于《湖南社会科学》2017 年第 6 期。

中，而不可能存在于现实的境况中。人天生是一种“社会性动物”“政治性动物”等思想史上的命题，虽然给人以一种先验性的设置的色彩，在实际上却不过是人的存在与生活的一种经验性的概括与抽象性的表达。人的存在与生活是社会性的与历史性的，也即意味着人的存在与生活是一种受到规范与约束的存在与生活。

人的存在与生活是一种受到规范与约束的存在与生活，并不是一种先验的假设，它不仅有其充分的现实性的经验根据，也有充分的历史性的经验根据，其经验根据不仅从人类社会生成同社会规范生成具有相同的历史轨迹中得到证明，更可以在人的现实存在与生活中各种不同形式的社会规范无处不在、无时不在中得到证明。人类社会的生成相对于社会规范的生成具有无可争辩的先在性，但这种先在性只是因果逻辑维度上的，而不是时间或历史维度意义上的先在性。在历史维度的意义上，人类社会的生成与社会规范的生成是相互作用与相互支撑的。社会规范既是人类社会得以形成的纽带与粘黏剂，因为社会并不是单个人的简单相加与聚集，而是以一定的社会规范为纽带形成的关系与结构为基础的有机体，也是人类社会有机体得以维持与延续的条件与保障。没有社会规范的存在，人类社会与社会生活几乎是不可能的。人类社会与社会规范的演进是相互作用与相互支撑的，它们之间有着大致相似的历史轨迹，这不仅表现在社会发展的不同发展阶段上有着不同的社会规范相伴随，也表现在各个不同的民族在相同的历史发展阶段上也有着大致相似的社会规范。

在人类社会历史最初的阶段上，人们的社会生活秩序主要是通过风俗与习惯得以维持的，风俗与习惯是人类社会的原始阶段上的主要的甚至是唯一的社会规范。几乎所有的民族都没有例外的经历过自己的原始发展的阶段，也几乎所有的民族在自己的原始发展阶段上，社会生活的秩序无不是通过风俗与习惯的约束得以实现的。风俗与习惯是人类社会最早的，也是人类社会最初阶段上的起决定作用的社会规范形式。风俗与习惯的形成虽然具有自发的性质，并带有明显的自然的特性，但它生成于社会中，并服务于人的社会生活，因而也是社会的。风俗与习惯之所以能成为人类早期社会的主要的甚至是唯一的社会规范，根本性的原因在于，在那个阶段社会生产力极其落后，并在更大的程度上受到自然条件与环境的制约，呈现出明显的自然性特征。人们所获得的生活资料除了满足共同体成员的最低需求之外没有剩余，因而社会成员之间没有分化与利益冲突，人们之间的社会关系相对简单明了。随着社会生产力的发展与提高，人们所获取的生活资料在满足人们的最低需求，有可能出现剩余的情况下，社会便有了私有财产与私有制的产生。私有财产与私有制的产生与出现，不仅使社会成员之间发生分化，而且导致了阶级的产生与对立。在私有制与阶级社会中，人们的社会关系与社会结构相对于原始社会来说要复杂得多，矛盾冲突也激烈得多，因而，人们的社会生活秩序再也不能依赖于自发性生成的风俗与习惯得以维持，新的社会规范的生成便成为必要与可能。从发生学的维度看，风俗与习惯是人类社会历史中生成的最早的社会规范，它是一切社会规范的母体，即使是在今天发达的社会形态中，风俗与习惯仍然是社会规范系统中的一个不能忽视的要素与形式，然而，相对于人类早期社会而言，其作用与影响已发生了根本性的变化，可以确认越往先前的历史回溯，风俗与习惯对人们社会生活所起的规范性作用越大，社会越发展、历史越向后延伸，其作用与影响越具有从属性地位的性质。

在一个社会成员发生分化，利益与价值取向多元，存在着阶级差别、对立、冲突与矛盾的社会中，通常存在着制度、法律、道德、文化、风俗与习惯等多种规范形式。在文明形态的社会中，社会规范通常是由多种规范形式构成的一个有机性的规范系统。文明社会与人类早期的蒙昧社会与野蛮社会有许多不同特点与区别，其中的一个重要的不同特点与区别是，人类早期社会的社会规范通常是单一的、自发的性质，而文明社会的社会规范通常表现为一个有机的规范系统与自觉的性质。在一定的意义上也可以说，社会规范形式是否具有形式的多样性、系统性、自觉性，是社会是否达致文明程度的重要标志之一。那么，在文明形态的社会中，人们的社会生活为何需要多种不同的社会规范形式进行规范呢？多种并立存在的社会规范形式为何不能简化为一呢？深刻的原因在于，一方面，在文明社会中，人们的社会关系以及由社会关系构成的社会结构具有复杂的性质，并呈现为有机性的特点；另一方面，多种并存的社会规范形式之间，尽管在其生成的原因与价值取向上具有大致相似的原因与性质，但它们各自对人们社会生活的作用与影响力并不相同，其规范力不仅存在着大小之别，还存在着软硬之分。所有的社会规范的生成都是由人们的社会关系决定的，并反映与服从于人们的社会关系存在与发展的要求，然而，人们的社会关系虽然是一个有机性的结构整体，却又是存在着层次不同的区分，有的在社会结构中处于基础性、核心性的地位，有的则属于派生的并处于从属性的地位。一般说来，那些在人们社会关系中的处于基础性、核心性所决定并为其服务的社会规范通常具有硬约束或强约束的性质，而由那些派生的或不具有核心地位的社会关系决定的社会规范，其规范力相对要弱些或软些。如果以社会规范的约束力作为标准对社会规范进行分类的话，似可将制度、法律一类的社会规范纳入强约束规范的范畴，将文化、道德一类的社会规范纳入软约束规范的范畴。风俗与习惯在人类社会的早期阶段属于硬约束规范，在文明形态的社会中应归于软约束规范范畴。所有的社会规范都具有教化、范导与约束的双重功能与属性，但不同的社会规范其价值取向的视点则有所不同。属于强约束的社会规范的价值取向的着眼点更多地偏向约束与禁止，属于软约束的社会规范的价值取向的着眼点更多地偏向教化与范导。一种文明形态的社会中，不能只有软约束的社会规范，没有硬约束的社会规范，在缺乏硬约束社会规范的情况下，人们的社会生活是难以有序的，但一个社会也不能只有硬约束的社会规范，并将所有的社会规范都纳入硬约束的范畴，这样的社会会给人们一种严酷的感受。正因如此，文明形态的社会中，需要多种不同的社会规范形式的存在，不能将所有的社会规范形式简化为一，这是各种形式的社会规范都有自己存在的独立价值的原因与根据。

二

如上所述，在文明形态的社会中，社会规范通常存在多种不同的规范形式。社会规范形式的生成与存在是源于人们社会生活复杂性的需要。人的社会生活大致可以划分成经济的、政治的、精神的领域，因而人们的社会关系也相应地区分成不同的层次，存在着经济的、政治的、精神的关系的区分。需要指出的是，由于各种不同形式的社会规范在其生成的基础与功能作用上有其同源性与类似性，因而它们所起作用的范围具有相对意义上的重合性，因而，不同形式的社会规范与人们的社会生活的不同领域及不同的社会关系之间并不存在界限分明的直接对应的关系。一般说来，属于强约束性的社会规范所起作用的社会生活领域与社会关系，在属于弱约束性的社会规范中同样起作用，但属于强约束的社会规范不能任意地扩张自己的作用范围。具体地说，文化性、道德性规范可以适用与作用于人们社会生活的几乎所有领域，所有的社会规范中都蕴涵有文化与道德的底色，但属于制度性、法规性的强约束规范并不能扩张到人们社会生活的一切领域，不是人们所有的社会关系的协调都需要与接受制度与法律等属于强制性社会规范的干预与调节。正是由于各种不同形式的社会规范虽然有共同的生成基础，但因其相互之间存在着约束力的不同，所起作用的范围不同，因而它们在学科归属上通常属于不同的学科。制度性规范通常属于政治学的研究对象，法律规范属于法学的研究对象，道德性规范属于伦理学的研究对象，文化的规范属于文化观的研究对象，风俗与习惯则通常属于人类学的研究对象。

社会规范作为社会规范而存在，其规范的对象无疑是指向个人的，是以教化与范导、约束与禁止的方式对个人的活动或行为给予的一种规定。因而，社会规范相对于社会中活动与生活的个人来说，它给予人们的一种直接性的感受似乎是社会对个人的一种要求，这种要求对个人来说只不过是一种单纯的应该，社会是规范的主体，个人则是社会规范的对象或客体。然而，如果我们从人与社会之间关系的另一个维度上看，即从社会是人的，社会不仅是由人构成的，社会关系与结构也是在人的劳动、实践基础上生成的，人是社会及其历史的剧作者，社会既是一种属人的存在，更是一种为人的存在的维度上看，当社会规范表现为社会立法时，它实际上也表现为人为自己的立法，或者说人是以自己为出发点与归宿点的立法。因为，社会规范不论就其生成的客观基础方面看，还是就其蕴涵的价值取向方面看，其围绕旋转的轴心都是人的社会生活。社会规范是人为社会的立法，从而也是人为自己的立法，在这一点上，人们并无分歧，至少是没有较大分歧的。但人们在为社会，从而也是为自己立法时，依凭的是什么？其基本的与首要的价值取向是什么？具体地说，社会规范所追求的与能够达致的人的生活究竟是一种什么意义上的或什么状态的生活？它是一种幸福的生活，一种完善或完美、崇高与神圣的生活、抑或只是一种有序与可能的生活？在这一点上，无论是在思想史上，还是在时下，人们的看法不仅无法统一，而且是大相径庭，甚至是彼此对立的。

在马克思主义历史观诞生之前，西方思想史的思想家们围绕着社会规范与人的社会生活的关系进行过长期的思考与争论，产生过两种不一与彼此竞争的见解。一种见解认为：人作为人存在，追求生活的快乐、幸福是一种天生的本性。基于这种信念的人通常认为，社会规范作为一种社会立法，其首要的价值取向与主要的功能应该是为了人的生活的快乐与幸福并要确保人们过上一种快乐、幸福的生活。他们认为一切社会规范合理与否、正当与否都应以是否有利于或能否促进人的幸福作为标尺进行衡量与判别。另一种见解则认为，人作为人存在并不仅仅是一种动物性的存在，而应是一种理性的存在，人们生活的目的与意义不应仅仅单纯地追求自己的快乐与幸福，而应追求过一种完美与完善、崇高与神圣的生活。持这种见解的人们虽然并不完全拒斥人对幸福的追求，但却认为快乐并不是幸福，生活的快乐与生活的幸福之间并不能画上等号，只有那些具有完善与完美、崇高与神圣品质与德性的人才能是真正幸福的。因而，持这种观点的人们认为，社会规范作为一种立法，应适合有益于促进人的完善与完美、崇高与神圣性发展的要求。以道德为例，在古代希腊罗马的伦理学思想史上，在德性与幸福的关系问题上，明显地存在着两条相互竞争的思想路线。一条是以德谟克利特与伊壁鸠鲁所主张的幸福即德性为代表的路线，另一条则以斯多葛派主张的德性即幸福为代表的路线。幸福即德性的思想路线曾深深地影响过后来的法国唯物主义与英国功利主义的伦理思想，而德性即幸福的思想路线则深深地影响过后来的基督教的伦理思想，在康德的伦理学中，人们似乎也能依稀地见到这种思想路线影响的印迹。然而，幸福既是一种个体性的，也是一种经验性的存在，具有不同需要与不同幸福观的人们对幸福的理解与感受通常是不同的。更为重要的是社会规范的立法，通常既不是以满足所有社会成员都能过上一种幸福生活为价值取向，也不能保证人们追求幸福愿望的实现。一个不争的事实是，在私有制与阶级对立的社会中，社会规范反映与表达的是在社会中占统治地位阶级的利益与意志，而不是社会成员的每一个个体的利益与意志。社会规范的立法也不能以完善与完美作为根据与参照坐标，深刻的原因在于："历史同认识一样，永远不会在人类的一种完美的理想状态中最终结束；完美的社会、完美的'国家'是只有在幻想中才能存在的东西。"① 完美性的东西在历史现实中既然不存在，就不能作为社会规范立法的根据与参照坐标，如果以一种不可能存在的东西为根据进行社会立法，这样的立法等于是让人们去做他不可能做的事情。一个不可能被人们遵守的社会规范的立法是没有意义的，也不可长久的存在。社会规范作为人为社会，从而也是人为自己的立法，其立法的根据虽然来自于人们社会生活的需要，服从与服务于人们社会生活的需要，因为人们的物质生活、政治生活、精神生活从归根到底的意义上看是由社会的生产与再生产的生产方式与交换方式决定的。何谓可能的生活？可能的生活即是由人类社会历

① 《马克思恩格斯文集》第4卷，人民出版社2009年版，第270页。

史发展一定阶段上必然发生的生产方式与交换方式基础上所能提供与允许的生活。社会规范的功能与作用就在于它以教化与范导、约束与禁止的方式，规范人们的活动与行为，处理与协调人们各方面的社会关系，以使人们的社会关系适合社会的生产方式与交换方式的需要。在马克思历史观的理论逻辑中，一定社会的生产方式与交换方式是一定社会的社会关系生成的基础，也是一定的社会规范生成或立法的根据的基础。正如恩格斯在论述人们的道德观念的生成时所指出的："人们自觉地或不自觉地，归根到底总是从他们阶级地位所依据的实际关系中——从他们进行生产和交换的经济关系中，获得自己的伦理观念。"①"一切以往的道德论归根到底都是当时的社会经济状况的产物。"②社会的生产方式与交换方式是社会规范生成的基础，一切社会规范的立法根据在归根到底的意义上应当而且只能在社会的生产方式与交换方式去寻找并获得合理性的阐释，同样，判别一种社会规范是否合理或是否正当也应以是否适合那些具有历史必然性的生产方式与交换方式的需要为参照坐标，而不能以别的东西作为参照坐标。

三

综上所述，社会规范生产的最终基础与根据是社会的生产方式与交换方式，社会规范的价值取向所要确保的是要让社会成员过一种可能的生活，具体与确切些说，社会规范所要追求与达致的生活是一种与社会的生产方式与交换方式相适应的生活。社会规范对于人们的社会生活来说，它是确保人们的社会生活得以可能的基本性条件或底线条件，对于在社会中生活与活动的个人来说，遵循社会规范的要求，接受社会规范

① 《马克思恩格斯文集》第 9 卷，人民出版社 2009 年版，第 99 页。

② 《马克思恩格斯文集》第 9 卷，人民出版社 2009 年版，第 99 页。

的约束，不仅仅是必须的与不可跨越的底线，而且是可能的。社会规范对社会中的个人要求应是一种底线性的要求，而不应是一种崇高与神圣性的要求，崇高与神圣性的要求只能作为一种倡导性的要求，而不能作为一种规范性的要求，原因在于社会规范对于社会中的所有个人来说是必须遵守的，违反了就要受到惩戒与处罚。一种社会规范要被人们切实地得到遵守，它必须是经过人们的努力有能力与有可能得到遵守的，一个得不到大多数人认同并有可能得到遵守的社会规范，不仅是没有意义的，也是不可能获得持续性存在的。以道德规范为例，在私有制存在的社会中，我们可以将“切勿偷盗”作为道德规范或道德命令，这不仅是必须的，因为倘若偷盗是被允许的，私有制与私有财产的存在就会受到威胁，甚至是不可能的；而且这个道德命令对于大多数人来说也是愿意遵守与可能遵守的，如果社会成员不愿遵守“切勿偷盗”的道德命令，他自己的财产安全也会受到威胁。

但“切勿偷盗”的道德意义仅限于不破坏别人的幸福，并不能增进别人的幸福。在私有制社会中，社会可以倡导人们去努力地增进他人与社会的幸福，倡导神圣与崇高，但应仅限于一种倡导，切不可作为道德的规范，更不可作为一个法律规范，因为在私有制的社会里，追求神圣与崇高既不是社会中大多数人愿意追求的，也不是大多数人能够达到的目标。社会可以要求社会中的每一个成员成为遵制、守法、有德者，却不能要求每一个人都成为圣人与贤人。

社会规范生成的基础是人的社会生活，而人们的社会生活从归根到底的意义上看是由社会的生产方式与交换方式决定的。如果这样的阐释能够成立或确认的话，那么如下的一个推论也能获得确认，即所有的社会规范的立法都具有历史的性质，都不具有永恒不变的普世性或“永恒真理”的性质与特点。深刻的原因在于，人的社会与人的历史都是在人的劳动、实践基础上生成的，劳动发展史是整个人类发展史的基础。随着人的实践能力的提高，人们的生产方式与交换方式也会发生改变与进步，而随着生产方式与交换方式的变革与进步，人们的社会关系以及由各种不同的社会关系构成的社会结构也会或快或慢地发生改变，不同的社会关系与社会结构需要不同的社会规范为其服务。不同的生产方式与交换方式的基础上必然生成不同的社会规范，一切社会规范都是特定的生产方式与交换方式的产物，也都是与特定的生产方式与交换方式相适应，并为特定的生产方式与交换方式服务的，没有也不可能有超越具体历史阶段、具体历史时代，适合一切性质与类型需要的生产方式与交换方式的所谓普适性与普世性的社会规范，这不仅仅是一种逻辑上的推论，更是一定社会历史发展过程中呈现出的经验性事实。正如恩格斯在《反杜林论》中在谈到道德原则时所指出的："我们拒绝想把任何道德教条当做永恒的、终极的、从此不变的伦理规律强加给我们的一切无理要求，这种要求的借口是，道德世界也有凌驾于历史和民族差别之上的不变的原则。相反，我们断定，一切以往的道德论归根到底都是当时的社会经济状况的产物。"①恩格斯的上述论断虽然指说的是道德规范与道德原则的问题，但它显然也适用于所有的社会规范，因为所有的社会规范在其生成的基础上都具有同源性的属性，在其作用与功能上具有相似性。一切类型的社会规范都是历史的存在，它们在历史中生成，也在历史中改变，并且最终也在历史中消失。正如人类社会的"每一个阶段都是必然的，因此，对它发生的那个时代和那些条件说来，都有它存在的理由；但是对它自己内部逐渐发展起来的新的、更高的条件来说，它就变成过时的和没有存在的理由了；它不得不让位于更高的阶段，而这个更高的阶段也要走向衰落和灭亡"②。同样，社会规范相对于它"发生的那个时代和那些条件来说"，其产生与存在不仅是必然的，是一种有根的存在，而且也是具有合理性与正当性的，但这种合理性与正当性是一种历史性的，不具有抽象的与永恒不变的性质。随着社会历史的发展与进步，时间的流逝与时代的变迁，原有的社会规范所赖以生成与存在

① 《马克思恩格斯文集》第 9 卷，人民出版社 2009 年版，第 99 页。

② 《马克思恩格斯文集》第 4 卷，人民出版社 2009 年版，第 270 页。

的条件发生了改变，社会规范也会发生或快或慢的改变，这种改变有的会表现为旧的社会规范完全被新的社会规范所代替，有的则会表现为虽然保留着旧的形式，但规范的内容却部分甚至全部发生了改变。概括地说，一种社会规范的生成与存在相对于它产生与存在的必然性，是具有合理性与正当性的，但相对于它的产生与存在的条件发生了改变，它本身的改变也就是必然的、合理的与正当的。社会历史发展过程中的历史合理性、正当性与现实性必须合乎历史必然性，这个曾为黑格尔与马克思主义历史观所阐释与坚持的深刻思想，应既是我们评价社会规范生成与存在的合理性的理论根据，也应是我们评价社会规范改变与变更的合理性的理论根据。

社会规范具有历史的性质，是一种历史性的存在，从社会规范演进的基本趋势看，在历史中生成的东西，最终也会在历史中消失，“不存在任何最终的东西、绝对的东西、神圣的东西”①。每一种社会规范都只是一种特定历史条件的产物，随着社会历史条件的改变，社会规范也会必然性地改变，这种改变要么表现为特定社会规范从社会历史中的消失，要么在形式与内容上得到革命性的改造。当然，社会规范与社会历史条件的关系也不是一种如影随形的关系，一种社会规范一旦在社会历史中生成，通常会具有相对的独立性。在社会历史发展过程中，通常也会存在着以下两种现象：一种是同一个社会规范可以存在于几个相互区别的历史时代；一种是同一个历史时代或社会形态中，可以同时存在多种彼此对立与相互竞争的社会规范。之所以有第一种现象的存在，是因为在不同的历史发展阶段之间存在着某些共同之处，而第二种现象的存在，是由于在同一个发展阶段或社会形态中同时存在多种不同的相互竞争的生产方式与交换方式，以及与这些相互竞争的生产方式与交换方式相联系的阶级。尽管如此，在一个特定的社会形态中，占据支配与主导地位与作用的社会规范通常是属于被那些代表着一定社会历史阶段上有

① 《马克思恩格斯文集》第4卷，人民出版社2009年版，第270页。

着必然性与现实性的生产方式与交换方式的阶级所认同的社会规范。因此，在社会规范的问题上，我们不能简单与抽象地强调对社会规范的遵守，更应强调的是人们应遵守什么样的社会规范。例如在道德的问题上，我们不能抽象地强调应做一个有道德的人，更应强调人们应遵守什么样的道德，因为不同的阶级与个人有不同的道德观，具有不同道德观的阶级与个人对什么是道德的问题通常会有不同的看法。对于那些死守过时的道德观念与旧的道德的人，我们应给予的评价也许不应是肯定的，而应是否定的，相反，对于那些敢于突破旧的或过时的道德观念的人们应给予的是肯定而不应是否定。道德规范的立法必须符合历史必然性与现实性的要求，人们的道德观念需与历史同行，与时代俱进。从历史的维度看，先进者既是进步道德的倡导者、实践者，也是旧道德的突破者、批判者。

社会规范领域中的义务与责任*

一

人作为人存在，必定是一种社会存在物。深刻的原因在于：当人从自然界中分离与提升出来之后，他便不再依赖于大自然的天然供给来维持自己的肉体生存，而必须依靠自己的劳动，与自然界进行物质、能量、信息的交换，从自然界获取自己所需要的物质与能量。也就是说，他必须依靠自己的能力与智慧，依靠自己的努力来解决自己的生存问题。而人的劳动不可能是单个人的孤立活动，无论是原始的简单劳动还是高级复杂的劳动，都必须以劳动者之间的相互合作与协作为前提，所不同的只是人类在不同的发展阶段上表现为不同的合作与协作的形式而已。人作为一种以劳动实践方式存在的存在物，也就决定着人是一种社会存在物。人作为一种社会存在物，不仅意味着社会是他的生活存在的空间，同时也意味着社会是他存在的重要的存在方式。人的全部生活都具有社会的性质，因为人的“社会生活在

* 本文原发表于《学术月刊》2010年第10期。

本质上是实践的”①。人必须而且只有在社会形式中才能展开自己的生活，鲁滨逊一类的故事只能存在于文学家们的文学作品中，而不可能存在于人类生活的现实中。

人作为一种社会存在物，其现实生活是一种社会生活，也就决定了他的生活必然是一种受规范与约束的生活。人的社会的生成不是个体原子的简单汇聚与堆积，社会是一个有机体。而社会作为有机体是由人在自己的社会生活中所形成的各种各样的关系链接而成的有机结构。保持社会有机体结构的相对稳定与有序运行，是确保人类社会生活有序维持与进行的基础、前提与条件。一种无序与混乱的社会结构所导致的必然是人的社会生活的无序与混乱。而要使社会有机体结构保持相对稳定与有序运行，就需要建立各种各样的规范，并通过这些规范对在社会生活中的个人生活与个人行为进行必要的约束，以至达到人的社会生活的有序与可能。

之所以要对社会中的个人生活与行为进行规范与约束，深刻的原因有三：

第一，虽然人作为一种有意识的族类存在物，是一种理性的存在物，但人的理性的存在，只是维持社会有机体有序运行的必要条件，并不是充分条件。人除了具有理性的一面之外，人也具有自己非理性的一面，具有自己的兴趣、爱好、情感与欲望。人的这种非理性的因素，有些是后天的习得所致，但有些则属于先天的本能遗传。人的这种非理性因素的存在，在一定程度上或多或少地阻碍与抑制着人的理性因素的影响与作用。人们的社会生活的实际经验通常告诉人们，人的行为意志并不能确保听从理性的要求与呼唤。我们虽然不能确认，人的理性对人的社会生活的有序运行是绝对有益，人的非理性因素对人的社会生活的有序运行是绝对有害，人的兴趣、爱好、冲动与欲望通常是构成人的幸福感的重要内容，但因人的非理性因素具有极其鲜明的个体性特征，而正

① 《马克思恩格斯文集》第 1 卷，人民出版社 2009 年版，第 501 页。

是人们非理性因素的这种鲜明的个体性特征，极易导致人们相互之间的矛盾与冲突。在人们的社会生活中绝对地排除矛盾与冲突是不可能的，但也不能放任这种矛盾与冲突的扩大与尖锐化，否则，人们有序的社会生活就成为不可能。制定必要的社会规范，对人们的非理性因素进行疏导与抑制，通常是人们社会生活可能性的条件。即使从人的理性方面看，对人的社会生活进行必要的规范与约束也有必要。这不仅在于社会中生活的个人，其理性认知能力存在着差异，这种差异同样会导致人们之间的冲突与对抗；更为重要的是，人的理性有时也会迷失方向，极度膨胀的个人理性给人的社会生活所造成的混乱与障碍，并不比人的非理性因素所造成的混乱与障碍要小。因此，无论是从人的理性的维度看，还是从人的非理性维度看，一种相对健全与有序的社会生活都是需要规范与约束。伦理学史上的理性主义伦理学与非理性主义伦理学相互间的批评与辩驳再明确不过地证明了这一点。

第二，导致人们社会生活关系中相互冲突与对抗的还有其更为深刻的社会原因，即人们之间利益的差别与对抗。这是因为，人性中的理性因素与非理性因素，只是导致人们相互间对立与冲突的可能性条件，而真正导致人们相互间冲突与对立的现实因素则是人们现实利益上的冲突与对立。人的理性因素也好，非理性因素也好，导致其扭曲与恶性膨胀的现实诱因是他的现实利益的需求。在私有制与阶级分化的社会中，由于人们在利益上是冲突和对立的，为了不使人们的社会生活因人们的利益冲突而走向混乱与崩溃，有必要制定各种各样的社会规范，对人们的社会关系与行为进行调节，将人们相互之间的冲突与对抗控制在一定的范围内，保障社会生活有序性的运行。在私有制存在与阶级社会中，占统治地位的社会规范都体现着占统治地位的阶级利益与阶级意志的这一事实，再清楚不过地证明了，通过各种各样的社会规范对人们的行为进行必要的约束，使社会的冲突与对抗控制在一种可控的状态中，是私有制社会与阶级社会存在的基础与必要条件。

第三，根源于社会为解决个人利益与种族利益矛盾与冲突的需要。

人类作为一种族类的存在，在逻辑上是以人类的个体存在为基础的。无论是离开族类的个体，还是离开个体的族类，都是一种空洞的理论抽象；而无论是抽象的个体还是抽象的族类，都是一种非现实的存在。这并不是说，人类个体与种族之间在其利益与发展趋势上总能保持一致性与和谐性，历史的经验事实提供给人们的恰恰是如下的一幅图画：在历史发展的一定阶段上，具体地说是在私有制与阶级对立的社会中，人类种族的利益与发展不仅与人类的某些个体的利益与发展之间存在着矛盾与冲突，甚至还与某些阶段的利益与发展存着在矛盾与冲突。面对这种冲突，社会在处理个人利益与种族利益的关系时，其价值取向的天平通常是向维持种族的利益方面倾斜。为了人类族类的保存与发展，社会通常运用各种规范对某些个人与某些阶级的需求和利益进行约束，甚至采取损害与牺牲某些个人与某些阶级的规范方式。即使在个人主义得到张扬的近代以来的世界历史中，它仍然是一个并未得到有实质性改变的基本事实。

总之，人作为人存在，他的生活是社会性的，而人的生活作为一种社会性的生活，在本质上是一种受规范与受约束的生活。社会规范的形成一方面源自于人们社会生活的矛盾与冲突，另一方面它又为社会协调人们相互间关系中的矛盾与冲突提供一种润滑剂。它的功能与使命是力图将人们社会生活中的冲突调整到一个可控的范围与可承受的程度上，避免社会的矛盾与冲突的激化与尖锐化，使人们的社会生活因混乱与无序而成为无法维持与崩溃。尽管任何一种社会规范系统都不具有永恒的性质，规范是历史的，周期性的“礼崩乐坏”的现象在人类历史进程中是不可避免的，但这并不能改变如下的结论：社会生活是需要规范的。因为，人类社会生活的历史同样给我们提供着一种确定无疑的经验，一个原有的规范系统的崩溃，导致着一种原有的生活方式的崩溃；而一种新的生活方式却孕育着一种新的规范系统的形成，这种新的规范系统又继续发挥着规范与约束人们行为的功能。正如没有规矩的概念、方圆的概念是不可想象的一样，没有规范与约束，人们的社会生活有序与稳定同样是不可想象的。

二

人的社会生活是需要规范的，但社会规范通常是以多种不同的表现形式存在着，风俗、法律、制度、道德是其中一些最常见、最基本的，在人类的社会生活中作用与影响最突出的几种形式。从社会规范起源与形成的社会机制方面看，风俗、法律、制度、道德等社会规范形式又可区分为两种基本的类型——自发形成的社会规范与自觉形成的社会规范。

风俗作为一种社会规范，较之于法律、制度、道德等社会规范来说，其形成的过程及其特点显然具有较为明显的自发性质。虽然一种风俗的形成并不是无根的，它无疑直接或间接地反映特定人群的生活环境与生存条件的实际状况，但一种特定的风俗无论是从形成的过程方面看，还是从人们对它的遵从方面看，通常是缺乏明确的目的性的。人们既不能对一种风俗何以必要给予原因的合理性阐释，也不了解遵守这种风俗的价值与意义，人们能够感受到的仅仅是这种风俗的存在与强制性。人们对风俗的服从与遵守几乎类似于一种习惯性的本能行为。诚然，我们并不能简单地在社会风俗与动物的本能之间画上等号，因为一种风俗在一个群体中的保存并不像动物本能那样，完全依赖于生理基因的遗传，而是通过教育传递的。尽管如此，“风俗”从形成过程与人们对它的遵从特点看仍有较多的甚至是类似于动物本能的性质与特征。从“风俗”的原始语意上看，“‘风俗’一词意指一个群体的所有成员所实行的相应于动物各种本能的行动”①，“‘风俗’在本质上可以视作是一种‘意识到自身的本能’”②。

① ［德］弗里德里希·包尔生：《伦理学的体系》，中国社会科学出版社1988年版，第239页。

② ［德］弗里德里希·包尔生：《伦理学的体系》，中国社会科学出版社1988年版，第239页。

相对于“风俗”来说，法律、制度（具体性的制度）、道德一类的社会规范则是人们自觉努力的结果。首先，作为一种具有相对独立存在的规范形态，法律、制度、道德的形成与物质劳动、精神劳动的分离，与私有制和阶级的产生是分不开的。诚然，在阶级对立的条件下，社会规范都打上阶级意志的烙印，在一个社会中占统治地位的社会规范通常体现的是统治阶级的利益与意志，但它都具有明确的目的性，是人的自觉的意识与意志的产物。在人们自觉的意识与意志基础上形成的社会规范与“风俗”具有一个明显不同的特点，它是一种理论形态的存在，而作为一种理论形态的存在，一般来说都具有相应的哲学理论作为理论支撑，这种哲学理论试图给予人们的是一种社会规范何以需要与何以可能的解释与回答。其次，从人们对社会规范的遵从方面来看，人们对法律、制度、道德规范的遵从与对“风俗”的遵从也具有不同的性质与特点。人们在遵守“风俗”的要求时，通常是出于本能性的习惯，因此，在人们日常的生活语言中，“风俗”总是与习惯连结在一起。而人们对自觉意识基础上形成的社会规范遵从的过程中，则伴随着意志自律的成分。一种似成通识的观点认为，法律是他律的，道德是自律的。其实，这种观点是错误的。法律也好，道德也好，都既有他律的一面，也有自律的一面，是自律与他律的辩证统一。就法律、制度、道德等社会规范的形成受制于人们现实生活的客观需要而言，它们具有他律的性质，但就它们被遵从的性质与特点方面而言，又都有意识自觉与意志自律的成分。因为，任何社会规范都不能仅仅依赖于人们对违背它而将受到惩罚与制裁的恐惧，而应依赖于人们的理解与认同，从而得到切实而良好的遵从。

任何社会规范所诉求的都是一种社会对个人的要求，尽管社会规范的产生来源于人们实际的社会生活的需要，它的基本使命与功能是通过对人们的社会生活进行规范与约束，从而使人们的社会生活达到相对性的稳定而可能。但由于人们的社会生活本身是复杂的，它可区分成不同的领域与层面，对于人们在不同领域与层面的生活无疑需要不同的社会规范。就人们的个人活动与行为来说，不仅由于他们在社会中所处的地位不同，其作用与影响存在着差异，而且就他们的活动与行为对人们社会生活的作用与影响程度而言，也存在着直接与间接、较大与较小、主要与次要的不同。正是这种差别与不同的存在，也就必然性地决定着社会在对个人的活动与行为进行规范与约束时不能绝对化与简单化，诉诸单一性的规范与评价尺度，而应当采取多种形式的、有区别性的规范与约束的策略。在多种形式的社会规范系统中，有些规范应具有刚性的强制性质，有些则是有弹性与柔性的特点。诉诸刚性的强约束，对于任何社会的存在与发展来说，无疑是必需的与不可或缺的。缺乏必要的刚性的强约束，社会的稳定维持、人们生活的有序化便会成为困难。但刚性的强约束不能推广到人们社会生活的所有领域。例如，人们不能试图用一种统一的、刚性的社会规范去约束人们去如何思考与思想，也不能用一种统一与刚性的社会规范去约束个人的私人生活领域。将极端刚性的社会规范推广到人们社会生活中的所有领域，不仅会因挤占个人自由选择的空间而使人们产生恐惧感，同时也会导致因对自己的活动与行为缺乏自由选择的弹性与张力而使社会的发展丧失活力。没有人愿意生活在一个充满恐惧、缺乏自由与活力的社会之中，这就是社会不能只有一种单一的、刚性的社会规范存在的根据与理由。但另一方面，社会对个人活动与行为的约束也不能过于软弱与虚化，尤其是在阶级社会与利益冲突存在的情况下，社会规范的弱化与虚化，同样难以防止某些个人与集团为谋求自身的自由与利益而对社会整体的核心利益的侵害。历史的经验提供给人们的启示是，生活在社会规范的约束力过度软弱与虚化的社会中，同样会使人们产生不安全感与恐惧感。人们社会生活的多样与复杂性决定着社会规范的多样性与差异性，社会规范的合理性的坐标应建立在一方面维持人们的社会生活的相对稳定与有序状态，使人们的社会生活得以可能的基础上，另一方面也应为人们的活动与行为留下相对自由的选择空间，从而使社会的发展保持必要的活力与张力。无论是片面强调人们社会生活的稳定与有序而牺牲人们自由选择的可能性，还是片面强调人们自由的选择与社会的活力和张力而削弱对人们的活动与行为的约束，都是有害的。

在社会存在的多种社会规范形式中，一般说来，法律与制度两种规范具有较强的刚性特征，而道德规范的约束力则具有弹性与柔性的特征。首先，社会规范约束力的刚性与柔性的差异，表现在不同的社会规范有着不同的形成机制上。法律与制度是具有刚性约束力的社会规范，通常是由在社会中占统治地位的阶级通过国家权力机关、通过一定程序而制定和形成的，并以规范的文本形式加以颁布与宣示。但道德一类的较有弹性与柔性特征的社会规范的形成，虽然它也受到社会中占统治地位的阶级与国家权力的影响与控制，然而它并不是依照一定的程序，而是在人们的社会生活中逐渐形成与推广的，道德规范通常是以理论的形态存在的，而不是以条文的形式加以确定的。其次，法律、制度等社会规范与道德规范之间的刚性与柔性的差别还表现在，前者在社会中的存在具有单一性的特性，而后者在社会中的存在则具有多元性的特征，利益诉求不同的阶级都有自己的道德标准与道德评价。诚然，在道德存在的多元化的社会中，占主导地位的必然是占统治地位的阶级的道德，但统治阶级不可以也不可能采取强制的手段消除道德多元化存在的现象。统治阶级为了贯彻自己的道德诉求，通常只能采取宣传与教育等非强制性手段。最后，法律、制度等社会规范与道德之间的刚性与柔性的更显著差别还表现在，对违反不同类型的社会规范的制裁与惩罚的程度的区别上。所有的社会规范都具有约束力，而要使这种约束力得以实现，必须由与之相适应的惩罚与制裁来加以保障。由于法律、制度与道德等社会规范之间存在着刚性与弹性的差别，这种差别也会不可避免地反映在对违反这些社会规范的制裁与惩罚上。对违反法律与制度的制裁与惩罚通常既是刚性的也是严酷的，对法律的违反伴随的惩罚与制裁通常是刑罚，对制度违反的制裁通常诉诸的是处罚（这种处罚或是政治的，或是经济的，或是个人权利的），而对道德规范违反的制裁通常是诉诸舆论的谴责与劝诫。此外，对法律、制度等社会规范的惩罚与制裁，更多依据的是人们行为的结果，即使是出于良好的动机而对法律、制度的违反，也不能完全免于制裁。但对道德规范违反的制裁则具有较大的弹性与张力，它既要看人们行为的结果，也要看人们行为的动机。对于某些出于善良的动机，却在实际上产生对社会与他人造成损害效应的行为，人们有时也会给予道德上的谅解。

三

社会规范的基本功能与价值是为人的社会生活的可能性提供保障。一种社会规范的制定与存在，不仅意味着它为人们的社会生活提供了一个参考性坐标，同时也意味着它为人们规定着所应承担的责任与义务。因为，任何社会规范相对于个人来说，从肯定的方面看它是一种应当，从否定的方面看则是一种不应当。而无论是应当还是不应当，都意味着是一种义务与责任。应该说，任何社会规范都意味着是社会赋予个人的一种责任与义务。

然而，社会规范给人们规定的义务与责任是否是一种无条件的、绝对的、无限的义务与责任？是否具有像康德所说的具有“绝对命令”的性质？当然不是，其不是的深刻原因在于，第一，任何社会规范都不具有永恒不变、适合于一切时代的普遍性性质。一切社会规范的产生虽然都根源于调整与规范人们的社会关系，为人们的活动与行为提供参考坐标，从而使人们的社会生活成为可能。但人们的“全部社会生活在本质上是实践的”①。人们社会生活的实践性质决定着人们社会生活的变化与发展；而人们社会生活的变化与发展，客观地要求社会规范与之相适应。因此，任何类型的社会规范都具有流动的、历史的性质。在社会规范的领域内，那种类似于“永恒真理”的“绝对命令”其实是很稀少的，

① 《马克思恩格斯文集》第1卷，人民出版社2009年版，第501页。

甚至是不存在的。将社会规范视之为是一种绝对命令，不仅有违社会规范与人们的社会生活之间相互关系的因果逻辑，而且也有悖于社会规范演进的经验事实。第二，社会规范不仅具有历史的性质，而且在阶级社会上还具有阶级的属性。人们的社会生活是需要进行规范的，但这并不意味着所有的社会规范相对于社会中存在的所有的个人与阶级都具有相同的价值与合理性。在阶级社会中，社会规范在通常的情况下是由社会中处于占统治地位的阶级以维护全社会共同利益或普遍利益的名义制定出来的，通常反映的是统治阶级的利益诉求与意志倾向。在阶级社会中，不仅统治阶级与被统治阶级之间的利益与意志诉求通常是矛盾与冲突的，而且统治阶级的利益与意志诉求与社会历史发展的必然性与规律性之间也并不保持着天然的一致性，冲突与矛盾的状况是经常发生的。一般来说，只有统治阶级处于历史发展的上升时期，即对社会历史的发展起促进或推动作用的情况下，其阶级利益的追求符合社会历史发展的必然性要求时，反映统治阶级利益与意志诉求的社会规范才具有相对的合理性与正当性。因此，任何社会规范的存在，就其本身而言就存在着一个是否具有合理性与正当性的问题。评价或判别社会规范的合理性与正当性的坐标无疑应是规范所追求的目标是否符合社会历史发展的必然性，别无其他尺度。依据这一根本性的判别坐标与衡量尺度，那些在社会历史发展过程中的一定阶段上占统治地位的阶级，其利益与意志诉求与社会历史的必然性处于对立与悖逆时，这个阶级所制定的、体现与维护它的阶级统治所需要的社会规范也就失去了存在的合理性与正当性。而当一种社会规范的存在就其本身的合理性与正当性成为问题时，由这种社会规范所赋予的责任、义务的合理性与正当性也必然会成为问题，这应是一个无需详细论证的逻辑。

由社会规范所规定的责任与义务不仅对其本身而言有一个是否正当与合理的问题，即使属于必须与应当承担的责任、义务也并不是绝对和无限的。实际上，所有的社会规范都有其确定适用的范围，这种适用范围的确定性也就内在地决定着、社会规范所赋予的责任与义务是一种相对的而不是绝对的、是有限的而不是无限的。例如，尊老爱幼是人们应普遍履行的一项道德的责任与义务，但赡养老人与孩子则应限定在对自己父母与子女的范围之内，对他人父母与子女的援助属于超出个人责任与范围的美德行为，而不是每个人必须应尽的道德责任与义务。这就是为什么当雷锋将自己节省的津贴寄往灾区的行为受到社会的倡导与褒奖，而我们将自己的工资寄给自己的父母则被视为是一种正常的应当的原因。因为赡养自己的父母与子女是一种必须的应当，而扶危济困的行为是一种超出自己责任与义务的奉献，它不属于一种必须的应当，而是一种崇高。社会规范的要求所指向的是一种应当的行为，它对于人们来说是一种应当履行的义务与责任，但崇高的行为不能作为一种必须如此的要求，至少不能作为可以以制裁相威胁与保障的社会要求，而只能作为一种倡导性的要求。即使是属于应当承担的责任与义务，也存在着一个责任与义务的限度问题。例如，伤害到他人的生命与安全时必须受到相应的法律制裁，承担相应的法律责任，但对于一个落水者的救助虽然也是人们应当承担的责任与义务，若不相救会导致落水者死亡，所应受到的也只是道义上的谴责，而不是法律的惩罚与制裁。上述情况表明，任何由社会规范所确定的责任与义务，都是有条件的而不是无条件的，是有限度的而不是无限度的，是相对的而不是绝对的。保持社会规范及其所规定的义务与责任，显然不能诉诸康德那样的方式，将社会规范视作是一种排斥如果、只讲应当的直言式的“绝对命令”，将责任与义务视作是绝对的无条件的东西。

既然社会规范以及由社会规范所赋予的责任与义务有一个合理与否的问题，各种不同的社会规范所确定的责任与义务都有其相对确定的范围，是相对的、有条件的与有限的，那么，人们所应承担的责任与义务的合理性应根据什么来确定？人们所应承担的义务与责任的限度与边界应根据什么样的尺度与坐标进行区分与确定？在马克思历史观的视野里，这个根据与原则、坐标与尺度便是人们实际享有的现实性的权利。权利与义务是密切相联、不可分割的，是互相规定与互为根据的。“没有无义务的权利，也没有无权利的义务。”① 这是马克思在《国际工人协会共同章程》中所写下的经典名言，它表达着马克思主义处理权利与义务相互关系的基本主张，也为我们界分与确定人们应承担的义务与责任提供了一个合理性的坐标与尺度。一方面，权利为义务与责任提供根据与坐标，个人享有什么样的权利，相应地也就应承担什么样的责任与义务；另一方面，义务与责任也为权利提供根据与坐标，“一个人有责任不仅为自己本人，而且为每一个履行自己义务的人要求人权与公民权”②。离开义务与责任的权利是一种不合理的非法性的特权，同样，缺乏以权利为基础的义务与责任也是一种不合理的强加或强迫。因此，保持权利与义务的基本平衡，是维持义务与责任上的正义性的基础。一个人不能损害他人的生命与安全，因为他自身是享有确保自己生命与安全不受他人侵害的权利。一个人之所以负有赡养自己父母与抚养子女的义务与责任，也是因为他在儿时享有了父母哺育的权利与在自己丧失劳动能力后将会获得被子女赡养的权利。赡养别人的父母与抚养别人的子女，之所以不能视之为是一种必须的、应当的，而是属于一种美德与崇高，深刻的原因在于，它是一种超出了所拥有的权利之外的奉献。应当之所以为应当，是因为它以享有的权利为基础，在一定的意义上说，人们所应当履行的义务与责任是对他所享有的权利的一种补偿。

在任何社会形态或社会制度下，个人所拥有或享有的权利，都是一种有条件的、相对的、有限的，人们所享有的权利的这种有条件性、相对性与有限性，也就决定着人们所应当履行的义务与责任的有条件性、相对性与有限性。科学地界分与规定人们的义务与责任具有极为重要的理论意义与实践意义。离开人们所实际享有的权利的坐标，将人们所应承担的义务与责任绝对化与无限化，这牵涉到义务与责任的公正性问题。不给予人们以相应的权利，而一味地强调人们的义务与责任，这无

① 《马克思恩格斯文集》第 3 卷，人民出版社 2009 年版，第 227 页。

② 《马克思恩格斯全集》第 16 卷，人民出版社 1964 年版，第 16 页。

异于是一种失去公正的不等价交易。义务与责任一旦脱离了权利的坐标参照与约束，它不仅具有任意的性质，而且还会丧失公平与正义的基础。没有权利的义务与责任是不公平的，在权利、义务、责任失去平衡的情况下同样是不公平的。更为重要的是，在人们实际的生活过程中，将人们所应承担的义务与责任绝对化与无限化，还会导致如下的情况：一方面，它容易使绝大多数人产生义务与责任具有高不可攀性，因而丧失履行义务与责任的信心，因为很少有人能够去做那些知其不可为而继续为之的事情；另一方面，将义务与责任绝对化与无限化，还会导致大多数人因不能完全地履行义务与责任而陷入经常性的自责之中，使人生活在负罪感中，而一种使人生活于自责与负罪感之中的生活显然不是人类所需要的健全的生活。

综上所述，一种合理的社会规范以及由社会规范所确定的义务与责任，只能是通过对人们的社会生活进行规范与约束，从而使人们的社会生活达到相对性的稳定。但由于人们社会生活本身是复杂的，它可区分成不同的领域与层次，人们的个人行为与活动对人们的社会生活的影响与作用就其程度而言，存在着直接与间接、较大与较小的不同。正是这种差别与不同，必然性地决定着社会在对个人的行为进行规范与约束时，不能绝对化与简单化，诉诸一种规范或一种尺度，而必须采取多种形式的社会规范进行有区别性的对待的策略。诉诸刚性的强约束，对于任何社会的存在与发展来说无疑是必须的；缺乏必要的刚性的强约束，社会的维持与人们生活的有序化会成为困难。但刚性的强约束不能推广到人们社会生活的所有领域。高度刚性的社会规范不仅会因挤占人们自由选择的空间而使人们产生恐惧感，同时也会导致人们对自己的活动的选择因缺乏弹性与张力而丧失活力。然而，社会对个人的约束也不能过于软弱，约束力的过度弱化，难以防止某些极端的个人与集体对社会核心利益的侵害。历史的经验提供给人们的启示是，一种过于严酷与一种过于放任的社会环境都不利于人们社会生活的有序与健全化，在通常的情况下，会使人们正常生活的可能性成为困难，甚至受到威胁。

责任编辑：刘松弢

图书在版编目（CIP）数据

林剑文集．文化与文明问题研究卷 / 林剑 著．— 北京：
人民出版社，2022.4
ISBN 978－7－01－024430－3

I. ①林… II. ①林… III. ①林剑－文集②中华文化－文集
IV. ① C53 ② K203-53

中国版本图书馆 CIP 数据核字（2022）第 013454 号

林剑文集·文化与文明问题研究卷
LINJIAN WENJI WENHUA YU WENMING WENTI YANJIU JUAN

林 剑 著

人民出版社 出版发行
（100706 北京市东城区隆福寺街 99 号）

北京汇林印务有限公司印刷 新华书店经销

2022 年 4 月第 1 版 2022 年 4 月北京第 1 次印刷
开本：710 毫米 ×1000 毫米 1/16 印张：26.25
字数：361 千字

ISBN 978－7－01－024430－3 定价：100.00 元

邮购地址 100706 北京市东城区隆福寺街 99 号
人民东方图书销售中心 电话（010）65250042 65289539